西漢郊廟禮制與儒學

張書豪 著

臺灣學生書局印行

西漢郊廟禮制與儒學

目　次

圖表目次

第一章　緒　論

第一節　研究動機與近人研究成果述評

壹、研究動機

　　所謂「郊廟」，是「郊祀」和「宗廟」的合稱，前者為祭天地之名，後者為祭祖先的宮室。古代帝王藉由祭天的郊祀儀式，宣揚「奉天承運」的政治權威，是國家制度中最隆重的祭祀典禮，所謂「帝王之事莫大乎承天之序，承天之序莫重於郊祀」[1]是也。至於宗廟的設立，反映傳統「祀乎其先」、「追養繼孝」[2]的孝道精神，因此歷代帝王莫不「分地建國，置都立邑，設廟祧壇墠而祭之」，[3]以營造都邑與宗廟為開國首要工作，可見宗

---

[1]　（漢）班固著，（唐）顏師古注：《漢書》（北京：中華書局，1997年11月），卷25下，〈郊祀志下〉，頁1253-1254。以後所引《漢書》之語，皆出自本書，為行文方便，僅附篇卷頁碼。本書引用古籍，均循此例，不再另外說明。

[2]　《禮記・祭統》：「祭者，所以追養繼孝也。」《禮記・中庸》：「宗廟之禮，所以祀乎其先也。」分別見（漢）鄭玄注，（唐）孔穎達疏：《禮記正義》（臺北：藝文印書館，1997年8月，《十三經注疏》本），卷49，頁830；卷52，頁887。

[3]　《禮記》，卷46，〈祭法〉，頁799。

廟禮制對於專制王朝的重要性。若由學術性質而言，兩者均是禮學的一環，在漢代以後隸屬經學範疇；就建構禮制的學者身份來看，大體以儒生為主，為西漢儒學的重要內容。

　　而「郊祀」和「宗廟」基本上包涵制度史、學術史兩大領域，為認識中國古代政治制度、學術文化的關鍵課題，因此引起海內外學者對於歷朝郊祀、宗廟禮制的高度興趣。然而，當學者結合出土文物與傳世典籍，力求還原殷周郊廟制度的原貌時；[4] 或是細膩地探討歷朝郊廟禮制的變革，以及其間所反映的思想衝突、禮學辯論時；[5] 關於西漢郊廟禮制的探討，特別是制度、學

[4]　這方面的著作有章景明：《殷周廟制論稿》（臺北：學海出版社，1979 年 4 月）。李衡眉：《論昭穆制度》（臺北：文津出版社，1992 年 9 月）。張鶴泉：《周代祭祀研究》（臺北：文津出版社，1993 年 5 月）。劉正：《金文廟制研究》（北京：中國社會科學出版社，2004 年 1 月）等等。

[5]　例如日本學者金子修一從魏晉到隋唐的郊祀、宗廟禮制，考察中國皇帝制度的性質。康樂則集中探討原是鮮卑族的北魏，由西郊到南郊的改革意義，指出孝文帝希望透過從北亞傳統到中原祭典統的轉變，確定北魏王朝為中原正統的政治目的。朱溢以郊丘、天地分祀合祀兩項議題的辯論經過，說明唐代到北宋郊祀禮制的轉移。山內弘一的兩篇論文，一則揭示北宋時期儒家郊祀的至尊神—「昊天上帝」，其內涵被道教性質的「玉皇」置換的經過與意義；二則說明北宋郊祀關於天地分祀合祀的禮制變遷，以及與當時黨爭的關係。明代部份，焦點在於嘉靖時期的郊祀、宗廟改革，這方面可以小島毅、張璉的論著為代表。綜合來說，以上各篇都注意到禮制變革之際，儀式、權力、學術、時代等因素，掌握各朝改制的核心與意義。詳見（日）金子修一：〈魏晉より隋唐に至る郊祀・宗廟の制度について〉，《史學雜誌》第 88 編第 10 號（1979 年 10 月），頁 22-63。康樂：《從西郊到南郊—國家祭典與北魏政治》（臺北：稻禾出版社，1995 年 1 月）。朱溢：〈從郊丘之爭到天地分合之爭—唐至北宋時期郊祀主神位的變化〉，《漢學研究》第 27

術之間的聯繫方面，卻相對受到忽略。事實上，就先秦制度而論，於「秦火項焚」[6]之後，西漢儒者首先整理上古史料典籍，力求還原古代禮制；對於後世制度來說，西漢儒者歸結出來的許多儀式、禮義，亦反覆出現在各朝相關制度或禮學辯論之中。[7]職是可知，無論在制度史或學術史方面，西漢郊祀、宗廟制度的內涵，實具有承先啟後的研究價值。因此，筆者以「西漢郊廟禮制與儒學」為題，藉由考察西漢郊廟禮制的嬗變過程，探究當時儒學、經學的思想內涵、論述特徵，進而說明儒學興盛、經學成立的原因與條件。

卷第 2 期，2009 年 6 月，頁 267-302。（日）山內弘一：〈北宋の國家と玉皇〉，《東方學》第 62 輯（1981 年 7 月），頁 83-97。（日）山內弘一：〈北宋時代の郊祀〉，《史學雜誌》第 92 編第 1 號（1983 年 1 月），頁 40-66。（日）小島毅：〈嘉靖の禮制改革について〉，《東洋文化研究所紀要》第 117 冊（1992 年 3 月），頁 381-426。張璉：〈天地分合：明代嘉靖郊祀禮議論之考察〉，《漢學研究》第 23 卷 2 期（2005 年 12 月），頁 161-196。張璉：〈明代嘉靖朝宗廟禮制變革與思想衝突之討論〉，《國立政治大學歷史學報》第 24 期（2005 年 11 月），頁 1-38。

6　「秦火」指秦始皇立禁書令，「項焚」指項羽火燒阿房宮，先秦典籍一度微絕。詳見林啟屏：《從古典到正典：中國古代儒學意識之形成》（臺北：國立臺灣大學出版中心，2007 年 7 月），頁 331-371。

7　例如唐代朱子奢云：「漢丞相韋玄成奏立五廟，劉歆議當七，鄭玄本玄成，王肅宗歆，於是歷代廟議不能一。」清代秦蕙田亦曰：「六天始於康成，合祭起於新莽。」注意到韋玄成、劉歆、王莽等郊廟禮議，早於鄭玄、王肅的禮學。（宋）歐陽脩等：《新唐書》（北京：中華書局，1997 年 11 月），卷 198，〈儒學列傳上〉，頁 5647。（清）秦蕙田：《五禮通考》（臺北：新興書局有限公司，1970 年 7 月），第 1 冊，卷 1，〈吉禮一〉，頁 256。

貳、近人研究成果述評

學術研究欲有所突破，大抵取決於兩種途徑：一是新證據、新材料的發現，使過去的討論得以證成或修正。[8]二是新方法、新觀點的提出，讓舊有的論題有機會在不同的立場上重新被思考，並賦予更豐富的意義。關於本書所涉及的範圍，近期並沒有發現太多新的證據，因此筆者擬將重心放在研究方法的思索上。由於郊廟禮制跨越制度史、學術史的範圍，筆者亦據此分作「制度史」、「學術史」兩部份，分別介紹前賢關於西漢郊祀、宗廟制度，以及儒學的研究成果，希望能夠發現綜合研究西漢郊廟禮制和儒學的可能方向，以提出本書的研究進路。

一、制度史方面

在郊祀方面，凌純聲〈秦漢時代之時〉，由形制、功能、語音的比較，認為燕之祖、齊之社、秦之時、武帝甘泉宮中的臺觀，為異時異地對於同類宗教建築的稱呼。[9]楊天宇〈秦漢郊禮初探〉則考察秦漢郊祀的對象、場所、時間，點明中國郊祀制度於秦漢時期正處於創制階段，至西漢末年到東漢初期才基本上形

8　此途徑的代表學者是王國維，其言曰：「吾輩生於今日，幸於紙上之材料外，更得地下之新材料。由此種材料，我輩固得據以補正紙上之材料，亦得證明古書之某部分全為實錄，即百家不雅馴之言，亦不無表示一面之事實。」此即著名的「二重證據法」。詳見王國維：《古史新證——王國維最後的講義》（北京：清華大學出版社，2000 年 4 月），頁2。由於近百年來甲骨、鼎彝、竹帛等各時期、各形式的地下文物大量出土，使得此途徑從民初至今日仍方興未艾。

9　凌純聲：〈秦漢時代之時〉，《中央研究院民族學研究所集刊》第 18期（1964 年秋季號），頁 113-142。

成定制。[10]小島毅〈郊祀制度の變遷〉，雖歷述西漢末年到明代的郊祀制度，但主要集中在唐、宋、明三代關於配侑帝、天地合祭分祭的問題，西漢部份僅是簡略提及，不過已注意到郊祀許多重要禮論，如祭天南郊和祭地北郊對偶成組的說法，是首發自西漢成帝時匡衡的奏議，並非出自先秦儒家經典。[11]岩野忠昭的研究，指出《春秋繁露》中〈郊語〉到〈祭義〉等篇，與西漢成帝以降儒臣如貢禹、匡衡、杜鄴、王莽等議論內容相近，認為各篇乃當時儒者所作而附益於董仲舒《春秋繁露》中。[12]目黑杏子分析武帝甘泉泰時建築形制，發現泰時的三陔結構，乃是由太一、五行、八方等所組成的宇宙架構，皇帝透過的祭祀活動，以祈願風調雨順、天下太平。[13]甘懷真透過分析西漢郊祀禮制中，前期神祠信仰到後期儒家禮制觀念的轉變，以說明西漢郊祀禮的成立，見解頗為精闢。[14]殷善培〈漢武帝的郊祀改制與郊祀歌〉，

[10]　楊天宇：〈秦漢郊禮初探〉，《河南大學學報（哲學社會科學版）》1989 年第 1 期，頁 54-59。

[11]　（日）小島毅：〈郊祀制度の變遷〉，《東洋文化研究所紀要》第 108 冊（1989 年 2 月），頁 123-219。

[12]　（日）岩野忠昭：〈前漢郊祭考—『春秋繁露』を中心として—〉，《東洋文化》復刊第 78 號（1997 年 8 月），頁 2-15。（日）岩野忠昭：〈前漢後期の郊祭論〉，《東洋大學中國哲學文學科紀要》第 12 號（2004 年 2 月），頁 113-128。

[13]　（日）目黑杏子：〈前漢武帝期における郊祀体制の成立—甘泉泰時の分析を中心に〉，《史林》第 86 卷第 6 號（2003 年 11 月），頁 36-65。

[14]　甘懷真：〈西漢郊祀禮的成立〉，《皇權、禮儀與經典詮釋：中國古代政治史研究》（臺北：國立臺灣大學出版中心，2004 年 6 月），頁 35-80。

則詳細考證《漢書・禮樂志》所載〈郊祀歌〉十九首，說明其整體結構與個別祭祀對象。[15]

　　至於和郊祀密切相關的封禪典禮，木村英一從思想發展的脈絡，以為《史記・封禪書》所記管仲論封泰山、禪梁父者共七十二家一段，乃是推闡《管子・小匡》中葵丘之會的相關段落，將桓公是否「拜胙」敷衍成是否「封禪」，因而成篇。[16]福永光司則從秦漢時期方士之說的思潮風氣，申論封禪說與神僊說的關係。[17]凌純聲考察漢武帝泰山封禪的明堂形制，詳細說明其中「複道」、「崑崙丘」等設施的作用與意義。[18]阮芝生〈三司馬與漢武帝封禪〉分別論及司馬談、司馬相如、司馬遷與武帝封禪的關聯，並提出封禪的四個條件：「受命」、「功至」、「德治」、「暇給」。[19]江明翰則先歸納學界關於封禪說的解釋，共有「祭祀說」、「巡狩說」、「方士儒生說」、「其他說法」

15　殷善培：〈漢武帝的郊祀改制與郊祀歌〉，國立政治大學中國文學系主編：《第五屆漢代文學與思想學術研討會論文集》（臺北：新文豐出版公司，2005 年 12 月），頁 155-180。

16　（日）木村英一：〈封禪思想の成立〉，《支那學》第 11 卷第 2 號（1943 年 12 月），頁 43-81。

17　（日）福永光司：〈封禪說の形成〉，《東方宗教》第 6 號（1954 年 11 月），頁 28-57。（日）福永光司：〈封禪說の形成（續）〉，《東方宗教》第 7 號（1955 年 2 月），頁 45-63。

18　凌純聲：〈中國的封禪與兩河流域的昆侖文化〉，《中央研究院民族學研究所集刊》第 19 期（1965 年春季號），頁 1-51。凌純聲：〈昆侖丘與西王母〉，《中央研究院民族學研究所集刊》第 22 期（1966 年秋季號），頁 215-255。

19　阮芝生：〈三司馬與漢武帝封禪〉，《臺大歷史學報》第 20 期（1996 年 11 月），頁 307-340。

等，最後提出「西王母說」，以為封禪起於西王母信仰中有關長生不死的追求。[20]劉宗迪〈泰山封禪考：從觀象授時到祭天告成〉，採取天文學的角度，認為封禪起於上古「觀象授時」的天文觀測活動。[21]池田雅典則考察武帝、光武帝的封禪儀式，闡明封禪典禮中「封土」的性質與功能。[22]

　　在宗廟禮制方面，早期有藤川正數〈前漢時代における宗廟禮說の變遷とその思想的根底〉，敏銳觀察到西漢晚期儒生廟議中「尊尊」、「親親」兩項核心課題，並將二者對立起來，成為當時辯論的正反兩方，再依此說明古、今文學的派系分裂。[23]日後日本學者許多相關討論，大抵沿襲藤川氏的論說框架，進而發展成「尊尊、今文、故事」和「親親、古文、古制」兩種經學立場的對立、辯論。[24]高明士從治統、道統的宏觀視野，討論秦漢

20　江明翰：〈封禪的起源——西王母說的提出〉，《史苑》第 63 期（2003年 6 月），頁 1-33。

21　劉宗迪：〈泰山封禪考：從觀象授時到祭天告成〉，《先秦兩漢學術》第 4 期（2005 年 9 月），頁 61-79。

22　（日）池田雅典：〈封禪儀禮に關する一考察——光武帝の「封」を視點として——〉，《大東文化大學漢學會誌》第 47 號（2008 年 3 月），頁 48-76。

23　（日）藤川正數：〈前漢時代における宗廟禮說の變遷とその思想的根底〉，《東方學》第 28 輯（1964 年 7 月），頁 11-34。

24　（日）伊藤德男：〈前漢の宗廟制——七廟制の成立を中心にして——〉，《東北大學論集（歷史學・地理學）》第 13 號（1983 年 3 月），頁 43-67。（日）保科季子：〈前漢後半期における儒家禮制の受容——漢的傳統との對立と皇帝觀の變貌——〉，收入《方法としての丸山真男》（東京：青木書店，1998 年 11 月），頁 223-268。（日）南部英彥：〈前漢後期の宗廟制論議等を通して見たる儒教國教化——その親親・尊

到隋唐的廟制系統，說明其在皇帝制度下的功能與限制。[25]焦南峰、馬永嬴根據近期西漢都城陵寢的考古成果，配合相關文獻資料，說明西漢宗廟的種類、功用、管理、禁忌，以及廢立過程等，其中有關宗廟的分類與位置部份，具有重要的參考價值。[26]鷲尾祐子的〈前漢祖宗廟制度の研究〉著重探討賈誼提出「祖有功而宗有德」的政治背景與學說理據，以及受到帝王的認同實施，成為漢家典制的理由和經過。[27]貝克定（Timothy Baker）則是首位完整研究《漢書‧韋賢傳》所記的宗廟辯論的學者，其目的是要藉由討論儒生廟議的內容，觀察其中所反映的制度傳統（institutional trandition）與個人信仰（personal belief）之間的關聯性，闡釋皇帝的宗廟制度，同時具備私人家族的、社會群體的兩種性質。[28]林聰舜則就統治制序與禮制革新的角度，闡述西漢

尊主義の分析を軸として─〉，《日本中國學會報》第 51 集（1999 年 10 月），頁 16-30。

[25]　高明士：〈皇帝制度下的廟制系統─以秦漢至隋唐作為考察中心─〉，《臺大文史哲學報》第 40 期（1993 年 6 月），頁 53-96。

[26]　焦南峰、馬永嬴：〈西漢宗廟芻議〉，《考古與文物》1999 年第 6 期，頁 50-58。焦南峰、馬永嬴：〈西漢宗廟再議〉，《考古與文物》2000 年第 5 期，頁 50-55。

[27]　（日）鷲尾祐子：〈前漢祖宗廟制度の研究〉，《立命館文學》第 577 號（2002 年 12 月），頁 97-123。

[28]　（美）貝克定（Timothy Baker）：〈西漢晚期宗廟制度中的宗教意涵：《漢書‧韋賢傳》中的論辯〉，收入祝平次、楊儒賓編：《天體、身體與國體：迴向世界的漢學》（臺北：國立臺灣大學出版中心，2005 年 9 月），頁 37-71。Timothy Baker, "The Imperial Temple in China's Western Han Dynasty: Institutional Trandition and Personal Belief" (Ph.D. diss., Harvard University, 2006). 在貝克定的論文中，或用「personal

郡國廟和政治形勢的關聯，並據此深入郡國廟興廢的原因。[29]郭善兵的《中國古代帝王宗廟禮制研究》，歷述商周到隋唐的皇帝宗廟制度，西漢部份有注意到成帝、哀帝廟制變革與政治、學術的關係。[30]

　　至若綜合討論西漢郊祀、宗廟的論著，可以金子修一、張寅

belief」，或用「personal religion」，兩者指涉大致相同。一般而言，「belief」大都翻譯成「信仰」，「religion」則譯作「宗教」，貝克定在其論文中自有一套見解，由於此處為其理論的介紹，並非宗教學概念的釐清，故沿用其辭彙，以示尊重。至於本文所用「宗教」一詞的定義，基本上是綜合法國宗教學者耶律亞德（Mircea Eliade）：「我們所關心的，並非宗教中理性與非理性要素之間的關係，而是神聖的整體狀態（the sacred in its entirety）。對神聖第一個可能的定義，便是它與凡俗對立。」美國漢學家本杰明・史華茲（Benjamin I. Schwartz）：「宗教則在兩類實體（人和神祇）之間確定了關聯」、「而宗教祭祀之類的實踐活動，則試圖與外在的『非－存在（non-existent）』的實體建立一種關聯。」以及蒲慕洲：「所謂的宗教指的是『對於人之外的力量的信仰』，這種力量可以主動或被動地作用於人和社會，從而改變其命運。」簡單來說，宗教是指「世俗」（日常生活）與「神聖」（神話信仰）之間的種種關聯。（法）耶律亞德（Mircea Eliade）著，楊素娥譯：《聖與俗—宗教的本質》（臺北：桂冠圖書股份有限公司，2001年1月），頁61。（美）本杰明・史華茲（Benjamin I. Schwartz）著，程鋼譯：《古代中國的思想世界》（南京：江蘇人民出版社，2004年1月），頁19。蒲慕洲：《追尋一己之福—中國古代的信仰世界》（臺北：允晨文化實業股份有限公司，1995年10月），頁24。

[29] 林聰舜：〈西漢郡國廟之興廢—禮制興革與統治秩序維護的關係之一例〉，《南都學壇（人文社會科學學報）》第27卷第3期（2007年5月），頁1-8。

[30] 郭善兵：《中國古代帝王宗廟禮制研究》（北京：人民出版社，2007年8月）。

成、王柏中為代表。金子修一自 1970 年代開始，便致力於中國皇帝制度的研究，尤其是郊祀、宗廟等祭祀禮制，欲由此探究「皇帝」在帝國政治中的性質與地位，相關論文最後匯編成《古代中國と皇帝祭祀》一書。[31]然其討論的時代，雖可上溯到西漢時期，但由於其專攻是在唐代禮制，在漢代部份僅有概略陳述，並無太多發揮。[32]張寅成則作《西漢的宗廟與郊祀》，對於西漢郊廟制度的性質及變遷過程，有詳盡的剖析、敘述。[33]不過禮制中有關秦制、方士、儒生的理論立場，以及彼此間論禮勢力的消長原因及經過，未能在制度史的研究基礎上，有更深一層的申論。王柏中對於兩漢郊祀、宗廟、社稷，以及各種祭祀禮儀等方面，有詳盡且全面的研究，可惜未能深入到儀式所反映的思想內涵，亦無涉及禮制變遷所蘊藏的學術史意義。[34]

總結來說，目前學界對於西漢郊廟禮制的研究，在個別議題上，例如凌純聲、黑目杏子有關甘泉泰畤、泰山明堂的形制討論；高明士、鷲尾祐子、貝克定、林聰舜等對於宗廟在帝國制度的功用、其中所反映的祖宗意涵和信仰觀念，以及郡國廟的興廢

---

[31] （日）金子修一：《古代中国と皇帝祭祀》（東京：汲古書院，2001年 1 月）。

[32] 在一次演講中，金子修一自言其專攻為唐代而非漢代，並對漢代皇帝祭祀作簡單的陳述。參見（日）金子修一：〈皇帝祭祀より見た漢代史〉，《大東文化大學漢學會誌》第 43 號（2003 年 3 月），頁 427-448。

[33] 張寅成：《西漢的宗廟與郊祀》（臺北：國立臺灣大學歷史研究所碩士論文，1985 年 6 月）。

[34] 王柏中：《神靈世界秩序的構建與儀式的象徵──兩漢國家祭祀制度研究》（北京：民族出版社，2005 年 11 月）。

緣由等，均獲得很高的成就，具有相當程度的參考價值。但限於論文主題或篇幅，尚未對西漢郊廟禮制作出全面性考察，不能為制度改革的過程，梳理出整體的變遷脈絡。另外，在楊天宇、小島毅、岩野忠昭、甘懷真、郭善兵等學者的論文中，已或多或少注意到西漢郊廟禮制與儒學之間的關係，值得循其思路作進一步的探索。以藤川正數為首的宗廟研究，更是深入到廟制辯論和經學思想的聯繫，惟迄以今、古文學劃分「尊尊」、「親親」兩種主張，似乎又稍嫌簡略，未能曲盡其實。[35]綜上所論，就制度史

---

[35] 事實上，西漢晚期廟議中確實存在「尊尊」、「親親」兩項課題，但其間並未有對立的現象，詳細論證請參考本書第三章的討論。簡單來說，參照第三章的「附表四」，西漢晚期三次真正詔令施行的廟制中，太宗、世宗並未因皇考廟的存在而毀廢，反之亦然；也就是說，皇考廟的存毀，只對迭毀的「親廟」產生影響，而與萬世不墮的「祖廟」、「宗廟」無關。職是以觀，「尊尊」、「親親」對於儒生來說，是兩個同軌並行的概念。當時極力剔除「共皇廟」、「皇考廟」於皇室宗廟祭祀之外，則是要釐正宗統的譜系，使續任皇帝能夠親其所當親、祭其所當祭。在此意義下，反對「共皇廟」、「皇考廟」的建立，並非去「親親」以顯「尊尊」，而是在遠近迭毀的親廟中，據禮決定受祀者的身份資格，完全是「親親」課題的內部紛爭。另外，就元帝詔令：「所以明尊祖敬宗，著親親也」（《漢書》，卷 43，〈韋玄成傳〉，頁 3118）而言，實承自《禮記・大傳》，原是希望藉由「尊祖敬宗」的祭祀方法，以求臻至「親親繫族」的最終目標，換句話說，「親親」、「尊尊」實可通貫為一。因此，無論就廟議的結論、根據的禮義來看，「親親」和「尊尊」之間，並不存有藤川氏所說的對立現象，更遑論由此對立而衍生的今、古文學派問題。再由藤川氏歸類分派的學者觀察，主張「尊尊」而歸於古文學的有：蔡義、貢禹、韋玄成、尹更始、孔光、師丹、劉歆、王莽等人，主張「親親」而劃作今文學的有：魏相、冷褒、段猶、朱博等人。姑且不論後者，單就歸於古文學的學者來說，貢禹始「事嬴公，成於眭孟」（《漢書》，卷 88，〈儒林傳〉，頁 3617），

的角度而言，一方面可根據《史記・封禪書》、《漢書・郊祀志》、《漢書・韋玄成傳》所記的西漢制度沿革，探討郊廟禮制的思想根源、象徵意義以及成立緣由。另方面，可實際以禮制變遷為基礎，進一步討論其背後可能蘊藏的學術轉折及經過，尤其是西漢後期受到儒學主導的郊廟禮制，究竟在什麼樣的條件與原因之下，能夠取代西漢前期以秦制、方術為主的祭祀內容。由於關涉到西漢儒學的課題，以下再進一步回顧西漢儒學的研究概況，以便思索如何在郊廟的議題上，有效縮合制度與學術兩個領域。

二、學術史方面

　　近代學者對於西漢儒學的解讀，大抵有「經學」、「史學」、「思想」三種面向的討論，分別申述於下：

（一）經學的面向

為董仲舒嫡傳的《公羊》家。韋氏自漢初韋孟，即家傳《魯詩》（《漢書》，卷 88，〈儒林傳〉，頁 3609）。師丹則師事匡衡，屬於《齊詩》一系（《漢書》，卷 88，〈儒林傳〉，頁 3613），更於劉歆上書責讓太常博士時，「大怒，奏歆改亂舊章，非毀先帝所立」（《漢書》，卷 36，〈劉歆傳〉，頁 1972），反對古文學最為激烈。藤川氏忽略這些學者的今文學師承和立場，反而極力說明其受古文學派的影響，恐怕難以令人信服。至於孔光，家傳《古文尚書》，歸類於古文學派，並無太大疑問。但是，綏和二年（7 B.C.）成帝崩後，孔光曾與何武聯名上奏，請求重新審議永光五年（39 B.C.）、建昭五年（34 B.C.）制立的太祖、太宗、世宗三廟是否合乎禮義，可推孔光對於建立萬世不墮的太宗、世宗廟，在態度上應有所懷疑。因此，孔光雖在反對尊傅太后號、「共皇廟」的立場上，與師丹站在同樣陣線，卻不代表一定贊成因「尊尊」而立的太宗、世宗廟。據此以論，藤川氏的學派分類，並未完全妥當。

漢代儒術獨尊、經學興盛，成為中國文化的骨幹，是以經學家對於兩漢儒學往往推崇備至。劉師培《經學教科書》是近代中國經學史的開山之作，原是作為教材所編撰，以提綱挈領的方式，概述中國經學史的源流。書中指出歷代治經學咸隨世俗之好尚為轉移，故「西漢侈言災異，則說經者亦著災異之書。東漢崇尚讖緯，則說經者亦雜災異之說。」[36]皮錫瑞的《經學歷史》則分別以「昌明」、「極盛」稱讚西漢武、宣時期及元、成至後漢的經學活動，正足以代表經學家的立場。然而，清代重啟西漢末年以降的今、古文學之爭，使得早期經學家評述漢代學術，不免帶有門戶之見，在此風氣下，皮氏亦未能超脫自身的派別，將經學分歧的發生原因、變遷過程等，作出公允恰當的記述。[37]

異於皮錫瑞的偏頗，馬宗霍的《中國經學史》持論便相對平實，並旁及齊學魯學、師法家法等現象，可視作經學入門讀物。[38]另外，日本學者本田成之亦著《中國經學史》，書中立論反映日本漢學的獨到見解，[39]但在兩漢經學的論證思辨上，略顯混亂

36　（清）劉師培著，陳居淵注：《經學教科書》（上海：上海古籍出版社，2006 年 7 月），頁 28。

37　例如後世批評齊學多言災異、五行，皮氏則以「言非一端，義各有當，不得以今人之所見輕議古人也」，曲加維護；對於後漢今、古文學家同引讖緯，亦以「而《左氏》家增竄傳文，《公羊》家但存其說于注」的理由，批評「則《公羊》引讖之罪視《左氏》家當末減矣」。此外，又可見排抑《左傳》、譏貶鄭玄的文字。凡此，俱是皮氏身為今文學經師所作的論斷。見（清）皮錫瑞著，周予同注：《經學歷史》（北京：中華書局，2004 年 7 月），頁 68-69、80-81。

38　馬宗霍：《中國經學史》（臺北：臺灣商務印書館，1986 年 2 月）。

39　例如根據狩野直喜所論的「巫」，與內藤虎次郎所論的「史」，講述經學的起源。參見（日）本田成之著，孫俍工譯：《中國經學史》（臺

夾雜。[40]至於徐復觀《中國經學史的基礎》，則詳盡梳理中國經學史的初期發展，尤其是「西漢經學的傳承」部份，是了解西漢各經授受的重要參考。[41]

晚近的經學史著作，在前賢基礎上開始注重學術思想淵源、演變的歷程，譬如李威熊有《中國經學發展史論》，欲從發展的角度，作一番「史」的探討，藉以掌握歷代經學變遷的大要，可惜在西漢部份僅有「經書的復原」、「經學博士的設立」、「經書的獨尊」三節的篇幅。[42]大陸方面，先後有吳雁南、姜廣輝主編的經學史著作，內容相當豐富，研究亦較深入，但前者論西漢今文經學，以董仲舒的公羊學為主，對於《詩》、《書》、《易》、《穀梁》等著墨不多；後者則分章以某人或某書為準，缺乏縱向源流及橫向關聯的探討。[43]

斷代專著方面，夏長樸的《兩漢儒學研究》，由兩漢儒學發展以及經學與政事關係兩條線索，作簡明扼要的探究，惟郊祀、宗廟部份申述不多，筆者所論範圍，恰可起補充的作用。[44]大陸

北：廣文書局有限公司，1986 年 10 月），頁 1-41。

[40] 其言「齊學底旺盛」一節，視齊學受讖緯影響而成，並在其中穿插「荀子之學及其學派」、「賈誼與公孫弘」兩節，均有可議之處。參見（日）本田成之著，孫俍工譯：《中國經學史》，頁 133-155。

[41] 徐復觀：《中國經學史的基礎》（臺北：臺灣學生書局，1982 年 5 月）。

[42] 李威熊：《中國經學發展史論（上冊）》（臺北：文史哲出版社，1988 年 12 月），頁 119-129。

[43] 吳雁南主編：《中國經學史》（福州：福建人民出版社，2001 年 9 月）。姜廣輝主編：《中國經學思想史（第二卷）》（北京：中國社會科學出版社，2003 年 9 月）。

[44] 夏長樸：《兩漢儒學研究》（臺北：國立臺灣大學文學院，1978 年 2 月）。

部份，章權才《兩漢經學史》以封建地主的統治思想，定調漢代經學的本質，帶有階級鬥爭的色彩。[45]湯志鈞主筆的《西漢經學與政治》，分別挑選「獨尊儒術」、「五經博士」、「宗廟禮議」等重要事件，說明經學對於政治的影響，論證十分精當。[46]王葆玹的《西漢經學源流》及《今古文經學新論》，在甄別當時經學門派、討論學術變遷等經學課題上，探賾索隱，頗多創獲，其言大體可從。[47]

　　總而言之，經學家對於漢代儒學大都抱持肯定態度，近期學者亦逐漸擺脫清代今、古文學的門戶之見，以客觀、公允的角度探討各派的變遷、異同、利弊。並且越說越密，後出轉精，對於學術與制度的關聯，以及諸經儒生之間的互動等，作出詳實、清晰的梳理。可惜的是，經學家大致將漢代儒學視為實然對象，在辨章學術、考鏡源流上的貢獻雖大，卻未能發掘漢代儒學的積極面，例如吸收陰陽五行的背景與意義，今、古文學分派的緣由及價值等。於是漢代儒學不免落入「傳經之學」的窠臼當中，削弱了其應有的學術地位。

（二）史學的面向

　　近代對於兩漢儒學用力最深的史學家，莫過於顧頡剛。就顧氏的研究進路看，因為漢代學者是第一批整理中國歷史資料的

---

[45] 章權才：《兩漢經學史》（廣州：廣東人民出版社，1990 年 12 月）。

[46] 湯志鈞等著：《西漢經學與政治》（上海：上海古籍出版社，1994 年 12 月）。

[47] 王葆玹：《西漢經學源流》（臺北：東大圖書股份有限公司，1994 年 6 月）。王葆玹：《今古文經學新論》（北京：中國社會科學出版社，1997 年 11 月）。

人，後世凡研究中國上古史和先秦諸子的學者必須要根據漢人的基礎，所以漢代學術享有極崇高的權威地位。然而，經過清代漢學深刻的研究結果，發現漢代今文學者宣稱的「微言大義」未必是孔子真意，古文學者又偽造《左傳》、《周禮》等古文經典，加上兩者都受到陰陽五行、讖緯之說的影響。因此，顧氏以為所謂權威的漢代學術，大部份建立在宗教迷信上，自認指出當時儒學的黑暗內幕。[48]

在此前提下，顧氏提出「層累造成的古史說」，並作〈五德終始說下的歷史和政治〉、〈三皇考〉等長篇論文，抽絲剝繭地分析秦漢時期眾說紛紜的帝王譜系，詳盡地揭示當時造作古史的歷史真象，在古代史的廓清方面獲得極高的成就。[49]在此基礎上，進而追問：為什麼有今文家？為什麼有古文家？他們出現的社會背景和歷史條件是什麼？最終歸結出儒生和方士的結合是造成兩漢經學的主因。[50]

相對於顧頡剛大刀闊斧地破壞、揭露漢代儒學的黑暗面，錢穆則在傳統立場上為漢儒作辯護，特別是關於指責古文學家偽作經典的部份，這部份的論著主要可見《兩漢經學今古文平議》中

---

[48] 參見顧頡剛：《秦漢的方士與儒生》（臺北：里仁書局，1995 年 2 月），〈序〉，頁 1-5。案，本書原名《漢代學術史略》，但書中僅涉及陰陽家和儒生的關係；十餘年後重新出版，顧氏改題《秦漢的方士與儒生》，使書名與內容相符。筆者從顧氏所改，書名以《秦漢的方士與儒生》為主。

[49] 兩篇文章俱收入顧頡剛：《顧頡剛古史論文集（第三冊）》（北京：中華書局，1996 年 4 月）。

[50] 參見顧頡剛：《秦漢的方士與儒生》，〈序〉，頁 5-6。

所收的四篇論文。[51]不過，由於兩位大師往返論辯的文章中，都能秉持理性實證的態度，因此雙方非但沒有重蹈今、古文學之爭的覆轍，反而在許多細節上有互相補充的功效。

站在史學家的責任與歷史研究追求真相的立場而言，顧氏漢代儒學的研究上無疑作出了相當重要的貢獻，尤其是揭發、挖掘其中錯誤、矛盾、妄誕、荒謬的思想成份，引領日後學者能夠承認漢儒論學的限制。然而，以學術史的觀點來看，在認清漢儒的造作，以及古史乃是層累地造成的事實後，應當繼續深入探討的是：漢儒融攝方術過程反映出怎樣思想史意義？儒生、方士為何最終走向分歧？又在何種條件下儒生和方士能辨清彼此的分際？漢代經學的產生對後世學術造成如何影響？除了時序上最接近上古外，漢學如何取得權威地位，成為中國學術的典範？事實上，在顧氏的研究計畫中，並非沒有涉及上述問題，在《古史辨・自序》中，便以「戰國秦漢人講古籍講錯了的地方及在此錯解下所造成的史事」，當作其研究漢學的最後步驟。[52]只是由於當時廓清古史、辨析漢學的工作剛剛起步，顧氏不免感慨：「就是這破壞一方面，可做的工作也太多了，竭盡我個人的力量做上一世，

---

51 錢穆：《兩漢經學今古文平議》（臺北：東大圖書股份有限公司，1989年 11 月）。四篇論文分別是〈劉向歆父子年譜〉、〈兩漢博士家法考〉、〈孔子與春秋〉、〈周官著作時代考〉。此外，錢氏對於顧頡剛〈五德終始說下的歷史和政治〉的評論，亦有重要參考價值。參見錢穆：〈評顧頡剛五德終始說下的歷史和政治〉，收入《顧頡剛古史論文集（第三冊）》，頁 465-478。

52 顧頡剛：〈自序〉，收入顧頡剛編：《古史辨（第二冊）》（臺北：藍燈文化事業股份有限公司，1987 年 11 月），頁 6。

也怕未必做得完。」[53]因此，不當苛責顧氏只破壞不建設的研究取向，反而應在其破壞的基礎上，重新衡定漢代儒學的價值，以完成顧氏未竟之業。

（三）思想的面向

異於經學家將焦點集中在五經師承授受，漢代思想的學者則旁及漢代道家、法家、史家等面向，成為漢代諸子學的研究。正因如此，對於兩漢哲學思想的討論，往往以個別人物、典籍交錯的形式，按照時間順序敘述，於未盡之處，再補充特殊的學術思潮。優點是對於個別的哲學體系能有深入解析、評介，但較難掌握整體學術發展的脈絡，且儒學僅為諸子之一，又常以其受到陰陽、道法等思想影響的角度討論，不能突顯漢儒的學術價值。此類著作在臺灣有徐復觀《兩漢思想史》[54]、周紹賢《兩漢哲學》[55]、黃錦鋐《秦漢思想研究》[56]、龔鵬程《漢代思潮》[57]、趙雅博《漢代思想批判史》[58]、曾春海《兩漢魏晉哲學史》[59]等。周、曾二氏原是為了授課所編的教科書，適合當作入門讀物。龔

---

[53] 顧頡剛：〈自序〉，收入顧頡剛編：《古史辨（第二冊）》，頁 4。

[54] 徐復觀：《兩漢思想史（卷一）》（臺北：臺灣學生書局，1993 年 2 月）。徐復觀：《兩漢思想史（卷二）》（臺北：臺灣學生書局，1993 年 9 月）。徐復觀：《兩漢思想史（卷三）》（臺北：臺灣學生書局，1993 年 9 月）。

[55] 周紹賢：《兩漢哲學》（臺北：文景出版社，1978 年 4 月）。

[56] 黃錦鋐：《秦漢思想研究》（臺北：學海出版社，1979 年 1 月）。

[57] 龔鵬程：《漢代思潮》（嘉義：南華大學，1999 年 8 月）。

[58] 趙雅博：《漢代思想批判史》（臺北：文景書局，2001 年 10 月）。

[59] 曾春海：《兩漢魏晉哲學史》（臺北：五南圖書出版股份有限公司，2002 年 1 月）。

氏則撿擇幾樣議題，如儒家星象與曆數政治、太平道與遊民社會等，碰觸較多元的面向，可視作對一般兩漢哲學史的補充。徐氏所著共三卷，篇幅最大，用力最深，為同類專著的佳作，書中以「周秦漢政治社會結構」為首卷，詳盡剖析專制政治對於漢代學術的所造成的陰影，以及儒者為箝制君權無限擴張所作的種種努力，說明了漢代政治與學術的互動關係。[60]

　　大陸方面，有金春峰《漢代思想史》[61]、祝瑞開《兩漢思想史》[62]、王鐵《漢代學術史》[63]、周桂鈿《秦漢思想史》[64]等。這些著作除了有前述的優缺點外，又常以唯心、唯物，神學、非神論等簡單分類加以評述。事實上，如此作法原無可厚非，問題在於，學者作出分類的判斷後，又常據其所斷回頭指責漢儒的矛盾。例如金春峰分析董仲舒的「天」有「神靈之天」、「道德之天」、「自然之天」三種意義，再以此批評董仲舒沒有將三者統

---

[60]　據徐氏的研究，當時箝制君權的措施，在官制方面主要有內外朝的分別，外朝以宰相為首，董理天下政事。在思想方面則有董仲舒建立的災異學說，藉由天戒與陰陽五行的自然定律，以達到「屈君而伸天」的目的。參見徐復觀：《兩漢思想史（卷一）》，頁 203-294。徐復觀：《兩漢思想史（卷二）》，頁 295-438。（清）蘇輿：《春秋繁露義證》（北京：中華書局，1996 年 9 月），卷 1，〈玉杯〉，頁 32。

[61]　金春峰：《漢代思想史》（北京：中國社會科學出版社，1997 年 12 月）。

[62]　祝瑞開：《兩漢思想史》（上海：上海古籍出版社，1989 年 6 月）。

[63]　王鐵：《漢代學術史》（上海：華東師範大學出版社，1995 年 12 月）。

[64]　周桂鈿：《秦漢思想史》（石家莊：河北人民出版社，2000 年 1 月）。

整成一個體系，而存有內在的混亂。[65]然而，在詮釋過程中，若遭遇到研究對象的矛盾之處，似乎應當反過來調整詮釋者的理解觀點，或可以對象正在發展理論的角度，梳理其學說的前後變化，而非逕據所分以貶斥其說。

　　前舉學者儘管各有主見，褒貶亦未必一致，但畢竟還是對漢代儒學的研究作出貢獻。除此以外，以牟宗三、勞思光為代表的學者，站在宋明心性體系的立場上，對漢儒表現出否定的態度。就牟氏而言，未有專門哲學或思想史的著作，其《才性與玄理》、《佛性與般若》、《心體與性體》等，可視作一系列斷代思想史，而《中國哲學十九講》為其課堂講稿，內容通論中國各期哲學概要，較有哲學史的意味。不過，眾多著作中，唯獨忽略漢代思想：在《才性與玄理》涉及漢代者，僅有王充一人，且是為了引起魏晉玄學人物才性的討論。[66]《心體與性體》中以為漢儒「對于孔子之生命以及其所立之教之本質未能有所確定」，前文所謂「傳經之儒」，即為牟氏的評判。[67]《中國哲學十九講》則言「先秦之後是兩漢。但兩漢經學之中較少哲學問題，因此我們略過不提。」[68]由此可知，牟氏對於漢儒即便沒有嚴厲的抨擊，但多少也帶有輕蔑的意味。[69]至於勞思光，則認為兩漢四百

---

[65]　參見金春峰：《漢代思想史》，頁 143-172。

[66]　牟宗三：《才性與玄理》（臺北：臺灣學生書局，1997 年 8 月）。

[67]　牟宗三：《心體與性體（第一冊）》（臺北：正中書局，1991 年 11 月），頁 12-13。

[68]　牟宗三：《中國哲學十九講》（臺北：臺灣學生書局，1999 年 9 月），頁 227。

[69]　另外，早年《周易的自然哲學與道德函義》中，曾有專章處理漢《易》問題。尚有《歷史哲學》一書，花費三部篇幅處理兩漢時期，惟此書在

餘年，非但沒有大哲學家出現，此一階段更是學統大亂，偽說疊出，「思想及學術均陷入極端失常之狀態中」，而以「沒落」、「衰亂」等強烈措辭極力貶責漢代哲學。[70]

　　綜合說來，牟、勞二氏的哲學史，特別是儒家部份的研究，都建立一種角度上，即「以起源為判準」。這樣的角度源遠流長，自先秦時期「儒分為八」，[71]到漢、魏時期的今、古文學之辨，鄭學、王學之爭，乃至於清代漢學、宋學的分歧，其爭辯的焦點與評判的依據，即：誰才是「真儒」？換句話說，誰才合乎先秦儒學的真諦？承其餘緒，牟宗三雖未明確提及其撰作立場，由前文所舉的段落，以及其著作趨向來看，頗有相同的預設。勞思光則直接提出「基源問題研究法」，以先秦儒家的心性論作為「設準」，用來約束整個中國儒學思想的發展主軸。[72]這種縱貫、宏

　　解決中國歷史的外王之學，側重政治問題的討論，與學術思想距離較遠。參見牟宗三：《周易的自然哲學與道德函義》（臺北：文津出版社，1988 年 4 月）。牟宗三：《歷史哲學》（臺北：臺灣學生書局，1984 年 2 月）。

[70]　勞思光：《新編中國哲學史（二）》（臺北：三民書局股份有限公司，1999 年 2 月），頁 9-17、22-29。

[71]　陳奇猷：《韓非子新校注》（上海：上海古籍出版社，2000 年 10 月），卷 19，〈顯學〉，頁 1124。

[72]　參見勞思光：《新編中國哲學史（一）》（臺北：三民書局股份有限公司，1997 年 10 月），〈序言〉，頁 15-17。關於勞氏「基源問題研究法」的評述，可參考林麗真等：〈勞思光《中國哲學史》的檢討〉，《中國文哲研究通訊》第 1 卷第 2 期（1991 年 6 月），頁 103-131。陳昱志：〈船山意倦興七日‧史筆如繩定是非──勞思光「基源問題研究法」的省察（上）（下）〉，《鵝湖月刊》第 19 卷第 11 期、第 19 卷第 12 期（1994 年 5 月、1994 年 6 月），頁 40-45、38-51。高柏園：

觀的哲學史觀，事實上隱涵了以下立場：學者對於先秦思想原鄉
式的回歸，整個中國哲學史、思想史便在此大前提下加以演繹推
論。進而形成儒學思想史解釋上的兩種特徵：一、「排斥性」，
不曾在先秦儒學出現過的內容，即非正統；[73]二、「目的性」，
整個儒學的發展是以恢復先秦儒學為目標。[74]在此「以起源為判
準」的角度下，由於兩漢儒學夾雜大量的陰陽、五行學說，故被
判定為「沒落」；因為兩漢學術發展出災異、讖緯，所以是「衰
亂」。漢代儒學的積極意義，亦因此遭到誤解、埋沒。[75]

第二節　研究方法：學術史楔的研究進路

以上簡單回顧漢代儒學的三種見解，可以發現，相較於經學

〈論勞思光先生之基源問題研究法〉，《鵝湖學誌》第 12 期（1994 年
6 月），頁 57-78。金起賢：〈勞思光先生對先秦儒學史研究之方法論
評述〉，《鵝湖月刊》第 21 卷第 4 期（1995 年 10 月），頁 42-50。

[73] 此即勞思光對於漢儒夾雜陰陽五行思想，且重視宇宙論的批判。參見勞
思光：《新編中國哲學史（二）》，頁 9-17。

[74] 此以勞思光所提出的「一系說」為代表，認為宋明理學的發展，是一步
步回歸先秦儒學的過程。參見勞思光：《新編中國哲學史（三上）》
（臺北：三民書局股份有限公司，1997 年 8 月），頁 39-93，特別是頁
40-62 的部份。牟宗三的「三系說」，亦認為宋明理學直承先秦儒學，
並在其及基礎上發展出更精深博大的道德體系。參見牟宗三：《中國哲
學十九講》，頁 389-447。

[75] 關於牟宗三、勞思光對於漢代哲學的觀點分析，可參考許朝陽：〈從漢
代哲學論哲學史寫作〉，《輔仁學誌·人文藝術之部》第 34 期（2006
年 12 月），頁 73-104。許氏以為問題在於中西學界對於「哲學」的概
念不同所致。

家、史學家的立場，思想史家以先秦儒學作為「判準」的否定態度最為強烈，對於日後學者產生的影響亦最為深遠。事實上，同樣是以起源作為研究脈絡，卻未必要追溯所有事件、學說的肇端；彷彿唯有找到某種學說的源頭，才能據以衡量出日後某項理論、某位學者的意義或價值；相異於宏觀角度的回顧，尚可採取微觀視野的細部分析，此即筆者所謂「學術史楔」的研究進路。

所謂的「楔」，又稱「楔子」，原是上平厚、下尖扁的木塊，填補在榫頭縫隙中，使其固定，《淮南子‧主術》有「大者以為舟航柱梁，小者以為楫楔」[76]之語。到了元雜劇中，用來稱呼於四折之外，視需要所加的獨立段落，以銜接劇情。據此，筆者將「填補」、「銜接」的概念運用在學術史的研究上，藉以探究學術轉型的發生原因。具體而言，即是將目光聚焦於某種學術（如經學）成立的萌芽時期，分析當時學術的理論內涵、話語規則，究竟產生怎樣的變化，進而導致新的學術形態的出現。以下進一步從「功能與目的」、「步驟和方法」兩端，具體說明「學術史楔」的內容與構想。

壹、史楔的功能與目的

顧名思義，「史楔」的功能，主要在於「填補」、「銜接」。以中國學術史的分期及特色而言，一般有所謂「先秦諸子」、「兩漢經學」、「魏晉玄學」、「隋唐佛學」、「宋明理學」、「清代樸學」的概念。筆者大致認同此劃分方法，並以此

---

[76] 劉文典：《淮南鴻烈集解》（北京：中華書局，1997 年 1 月），卷 9，頁 291。

為前提，詳細說明兩期之間的遞嬗過程，進而追究後期所以能夠取代前期，成為學術主流的根本原因。亦即詢問：由於何種因素，人們不再思索前人思索的課題？在什麼條件下，人們不再以同樣的方式思索問題？基於這樣的想法，「史楔」的功能首先在於補充典範，也就是補充當前學界普遍認可的學術史分期，說明前後兩期（在本書是指「先秦諸子」、「兩漢經學」）之間所發生的轉變。

進一步說，前後期學術發生轉變的歷程中，勢必發生學術上、知識上的動亂：某些原佔據中心位置的思想被放逐到邊緣，新的主題成為當時學界辯論的焦點。舊有的論述方法逐漸失其效力，新的方法在試探、調整的過程中，逐步確立其權威。從後代的立場看，由於前後期存在本質上的差異（否則即為同期），因此在轉折中難免產生各種錯誤、矛盾，而這些錯誤、矛盾，一向遭到學者的忽略、鄙視。然而，站在「史楔」的角度上，必須透過考察轉折所衍生的錯誤、矛盾，方能逆推其發生原因。基於如此觀點，「史楔」的第二個功能在於處理動亂，亦即學術變動所流衍出的各種混亂現象。

在此研究進路下，「學術史楔」的研究目的，亦與傳統方法大異其趣。首先，「史楔」的目的在於恢復學術事件本身的真實，並非學術對象的真實。以西漢儒學為例，關於層累地建構上古史，或吸收陰陽五行思想等部份，是否為古史真正的面貌，或有無符合孔、孟的精神，都不是「史楔」關心的課題，重點在於建構、吸收的學術事件本身，究竟反映出怎樣的意義與價值？再者，「史楔」的目的在於追索學術事件本身的理則，而非學術內容的理則。換句話說，並不是考察理論體系「致廣大而盡精

微」[77]到什麼程度，而是分析當時儒生的學術實踐中，確立了何種規則標準，成為日後儒學反覆出現、不斷循環的論述典範，同時經由儒生循環反覆的實際操作，新的事理、新的知識能夠持續流衍化生。就前項而言，能夠擺脫「以起源為判準」的觀念桎梏；從後項來說，對於終極概念的探索，並不只限於建構道德方面的本體論（ontology），亦可發現在學術上、知識上的本體論（ontological）性質。

貳、史楔的步驟和方法

就本書的研究為例，主要在於考察「先秦諸子」到「兩漢經學」的轉折過程、發生原因，及其在學術史上的意義。筆者先把論題集中在西漢郊廟的禮制及其思想，以探索方術與儒術的異同，以及儒學肇始時期的思想狀況；再將時間斷限在秦始皇統一天下（246 B.C.）到新莽覆滅（22）的二百餘年間。時限、論題一旦確定，便可以開始西漢郊廟禮制的研究。此一研究並不先探討前代制度，以作為西漢郊祀、宗廟的參照基準，而是分析當時相關文獻，以鉤勒出西漢禮制的沿革，作為以後章節討論的準備，此即「制度史」層次。於此基礎上，便可邁入到「思想史」層次，此部份主要藉由兩種視角的剖析，以詮釋方術如何轉變到儒術的歷程：其一是「內在理論」方面，儒生並非對方術內容照單全收，而是在其基礎上，以更優越的理論高度，改造且融攝方術學說，由此可以解釋為何當時儒生與方士具有共通的特徵，偏

77　《禮記》，卷 53，〈中庸〉，頁 897。

重於關聯性、連續性的討論。其二則是「外在規律」[78]方面，藉由鉤稽西漢前後期，尤其是方士與儒生研議禮制的話語形式，以釐清兩者的差異，以此說明兩者開始分離的發生原因，著眼於差異性、斷裂性的解析。透過內容與話語、內在與外在、連續與斷裂的兩種研究進路，具體說明方術與儒術間的變遷。最後則是「經學史」層次，以思想史的「外在規律」為基礎，觀察西漢後期儒生關於某項禮制的辯論方式，此即為日後儒學內部爭論的原始形態。

　　根據以上三個層次，本書的討論角度，便可在傳統宏觀、溯源式的研究理路外，另闢蹊徑。每個層次都是必要的，且為下層次的前提，形成對某時期、某論題的垂直解析（見「附表一」）。檢視整個推論的過程，「經學史」層次是以思想史作為前提，「思想史」層次是以制度史作為前提，「制度史」研究則是根植於當時相關文獻的分析歸納上；由西漢郊廟禮制沿革的現象，有層次、有理據地逐漸深入到學術事件的核心。據此而論，除非能證明徵引文獻偽造或詮釋失當，否則此研究進路的邏輯性、有效性，並不亞於將大前提置於先秦儒學的縱貫史觀。[79]因

78　所謂「外在規律」，並非思想以外的規律，而是思想的外在特徵，主要由種種思維規則組成。舉例來說，陰陽五行是方術主要的「內在理論」；而「悠謬迂怪」的論述方式，則是其「外在規律」的一種。「外在規律」的觀念受到法國思想史家傅柯（Michel Foucalt）的啟發，後文「話語形態的構成」中，將有更詳細的說明。

79　誠如德國哲學家加達默爾（Gadamer, H. G.）所言：「瞭解由此開始，……就是：有事物向我們說話，這是所有詮釋學條件中最為首要的。」因此，詮釋活動必先要直接注意的，正是「事情本身」，這對加達默爾來說，就是充滿意義的文本，而文本本身又涉及事情。在此前提

此，本書採取此種微觀、垂直的研究途徑，目的在於尋繹西漢郊
祀、宗廟的禮制沿革，劃分方士與儒生的界限依據，以及經學初
始的學術形態。換句話說，即是透過對西漢郊祀、宗廟禮制的全
面考察，具體而微地展示經學、儒學發生時期的學術樣貌，所謂
「欲載之空言，不如見之於行事之深切著明也」。[80]

附表一　本文研究的三層次

	課題		目標
學術層次	制度史		制度沿革
	思想史	內在理論	理論發展
		外在規律	規則差異
	經學史		經學肇始

下，關於西漢郊廟禮制這一「事情本身」，指的正是直接記錄當時事件
的各項文獻，例如《史記》、《漢書》及西漢諸子等。正因立論的基礎
在於「事情本身」，故能避免陷落邏輯推論上的「套套邏輯
（tautology）」。關於詮釋學的概念，詳見（德）加達默爾（Gadamer,
H. G.）著，洪漢鼎譯：《真理與方法：哲學詮釋學的基本特徵》（上
海：上海譯文出版社，2005 年 5 月），上卷，頁 341-348、384。
（德）加達默爾（Gadamer, H. G.）：〈論理解的循環〉，收入嚴平選
編：《加達默爾集》（上海：上海遠東出版社，2003 年 3 月），頁 40-
48。陳榮華：〈詮釋學循環：史萊瑪赫、海德格和高達美〉，《國立臺
灣大學哲學論評》（2000 年 1 月），頁 97-136。至於「套套邏輯」的
介紹，參見林玉体：《邏輯》（臺北：三民書局股份有限公司，1987
年 12 月），頁 53-54。

80　（漢）司馬遷著，（南朝宋）裴駰集解，（唐）司馬貞索隱，（唐）張
　　守節正義：《史記》（北京：中華書局，1997 年 11 月），卷 130，
　　〈太史公自序〉，頁 3297。

　　概略介紹本書基本的思考方向後，再就全書的研究方法，作
一番詳盡的陳述。以下即針對筆者預設的各項內容，擇要介紹影
響本文方法概念的理論學說，同時說明實際運用的操作手法：

一、郊廟制度的沿革

　　就「制度史」的角度來看，西漢前期受到秦代禮儀、方士建
議等影響，都是值得考察的對象，特別是其中所蘊藏的地方禮
俗、宇宙觀念，乃至於對太一、五行、星辰、山川諸神祇的位階
排序，反映當時一般人的思想內涵。[81]後期則可觀察儒生如何將
六藝的內容，逐步實現於政治場合中，以達到漢家禮樂明備的理
想。因此，在研究制度史的方法上，主要是綜合當時所有相關的
文獻記錄，並配合現代考古學、人類學的研究成果，還原西漢國
家禮制的沿革歷程，並儘可能追溯祭祀對象、儀節等傳說起源或
理論依據，藉以闡明西漢郊廟制度的沿革，並說明禮儀轉變的意

---

[81] 所謂「一般人的思想內涵」，指的是共存於精英與大眾間思想的連續
面，如葛兆光特別點明「一般知識、思想與信仰的世界」，陳來則探索
春秋時期貴族社會的「一般信仰（common religion）」。詳見葛兆光：
《中國思想史》（上海：復旦大學出版社，2002 年 8 月），〈導論—
思想史的寫法〉，頁 2-24。陳來：《古代思想文化的世界：春秋時代
的宗教、倫理與社會思想》（北京：三聯書店，2002 年 12 月），〈引
言〉，頁 1-16。蒲慕洲則從宗教角度檢視東周以前民間信仰的發展，
注意到上下階層信仰由同趨異的分化現象。詳見蒲慕洲：《追尋一己之
福—中國古代的信仰世界》，頁 95。美國漢學家本杰明・史華茲
（Benjamin I. Schwartz）亦云：「我們已知的文獻表明，民間宗教的內
容既不是簡單同一的，也不是長期缺乏發展變化的，甚至也不缺乏自覺
的反思。這些文獻還揭示，在『高層文化』和『民間文化』之間存在著
經常性的、遷移性的相互作用。」（美）本杰明・史華茲（Benjamin I.
Schwartz）著，程鋼譯：《古代中國的思想世界》，〈導言〉，頁 10。

義，作為往後章節討論思想內涵的背景與基礎。

二、方術思想的發展

　　在釐清西漢郊祀、宗廟制度的沿革後，便可據此為基礎，深入探討決定制度的「內在理論」，亦即「思想史」層次的討論。初步的觀察，就郊祀而言，由秦皇至漢武的禮制變遷，主要特徵在於至尊神格上，太一取代五帝的歷程。造成此歷史現象的背後思想理論，即是五行與太一兩種觀念的消長──此正是西漢時期方士與儒生共同思索的重要課題。進而突顯出兩個問題：姑且不論逢迎阿諛以求富貴功名的燕齊方士，為何當時許多博學耿直的儒生，如董仲舒、劉向等，亦殫精竭慮地投入相關的討論中？這樣學術活動，在思想史上的意義又是如何？[82]

　　為了解決前述問題，美國科學哲學史家孔恩（Tomas S. Kuhn）對於西方科學史「典範（paradigms）」的反省，具有相當程度的參考價值。[83]孔恩所謂的「典範」，「指的是公認的科

---

[82] 顧頡剛以造偽的觀點解釋此現象。詳見顧頡剛：〈五德終始說下的歷史和政治〉，《顧頡剛古史論文集（第三冊）》，頁 254-459。可是，誠如法國年鑑學派史家布洛克（Mac Bloch）所言：「單單確定偽造一事是不夠的。更重要的是進一步發現偽造的動機。」又云：「更詳細地說，除非誤解是與大眾的偏見相配合，否則就不會傳開，不會有生命。」筆者據此提出上述兩個問題，以求能在更深層的認識立場上，重新定位秦漢儒學的意義與價值。當然，誠如前文所舉顧氏研究計畫，與其說筆者站在顧氏的對立面重論漢代思想，勿寧說是延續顧氏觀點中一條可發展卻未解決的線索。詳見（法）布洛克（Mac Bloch）著，周婉窈譯：《史家的技藝》（臺北：遠流出版事業股份有限公司，2000 年 3 月），頁 90、103。

[83] 有別於傳統兩漢思想的研究方法，是筆者希望在舊有相關課題上有所突破的關鍵。經過長時間的閱讀與思索，發現西方當代發展出來的許多學

學成就，在某一段期間內，它們對於科學家社羣而言，是研究工
作所要解決的問題與解答的範例。」[84]整個時代的研究工作，就
是在此典範下持續進行與累積。但是，由於實驗時產生的異常現
象，或者是新理論的建構，因而開始出現多種不同的詮釋。值得
注意的是：導致典範崩潰的問題並不一定是新問題，倒常是早已
存在的問題。[85]起初學者試圖解決問題時，還頗能遵循典範的約
束，一旦問題得不到妥善的解答，難免開始對典範做或小或大的

說，無論在觀點上、操作上，俱已發展成嚴密體系，足以用來重新檢視
漢代學術。孔子曰：「思而不學則殆」（《論語・為政》）又有「不如
學也」（《論語・衛靈公》）的感嘆，與其閉門造車地苦思新方法，未
若參酌西方學者的成果。當然，並非將西方理論硬套在中國思想的研
究上，此所以在討論研究方法時，必須要介紹方法理論及其可應用的範
圍，避免推論上方鑿圓枘的矛盾現象。（魏）何晏注，（宋）邢昺疏：
《論語注疏》（臺北：藝文印書館，1997 年 8 月，《十三經注疏》
本），卷 2，頁 18；卷 15，頁 140。

[84] （美）孔恩（Tomas S. Kuhn）著，王道還等譯：《科學革命的結構》
（臺北：遠流出版事業股份有限公司，2007 年 7 月），頁 38。

[85] 余英時研究清代思想史時，亦曾提出「內在的理路（inner logic）」的
研究途徑：「也就是每一個特定的思想傳統本身都有一套問題，需要不
斷地解決，這些問題，有的暫時解決了，有的沒有解決，有的當時重
要，後來不重要，而且舊問題又衍生新問題，如此流轉不已。」與孔恩
思路相近。參見余英時：〈從宋明理學的發展論清代思想史〉、〈清代
思想史的一個新解釋〉、〈畧論清代儒學的新動向─「論戴震與章學
誠」自序〉，《歷史與思想》（臺北：聯經出版事業公司，1997 年 6
月），頁 87-119、121-156、157-165。余英時：〈清代學術思想史重要
觀念通釋〉，《中國思想傳統的現代詮釋》（臺北：聯經出版事業公
司，1999 年 9 月），頁 405-486。有關余氏「內在理路」的特質與義
涵，可參考丘為君：〈清代思想史「研究典範」的形成、特質與義
涵〉，《清華學報》新 24 卷第 4 期（1994 年 12 月），頁 451-494。

修改，致使典範的內容越來越模糊。這樣的現象標誌著典範面臨危機的症候，也正是危機的出現，促使科學革命以及新典範的創造。[86]

西漢時期的郊祀思想亦可作如是觀。其中，繼承自前代的五行學說實具有典範的地位。然而，由於現實環境的轉變（如政治上從戰國羣雄爭霸到秦漢定於一尊），理論內在有效性、合理性要求（如「相生」、「相剋」兩種循環間的關聯，太一、五行的位階高低）等因素，促致學者不斷修訂典範的內涵與架構，以求獲得解釋範圍更廣、理論效力更高的新典範。因此，「方術思想的發展」部份，正是要追究五行學說開始轉變的種種原因，並闡述當時學者所提出的解決途徑，以揭示新典範產生的歷程。

三、話語形態的構成

思想史的討論，除了可觀察「內在理論」的傳承、創新外，對於「外在規律」的分析，亦是重要的面向。所謂「外在規律」，指的是分析某時期學者觀看、論說事物的規則或方法，亦即探討當時的「話語形態」（discursive formation）。簡單來說，「內在理論」研究陰陽五行等學說內容，主要在於討論「說什麼」（what）；「外在規律」則關注言談風格、論事態度等論述形態，偏重於「怎麼說」（how）。[87]當代以「話語形態」研

---

[86] 以上論點詳參（美）孔恩（Tomas S. Kuhn）著，王道還等譯：《科學革命的結構》，特別是〈異常現象與科學發現之產生〉、〈危機與新理論的建構〉、〈對危機的反應〉、〈科學革命的本質及其必要性〉四章。

[87] 傅柯以為，話語（discourse）是我們有意強加於事物上的一套特殊意義，是我們企圖使大千世界產生「秩序」的一種行為，因而具有「特殊

究思想史，並提出具體操作方法的學者，首推法國哲學家傅柯
（Michel Foucalt）。自博士論文開始，傅柯便致力於追索現代
性的產生原因。然而，無論在對象上[88]、方法上，都採取與傳統
思想史、哲學史迥然有別的策略。經過長時間的研究實踐與自我
反省，最後歸結其研究方法，著成《知識考古學》一書；書中對
於其方法上預設的觀念、常用的術語、操作的手法等，有著詳盡
的解析。[89]關於「考古學（archéologie）」本身，傅柯有相當繁

性」（specificity）。且話語只為我們建立了所謂「真理」的範圍，及
使其意義作用的特殊規範，因而具有「外延性」（exterioricity）。於此
意義下，所謂「外在規律」，並非指以政治、經濟等其他範疇，來解釋
思想史發生轉變的原因，而是藉由研究話語的組成規律，以釐清某時代
「真理」的外在輪廓。職是，「外在」並非思想史以外的意思，而是由
外觀察思想史構成的規則及條件。參見（法）米歇爾‧傅柯（Michel
Foucalt）著，王德威譯：《知識的考掘》（臺北：麥田出版股份有限公
司，2001 年 1 月），頁 34-35。

[88] 有別於一般思想史研究將焦點集中在某位哲學大師、某部哲學名著的方
法，傅柯的主題放在瘋狂、臨床醫學、語言學、經濟學、生物學上，但
並非描述某個學科史的形成，而是藉由這些具體學科，以說明人─尤其
現代的人，究竟是在什麼樣的條件下，被形塑而成。參見（法）米歇
爾‧傅柯（Michel Foucalt）著，林志明譯：《古典時代瘋狂史》（北
京：三聯書店，2005 年 6 月）。（法）米歇爾‧傅柯（Michel
Foucalt）著，劉北成譯：《臨床醫學的誕生》（南京：譯林出版社，
2001 年 8 月）。（法）米歇爾‧傅柯（Michel Foucalt）著，莫偉民
譯：《詞與物─人文科學考古學》（上海：三聯書店，2001 年 12
月）。

[89] 詳見（法）米歇爾‧傅柯（Michel Foucalt）著，王德威譯：《知識的
考掘》。（法）米歇爾‧傅柯（Michel Foucalt）著，謝強、馬月譯：
《知識考古學》（北京：三聯書店，2003 年 1 月）。案，兩書為同一
本書的不同翻譯，名稱上亦有所差異，楊凱麟云：「基於本書法文標題

複且細緻的定義，在當代西方思潮中，佔有極為重要的地位；但由於篇幅與研究領域所限，在此不多贅述，僅提出運用於本書的主要概念。[90]

首先，考古學重視規則性（regularity）而不重原創性（original）。傳統思想史習慣用線性、連續的史觀來思考歷史，將思想史理解為前後相承的發展形態。在考古學中，追問新舊、先後等問題是沒有意義的，因為話語的轉變並非發生在某層面上，而是數個規則的轉換。新話語可能保有舊論述的用語或概念，但話語之所以出現的樣態與策略卻完全不同。在傳統思想史的角度上，會誤以為新話語只是重複或延續舊話語的概念，故毫無創新；但事實上，新舊話語已是兩個截然有別的事物，因為二者的構成規則不同。

其次是矛盾（contradictions）與比較（comparisons）。傳統思想史受限於線性、連續的史觀，故竭力地想在零亂的歷史中理出一條原則，要不就是視矛盾為進步的障礙，[91]要不就是忽略其

中的 archéologie 原意『考古學』是目前較通用的譯法，在文章脈絡考量下，底下凡提及此書，皆譯為《知識考古學》。」本文從之。詳見（法）德勒茲（Gilles Deleuze）著，楊凱麟譯：《德勒茲論傅柯》（臺北：麥田出版股份有限公司，2000 年 1 月），〈譯者前言〉，頁 38。

[90] 舉例來說，常見術語如：「話語（discourse）」、「聲明（statement）」，傅柯即以〈話語的規則〉、〈「聲明」和檔案〉兩章詳加論析，在其研究脈絡下，賦予全新的內涵。事實上，其考古學的理論，不僅是增加一種研究方法，而是在思想上提出嶄新的立足點。詳見（法）米歇爾・傅柯（Michel Foucalt）著，王德威譯：《知識的考掘》，頁 93-253。（法）米歇爾・傅柯（Michel Foucalt）著，謝強、馬月譯：《知識考古學》，頁 20-147。

[91] 譬如為何在先秦百家爭鳴的輝煌時期後，會出現充斥著陰陽五行內容的

中的差異，[92]矛盾因此在傳統思想史研究取向中不具正面價值。
考古學則將矛盾視作重要的歷史事實，將看似相同的話語，藉由
微觀的比較，如實呈現其中的相異處，亦即發現兩者截然有別的
構成規則。

　　回到本文論題，前節有關哲學家意見的反省，在某種程度
上，表現出對「以起源為判準」的疑慮。然而，本書亦非因此將
思想內容傳承的相關討論完全予以捨棄，在前述「方術思想的繼
承」的方法說明中，依然由連續的角度，看待方術與儒術間的關
聯性。至於「話語形態」，則著眼於當時儒生與方士混同的現
象，只不過在研究的策略上，不再遵循顧頡剛的軌轍，把兩者一
併指作「黑暗」。而是從二者言談的風格、所據的經典、論事的
態度等方面加以區別，以重現其正在分離的實況。因此，在歷史
的發展中，儒生與方士的界線也就越來越明顯，此所以武帝一方
面能夠「盡罷諸儒不用」，另方面又可以採信方士說法的原因。
[93]有關兩類間的差別，初步觀察到有以下幾項：方士多悠謬之
言，儒生則拘於《詩》、《書》不敢騁。方士多以古傳今，就當
時所發生異象，妄稱上古帝王亦曾如此；儒生則以古禮論今制，

　　兩漢思想？為何兩漢不能繼續延續先秦儒學的精要？學者遂以「沒
　　落」、「黑暗」等辭彙加以評價。

[92] 梁啟超謂：「然則造此邪說（筆者案：指陰陽五行說）以惑世誣民者誰
　　耶？其始蓋起於燕齊方士；而其建設之，傳播之，宜負罪者三人焉：曰
　　鄒衍，曰董仲舒，曰劉向。」將陰陽五行的迂怪思想視為兩漢學者遺
　　害，未及明辨其間方士與儒生正在發生的分離及其意義。參見梁啟超：
　　〈陰陽五行說之來歷〉，收入顧頡剛編：《古史辨（第五冊）》（臺
　　北：藍燈文化事業股份有限公司，1987 年 11 月），頁 343-362。

[93] 見《史記》，卷 28，〈封禪書〉，頁 1397。

欲「漢一變以至於道」。方士所論多假黃帝立說，儒生則崇慕周朝禮樂。兩種話語述間存在眾多的矛盾、歧異，故很難看出其中的連續性，所以僅具有時間上的接續關係，只能表現出「轉變（transformations）」。[94]

四、禮學內涵的論辯

方士與儒者間的界限，在西漢元成以後「天地之祠五徙焉」[95]的異動下，逐漸明朗；確定日後中國二千年以儒家禮樂為主軸的文化傳統。爾後，關於禮制的意涵，亦轉為儒家內部的辯論，此即為西漢後期禮學的主要課題。[96]進一步研析當時儒生所提出的制度及禮義，可以發現：同樣的主題上，竟有許多不同的見解。譬如廟數的討論，有貢禹、劉歆的「七廟」、韋玄成的「五廟」；同主「七廟」，貢、劉二氏持論理據亦未盡相同，足證西漢儒生關於宗廟禮制的理解上，存在著極大的差異與紊淆。

針對此現象，黃彰健的研究頗值得借鏡。黃氏曾透過《左傳》、《國語》等經典的比對，訂正《大戴禮記·帝繫》及《史

---

[94] 「規則性」、「矛盾」、「比較」、「轉變」等四項，即是考古學描述的主要特徵。參考（法）米歇爾·傅柯著，王德威譯：《知識的考掘》，頁 255-315。（法）米歇爾·傅柯（Michel Foucalt）著，謝強、馬月譯：《知識考古學》，頁 148-197。初步的介紹，可參看黃煜文：《傅柯的思維取向—另類的歷史書寫》（臺北：國立臺灣大學出版委員會，2000 年 6 月），頁 127-146。

[95] 《漢書》，卷 25 下，〈郊祀志下〉，頁 1266。

[96] 誠如劉歆批評太常博士曰：「信口說而背傳記，是末師而非往古，至於國家將有大事，若立辟雍封禪巡狩之儀，則幽冥而莫知其原。」（《漢書》，卷 36，〈劉歆傳〉，頁 1970）即是著眼於國家祀禮的殘闕，要求增立記錄豐富禮制的《左傳》於學官，卻因而開啟今古文經學之爭。

記》對於「禘郊祖宗」的錯誤理解。[97]筆者受其啟發，認為漢儒
對於五經內涵，並非直承先秦儒學，必須透過不斷地研究方能獲
得；但由於種種因素，造成漢儒的理解未必盡合於古制，乃至於
彼此的義理亦有所齟齬，此即是漢代思想，特別是儒學思想的實
況。[98]據此角度看，不能完全以顧頡剛的立場批評漢儒刻意造假
或「層累造成」，反而往後經學史上的重要論題，如今、古文學
的分流，以及鄭學、王學的禮制之爭，必須追溯到西漢的禮學內
容。[99]

　　具體而言，所有儒者的議論基礎，俱建立在對於古禮──尤
其是周制的研究上，此論述形式即是前述儒生與方士分流的關鍵
要素。由於典籍散佚等原因，[100]導致當時儒者不得不就現存文
獻加以綜合排比，以探求兩周禮制的原貌。[101]然而，在漢代儒

---

[97]　參見黃彰健：《中國遠古史研究》（臺北：中央研究院歷史語言研究
　　所，1996 年 10 月），頁 73-111。

[98]　先秦與兩漢儒學的斷層，非本文所論主旨。粗略而言，大致上有「儒分
　　為八」的內緣因素，以及秦皇、項羽對文獻禁燬的外緣因素。

[99]　宗廟廟數與祭天對象，為鄭、王兩派禮制的主要分歧。鄭學、王學的相
　　關辯論，可參考（清）孫詒讓：《周禮正義》（北京：中華書局，2000
　　年 3 月），第 5 冊，卷 32，〈春官・敘官・守祧〉，頁 1255-1262；卷
　　35，〈春官・大宗伯〉，頁 1390-1398。

[100]　學者曾以「秦火焚書」為中心，說明儒學於秦漢之際所造成的斷層，以
　　及當時儒生因此所產生的焦慮。詳見林啟屏：《從古典到正典：中國古
　　代儒學意識之形成》，頁 331-371。

[101]　除了典籍散佚所造成的文化斷層外，先秦儒學對於天子祭禮似乎已經未
　　能完全辨明。《論語・八佾》：「或問禘之說。」孔子回答：「不知
　　也。」（卷 3，頁 27）此或可解釋為孔子謙讓及對禘祀的重視。然而，
　　《史記・孔子世家》載晏子曰：「自大賢之息，周室既衰，禮樂缺有

生的研究過程中，同樣正是因為文獻的逸失，難免由於持論的立場或根據的經典不同，產生「一人一義，十人十義」[102]的狀況。更嚴重的問題在於：並沒有任何機制足夠判定，究竟哪種詮釋符合聖人原意？哪位學者才是「真儒」？即便是漢帝親臨裁決，亦僅可從中擇一，孰是孰贗的問題未能因此得到妥善解決。在此意義下，漢儒所企及的周代禮樂制度和原始儒家理想，並不保證能透過鑽研古籍便可獲得，形成儒學內部分派的主要徵結。

因此，關於「禮學內涵的論辯」部份，主要是在上述「話語形態」的前提下，探求西漢儒者詮解禮義、爭論制度的實際現象；同時考察在此肇始時期中，產生什麼內容？確定何種形態？最終成為儒家二千年來不斷反覆出現的特徵。

聞。今孔子盛容飾，繁登降之禮，趨詳之節，累世不能殫其學，當年不能究其禮。」（卷 47，頁 1911）據此，孔子於周禮似乎亦未能完全通曉，此部份或許正是有關國家祭典的「禘祀」。

[102] （清）孫詒讓：《墨子閒詁》（北京：中華書局，2001 年 4 月），卷 3，〈尚同中〉，頁 78。

第二章　西漢郊祀禮制沿革

　　縱觀西漢郊祀典禮的沿革，大致可劃作三個階段：首先，是由高祖到武帝以前。楚漢相爭之際，高祖曾「悉召故秦祝官，復置太祝、太宰，如其故儀禮。」並下詔曰：「吾甚重祠而敬祭。今上帝之祭及山川諸神當祠者，各以其時禮祠之如故。」[1]爾後，高祖雖又在長安立蚩尤祠、置祠祀官，文帝亦曾郊祀于渭陽五帝廟，但僅是擴大規模或臨時增設，並未更動舊有典制，可知漢初的郊祀祭典，基本上繼承秦朝體制。

　　其次，則為武、宣時期郊祀規模的擴大。由於受到方士的鼓吹，武帝開始變更高帝以來的郊祀制度，至宣帝時期，續修武帝故事，使祭祀的神祇、犧牲、時節等各方面均成定制，規模達到空前高峰，呈現與漢初截然不同的宗教色彩。其改革的核心內容有三：「立汾陰后土祠」、「建甘泉泰一祠」、「封禪泰山」。三者之間，雖在祀壇結構、祠祭對象等方面各有差異，卻反映出某種共通的觀念思想，有待深入的發掘和探討。

　　最後，乃是元、成以降由儒者主導的郊祀改革。一改過去深受秦制、方士影響的舊有典禮，儒生依據六藝經典的相關記載，為郊祀禮制注入合理且適用的思想觀念，以整飭紊亂的祭祀系

---

[1]　《史記》，卷28，〈封禪書〉，頁1378。

統，同時掃除方術的迷信成份。簡單來說，整個西漢後期郊祀禮
制的改革，正是朝廷儒臣逐步以儒家學說汰換前期秦代制度、方
術思維的過程。

　　因此，本章即根據上述的三個階段，分作三節加以研究：首
先，討論「西漢初期的郊祀禮制」，主要考察秦朝郊祀典禮，以
釐清漢初高祖沿承秦制的內容與性質。其次，探討「武帝時期的
郊祀禮制」，就武帝增建的三項祭祀典禮，分別探究其理論出
處、思想背景，據以闡明其中所反映的共通觀念。最後，研析
「西漢後期的郊祀禮制」，詳細敘述儒生議論郊祀制度的過程，
同時深入考索其引證的經典論據，進而廓清西漢後期郊祀改革的
貢獻及成果。

第一節　西漢初期的郊祀禮制

　　根據《史記・封禪書》的記載，高祖二年（205 B.C.）六
月，漢軍東擊項羽還入關，高祖曾「悉召故秦祝官」以禮祠上帝
及山川諸神，西漢郊祀的初步規模於焉確立，爾後至武帝時期並
未有重大變革。由此可見，漢初的郊祀祭典，基本上繼承秦朝體
制，因此想釐清西漢郊祀的內容與性質，首先必須對秦朝的祭祀
典禮加以考察。秦始皇於兼併六國後，令祠官重新排次天地、名
山、大川、鬼神，依照所在的位置，按時祠奉不同等級的祭品，
以定其位階，使天下祭祀「可得而序也」。其中最重要的有二：
一是東周以降，秦國先公於雍地所立諸畤；二是始皇東巡郡縣，
封禪泰山，禮祠八神。前者成為國家最隆重的祭典；後者則立石
頌德，並引起秦皇追求登僊不死的冀望。以下即針對此兩類祠

典，進一步考察其成立實況及性質。

壹、雍畤與戎俗

秦朝的國家祭禮內容繁雜，舉凡天地、山川、日月、星辰、人鬼等，皆各有祠禮，屬於多神信仰。諸祀之中，「唯雍四時上帝為尊」，[2]其立畤的經過，史書云：

> 秦襄公既侯，居西垂，自以為主少皞之神，作西畤，祠白帝。

> 其後十六年，秦文公東獵汧渭之間，卜居之而吉。文公夢黃蛇自天下屬地，其口止於鄜衍。文公問史敦，敦曰：「此上帝之徵，君其祠之。」於是作鄜畤，用三牲郊祭白帝焉。

> 秦宣公作密畤於渭南，祭青帝。

> 秦靈公作吳陽上畤，祭黃帝；作下畤，祭炎帝。

> 櫟陽雨金，秦獻公自以為得金瑞，故作畦畤櫟陽而祀白帝。[3]

---

2 《史記》，卷28，〈封禪書〉，頁1376。
3 以上均見《史記》，卷28，〈封禪書〉，頁1358-1365。

自平王東遷至戰國中期，秦國建立六處郊天建築，祭白帝三，青、黃、炎帝各一，分配頗不平均。逮秦統一宇內，重新排序天地神祇，確定以鄜畤作為白帝祠壇，加上祭青、黃、炎帝的密畤、上畤、下畤，成為秦始皇時所謂的「雍四畤」；[4]至於西畤、畦畤，「祠如其故，上不親往」。[5]

　　由祭祀的對象看，雍地諸畤的建立，似乎是為了迎合先秦以來的五行學說；但倘若如此，理應同時分設五畤以祀五帝，而非歷時四百餘年，[6]所祀諸帝數量又不平均。事實上，司馬遷於《史記·秦本紀》云：「襄公於是始國，……祠上帝西畤。」秦繆公則「將以晉君祠上帝」，昭襄王五十四年（253 B.C.）亦曾「郊見上帝於雍」。[7]〈六國年表〉則云：「秦襄公始封為諸侯，作西畤用事上帝」，[8]是史遷於〈本紀〉、〈年表〉所記，

4　關於「雍四畤」為何，歷代學者爭訟不決。詳細的討論，可參考羅保羅：《秦吉禮考》（臺北：私立輔仁大學中國文學研究所博士論文，2000 年 6 月），頁 36-46。

5　《史記》，卷 28，〈封禪書〉，頁 1377。

6　《史記》記錄秦國史事有三處：〈秦本紀〉、〈六國年表〉，以及〈秦始皇本紀〉後所附秦國大事紀。司馬貞《索隱》於〈秦始皇本紀〉：「葬西垂」下，云：「此已下重序列秦之先君立年及葬處，皆當據《秦紀》為說，與正史小有不同，今取異說重列於後。」（卷 6，頁 285）是漢時有關秦國資料已有出入。事實上，比對三者內容，乃至於〈封禪書〉所記郊祀事，時間往往有所差異。今取〈十二諸侯年表〉、〈六國年表〉並觀，襄公八年（770 B.C.）作西畤，獻公十七年（368 B.C.）立畦畤，其間歷時 402 年。

7　以上三者分別見《史記》，卷 5，〈秦本紀〉，頁 179、189、218。

8　《史記》，卷 15，〈六國年表〉，頁 685。

只言上帝。[9]出土彝銘中，武公有「我先祖受天命，商宅受或（國）」，[10]景公稱「不顯朕皇且（祖），受天命寵又（肇有）下國」，[11]亦僅稱「天命」，未分言五帝，與前引傳世文獻同。可知秦國建時之初，當本不為五帝而設，僅有唯一上帝。至秦初并天下，「始皇推終始五德之傳」，[12]國家祭祀方引入五行思想。降及西漢以後，高祖言「乃待我而具五也」，增立北時黑帝祠，五帝才各有專祀，以五行為中心的郊祀典制於是宣告完備。[13]因此，雍地諸時雖然在秦皇、漢祖後，成為郊祭五帝的場所，但察其設立的初衷，卻是為了奉祠唯一上帝，故太史公評曰：「僭端見矣」。[14]

　　再就獻祭的犧牲而言，秦國最特別者，即為「馬牲」，如

9　學者以為，〈本紀〉、〈年表〉乃「太史公讀《秦記》」（《史記》，卷15，〈六國年表〉，頁685）而成，為東周秦國實錄。〈封禪書〉言五色帝，則是漢人受到五行學說影響的結果。詳見（日）栗原朋信：《秦漢史の研究》（東京：吉川弘文館，1986年1月），頁7-13、99-104。關於《秦記》的考察，另可參考王子今：〈《秦記》考識〉，《史學史研究》1997年第1期，頁71-73。

10　王暉：《秦銅器銘文編年集釋》（西安：三秦出版社，1990年7月），頁13。

11　王暉：《秦銅器銘文編年集釋》，頁28。

12　《史記》，卷6，〈秦始皇本紀〉，頁237。

13　見《史記》，卷28，〈封禪書〉，頁1378。筆者曾考察過五行思想與雍地諸時的關係，詳見拙著：〈雍時與五行〉，《新世紀宗教研究》第3卷第3期（2005年3月），頁135-188。亦可參考錢穆：〈周官著作時代考〉，《兩漢經學今古文平議》，頁292。

14　《史記》，卷15，〈六國年表〉，頁685。

《史記・秦本紀》言襄公以「騧駒、黃牛、羝羊各三」[15]祠奉上帝，司馬貞《索隱》言：「赤馬黑鬣曰騧也。」[16]是雍地首立西畤，已用馬牲。《史記・封禪書》記秦皇郊祀雍四畤所奉物品云：

> 春夏用騂，秋冬用騮，畤駒四匹。木禺龍欒車一駟，木禺車馬一駟，各如其帝色。[17]

至於「光景動人民」的陳寶祠，亦「加車一乘，騧駒四」。[18]可知秦朝國家最尊貴及擁有廣大信眾的兩個祀祠，俱使用騧駒、欒車等祭品，有別於名山大川所用的牛犢、嘗禾。稽覈經典，《尚書・洛誥》有「騂牛」，[19]《毛詩》有「騂牡」、「騂黑」、「騂犧」，[20]《禮記》有「騂剛」、「騂犢」[21]等，作為祭祀犧

15　《史記》，卷 5，〈秦本紀〉，頁 179。《史記・封禪書》作「騧駒、黃牛、羝羊各一云。」（卷 28，頁 1358）與〈秦本紀〉在數量上有所差異。

16　見《史記・封禪書》：「其牲用騧駒」（卷 28，頁 1358）下。

17　《史記》，卷 28，〈封禪書〉，頁 1376。

18　《史記》，卷 28，〈封禪書〉，頁 1374-1376。

19　（漢）孔安國傳，（唐）孔穎達疏：《尚書正義》（臺北：藝文印書館，1997 年 8 月，《十三經注疏》本），卷 15，頁 231。

20　「騂牡」見於〈小雅・信南山〉、〈大雅・旱麓〉，「騂黑」見於〈小雅・大田〉，「騂犧」見於〈魯頌・閟宮〉。（漢）鄭玄箋，（唐）孔穎達疏：《毛詩正義》（臺北：藝文印書館，1997 年 8 月，《十三經注疏》本），卷 13，頁 461；卷 16，頁 560；卷 14，頁 474；卷 21，頁 778。

21　「騂剛」見於〈明堂位〉（卷 31，頁 581），「騂犢」見於〈祭法〉

牲之用，但並非馬牲，而是赤色之意，亦即《禮記・郊特牲》所謂：「牲用騂，尚赤也。」[22]以別於夏牲尚黑，殷牲尚白。另外，《毛詩・小雅・吉日》曰：「既伯既禱」，[23]《爾雅・釋天》云：「既伯既禱，馬祭也。」[24]《周禮・夏官・校人》則有「春祭馬祖」、「夏祭先牧」、「秋祭馬社」、「冬祭馬步」，[25]以上諸祭皆奉祀與馬相關的神祇，亦非以馬牲獻祠。惟《禮記・月令》於季春言「犧牲駒犢」，方用幼馬為祭品；然〈月令〉原是禮家抄合《呂氏春秋・十二紀》紀首而成，[26]內容多載秦國習俗，正與〈封禪書〉所記秦禮相合。總結前述，先秦典籍除《呂覽》以外，俱未見用「馬牲」奉祀至尊上帝者。[27]

綜觀古代禮制中，獻祀馬牲的場合有二：一是用於盟誓，如

（卷 46，頁 797）。此外，《論語・雍也》言：「犂牛之子，騂且角，雖欲勿用，山川其舍諸。」（卷 6，頁 52）亦是同義。

22　《禮記》，卷 26，〈郊特牲〉，頁 497。

23　鄭《箋》：「伯，馬祖也。重物慎微，將用馬力，必先為之禱其祖。」（卷 11，頁 369）

24　（晉）郭璞注，（宋）邢昺疏：《爾雅注疏》（臺北：藝文印書館，1997 年 8 月，《十三經注疏》本），卷 6，頁 99。

25　（漢）鄭玄注，（唐）賈公彥疏：《周禮注疏》（臺北：藝文印書館，1997 年 8 月，《十三經注疏》本），卷 33，頁 495。根據鄭《注》，此處四祭分別為「天駟」、「始養馬者」、「始乘馬者」、「神為災害馬者」。

26　鄭玄、陸德明、孔穎達皆主此說。孔穎達疏《禮記・月令》標題引鄭玄《三禮目錄》云：「曰『月令』者，以其記十二月政之所行也，本《呂氏春秋》十二月紀之首章也，以禮家好事抄合之。」（卷 14，頁 278）

27　關於先秦車馬祭祀的考古研究，可參考趙海州、曹建敦：〈東周時期車馬祭祀探論〉，《中原文物》2007 年第 2 期，頁 44-49。

晉文公反國，與咎犯「解左驂而盟于河。」[28]戰國時，齊、衛曾
「刑馬壓羊」[29]以盟；六國亦聽從蘇秦之計，「刑白馬以盟洹水
之上」；[30]漢高祖更與眾臣刑白馬而盟曰：「非劉氏而王，天下
共擊之」[31]等。然而盟誓並非專用馬牲，《禮記·曲禮下》：
「涖牲約盟」下，孔《疏》曰：

> 許慎據《韓詩》云：「天子諸侯以牛、豕，大夫以犬，庶人
> 以雞。」又云《毛詩》說：「君以豕，臣以犬，民以雞。」[32]

《史記·平原君列傳》中，毛遂挾楚王立盟，則言：「取雞、
狗、馬之血來。」司馬貞《索隱》曰：「按盟之所用牲貴賤不
同，天子用牛及馬，諸侯用犬及豭，大夫已下用雞。今此總言盟
之用血，故云『取雞、狗、馬之血來』耳。」[33]知此乃依據爵級
尊卑，大盟用大牲，小盟用小牲。[34]另外，《周禮·秋官·司
盟》則云：「凡盟詛，各以其地域之眾庶共其牲而致焉。」[35]由
於盟誓地點不一定，故以當地居民所供應的犧牲致盟。以此考核

28　《韓非子》，卷 11，〈外儲說左上〉，頁 690。

29　（漢）劉向集錄：《戰國策》（臺北：里仁書局，1990 年 9 月），卷
　　10，〈齊策三〉，頁 382。

30　《史記》，卷 70，〈張儀列傳〉，頁 2285。

31　《史記》，卷 9，〈呂太后本紀〉，頁 400。

32　《禮記》，卷 5，〈曲禮下〉，頁 92。

33　《史記》，卷 76，〈平原君列傳〉，頁 2367-2368。

34　參見（清）孫詒讓：《周禮正義》，第 11 冊，卷 65，〈秋官·敘官·
　　司盟〉，頁 2715-2717。

35　《周禮》，卷 36，〈秋官·司盟〉，頁 542。

前舉諸例，齊衛、六國之盟，或如《周禮》所言，選用立盟所在的犧牲；而晉文、高祖之盟，應是在流亡、戰亂之際，取師旅數量豐富的戰馬，充作牲品，以為權宜之用。

其二則用於沈辜祈禳，如秦二世「欲祠涇，沈四白馬」；[36] 漢武帝因決河瓠子，「沈白馬玉璧于河」。[37]《儀禮・覲禮》言：「祭川沈。」[38]《爾雅・釋天》云：「祭川曰浮沈。」[39]二世、武帝所行，與先秦古禮相合。其以白馬沈河的用意，或如〈瓠子之歌〉言：「蛟龍騁兮方遠遊」，[40]意欲祀以龍馬，使作崇決堤的河伯，能夠駕乘而遠游四方，水還舊道，不復泛濫成災。[41]

由上可知，古代祭祀禮儀中，雖有用馬匹作為犧牲的例證，

---

36 《史記》，卷 6，〈秦始皇本紀〉，頁 274。

37 《史記》，卷 29，〈河渠書〉，頁 1413。

38 （漢）鄭玄注，（唐）賈公彥疏：《儀禮注疏》（臺北：藝文印書館，1997 年 8 月，《十三經注疏》本），卷 27，頁 331。

39 《爾雅》，卷 6，〈釋天〉，頁 99。

40 《史記》，卷 29，〈河渠書〉，頁 1413。

41 《史記・吳太伯世家》：「抉吾眼置之吳東門」下，張守節《正義》引《吳俗傳》有：「子胥亡後，……乃與越軍夢，令從東南入破吳。越王即移向三江口岸立壇，殺白馬祭子胥，杯動酒盡，越乃開渠。子胥作濤，盪羅城東，開入滅吳。」（卷 31，頁 1472-1473）越王用白馬祭子胥，乃欲子胥作濤，以作為征吳前驅。事實上，人類學者在中國西北考古（卡約文化）的墓葬中，「經常發現有斬下的馬、牛四肢骨，排在死者棺木的四個角上，……以象徵『移動』的動物腿骨陪葬，說明他們也意識到『移動』在這種新經濟生活中的重要性。」參見王明珂：《華夏邊緣—歷史記憶與族群認同》（臺北：允晨文化實業股份有限公司，1997 年 4 月），頁 110。

但或臨時決定，因地制宜；或祀奉大川，以止河患；絕無用於郊
祀上帝者。其實，殺馬祭天，雖不見於中原祠典，卻為西北戎狄
舊俗。案諸《漢書‧匈奴傳下》，漢元帝時韓昌、張猛出使匈
奴，見「單于民眾益盛，塞下禽獸盡」，擔心單于北歸，漢廷難
以約束，故與呼韓邪單于歃血立盟，史書記載其儀式曰：

> 昌、猛與單于及大臣俱登匈奴諾水東山，刑白馬，單于以
> 徑路刀金留犁撓酒，以老上單于所破月氏王頭為飲器者共
> 飲血盟。[42]

盟誓所「刑白馬」，既不是處於戰亂、流亡之際，馬匹亦非匈奴
孳畜數量最豐的牲口，相異於前述中原古禮，故盟誓所用，當有
特殊意義。由後來昌、猛回國奏事後，公卿議云：「令單于得以
惡言上告于天，羞國家，傷威重，不可得行。宜遣使往告祠天，
與解盟。」[43]可知韓昌、張猛與單于立盟時，約誓的對象實是上
天，亦即以上天作為盟約的證人；若漢廷將欲反悔，則必須再遣
使往告祠天，方可解除盟約。[44]足證祠祀上天的犧牲，在匈奴禮
俗中，並不是隨意揀取，而是專門選擇白馬，以表現對神祇的尊
敬。[45]

---

[42] 《漢書》，卷 94 下，〈匈奴傳下〉，頁 3801。

[43] 《漢書》，卷 94 下，〈匈奴傳下〉，頁 3801。

[44] 關於匈奴祭俗的討論，可參見（日）江上波夫：〈匈奴の祭祀〉，《匈
奴の社會と文化》（東京：山川出版社，1999 年 10 月），頁 273-
310。

[45] 根據學者的統計，西北游牧民族牧養的牲畜數量，以羊最多，其次才是

非但匈奴如此，「刑馬祀天」的風俗亦常見於西北其他游牧民族。如《魏書‧禮志一》記鮮卑祭禮曰：「神尊者以馬，次以牛，小以羊。」[46]又有：「別置天神等二十三於廟左右，其神大者以馬，小者以羊。」[47]《續資治通鑑長編》言契丹祀俗云：「將舉兵，必殺灰牛、白馬，祠天地及木葉山神。」[48]《元史‧祭祀志一》載蒙古祀典有：「自大德九年冬至，用純色馬一，蒼犢一，羊、鹿、野豕各九。」[49]同書〈地理志六〉錄西北烏斯族曰：「其俗每歲六月上旬，刑白馬、牛、羊，灑馬湩，咸就烏斯沐漣以祭河神，謂其始祖所從出故也。」[50]無論是郊天地或祀始祖，俱是國家民族祭禮中至為尊貴的神明；從匈奴到烏斯，由西漢到元代，游牧民族皆以馬匹當作最重要的犧牲。[51]由此可知，「刑馬祭天」的祠儀，實廣泛流傳於西北游牧民族之間，秦國先公居於西垂，久與胡戎雜處，[52]故多少受其文化影響，而有殺馬

馬、牛。但以重視的程度來看，馬居第一，次為牛、羊。參見（日）江上波夫：〈匈奴の經濟活動〉，《匈奴の社會と文化》，頁57-96。

[46]　（北齊）魏收：《魏書》（北京：中華書局，1997年11月），卷108，頁2735。

[47]　《魏書》，卷108，頁2737。

[48]　（宋）李燾：《續資治通鑑長編》（北京：中華書局，1979年8月），卷110，頁2561。

[49]　（明）宋濂：《元史》（北京：中華書局，1997年11月），卷72，頁1792。

[50]　《元史》，卷63，頁1574。

[51]　參見（日）江上波夫：〈匈奴の祭祀〉，《匈奴の社會と文化》，頁273-310。文中作者另舉《滿洲實錄》及人類學的材料，說明游牧民族尚用馬牲的習俗。

[52]　關於嬴秦一族的來源，學者有兩種不同意見：一為西戎說，二為東夷

郊天的郊祀禮儀，此即清儒沈欽韓所謂：「秦乃循西戎之俗
也。」[53]

　　秦循戎俗的文化特色，表現在郊祀典禮上，除「刑馬祭天」
外，還可由舉行郊禮的時間加以觀察。《史記・封禪書》曰：

> 故雍四時，春以為歲禱，因泮凍，秋涸凍，冬塞祠，五月
> 嘗駒，及四仲之月月祠。[54]

雍時獻祠的時節可分作兩個系統，一是「四仲之月月祠」，此乃
取法自戰國以來的時令思想，如《管子》中的〈玄宮〉[55]、〈玄

　　説。兩說的介紹，可參考馬非百：《秦集史》（臺北：弘文館出版社，
　　1986 年 10 月），頁 3-4。另有由考古出土的角度加以研究，參見滕銘
　　予：《秦文化：從封國到帝國的考古學觀察》（北京：學苑出版社，
　　2002 年 12 月），頁 54-57。總結來說，根據文獻、考古兩方面的推
　　測，近期學者較傾向支持東夷說。但無論如何，遲至西周中期，孝王封
　　非子於秦，嬴秦歷代先公對於西戎或和或伐，與西北民族的互動相當頻
　　繁，亦促成文化上的交流。關於此點，可參考顧頡剛：〈秦與西戎〉，
　　《史林雜識初編》（北京：中華書局，2005 年 1 月），頁 57-63。

[53]　（清）沈欽韓：《漢書疏證》（上海：上海古籍出版社，2006 年 4
　　月），第 1 冊，卷 18，頁 517。日本學者狩野直喜亦曾推測刑馬祀天的
　　禮制是受到西戎習俗的影響，惜未深入討論。參見（日）狩野直喜：
　　〈禮經と漢制〉，《東方學報（京都）》第 10 冊第 2 分（1939 年 7
　　月），頁 171-198。

[54]　《史記》，卷 28，〈封禪書〉，頁 1376。

[55]　「玄宮」原作「幼官」。郭沫若綜合何如璋、聞一多的意見，並舉金文
　　〈禹鼎銘〉「幼」、「玄」字形相近為證，以為「幼官」乃「玄宮」之
　　誤，其說甚確，今從之。後文言及「幼官」，均改作「玄宮」，不另加
　　註。參見郭沫若、聞一多等撰：《管子集校》（北京：科學出版社，

宮圖〉、〈輕重己〉，《呂氏春秋‧十二紀》紀首，《淮南子》
的〈天文〉、〈時則〉，《禮記‧月令》等。其用意在於：務使
君王配合特定的季節、月份，執行相應的政事，以作為國家施政
的準則。四仲之月舉行的祠典，時間的安排上較「泮凍」、「涸
凍」的說法清楚、確定，屬於配合四時政事的一環。惟就前舉時
令思想的相關文獻而言，當在不同的季節祠祀相應的神祇，如春
祭太皡、句芒，夏祭炎帝、祝融，秋祭少皡、蓐收，冬祭顓頊、
玄冥等。然雍時卻於各季仲月同時奉祀四帝，此乃由於雍時四
帝，皆已被視作至尊上帝，而非執掌某時某季的方位色帝，故同
時俱祠，一體同仁，於祭祀的時節上並無差別。[56]

　　至於春、秋歲禱，冬塞祠，五月嘗駒，雖亦在四季舉行，但
所言時間為「泮凍」、「涸凍」，頗異於四仲月祠。所謂「嘗
駒」，即以馬匹為祭品，如前所論，為西北游牧民族的舊有禮
俗，故歲禱、塞祠、嘗駒的祭禮，或可由秦漢匈奴的生活習慣看
出端倪：

> 歲正月，諸長小會單于庭，祠。五月，大會龍城，祭其
> 先、天地、鬼神。秋，馬肥，大會蹛林，課校人畜計。[57]

1995 年 11 月），上冊，頁 104-105。

[56] 雍時四帝的區別，表現在犧牲的顏色上，《史記‧封禪書》曰：「木禺
龍欒車一駟，木禺車馬一駟，各如其帝色。」（卷 28，頁 1376）此乃
配合四帝方色。又云：「春夏用騂，秋冬用駠，時駒四匹。」（卷
28，頁 1376）此則配合時節，以春夏為陽，用純赤馬；以秋冬為陰，
用黑鬣馬。

[57] 《史記》，卷 110，〈匈奴列傳〉，頁 2892。案，「大會龍城」，《漢
書‧匈奴傳上》作「大會龍城」（卷 94 上，頁 3752）。

　　匈奴俗，歲有三龍祠，常以正月、五月、九月戊日祭天
神。[58]

　　兩段文獻記載，大略相同。史籍所載匈奴一年三次的祭祀活動，
必須配合其草原游牧的生活方式，方能明其究裏。根據人類學者
的研究，游牧民族有四季草場，隨牧草季節變化而遷徙。冬季是
定居季節，冬場為牧民相對穩定的駐紮之處，故《史記》所謂的
「單于庭」，當為單于較固定的駐蹕場所，亦即單于所居的冬
場。[59]由此，「歲正月，諸長小會單于庭」，應是主要部落首領
在冬季集會於單于所在的冬場，未涉及大規模的人畜移動，故言
「小會」，並因而祠天。[60]

　　到了五月，為遊牧人群進入夏季草場的時節，由此開始另一
段較為定居的生活。由於此時牧草豐盛，牧民不需經常移動，故
聚集較大的社群，各級首領及其百姓的帳幕沿水岸搭建，聚落呈
帶狀蜿蜒如龍——此或便是「龍城」命名的由來。[61]當此族群最

---

[58]　（南朝宋）范曄：《後漢書》（北京：中華書局，1997 年 11 月），卷
　　89，〈南匈奴列傳〉，頁 2944。

[59]　關於匈奴的季節活動，可參考王明珂：《遊牧者的抉擇：面對漢帝國的
　　北亞游牧民族》（臺北：中央研究院，2009 年 1 月），頁 134-135。

[60]　論者或以為就游牧民族的習性而言正月集會頗不自然，推測此俗乃受
　　到漢文化的影響，惟缺乏確切的論據。參見（日）沢田勳：《匈奴—古
　　代遊牧国家の興亡》（東京：東方書店，1996 年 12 月），頁 106-
　　107。（日）加藤謙一：《匈奴「帝国」》（東京：第一書店，1998 年
　　2 月），頁 139-142。

[61]　龍城由「旃帳」組成，原為烏恩的說法；沿水岸搭建，蜿蜒如龍，則為
　　王明珂的引申。詳見烏恩：〈論匈奴考古研究中的幾個問題〉，《考古
　　學報》1990 年第 4 期，頁 409-437。王明珂：《遊牧者的抉擇：面對漢

密集時，召合全族老少共同「祭其先、天地、鬼神」，成為匈奴一年重要的祠禮。[62]九月，牧民開始由秋場向冬場轉移，準備定居避寒。此時經過了夏、秋的牧養，馬、牛、羊等牲畜體壯肉肥，故聚集部族人畜，以課校統計，並選擇肥壯的馬牛畜牲祭祀上帝，答謝天賜。《後漢書・南匈奴列傳》云：「已勑諸部嚴兵馬，訖九月龍祠，悉集河上。」[63]可知九月龍祠亦有軍事上的功用。[64]藉由五、九兩月的大規模祭祀活動，一方面確認單于的權威地位，另方面亦加強經濟、軍事的統治力量，具有宗教與政治兩方面的作用和意義。[65]

至於春季「因泮凍」的歲禱，史籍中並無匈奴相關的習俗記載。根據人類學者對於現代蒙古草原上游牧民族的實察報告，在自然氣候方面雖分作四季，但事實上「春、夏」與「秋、冬」兩期的界限更為顯著：春、夏兩季氣溫高、雨量多、水草豐盛，秋、冬則完全相反。如此氣候環境的變化，決定了游牧民族遷徙的時間，特別是純粹以畜牧為經濟來源的部族。[66]基本上，牧民

　　帝國的北亞游牧民族》，頁 135。

[62] 亦有學者認為「龍城會議」是渡過缺乏糧食、牧草的冬季、初春後，用以團結族群精神的場合。參見（日）加藤謙一：《匈奴「帝国」》，頁 140。

[63] 《後漢書》，卷 89，〈南匈奴列傳〉，頁 3952。

[64] 學者以為：「此習俗可能源於部落在秋季集結以對外劫掠的傳統。」參見王明珂：《遊牧者的抉擇：面對漢帝國的北亞游牧民族》，頁 136。

[65] 匈奴是由許多的部族組成，勢力最大的部族首領稱為單于，故五月龍城大會的「祭其先」，並非部族各祭其先，而是共祭單于所姓「攣鞮氏」（見《漢書》，卷 94 上，〈匈奴傳上〉，頁 3751）的祖先。詳見（日）加藤謙一：《匈奴「帝国」》，頁 139-142。

[66] 牧民的經濟活動，不只是畜牧，還會在氣候、土地適合的地方，從事農

一年有兩次大規模的移動，分別在春、夏之交以及秋、冬之際。前者季候特徵為雪融水豐，即「泮凍」；後者則當雪降水枯，即「涸凍」。[67]據此可推，相對於秋季準備進入冬場避寒而「大會蹛林」，春末即將進入夏場理應舉辦祭典。例如現今生活在蒙古草原上的雅庫特（Yakut）族，便於春季舉行「馬乳酒祭（ysyax）」，以祭祀最高的創生神與各種善神，並放牧牝馬於創生神座的東方。[68]然而，或許由於冬季至初春部族各自分散避冬，故春天的祀典亦各自舉行，一方面不是正月各部首領聚會，另方面又不能與夏、秋兩季集合全體部族的盛況相比，以致於規模較小，因而為秦漢史家所漏載。

綜上所論，有別於「四仲月祠」反映中原農業社會時令思想的祠祀系統，《史記・封禪書》言「春、秋歲禱，冬塞祠，五月

耕生產。關於匈奴的農業考古發現與討論，可參考烏恩：〈論匈奴考古研究中的幾個問題〉，《考古學報》1990 年第 4 期，頁 409-437。人類學者亦根據生活形態，將當代遊牧民族劃分為「純遊牧民」、「定住牧民」、「半農半牧民」。參見（日）江上波夫：〈ヤクートの遊牧性とその原住地に関する一考察〉，《北アジア諸民族の歴史と文化》（東京：山川出版社，2000 年 4 月），頁 421-446。

67 以上關於游牧民族的生活習慣，俱參考（日）江上波夫：〈東アジア遊牧民の一典型として蒙古民族〉，《北アジア諸民族の歴史と文化》，頁 447-473。

68 詳見（日）江上波夫：〈ヤクートの遊牧性とその原住地に関する一考察〉，《北アジア諸民族の歴史と文化》，頁 421-446。「馬乳酒祭」亦於秋天舉行，但祭祀對象為大荒神與各種惡神，並殺馬為犧牲。與春季祠俗並觀，表現出「善惡」、「生死」的二元性，符合春生秋死的季節循環。

嘗駒」，[69]深受西北戎狄的游牧文化影響。後者在祠祭的時間上，未若農業社會所制作的時令般固定，乃是依據各個部族居處的位置、地形等自然條件而有所不同；[70]所謂「秦地寒涼萬物後動」，[71]即是此現象的具體反映。因此，〈封禪書〉的「因泮凍、涸凍」，當是藉由雪水的融化或凝固，以判斷春、秋季節的到來，為游牧民族的物候觀察，亦即生活經驗的累積。逮秦始皇統一天下，整齊海內祭禮，非但祠祀上帝的雍時繼續沿用，至於各地方國的名山大川，亦皆比照辦理，成為全國性的禮制。[72]

　　總結而論，秦代雍時起於諸侯僭越禮制，以郊祀上帝；祠祭所用儀式，由於地處西垂，與胡戎雜處，故長久受到游牧民族文化影響，具體表現為「刑馬祭天」與因「泮凍」、「涸凍」所決定的祭祀時間，富有濃厚的地域色彩，此即太史公所謂「秦雜戎翟之俗」。[73]除此之外，秦始皇初兼天下，收天下兵，「銷以為

69　《史記》，卷28，〈封禪書〉，頁1376。

70　如前舉《史記・匈奴列傳》：「大會蹛林」的時間，對照《後漢書・南匈奴列傳》為九月，《漢書・匈奴傳上》：「大會蹛林，課校人畜計」下，顏師古《注》引服虔之言曰：「匈奴秋社八月中皆會祭處也。」（卷94上，頁3752）知秋祭無確定時間。以青藏高原的西羌而言，水草始生的時節在四月；就遼西地區的烏桓、鮮卑來說，則於季春三月出冬場。關於西羌、烏桓、鮮卑的季節遷徙，可參考王明珂：《遊牧者的抉擇：面對漢帝國的北亞游牧民族》，頁176-181、213-217。

71　鄭玄注《周禮・夏官・牧師》：「中春通淫」（卷33，頁497）之語。

72　《史記・封禪書》曰：「於是自殽以東，……春以脯酒為歲祠，因泮凍，秋涸凍，冬塞禱祠。……自華以西，……亦春秋泮涸禱塞，如東方名山川。……汧、洛二淵，鳴澤、蒲山、嶽嶲山之屬，為小山川，亦皆歲禱塞泮涸祠。」（卷28，頁1371-1374）

73　《史記》，卷15，〈六國年表〉，頁685。

鍾，鐖金人十二」，[74]「皆夷狄服」，[75]亦仿擬匈奴傳統祭天金
人而作。[76]其後，即便是武帝元鼎五年（112 B.C.）郊見泰一於
甘泉泰時，《史記·封禪書》曰：「朝朝日，夕夕月」，[77]仍是
模倣匈奴「單于朝出營，拜日之始生，夕拜月」[78]的禮俗。逮秦
漢統一天下，遂將方國禮制推擴至天下祭典，在國家各項重要的
祀禮上，如泰山封禪、甘泉泰時，乃至於天下山川鬼神等，犧牲
尚用馬駒，時間依「泮凍」、「涸凍」以定，儀式亦往往「如雍
郊禮」，[79]方國舊俗於是成為一代典制。

貳、封禪與八神

秦朝的國家祭祀，除雍時上帝外，最隆重盛大者，即是封禪
典禮。《史記·秦始皇本紀》載秦皇二十八年（219 B.C.），
「東行郡縣，上鄒嶧山，與魯諸儒生議，刻石頌秦德，議封禪望
祭山川之事。」[80]其所以先至魯地祠鄒嶧山，大概是因為「魯中

---

[74] 《史記》，卷6，〈秦始皇本紀〉，頁239。

[75] 《漢書》，卷27下之上，〈五行志下之上〉，頁1472。

[76] 元狩二年（121 B.C.）春，霍去病破得休屠王祭天金人即是（見《史
記》，卷110，〈匈奴列傳〉，頁2908；卷111，〈衛將軍驃騎列
傳〉，頁2929-2930）。秦皇與匈奴金人的關聯考察，參見李零：〈秦
漢禮儀中的宗教〉，《中國方術續考》（北京：東方出版社，2001年8
月），頁131-186。

[77] 《史記》，卷28，〈封禪書〉，頁1395。

[78] 《史記》，卷110，〈匈奴列傳〉，頁2892。

[79] 此為武帝郊見甘泉泰一的記錄。至於秦始皇泰山封禪則曰：「其禮頗采
太祝之祀雍上帝所用。」文帝祀祠渭陽五帝廟云：「祠所用及儀亦如雍
五時。」（見《史記》，卷28，〈封禪書〉，頁1367、1382）

[80] 《史記》，卷6，〈秦始皇本紀〉，頁242。

諸儒尚講誦習禮樂，弦歌之音不絕」，[81]故欲上封泰山，先召集
熟稔禮樂的鄒、魯諸生，祭祀鄒嶧山預作演練。[82]然而，儒生
「議各乖異，難施用」，故始皇盡絀不用，自上泰山立石頌德。
爾後，武帝元封元年（110 B.C.）欲封禪，亦召諸儒、方士對者
五十餘人，同樣「言封禪人人殊，不經，難施行」，終於採兒寬
的建議，「乃自制儀，采儒術以文焉。」[83]由此可知，秦皇、漢
武封禪於泰山，雖俱徵詢過齊、魯的儒生和方士，但對於封禪典
禮皆難以辨明，故太史公有「其儀闕然堙滅，其詳不可得而記聞
云」[84]的感慨。

　　古代封禪「不可得記」的狀況，一方面引起眾多學者的研究
興趣，另方面形成富有彈性的討論空間；於是，有關封禪起源的
議題，出現了相當多元的詮釋。[85]最早且最詳盡的封禪記錄，莫

---

[81]　《史記》，卷 121，〈儒林列傳〉，頁 3117。

[82]　正如日後叔孫通為高祖定朝儀（見《史記》，卷 99，〈叔孫通列
　　　傳〉，頁 2722-2723），司馬遷觀鄉射禮（見《史記》，卷 130，〈太
　　　史公自序〉，頁 3293），俱是徵詢或觀摩鄒魯儒生所實行的禮節儀
　　　文。

[83]　見《史記》，卷 28，〈封禪書〉，頁 1366-1398；《漢書》，卷 58，
　　　〈兒寬傳〉，頁 2631。案，《漢書·藝文志·六藝略》禮家所收的
　　　「《封禪議對》十九篇」，班固自注云：「武帝時也。」（卷 30，頁
　　　1709）即為當時實錄。

[84]　《史記》，卷 28，〈封禪書〉，頁 1355。

[85]　關於封禪起源的解釋分類，可參考江明翰：〈封禪的起源——西王母說的
　　　提出〉，《史苑》第 63 期（2003 年 6 月），頁 1-33。文中共分「祭祀
　　　說」、「巡狩說」、「方士儒生說」、「其他說法」，加上江氏自己提
　　　出的「西王母說」，共五類。另外，尚有「觀象授時說」、「封土
　　　說」，前者見劉宗迪：〈泰山封禪考：從觀象授時到祭天告成〉，《先

過於《史記‧封禪書》中管仲與齊桓公的對話，記古者封泰山、
禪梁父者共七十二家，十二家得其姓名，並提出上古帝王必「皆
受命然後得封禪」的重要命題。雖然太史公受其影響，言「自古
受命帝王，曷嘗不封禪？」[86]並設專篇以明上古以來祭祀典禮，
但對管仲的說法仍不得不有所懷疑：

> 《詩》云紂在位，文王受命，政不及泰山。武王克殷二
> 年，天下未寧而崩。爰周德之洽維成王，成王之封禪則近
> 之矣。[87]

考察管仲所記十二家，無懷氏事蹟闕如，惟裴駰《集解》引服虔
曰：「古之王者，在伏羲前，見《莊子》。」[88]根據學者的研
究，神農、炎帝、黃帝、顓頊、帝俈、堯、禹等帝王，屬華夏集

秦兩漢學術》第 4 期（2005 年 9 月），頁 61-79。後者見（日）栗原朋
信：《秦漢史の研究》，頁 25-44。（日）池田雅典：〈封禪儀禮に關
する一考察─光武帝の「封」を視點として─〉，《大東文化大學漢學
會誌》第 47 號（2008 年 3 月），頁 48-76。

86 見《史記》，卷 28，〈封禪書〉，頁 1335-1361。案，今本《管子》有
〈封禪〉篇，乃唐代尹知章注《管子》據〈封禪書〉所補。參見黎翔
鳳：《管子校注》（北京：中華書局，2004 年 6 月），卷 16，頁
951。學者以為，此段文字的產生，乃是借用《管子‧小匡》中葵丘之
會的相關段落，將桓公是否「拜胙」敷衍成是否「封禪」，因而成篇。
詳見（日）木村英一：〈封禪思想の成立〉，《支那學》第 11 卷第 2
號（1943 年 12 月），頁 43-81。

87 《史記》，卷 28，〈封禪書〉，頁 1364。

88 《史記‧封禪書》：「昔無懷氏封泰山」（卷 28，頁 1361）下所引，
今本《莊子》無。

團，在周成王「踐奄」以前，勢力並沒有到達泰山；處義為苗蠻集團，位處南方，亦未及山東。[89]僅有舜、湯屬東夷集團統轄黃河下游，然於政治、軍事上往往與西方的華夏集團對峙，[90]雖可曰「受命」，未能稱「德洽」。[91]因此，司馬遷斟酌歷史現實，歸納出成王封禪「近之矣」的結論。

　　周王祭祀泰山的內容，史無明言，逮平王東遷後，方有線索可尋。《春秋經・隱公八年》：「三月，鄭伯使宛來歸祊。庚寅，我入祊。」同書〈桓公元年〉：「三月，公會鄭伯于垂，鄭伯以璧假許田。」[92]據《史記》所述，當時桓王弗禮鄭莊公，鄭伯因此怒而與魯易祊、許田。[93]原來祊邑位於泰山之下，乃鄭伯跟隨天子祭祀泰山的「湯沐之邑」；[94]許邑則近雒陽，為魯公觀

89　參見徐旭生：《中國古史的傳說時代》（臺北：里仁書局，1999 年 1月），頁 27-164。

90　參見傳斯年：〈夷夏東西說〉，《民族與古代中國史》（石家莊：河北教育出版社，2002 年 8 月），頁 3-60。

91　學者分析秦漢，提出封禪的四個條件：「受命」、「功至」、「德洽」、「暇給」。參見阮芝生：〈三司與漢武帝封禪〉，《臺大歷史學報》第 20 期（1996 年 11 月），頁 307-340。

92　引文據《左傳》，《公羊》、《穀梁》「祊」作「邴」。（晉）杜預注，（唐）孔穎達疏：《春秋左傳正義》（臺北：藝文印書館，1997年 8 月，《十三經注疏》本），卷 4，頁 72；卷 5，頁 88。（漢）何休解詁，（唐）徐彥疏：《春秋公羊傳注疏》（臺北：藝文印書館，1997年 8 月，《十三經注疏》本），卷 3，頁 39；卷 4，頁 46。（晉）范甯集解，（唐）楊士勛疏：《春秋穀梁傳注疏》（臺北：藝文印書館，1997 年 8 月，《十三經注疏》本），卷 2，頁 23；卷 3，頁 28。

93　事見《史記》，卷 4，〈周本紀〉，頁 150；卷 33，〈魯周公世家〉，頁 1529-1530；卷 42，〈鄭世家〉，頁 1760。

94　《公羊傳》，卷 3，〈隱公八年〉，頁 39。

見王室的「朝宿之邑」。[95]王室衰微，鄭伯以為天子不能復巡
狩；加上周、鄭交惡，即使巡狩亦不願助祭泰山；故與魯國易
田，所謂「各從本國所近之宜」。[96]竊案《史記》，鄭國始封於
宣王二十二年（806 B.C.），距平王元年（770 B.C.）東遷，尚
不足四十年。[97]雖然宣王「法文、武、成、康之遺風，諸侯復宗
周」，[98]但在政治上「伐魯立孝公」、「不籍千畝」、「敗績姜
戎」、「料民太原」等措施，受到當時大臣們的勸諫、反對，已
呈顯衰敗的徵兆，實未足以稱受命德洽。[99]因此，鄭伯雖於泰山
下有湯沐之邑，但宣王舉行封禪大典的可能性頗低，僅能佐證
周王曾經祠祀泰山的真實性，所謂「天子有方望之事，無所不
通」[100]是也。[101]

---

[95]　《穀梁傳》，卷3，〈桓公元年〉，頁28。

[96]　杜預注《左傳・隱公八年》：「不祀泰山也」之語（卷4，頁73-
74）。章太炎指出古《左氏》說以為許田與祊相同，皆為泰山下湯沐
邑，而非朝宿邑，司馬遷《史記》即用此義。詳見章太炎：《春秋左傳
讀》（臺北：學海出版社，1984年4月），〈以泰山之祊易許田〉
條，頁105-106。

[97]　事見《史記》，卷14，〈十二諸侯年表〉，頁523；卷42，〈鄭世
家〉，頁1757。

[98]　《史記》，卷4，〈周本紀〉，頁144。

[99]　宣王事蹟，詳見（吳）韋昭注：《國語》（臺北：漢京文化事業有限公
司，1983年12月），卷1，〈周語上〉，頁15-26。

[100]　《公羊傳》，卷12，〈僖公三十一年〉，頁157。

[101]　有關先秦泰山榮祀與信仰的討論，可參見（日）福永光司，〈封禪說の
形成（續）〉，《東方宗教》第7號（1955年2月），頁45-63。至於
兩漢的部份，可參考劉增貴：〈天堂與地獄：漢代的泰山信仰〉，《大
陸雜誌》第94卷第5期（1997年5月），頁1-13。

除管仲所論外，兩漢儒生「多以巡幸岱宗為封禪」，[102]具體的例證，即是《史記‧封禪書》於開篇序文後所引《尚書‧堯典》中有關虞舜「五載一巡狩」的文字。關於巡狩之事，史籍多有，如舜攝政時曾「行視鯀之治水無狀，乃殛鯀於羽山以死」；[103]周室德衰，昭王伐楚，南巡狩不返，卒於江上；[104]周惠王四年（637 B.C.），巡守虢國，因虢叔勤王有功，故賞賜鑾鑑、玉爵；[105]周襄王二十年（632 B.C.），王狩於河陽，時晉文公大會諸侯於踐土；[106]漢高祖六年（201 B.C.），依陳平之計，行古巡狩禮，偽游雲夢，因擒楚王韓信。[107]足證古代帝王巡狩，主要目的並不在祭祀，更遑論封禪，反而多與政治、軍事有關，於諸侯反叛不服時出兵征伐，以彰顯王室威嚴。[108]因此，以〈堯典〉「五載一巡狩」解釋古代封禪的說法，恐怕難以成立；惟

---

[102] （清）宋翔鳳：《尚書略說》，收入《續修四庫全書》（上海：上海古籍出版社，1995 年 3 月），第 48 冊，卷 1，〈古禮巡守封禪〉條，頁382。

[103] 《史記》，卷 2，〈夏本紀〉，頁 50。

[104] 事見《史記》，卷 4，〈周本紀〉，頁 134。《史記‧三代世表》：「昭王瑕」下，司馬貞《索隱》引宋衷云：「昭王南伐楚，辛由靡為右，涉漢中流而隕，由靡承王，遂卒不復。」（卷 13，頁 501）

[105] 事見《左傳》，卷 9，〈莊公二十一年〉，頁 162。

[106] 事見《左傳》，卷 16，〈僖公二十八年〉，頁 268-270。

[107] 事見《史記》，卷 56，〈陳丞相世家〉，頁 2056-2057。

[108] 其他如舜南巡崩於蒼梧之野（事見《史記》，卷 1，〈五帝本紀〉，頁44），禹東巡至於會稽而崩（事見《史記》，卷 2，〈夏本紀〉，頁83），當是二帝勤於治水，巡行而崩。周穆王西巡狩，〈秦本紀〉載因造父善御得良駒，應為田獵之事，亦屬武備的一種，故徐偃王東南作亂，才能夠馬上「長驅歸周，一日千里以救亂」（卷 5，頁 175）。

「天子非展義不巡守」[109]近之，可知巡狩當屬於一種非常性的
軍事活動。

　　進一步觀察〈堯典〉內容，有學者指出「舜巡四嶽」與前述
「堯命羲和」所顯示出來的空間結構相通，為相同母題的異傳版
本。[110]但是，仔細比對兩段敘述，「堯命羲和」為遠古傳說遺
留，所言「厥民析，鳥獸孳尾」等四方民事、物候，源自殷商時
期的四方風名、神名，雖〈堯典〉作者已不解其本義，但四者俱
實有所指。[111]反觀「舜巡四嶽」，惟向東巡守岱宗敘述詳盡，
其餘均「如岱禮」；且除岱宗泰山較明確外，其他三者僅言南、
西、北，卻未點明確切山岳，湊合四方之數的痕跡十分明顯。
[112]再者，「堯命」、「舜巡」的空間結構既無二致，卻出現於
同篇之中，未免稍嫌累贅；因此，「舜巡四嶽」部份若非單純的
重覆，否則極可能蘊藏著某種古代祭禮或制度，有別於「堯命羲
和」所反映的殷商舊典。

---

[109]　《左傳》，卷 10，〈莊公二十七年〉，頁 175。

[110]　詳見劉宗迪：〈泰山封禪考：從觀象授時到祭天告成〉，《先秦兩漢學
　　　術》第 4 期（2005 年 9 月），頁 61-79。

[111]　關於四方風、四方神的考訂，可參考胡厚宣：〈甲骨文四方風名考
　　　證〉，《甲骨學商史論叢初集》（石家莊：河北教育出版社，2002 年
　　　11 月），頁 265-276。楊樹達：〈甲骨文中之四方風名與神名〉，《積
　　　微居金文說・甲文說（合訂本）》（臺北：大通書局，1974 年 3
　　　月），頁 52-57。陳夢家：《殷虛卜辭綜述》（北京：中華書局，2004
　　　年 4 月），頁 589。（日）赤塚忠：〈中国古代における風の信仰と五
　　　行說〉，《二松學舍大學論集・中國文學編》第 1 期（1977 年 10
　　　月），頁 47-92。

[112]　關於「四嶽」、「五嶽」的問題，論者曾由歷史發展的角度加以探究，
　　　詳見顧頡剛：〈四嶽與五嶽〉，《史林雜識初編》，頁 34-45。

　　相異於先秦封禪內容的猶疑難定，秦皇、漢武舉行的封禪典禮，便具有相當珍貴的參考價值。據《史記・秦始皇本紀》載，始皇二十八年（219 B.C.）始封泰山、禪梁父，刻石頌德，並遠及齊國縣邑。其後又於三十二年（215 B.C.）刻碣石門、三十七年（210 B.C.）立會稽石，亦皆立石頌德，與封泰山無異，可視為封禪典禮的延續。考〈秦始皇本紀〉記載秦皇所立石刻，內容往往大同小異，先歌頌「初并天下，罔不賓服」（〈泰山刻石〉）的偉業，軍事上務必「墮壞城郭，決通川防，夷去險阻」（〈碣石刻石〉），政治上要求「職臣遵分」、「黔首改化」（〈東觀刻石〉），最終「普施明法，經緯天下，永為儀則」（〈之罘刻石〉）。就此以觀，秦始皇舉行封禪，與其說是告天受命，勿寧說是巡撫東土，在政治、軍事方面的意義要大於祭祀。誠如〈琅邪刻石〉所言：「古之五帝三王，知教不同，法度不明，假威鬼神，以欺遠方，實不稱名，故不久長。」[113]充份表現出秦人尚法輕鬼，蔑視神道設教的祠典禮儀，注重法律制度施行功效的立場。

　　秦始皇反對「假威鬼神」，並不代表採取敬而遠之的態度。上泰山前，齊、魯儒生博士議曰：「古者封禪為蒲車，惡傷山之土石草木。」秦皇卻罷黜儒生，「遂除車道」，[114]硬是開道上山。其後，南至湘山，逢大風，更怒伐湘山樹，赭其山；亦曾夢與海神戰，「乃令入海者齎捕巨魚具，而自以連弩候大魚出射

---

[113] 關於秦始皇刻石事蹟，見《史記》，卷 6，〈秦始皇本紀〉，頁 242-264。

[114] 《史記》，卷 28，〈封禪書〉，頁 1366-1367。

之」；[115]又常曰「東南有天子氣」，於是因東游以厭之。[116]蓋秦皇號稱「皇帝」，自以為上比泰皇，功高五帝，[117]故對於人間俗世，則挾兵戎征討，以統御海內郡縣；於山川鬼神，順從則定時奉祀，違逆則必定厭勝；[118]務使天人兩界完全臣服，天上地下唯皇帝獨尊。

綜前所述，秦始皇雖號稱封禪泰山，實際上巡狩的意味多，祭祀的成份少，兩漢儒生以巡狩解釋封禪，或即受此影響。至秦始皇封禪後，「遂東遊海上，行禮祠名山大川及八神」，[119]「窮成山，登之罘，南登琅邪」。[120]所謂的「八神」，司馬遷有詳細的記載：

> 八神：一曰天主，祠天齊。天齊淵水，居臨菑南郊山下者。二曰地主，祠泰山梁父。蓋天好陰，祠之必於高山之下，小山之上，命曰「畤」；地貴陽，祭之必於澤中圜丘云。三曰兵主，祠蚩尤。蚩尤在東平陸監鄉，齊之西境

115　《史記》，卷6，〈秦始皇本紀〉，頁263。

116　事見《史記》，卷8，〈高祖本紀〉，頁348。

117　秦始皇自稱「皇帝」，表現出政治上的支配性，與宗教上的神格性。詳細的討論，參見（日）西嶋定生：〈皇帝支配の成立〉，《岩波講座世界歷史4：東アジア世界の形成I》（東京：岩波書店，1970年5月），頁217-256。

118　學者指出，先秦山川鬼神的信仰變化，與君主對於山林藪澤的獨占和開發的過程有關。參見（日）好並隆司：《秦漢帝国史研究》（東京：未來社，1987年12月），頁297-307。

119　《史記》，卷28，〈封禪書〉，頁1367。

120　《史記》，卷6，〈秦始皇本紀〉，頁244。

也。四曰陰主，祠三山。五曰陽主，祠之罘。六曰月主，祠之萊山。皆在齊北，並勃海。七曰日主，祠成山。成山斗入海，最居齊東北隅，以迎日出云。八曰四時主，祠琅邪。琅邪在齊東方，蓋歲之所始。[121]

是成山、之罘、琅邪，分別奉祠齊國日主、陽主、四時主等當地神祇，[122]加上封泰山、禪梁父，則秦皇祭祀齊地八神，已佔其半。[123]事實上，始皇四次東游，前二次皆窮成山，登之罘，南至琅邪，最後一次南巡會稽，回程仍過琅邪，東登榮成山，北至之罘。[124]日後武帝將行封禪，亦先「東巡海上，行禮祠八神」。[125]推測始皇僅祠四神的原因，大概是以日主、陽主賅括月主、陰主。兵主蚩尤，位於齊國西境，有抵阻秦國之意；天主

---

121 《史記》，卷28，〈封禪書〉，頁1367-1368。

122 近年成山、之罘多有古代祭祀玉器出土，參見煙臺市博物館：〈煙臺市之罘島發現一批文物〉，《文物》1976年第8期，頁93-94。王永波：〈成山玉器與日主祭──兼論太陽神崇拜的有關問題〉，《文物》1993年第1期，頁62-68。

123 《禮記・禮器》：「齊人將有事於泰山，必先有事於配林。」（卷24，頁467）學者以為，此處的「配林」有對偶的意思，或指相對於高大泰山、且位於其附近的小山，亦即梁父地主祠。參見（日）福永光司，〈封禪說の形成（續）〉，《東方宗教》第7號（1955年2月），頁45-63。

124 根據《史記・秦始皇本紀》，四次東游分別在二十八年（219 B.C.）、二十九年（218 B.C.）、三十二年（215 B.C.）、三十七年（210 B.C.）。

125 《史記》，卷28，〈封禪書〉，頁1397。

奉祠天齊，乃先秦齊國自居中央的象徵，[126]秦於雍地既已立時祠祭上帝，則無再於齊境祠天的道理；故以上四主皆不親祀，領於有司巫祝。換句話說，秦始皇巡歷梁父、成山、之罘、琅邪，對黔首百姓刻石頌德，於齊地八神親祀奉祠；一則在政治、軍事上立威安民，再則透過風俗、祭祀，以籠絡人心；對於遠離國都的東土之地，起著關鍵的鎮撫作用。

　　這種兼具政治、宗教的控制方法，並非秦始皇首創。當齊宣王時，曾見孟子於雪宮，詢問「賢者之樂」，孟子闡發「憂以天下，樂以天下」的政治哲理，其中更舉景公、晏嬰的對話加以佐證，其言曰：

> 昔者，齊景公問於晏子曰：「吾欲觀於轉附、朝儛，遵海而南，放於琅邪，吾何脩而可以比於先王觀也？」晏子對曰：「善哉問也！天子適諸侯曰巡狩，巡狩者巡所守也。諸侯朝於天子曰述職，述職者述所職也。無非事者。春省耕而補不足；秋省斂而助不給。夏諺曰：『吾王不遊，吾何以休？吾王不豫，吾何以助？』一遊一豫，為諸侯

---

[126] 《史記‧封禪書》云：「齊所以為齊，以天齊也」，裴駰《集解》引蘇林曰：「當天中央齊。」司馬貞《索隱》引顧氏案：解道彪《齊記》云：「臨菑城南有天齊泉，五泉並出，有異於常，言如天之腹齊也。」（卷 28，頁 1367-1368）可知傳說中齊國得名與天齊祠有關，而天齊正是「天臍」，即天的肚臍，故齊自以為居大地的中央。此論題可參考土恩田：〈關於齊國建國史的幾個問題〉，《東岳論叢》1981 年第 4 期，頁 89-92。李衡眉：〈齊國得名原因再探〉，《管子學刊》1991 年第 1 期，頁 75-76。

度。」[127]

同樣內容，亦載於《管子‧戒》、《晏子春秋‧內篇‧問下》。
[128]景公欲觀的「轉附」、「朝儛」，根據清儒焦循的考證，前
者是「之罘」的音轉，後者乃「柱」之緩讀，為齊人對於成山海
中豎石的稱呼。[129]追蹤景公觀覽的路線，乃由之罘、成山，南
至琅邪，和前述秦皇、漢武東游經歷一致，同為巡行齊國的八神
之祠。因此，景公「欲觀」之「觀」，並非只是普通的游覽觀
看，而是像魯國隱公「觀魚于棠」、莊公「如齊觀社」般，[130]
專程到某地參訪，甚至於加入當地的民俗活動或祭祀典禮。事實
上，齊國始封諸侯為姜太公呂尚，史稱其治國「因其俗，簡其
禮」。[131]所謂「因俗簡禮」，即是儘可能順從當地文化習俗，
不勉強變革成為周禮；而齊國八神信仰，傳說「自古而有之，或
曰太公以來作之」，[132]當亦屬於齊初因簡的禮俗對象。故景公
輾轉觀覽，周遍齊境，正是遵循太公以來對於濱海居民的羈縻政

---

[127]　（漢）趙岐注，（宋）孫奭疏：《孟子注疏》（臺北：藝文印書館，
　　　1997年8月，《十三經注疏》本），卷2上，〈梁惠王下〉，頁33。

[128]　參見黎翔鳳：《管子校注》，卷10，頁507-508。張純一：《晏子春秋
　　　校注》，收入楊家駱主編：《新編諸子集成》（臺北：世界書局，1983
　　　年4月），卷4，頁99-101。

[129]　參見（清）焦循：《孟子正義》（北京：中華書局，1998年12月），
　　　上冊，卷4，頁119-123。

[130]　分別見《春秋經‧隱公五年》、〈莊公二十三年〉。《公羊》（卷3，
　　　頁34；卷8，頁100）、《穀梁》（卷2，頁21；卷6，頁59）二傳
　　　同，《左傳》作「矢魚于棠」（卷3，頁57；卷10，頁171）。

[131]　《史記》，卷32，〈齊太公世家〉，頁1480。

[132]　《史記》，卷28，〈封禪書〉，頁1367。

策。據此以推，後來始皇巡游郡縣至齊、魯地區，接受當地儒生、方士的建議，於是跟隨先秦齊侯游覽都邑民祠的路線，深入民間，因而不革，使王化極臨海濱，以求真正實現「六合之內，皇帝之土」的偉大功業。[133]

　　據此觀之，孟子所徵引景公、晏嬰的對話，一方面為齊國始封以來「因俗簡禮」的政策，保留了重要且具體的例證；另方面亦為秦皇、漢武封禪禮儀的起源，提供了彌足珍貴的線索。更重要的是，對話中晏子以闡揚「天子巡狩」、「諸侯述職」的禮制內涵，回覆景公觀祠於各地都邑的政治意義，成功地將巡省方國的「巡狩」與祠奉告天的「祭祀」相互結合。[134]爾後，齊地的儒生、方士，便以此為基礎，「推而大之」[135]：在時間上，由春、秋巡省耕、斂，引伸為四時仲月皆有祠祀；於空間上，從齊境城邑，擴大至中國四嶽。並以齊國泰山當作中心，[136]詳述祭

---

[133] 秦始皇三十五年（212 B.C.），「立石東海上胊界中，以為秦東門」（《史記》，卷 6，〈秦始皇本紀〉，頁 256），即是秦皇想要匡統宇內的具體表現。

[134] 兩者的結合在齊國影響頗大，但非最早。《左傳·莊公二十三年》莊公將如齊觀社，曹劌就曾經以「諸侯有王，王有巡守，以大習之。非是，君不舉矣。」（卷 10，頁 171）加以規諫。

[135] 此為《史記·孟子荀卿列傳》論鄒衍語。齊國儒生、方士受其學風影響，「怪迂阿諛苟合之徒自此興。」（《史記》，卷 28，〈封禪書〉，頁 1369）《漢書·地理志下》則論齊俗云：「多好經術，矜功名，舒緩闊達而足智。」（卷 28 下，頁 1661）

[136] 以齊國泰山為天下中心，除本章註 126 所言的「天齊」傳說外，亦可見於秦漢諸子，如《列子·周穆王》言：「四海之齊，謂中央之國。」同書〈湯問〉又有「齊州」，張湛《注》曰：「齊，中也。」《淮南子·墜形》：「中央之美者，有岱嶽。」高誘《注》云：「岱嶽，泰山

祀山川群神，召見諸侯眾牧的儀則細節，成為巡狩其餘三嶽的範例；最後，再將始行此禮制的太公呂望，替換成同是東夷領袖的虞舜，由一方諸侯轉成天下共主。[137]此或即前述「舜巡四嶽」一段成立的思想背景，後更輯入〈堯典〉，與「堯命羲和」前後並置。[138]相異於「堯命羲和」所遺留的殷商祀禮，「舜巡四嶽」蘊藏著由早期齊國羈縻政策敷衍而成的封禪典禮；其中，「巡狩」、「祭祀」結合的特徵，成為兩漢儒者理解古代封禪思想的主要依據。[139]

也。」（卷 4，頁 139）此或是齊人鄒衍創「大九州說」，遂以齊國為天下中心，擴而大之，至於無垠。楊伯峻：《列子集釋》（北京：中華書局，1997 年 10 月），卷 3，頁 104；卷 5，頁 148。

[137] 《史記・五帝本紀》：「虞舜者」下，張守節《正義》引周處《風土記》云：「舜，東夷之人，生姚丘。」（卷 1，頁 31）《呂氏春秋・首時》：「太公望，東夷之士也。」參見陳奇猷：《呂氏春秋校釋》（臺北：華正書局，1988 年 8 月），卷 14，頁 767。

[138] 關於《尚書・堯典》的成立時間，歷來眾說紛紜。詳細的討論，可參考顧頡剛、劉起釪：《尚書校釋譯論》（北京：中華書局，2005 年 4 月），第 1 冊，頁 357-391。案，《孟子・萬章上》曾引〈堯典〉並明著篇名，是此篇當早於孟子。然而，孟子闡發「天子巡狩」之義時，卻對「舜巡四嶽」一節隻字未提。因此，有理由懷疑孟子當時，〈堯典〉雖然成篇，但「舜巡四嶽」的部份尚未輯入，待孟子回應齊宣王後，方由齊地儒生擴充成章，並編入〈堯典〉之中。

[139] 《尚書・堯典》與秦代儒生的關係，還可參考（日）齋木哲郎：〈秦儒の活動素描—『尚書』「堯典」の改訂と『禮記』大學篇の成立をめぐって—〉，《日本中國學會報》第 38 集（1986 年 10 月），頁 61-74。

第二節　武帝時期的郊祀禮制

前節透過高祖「悉召故秦祝官」、「如其故儀禮」[140]的線索，回溯秦朝雍時與封禪兩項國家祭典的內容和性質，以理解西漢初期郊祀禮制的面貌。到文帝即位，仍以雍五帝為至尊，其餘名山大川鬼神，各有等差，皆領於太祝有司，上不親祠。惟文帝寬厚仁德，先除祕祝移過于下，後令祠官毋為皇帝祈福，並增加雍地諸時祭品數量，以報上帝功德。[141]文帝十四年（166 B.C.），魯人公孫臣上書，申明漢屬土德，但遭到主張水德的丞相張蒼反對；[142]明年，黃龍見成紀，於是天子接受禮官建議，於孟夏四月幸雍，親郊五帝。[143]其後更聽從趙人新垣平的提

---

[140] 《史記》，卷 28，〈封禪書〉，頁 1378。

[141] 「祕祝」亦承秦禮而來。《史記‧封禪書》云：「祝官有祕祝，即有菑祥，輒祝祠移過於下。」（卷 28，頁 1377）關於祕祝的討論，可參考黨藝峰：〈祕祝考釋：〈封禪書〉研究之一〉，陝西省司馬遷研究會編：《司馬遷與史記論集》第 4 輯（西安：陝西人民出版社，2000 年 11 月），頁 445-451。

[142] 自高祖到光武帝，漢朝經過火、水、土、水等德制演變，學者對於此段歷史有各種不同的解釋。相關討論，可參見楊權：《新五德理論與兩漢政治─「堯後火德」說考論》（北京：中華書局，2006 年 4 月）。

[143] 黃龍既現，為土德祥瑞，但禮官卻建議孟夏郊雍且尚赤，於五行屬火德，與公孫臣所推不符。論者以為「夏四月」當為「夏正月」之誤，「夏」指曆法而非季節。詳見王葆玹：《西漢經學源流》，頁 236-241。王葆玹：《今古文經學新論》，頁 322-324。然察《史記‧孝文本紀》、〈封禪書〉，文帝郊祀雍時、渭陽五帝時間皆言「夏四月」、「夏」、「孟夏四月」，是史遷所記均指季節而非曆法。案諸經典，《毛詩‧周頌‧噫嘻‧序》言：「春夏祈穀于上帝也。」（卷 19，頁 724）《春秋經》於僖公三十一年、成公十年、襄公七年、襄公十一

案，分別在渭陽、長門二地，建置五帝廟、五帝壇，並親郊渭陽五帝；進而詔使博士諸生刺六經作《王制》，謀議巡狩封禪事。待新垣平欺詐事覺，文帝遂怠於改正朔服色神明之事，巡狩封禪因而擱置，雍時、五帝廟、五帝壇復領於祠官，不親致祀。[144]可知文帝於郊祀禮制上，雖略有更動，但只是臨時增設，基本上還是延續高祖規模。

降及武帝時期，西漢郊祀才發生重大的變革。武帝即位之初，便招趙綰、王臧議立明堂，草擬巡狩封禪改曆服色之事；會竇太后治黃老言，不好儒術，儒者唯一一次受武帝重用的改制機會，遂告失敗。[145]逮太后崩殂後，武帝開始郊見雍時，巫者、方士的神僊迂怪之言於是乎日益興盛，進而影響到郊祀思想與禮制的變革。武帝郊祀改革的核心部份，主要有三：首先，立汾陰后土祠，與上帝成偶對應；其次，建甘泉泰一祠，以太一取代雍五帝為至上神；至於封禪泰山，則是在秦始皇的基礎上，擴而大之，成為武帝奢望合黃帝、通神僊、求不死的重要手段。其實，「汾陰后土」、「甘泉太一」、「泰山封禪」三者，雖由不同的方士根據各自的理論推衍而成，卻反映出某種共通的思想觀念。以下便分別深入考察三種禮制的形成過程，並探討其學說根據，

年、哀公元年均卜郊或郊於「夏四月」，此或即當時禮官所本，只是在經義方面無法確實掌握。

[144] 以上文帝郊祀活動的敘述，見《史記》，卷 10，〈孝文本紀〉，頁 427-430；卷 28，〈封禪書〉，頁 1380-1383。景帝遵循舊制，僅於中元六年（144 B.C.）親郊雍時，見《史記》，卷 11，〈孝景本紀〉，頁 446。

[145] 見《史記》，卷 12，〈孝武本紀〉，頁 452；卷 28，〈封禪書〉，頁 1384；卷 107，〈魏其武安侯列傳〉，頁 2843。

以闡明武帝郊祀的內容與性質。

壹、汾陰后土的地理觀

自高祖定郊祀禮制後，雍時五帝共同被視作上帝的代稱，為國家至上的神祇。這可由元光四年（131 B.C.）獲得角獸，武帝認為是「上帝報享」，並薦於五時的舉動看出。[146]元鼎四年（113 B.C.），武帝議立后土祠，以與上帝應答，司馬遷於《史記・封禪書》言：

> 議曰：「今上帝朕親郊，而后土無祀，則禮不答也。」有司與太史公、祠官寬舒議：「天地牲角繭栗。今陛下親祠后土，后土宜於澤中圜丘為五壇，壇一黃犢太牢具，已祠盡瘞，而從祠衣上黃。」於是天子遂東，始立后土祠汾陰脽丘，如寬舒等議。上親望拜，如上帝禮。[147]

所謂「天地牲角繭栗」出於《禮記・王制》，孔穎達《疏》引盧植云：「漢孝文皇帝令博士諸生作此《王制》之書。」[148]是武帝將文帝當年制作典章，付諸實現。[149]所作五壇，本於五行土

---

[146] 事見《史記》，卷28，〈封禪書〉，頁1487。

[147] 《史記》，卷28，〈封禪書〉，頁1389。

[148] 見《禮記・王制》標題下，孔穎達《疏》所引（卷11，頁212）。

[149] 《禮記・王制》是否即是文帝所造書，爭議頗多。贊同者有王夢鷗：〈禮記王制篇校記〉，《孔孟學報》第9期（1965年4月），頁135-165。反對者有陳瑞庚：《王制著成之時代及其制度與周禮之異同》（臺北：嘉新水泥公司文化基金會，1972年5月）。權衡二文，當以王氏為確。

數；「黃犢」、「黃衣」，亦符土德方色；足見后土祠壇，是建立在五行學說的基礎上。然而，后土的位階，並非與其餘四行同等，[150]也不只具備「輔四時入出」[151]的功能，而是擁有「執繩而制四方」[152]的力量，將后土升格成足以和上帝相比擬的神祇，誠如〈郊祀歌・帝臨〉禮贊云：

> 帝臨中壇，四方承宇，繩繩意變，備得其所。清和六合，制數以五。海內安寧，興文匽武。后土富媼，昭明三光。穆穆優游，嘉服上黃。[153]

至於立后土祠於汾陰的原因，可從幾點加以觀察，首先是地形方面。汾陰位於現今山西省萬榮縣，為古代汾河與黃河交會之處，[154]《史記・孝武本紀》裴駰《集解》引如淳記其地勢云：

---

[150] 如《管子・五行》將一年分作五等分，五行分別統攝七十二日。《淮南子・時則》中，土德僅搭配季夏之月，地位更為低落。

[151] 《管子》，卷14，〈四時〉，頁847。

[152] 《淮南子》，卷3，〈天文〉，頁88。

[153] 《漢書》，卷22，〈禮樂志〉，頁1054。案，〈帝臨〉之帝，所指為何，向來爭論頗多，相關討論，可見（日）目黑杏子：〈前漢武帝期における郊祀体制の成立—甘泉泰時の分析を中心に〉，《史林》第86卷第6號（2003年11月），頁36-65。殷善培：〈漢武帝的郊祀改制與郊祀歌〉，國立政治大學中國文學系主編：《第五屆漢代文學與思想學術研討會論文集》（臺北：新文豐出版公司，2005年12月），頁155-180。

[154] 汾陰后土祠的地望，見衛聚賢：〈漢汾陰后土祠遺址的發現—附發掘計畫—〉，《東方雜誌》第26卷第19號（1929年10月），頁71-81。王世仁：〈記后土祠廟貌碑〉，《考古》1963年第5期，頁273-277。

> 河之東岸特堆堀，長四五里，廣二里餘，高十餘丈，汾陰
> 縣在脽之上，后土祠在縣西。汾在脽之北，西流與河合
> 也。[155]

以是觀之，汾陰乃由汾河、黃河兩條大川共同沖積而成的高地，
此即《史記‧封禪書》所謂的「脽丘」。這種特殊的地形，符合
祀祭后土於「澤中圜丘」的條件；其面積之廣、地勢之高，竟足
以容納一縣，規模堪任天子的祭地場所。考察「澤中圜丘」的出
處，或本於《禮記‧禮器》：「為高必因丘陵，為下必因川
澤」，[156]表現出「同類相從」的陰陽觀念。此句《孟子‧離婁
上》曾經加以引述，用來發揮為政必須因循先王之道的政治智
慧。[157]不過，前節引《史記‧封禪書》記齊地八神有言：

> 一曰天主，祠天齊。天齊淵水，居臨菑南郊山下者。二曰
> 地主，祠泰山梁父。
> 蓋天好陰，祠之必於高山之下，小山之上，命曰「畤」；
> 地貴陽，祭之必於澤中圜丘云。[158]

所謂「天好陰」、「地貴陽」，屬於陰陽感應的思維：一般來

---

[155] 《史記》，卷 12，〈孝武本紀〉，頁 461-462。

[156] 《禮記》，卷 24，〈禮器〉，頁 469。

[157] 其言云：「故曰：為高必因丘陵，為下必因川澤。為政不因先王之道，
可謂智乎？」（《孟子》，卷 7 上，〈離婁上〉，頁 123）

[158] 《史記》，卷 28，〈封禪書〉，頁 1367。

說，天屬陽，地為陰；「澤中圓丘」[159]屬陰，「小山之上」為陽。據是以觀，由於「天好陰」，故「天齊淵水，居臨菑南郊山下者」；[160]因為「地貴陽」，所以「祠泰山梁父」。但是，上引〈封禪書〉於第二段的總結中，反而在「高山之下，小山之上」祠天，於「澤中圓丘」祭地，不管就實際例證或推論前提來看，均和「天好陰」、「地貴陽」互相矛盾，懷疑此句有前後相錯的可能，原句當作：「蓋天好陰，祭之必於澤中圓丘；地貴陽，祠之必於高山之下，小山之上。」充份呈現出「異類相應」的陰陽概念。此句歷代注家皆無異義，推測是禮官面對齊地祭天祠地兩種完全相反的說法，參酌雍地「自古以雍州積高，神明之隩，故立畤郊上帝，諸神祠皆聚云」[161]的舊有傳聞，進而裁定「祀天必於小山之上，祠地必在澤中圓丘」的說法為確，一概將「異類相應」的思想，改動成「同類相從」的觀念，一方面為太史公所接受且載入史傳，另方面也影響了武帝對於后土祠壇的選擇。

---

[159] 鄭玄注《周禮》、《禮記》，屢言冬至祭昊天上帝於圓丘，見〈大宗伯〉、〈家宗人〉、〈月令〉、〈祭法〉等篇。然據孔穎達的解釋，鄭氏所言「圓丘」，位於「地上」，並非「澤中」；其論祭地的場所，才是「澤中方丘」。足見鄭玄所論與八神所祀，兩者差異頗大，不可混為一談。

[160] 《漢書‧郊祀志上》作「居臨菑南郊山下下者」，顏師古《注》云：「下下，謂最下者。臨菑城南有天齊水，五泉並出，蓋謂此也。」（卷25上，頁1202-1203）今山東臨淄仍可見「天齊淵水」的遺跡，參見徐舫：〈天齊淵地理位置考辨〉，《管子學刊》1992年第4期，頁91-92。

[161] 《史記》，卷28，〈封禪書〉，頁1359。

　　再者，可從歷史的角度加以觀察。根據《史記・封禪書》的記錄，立后土祠的同年夏六月，汾陰巫錦在后土營旁掊得大鼎，經過使者驗問無姦詐後，武帝於是薦鼎於甘泉，同時詢問鼎出的緣由，有司對曰：

> 聞昔泰帝興神鼎一，一者壹統，天地萬物所繫終也。黃帝作寶鼎三，象天地人。禹收九牧之金，鑄九鼎。皆嘗亨鬺上帝鬼神。遭聖則興，鼎遷于夏商。周德衰，宋之社亡，鼎乃淪沒，伏而不見。[162]

有司關於九鼎的回答頗為模糊，特別是殷商以後，似乎未遷於周，更未論及秦始皇統一宇內後的下落。[163]事實上，史籍對於九鼎的記錄亦是如此，《史記・周本紀》云：「周君、王赧卒，周民遂東亡。秦取九鼎寶器。」〈秦本紀〉言：「周民東亡，其器九鼎入秦。」[164]據此，周室實有九鼎入於秦。然而，秦始皇於二十八年（219 B.C.）巡行郡縣時，「過彭城，齋戒禱祠，欲出周鼎泗水。使千人沒水求之，弗得。」[165]則周鼎似又未盡入秦。

---

[162] 《史記》，卷28，〈封禪書〉，頁1392。

[163] 班固注意到此點，補充云：「夏德衰，鼎遷於殷；殷德衰，鼎遷於周；周德衰，鼎遷於秦；秦德衰，宋之社亡，鼎乃淪伏而不見。」（《漢書》，卷25上，〈郊祀志上〉，頁1225）

[164] 以上兩者分別見《史記》，卷4，〈周本紀〉，頁169；卷5，〈秦本紀〉，頁218。

[165] 《史記》，卷6，〈秦始皇本紀〉，頁248。

　　對此，當時有兩種解釋：其一是以泗水之鼎為宋鼎，所謂「宋太丘社亡，而鼎沒于泗水彭城下」，[166]此為朝廷禮官所持立場；[167]其二則視作周鼎，如文帝時新垣平言：「周鼎亡在泗水中，今河溢通泗，臣望東北汾陰直有金寶氣，意周鼎其出乎？」[168]此乃方士迂怪之論。前者著眼於戰國周王室所在地望，均位於河南洛陽一帶，[169]泗水彭城，原屬宋地，[170]是以泗水所出，理非周鼎，當為宋鼎。後者則將周鼎神化，捏造「秦昭王取九鼎，其一飛入泗水，餘八入於秦中」[171]的說法，想藉此迎合帝王求祥瑞、欲封禪的願望。無論宋鼎或周鼎，也不管是否曾淪入泗水之中，待新垣平言古鼎經黃河至汾陰以後，文帝治廟於當地，汾陰地區儼然具有某種神聖的性質。於是，正當武帝欲立后土祠之際，「汾陰男子公孫滂洋等見汾旁有光如絳，上遂立

---

[166] 《史記》卷28，〈封禪書〉，頁1365。

[167] 前引有司答曰：「宋之社亡，鼎乃淪沒。」此處「有司」當包括同年議立后土祠的太史公馬談、祠官寬舒。司馬遷承其父之言，而有宋鼎沒于泗水的說法。事實上，史遷亦不太相信此說，故先記「其後百二十歲而秦滅周，周之九鼎入于秦。」（《史記》，卷28，〈封禪書〉，頁1365）後補充宋鼎之說且冠以「或曰」。這是對於歷史僅載「九鼎」，卻又不斷挖掘出古鼎的矛盾現象之權宜解釋。

[168] 《史記》，卷28，〈封禪書〉，頁1383。

[169] 參見錢穆：《史記地名考》（北京：商務印書館，2001年7月），下冊，卷7，〈周地名〉，頁305-308。

[170] 《漢書・地理志下》：「今之楚彭城，本宋也，《春秋經》曰『圍宋彭城』。」（卷28下，頁1664）

[171] 《史記・秦本紀》：「其器九鼎入秦」下，張守節《正義》之言（卷5，頁218）。

后土祠於汾陰脽上，如寬舒等議。」[172]此亦為選擇汾陰立祠的重要因素。

　　至於新垣平為何要宣稱泗水之鼎移至汾陰，亦是值得探究的問題，此可由汾陰古代地望加以討論。《漢書・武帝紀》載武帝初祀后土祠後，詔云：「祭地冀州」，顏師古《注》引服虔曰：「后土祠在汾陰，汾陰本冀州地也。」[173]其後元鼎五年（112 B.C.）立泰一祠於甘泉，詔書言：「故巡祭后土以祈豐年，冀州脽壤乃顯文鼎，獲薦於廟。」[174]此外，《漢書・禮樂志》記〈郊祀歌・后皇〉亦有：「后皇嘉壇，立玄黃服，物發冀州，兆蒙祉福。」顏師古《注》引臣瓚曰：「汾陰屬冀州。」[175]由是觀之，武帝揀選汾陰設制后土祠，最大的關鍵在於其原屬冀州的地理條件。依據《尚書・禹貢》記載，相傳夏禹治水，劃天下為九州，冀州即為唐堯都城所在，[176]故理水及貢賦均以帝都為起始，所謂「禹行自冀州始」[177]、「冀州既載」[178]是也。因此，無論在政治上、經濟上，冀州皆居於天下中心的位置。武帝欲巡祭后土，祈求豐年，一方面修築五壇、牲用黃犢、祠衣尚黃，另一方面更擇取自古相傳的天下中心「冀州」，以立祠廟；務求在數字、方色、位置各方面，完全符合五行土德的內容，進一步得以

172　《漢書》，卷 25 上，〈郊祀志上〉，頁 1221-1222。

173　《漢書》，卷 6，〈武帝紀〉，頁 183-184。

174　《漢書》，卷 6，〈武帝紀〉，頁 185。

175　《漢書》，卷 22，〈禮樂志〉，頁 1065-1066。

176　《尚書・禹貢》：「冀州既載」，偽孔《傳》：「堯所都也。」（卷 6，頁 77）

177　《史記》，卷 2，〈夏本紀〉，頁 52。

178　《尚書》，卷 6，〈禹貢〉，頁 77。

建置出規模更宏偉、神格更高階的后土祠。

　　應當補充說明的是，周鼎至汾陰的說法雖由新垣平所提出，卻未說明任何理據；待新垣平謊詐事覺，誅夷三族後，更莫詳其所出，僅為巫者、方士所流傳。到了武帝欲立后土祠，有司和司馬談、寬舒等禮官，只論及澤中圜丘、五壇、黃犢、黃衣的祭祀原則，並未確定地點。考察史籍，建請武帝選定汾陰立祠的幕後功臣，或許為當時《尚書》學者兒寬。兒寬原是張湯從史，因擅長撰寫奏議，受張湯薦舉於上，《漢書‧兒寬傳》記其事曰：

> 見上，語經學。上說之，從問《尚書》一篇。擢為中大夫，遷左內史。[179]

《漢書‧儒林傳》亦言：

> 寬有俊材，初見武帝，語經學。上曰：「吾始以《尚書》為樸學，弗好，及聞寬說，可觀。」乃從寬問一篇。[180]

案諸《漢書‧百官公卿表下》，兒寬遷升左內史的時間，恰巧在元鼎四年（113 B.C.），亦即與武帝立后土祠同年。[181]觀察兒寬生平事蹟，經常提出重要建言，如勸武帝自定封禪禮儀，因拜為御史大夫；又曾與博士褚大辯論封禪於上前，大不能及，退而嘆服；更於封禪之後，與司馬遷制定太初曆；足見兒寬所論，大都

---

[179] 《漢書》，卷 58，〈兒寬傳〉，頁 2629。

[180] 《漢書》，卷 88，〈儒林傳〉，頁 3603。

[181] 《漢書》，卷 19 下，〈百官公卿表下〉，頁 779。

與祭祀有關，且深受武帝倚重。[182]由此可推，武帝初見兒寬，正值欲立后土祠之際，極有可能以此事詢問，兒寬趁此機會以其所學應答，故「從問《尚書》一篇」，或即為〈禹貢〉，特別是闡發冀州為天下中心的義理。進而促使武帝聽從其言，於是在冀州之中，擇選具有「澤中圜丘」地貌、又有「瑞光如絳」禎祥的汾陰脽丘，以建立后土祠。

貳、甘泉泰畤的天地觀

武帝於郊祀禮制上的第二項改革，即是在甘泉興建泰一祠壇。漢朝自高祖繼承秦代禮制，原以雍五畤為至尊上帝，到元光二年（133 B.C.）武帝開始郊見雍五畤後，便有許多方士積極鼓吹太一神祇的至尊地位，例如《史記・封禪書》中，亳人謬忌言「天神貴者太一，太一佐曰五帝」；獲鼎後，或曰「五帝，太一之佐也，宜立太一而上親郊之」；又置壽宮神君，其中「最貴者太一，其佐曰大禁、司命之屬。」[183]然而，當時方士對於太一的內涵、性質尚未完全辨明，造成眾說紛紜的現象，[184]故武帝疑而未定，僅立壇在長安東南，令祠官領之。[185]

促成武帝設立甘泉泰畤，是在汾陰掊得古鼎後，當時齊人公孫卿因嬖人呈奏「鼎書」，宣稱上古黃帝亦曾獲寶鼎，得天之

---

[182] 以上均見《漢書》，卷58，〈兒寬傳〉，頁 2628-2633。

[183] 以上見《史記》，卷28，〈封禪書〉，頁 1386-1393。

[184] 例如《史記・封禪書》中，有人建議三年一用太牢祭「天一、地一、太一」（卷28，頁 1386），是為「三一」；又有上書將太一與黃帝、冥羊、馬行、澤山君地長、武夷君、陰陽使者等神祇並祀，莫衷一是。

[185] 見《史記》，卷28，〈封禪書〉，頁 1386。

紀，終而復始，於是封禪泰山，遂乘龍登天，長生不死。武帝聞而歎曰：「嗟乎！吾誠得如黃帝，吾視去妻子如脫躧耳。」[186]因於元鼎五年（112 B.C.）建置泰一祠壇於甘泉；至此，太一神祇遂取代雍時五帝，成為漢家的至尊上帝。[187]由宗教的角度看，此次郊祀禮儀的改制，是唯一上帝與五帝兩種神祇的爭勝；若深入觀察，二者之間並非只是祭祀對象數量多寡的差別，背後其實隱涵「一」與「多」的觀念論辯；具體來說，即是戰國秦漢之際「太一」與「五行」的思想演變。公孫卿正是掌握兩類思想內容，藉由星象、曆法「終而復始」的循環觀念，以「周行不殆」的五行思想為基礎，推演出「獨立不改」的太一觀念，再穿鑿黃帝得鼎登僊的故事，以投合武帝渴求壽福縣長的願望。

　　正因為公孫卿的奏議融入了長生思想，所以在甘泉泰時的建築形制上，隨處可見追求登天昇僊的設計。[188]首先，在祠壇的位置方面，擇取雲陽甘泉作為基址。此處在秦代原是匈奴祭天之處；[189]元鼎五年（112 B.C.），齊人少翁建請武帝作甘泉宮，

---

[186] 《史記》，卷28，〈封禪書〉，頁1393-1394。

[187] 不過雍時祭祀因是漢家故事，故尚未輕易廢止，《史記·封禪書》：「後常三歲一郊」下，司馬貞《索隱》引《漢舊儀》云：「元年祭天，二年祭地，三年祭五時。三歲一遍，皇帝自行也。」（卷28，頁1384）查閱「附表二」，史書所記的郊祀時間，並未如此理想化，但對於雍時的郊祭，卻一直延續到成帝後期。

[188] 早期秦始皇、漢高祖建立阿房宮、未央宮，亦模擬太一紫宮形制，「以象天極閣道絕漢抵營室也」（《史記》，卷6，〈秦始皇本紀〉，頁256），此與先秦以來的宇宙論有密切的關係。詳細的討論，參見拙著：〈楚簡《太一生水》箚記——數術視野下的太一與水〉，《簡帛》第2輯（2007年10月），頁151-165。

[189] 《史記·匈奴列傳》：「破得休屠王祭天金人」下，裴駰《集解》引

「畫天、地、太一諸鬼神」，翌年又置壽宮神君，奉祀太一、大
禁、司命之屬。可知甘泉在未立泰時前，已為長安近郊的信仰中
心，故「方士多言古帝王有都甘泉者」[190]加以附會，突顯出雲
陽甘泉在宗教領域中的神聖地位。不過，選擇雲陽甘泉建祠立
時，還有更重要的理由，誠如《漢書・禮樂志》言：「祠太一於
甘泉，就乾位也。」顏師古《注》曰：「言在京師之西北也。」
[191]案諸《周易・說卦》：「乾，西北之卦也。」又云：「乾為
天。」[192]是以特別建築祠壇於甘泉，實是考慮到其處於西北天
位的地理位置。

　　至於西北為何象徵天位，可從古人所認識的宇宙形狀加以觀
察。案諸《漢書・藝文志》，其〈數術略〉有「形法」一類，所
謂「大舉九州之勢以立城郭室舍形」[193]是也，古籍中常見到關
於九州形勢的記載，例如楚簡《太一生水》謂：

　　　〔天不足〕於西北，其下高以強；地不足於東南，其上
　　　〔□以□。不足於上〕者，有餘於下；不足於下者，有餘

　　《漢書音義》曰：「匈奴祭天處本在雲陽甘泉山下，秦奪其地，後徙之
　　休屠王右地，故休屠有祭天金人，象祭天人也。」張守節《正義》引
　　《括地志》亦云：「徑路神祠在雍州、雲陽縣西北九十里甘泉山下，本
　　匈奴祭天處，秦奪其地，後徙休屠右地。」（卷110，頁2908-2909）
[190]　《史記》，卷28，〈封禪書〉，頁1402。
[191]　《漢書》，卷22，〈禮樂志〉，頁1045。
[192]　（魏）王弼注，（唐）孔穎達疏：《周易正義》（臺北：藝文印書館，
　　1997年8月，《十三經注疏》本），卷9，頁184-185。
[193]　《漢書》，卷30，〈藝文志〉，頁1775。

於上。[194]

就簡文中所反映的天地樣貌來看，乃古人對自然界的觀察所得，由於中原大河，包括黃河、長江等，俱流向東南，呈現出西北高東南低的地表走勢。[195]如此的地勢，在《淮南子・天文》中，則以神話的形式描述：

> 天受日月星辰，地受水潦塵埃。昔者共工與顓頊爭為帝，怒而觸不周之山，天柱折，地維絕。天傾西北，故日月星辰移焉；地不滿東南，故水潦塵埃歸焉。[196]

高誘《注》云：「傾，高也。」是高誘以為天高於西北。清儒錢塘引梁代祖暅《天文錄》、唐朝楊炯〈渾天賦〉，認為：「蓋天既以天為東南高，西北下，地又西北高，東南下，于是以天之西北為傾，地之東南為不足。」[197]證諸前引《太一生水》「〔天不足〕於西北」一語，可知錢氏言「天為東南高，西北下」的說

---

[194] 李零：《郭店楚簡校讀記》（北京：北京大學出版社，2002 年 9月），簡 13、14，頁 32-33。

[195] 難者或以為中原江河，並非完全自西北流向東南，如《史記・天官書》即言：「故中國山川東北流。其維：首在隴、蜀，尾沒于勃、碣。」（卷 22，頁 1045）《淮南子・脩務》對此有所解說：「江、河之回曲，亦時有南北者，而人謂江、河東流；攝提、鎮星、日、月東行，而人謂星辰、日、月西移者；以大氐為本。」（卷 22，頁 1045）

[196] 《淮南子》，卷 3，〈天文〉，頁 80。

[197] （清）錢塘：《淮南天文訓補注》，收入劉文典：《淮南鴻烈集解》（北京：中華書局，1997 年 1月），附錄 3，頁 770。

法，方為「天傾西北」的確解。於《易傳》中，〈訟卦・大象傳〉亦有：「天與水違行，訟。」[198]唐代李鼎祚《周易集解》引荀爽曰：「天自西轉，水自東流，上下違行，成〈訟〉之象也。」[199]孔穎達《疏》也云：「天道西轉，水流東注，是天與水相違而行。」總結來看，《淮南子》所謂「天受日月星辰」，實指以北極為中心，「故日月星辰移焉」；「地受水潦塵埃」，乃言以江海為下流，「故水潦塵埃歸焉」。這與《老子》中，以「川谷」論「道」的取譬關係如出一轍：

　　譬道之在天下，猶川谷之於江海。

　　江海所以能為百谷王者，以其善下之，故能為百谷王。[200]

北極之於日月星辰，猶如江海之於川谷，居於其下而廣納眾星；故道之所在的「天下」，愚意以為或可釋作「天之最下」，亦即北極所在。除此之外，在《莊子》中，「葆光」、「大壑」亦有類似的比擬關係：

　　注焉而不滿，酌焉而不竭，而不知其所由來，此之謂葆

---

[198] 《周易》，卷2，〈訟卦・大象傳〉，頁34。

[199] （清）李道平：《周易集解纂疏》（北京：中華書局，1998 年 12 月），卷2，頁121。

[200] （魏）王弼注：《老子道德經注》，收入樓宇烈校釋：《王弼集校釋》（北京：中華書局，1999 年 12 月），〈三十二章〉，頁82；〈六十六章〉，頁170。

光。

> 諄芒將東之大壑，適遇苑風於東海之濱。苑風曰：「子將
> 奚之？」曰：「將之大壑。」曰：「奚為焉？」曰：「夫大
> 壑之為物也，注焉而不滿，酌焉而不竭，吾將遊焉。」[201]

上引〈齊物論〉文字，後亦鈔錄於《淮南子・本經》：「取焉而
不損，酌焉而不竭，莫知其所由出，是謂瑤光。瑤光者，資糧萬
物者也。」高誘《注》云：「瑤光，謂北斗杓第七星也。」[202]
是《莊子》書中以「注焉而不滿，酌焉而不竭」，同時描述天上
的斗極及地上的谷壑，代表對兩者性質有著相近的理解。這都是
先哲透過對萬物流行觀察所得的規律，故地之有江海流於川谷之
上，天亦有銀河橫亘夜空。再由於「天傾西北，地不滿東南」，
所以天河自東向西，此即「黃河之水天上來」的源頭；地水由西
向東，形成「奔流到海不復回」之態勢（附圖一）。[203]

---

201 （清）郭慶藩集釋：《莊子集釋》（臺北：華正書局，1997 年 11
　　月），卷 1 下，〈齊物論〉，頁 83；卷 5 上，〈天地〉，頁 439-440。
202 《淮南子》，卷 8，〈本經〉，頁 253。案，《莊子》的「葆光」當從
　　《淮南子》作「瑤光」，詳細論證，請參考劉武：《莊子集解內篇補
　　正》（北京：中華書局，1999 年 12 月），頁 61-62。
203 比利時學者戴卡琳（Carine Defoort）亦曾注意到天上銀河與地上黃河的
　　聯貫關係，惜未展開論述。參見（比）戴卡琳（Carine Defoort）：
　　〈《太一生水》初探〉，收入陳鼓應主編：《道家文化研究》第十七輯
　　（北京：三聯書店，1999 年 8 月），頁 340-352。

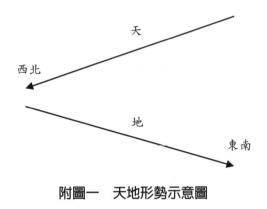

附圖一　天地形勢示意圖

　　除了位置的選擇外，甘泉泰畤的神僊色彩，還表現在太一壇
的建築構造上，《史記‧封禪書》言：

> 壇三垓。五帝壇環居其下，各如其方，黃帝西南，除八通
> 鬼道。[204]

祠壇共分三層，最上祭祀太一，因模擬天極紫宮，故「泰一祝宰
則衣紫及繡」。[205]第二層為五帝壇，各帝應其方位以祀，惟太
一已佔中央主位，故將后土祠居中的黃帝移至西南，此乃著眼於
〈坤〉卦位處西南，黃帝土德從之。[206]至於祀官的衣著服飾，

204　《史記》，卷 28，〈封禪〉，頁 1394。

205　《史記》，卷 28，〈封禪〉，頁 1394。

206　《漢書‧郊祀志上》：「除八通鬼道」下，顏師古《注》引服虔：
　　「〈坤〉位在未，黃帝從土位。」（卷 25 上，頁 1320）案，漢家郊祀
　　所用《周易》八卦方位，與〈說卦傳〉相符；根據學者的研究，〈說卦
　　傳〉出於宣帝以後，武帝時期的方士，並無徵引的可能。然而，《漢

為木青、火赤、金白、水黑、土黃，「各如其色」。[207]第三層
則為「八通鬼道」，亦即日後匡衡所言：「甘泉泰畤紫壇，八觚
宣通象八方。」[208]「八方」的世界觀多見於古籍，如《史記‧
律書》、《淮南子‧墜形》等史料均有記載。就〈墜形〉而言，
是以九州的中央冀州為中心，向外推擴到八殥、八紘，終於八
極、八門；在當時的概念裏，九州的四時季風正是源自八方，故
云：「凡八極之雲，是雨天下；八門之風，是節寒暑；八紘、八
殥、八澤之雲，以雨九州而和中土。」[209]（附圖二）因此，在
祈求國家風調雨順，國泰民安的立場上，武帝將八方、八風神格
化，並納入泰一祭祀中，誠如〈郊祀歌‧惟泰元〉言：

> 惟泰元尊，媼神蕃釐，經緯天地，作成四時。精建日月，
> 星辰度理，陰陽五行，周而復始。雲風靁電，降甘露雨，
> 百姓蕃滋，咸循厥緒。[210]

書‧儒林傳》稱劉向校書，以為諸《易》家說皆祖田何，「唯京氏為
異，黨焦延壽獨得隱士之說，託之孟氏，不相與同。」（卷 88，頁
3601）考孟喜、京房的「卦氣說」，其理論結構亦同於〈說卦傳〉，但
劉向並未提及兩者關聯，而謂得之隱士。此或當時有關八卦方位的說
法，流傳於方士之間，且異於田何系統，故不被易學家所接受。待河內
女子掘得〈說卦傳〉，孟、焦、京一系的隱士之說方為經典證實，造成
西漢後期易學發展重大影響。關於西漢《易》學的考證，詳見王葆玹：
〈西漢《易》學卦氣說源流考〉，收入林慶彰編：《中國經學史論文選
集》（臺北：文史哲出版社，1992 年 10 月），上冊，頁 173-185。

[207] 《史記》，卷 28，〈封禪書〉，頁 1394。

[208] 《漢書》，卷 25 下，〈郊祀志下〉，頁 1256。

[209] 《淮南子》，卷 4，〈墜形〉，頁 139。

[210] 《漢書》，卷 22，〈禮樂志〉，頁 1057。

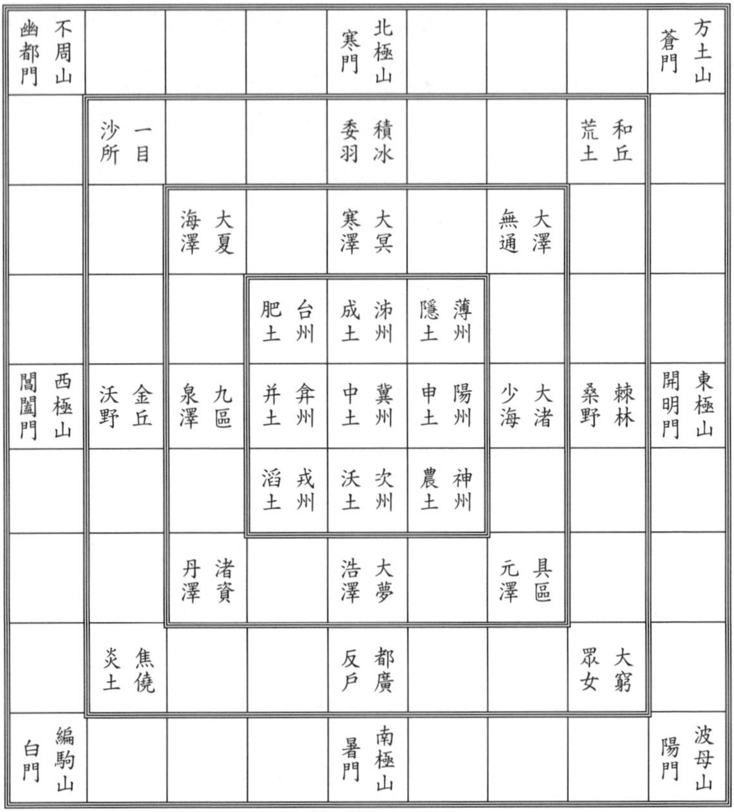

幽都門 不周山			寒門 北極山					蒼門 方土山
	沙所 一目		積冰 委羽				荒土 和丘	
		海澤 大夏	寒澤 大冥		大澤 無通			
			台州 肥土	沛州 成土	薄州 隱土			
閶闔門 西極山	沃野 金丘	泉澤 九區	弁州 并土	冀州 中土	陽州 申土	少海 大渚	桑野 棘林	開明門 東極山
			戎州 滔土	次州 沃土	神州 農土			
		丹澤 渚資	大夢 浩澤		元澤 具區			
	焦僥 炎土		都廣 反戶				大窮 眾女	
白門 編駒山			暑門 南極山					陽門 波母山

附圖二　《淮南子·墬形》九州、八方示意圖

據此以觀，甘泉泰一祠壇的三陔結構，乃由天極、五行、八方層層疊合，組織成一個具體而微的宇宙模型。進一步而論，這種三重構造的祀壇，亦是受到神僊方術觀念的影響，如《爾雅·釋丘》言：「三成為崐崘丘。」[211]揚雄〈甘泉賦〉曰：「配帝居

---

[211]《爾雅》，卷7，〈釋丘〉，頁114。

之縣圃兮，象泰壹之威神」，顏師古《注》引服虔曰：「曾城、縣圃、閬風，昆侖之山三重也，天帝神在其上。」[212]《水經・河水》言：「崑崙墟在西北。」酈道元有詳細的解說：

> 三成為崑崙丘。《崑崙說》曰：崑崙之山三級，下曰樊桐，一名板桐；二曰玄圃，一名閬風；上曰層城，一名天庭，是為太帝之居。[213]

綜前所述，泰一祠壇的三陔構造，正是三成崑崙丘的真實呈現，且為太一天帝居處之所。在先秦兩漢的資料中，崑崙丘的結構並非確指某座高山，乃是透過人工修建而成的神話性建築，所謂「嶽象已設，崑崙故出」，[214]成為時人心中的聖山、仙境的代稱。[215]探究方士造作崑崙的用意，不僅是為了替太一天地設置祀位，主要的目的在於，建立起一個微型宇宙，提供武帝登遷天庭的階梯，誠如《淮南子・墜形》言：

---

[212] 《漢書》，卷 87 上，〈揚雄傳上〉，頁 3526-3527。

[213] 陳橋驛：《水經注校證》（北京：中華書局，2007 年 7 月），卷 1，頁 1。

[214] 周生春：《吳越春秋輯校匯考》（上海：上海古籍出版社，1997 年 7 月），〈勾踐歸國外傳〉，頁 131。

[215] 有關先秦兩漢「崑崙」的建築結構及其意義，詳見凌純聲：〈中國的封禪與兩河流域的昆侖文化〉，《中央研究院民族學研究所集刊》第 19 期（1965 年春季號），頁 1-51。凌純聲：〈昆侖丘與西王母〉，《中央研究院民族學研究所集刊》第 22 期（1966 年秋季號），頁 215-255。

> 昆侖之丘，或上倍之，是謂涼風之山，登之而不死。或上
> 倍之，是謂懸圃，登之乃靈，能使風雨。或上倍之，乃維
> 上天，登之乃神，是謂太帝之居。[216]

再配合甘泉宮內其他臺觀的名稱，如通天臺、招仙臺、益壽觀、
天梯觀等，甘泉泰畤求僊延壽的功能則愈加明顯。[217]總結來
說，由甘泉泰畤的建築形制看，武帝藉由郊祀太一天帝於三陔祠
壇，一方面象徵縱橫天地，包攝宇內，致使四季循環暢達，祈求
八方風雨調順，為國家興福，替百姓消災。另方面則藉由祀壇的
三重結構，步步昇遷，進而能夠長生不死，登僊上天，獲得與太
帝天神面聚的機會，此即〈郊祀歌・華爗爗〉所謂「神之旟，過
天門，車千乘，敦昆侖」。[218]

---

[216] 《淮南子》，卷4，〈墬形〉，頁135。

[217] 此亦出自公孫卿的建議：「仙人可見，而上往常遽，以故不見。今陛下
可為觀，……神人宜可致也，且僊人好樓居。」武帝於是始廣諸宮室
（見《史記》，卷28，〈封禪書〉，頁1400）。除正文所言宮室外，
尚有集靈宮、集仙宮、存仙殿、望仙臺、望仙觀等，俱見何清谷：《三
輔黃圖校注》（西安：三秦出版社，1998年9月），頁113-142。學者
認為這些建築「多數與宗教有關」，參見凌純聲：〈秦漢時代之畤〉，
《中央研究院民族學研究所集刊》第18期（1964年秋季號），頁113-
142。另外，在甘泉宮遺址的考古勘察中，亦發現多片「長生未央」的
文字瓦當，可說明武帝建築甘泉宮的目的和功用。詳見姚生民：〈漢
甘泉宮遺址勘查記〉，《考古與文物》1980年第2期，頁51-60。王根
權、姚生民：〈淳化縣古甘泉山發現秦漢建築遺址群〉，《考古與文
物》1990年第2期，頁1-4。

[218] 《漢書》，卷22，〈禮樂志〉，頁1066。

參、泰山封禪的神僊觀

　　武帝對於西漢國家祭禮的另一項創建，則是在泰山舉行封禪大典。前節曾經探討秦始皇封禪泰山的內容，闡明其偏重巡狩郡縣的特殊性質，此乃西漢學者論及始皇事蹟，多以巡狩概括封禪的原因，例如文帝時賈山上〈至言〉曰：「秦皇帝東巡狩，至會稽、琅邪，刻石著其功。」[219]這種封禪觀念對於西漢儒生的影響甚鉅，日後文帝使博士諸生「謀議巡狩封禪事」，武帝招趙綰、王臧「草巡狩封禪改曆服色事」，均以巡狩、封禪連言。降及元封元年（110 B.C.），武帝更將封禪、巡狩結合，一併施行，於是上封泰山前，北巡朔方、釋兵須如，又東幸緱氏、禮登中嶽太室，巡行海上、祠祀八神；既封以後，北至碣石，巡自遼西，歷北邊至九原，返至甘泉。[220]

　　除了巡狩之外，封禪泰山亦引發秦始皇追求長生不死的嚮往。根據史書的記載，秦皇聽從徐市（福）的建議，開始遣發童男女入海求僊人，乃在刻石琅邪以後；當時皇帝正遵循齊地舊制，觀覽濱海民俗，神僊方術思想或乘隙而入。[221]只不過方士為方僊道、形解銷化的說法，雖引起始皇極大的興趣，但其後巡行郡縣，並非完全著重在「禱祠名山諸神以延壽命」，[222]仍是在示天下以彊，達到威服海內的功效，此可由之罘、東觀、碣

---

[219] 《漢書》，卷 51，〈賈山傳〉，頁 2332。

[220] 文帝、武帝的封禪事蹟，見《史記》，卷 28，〈封禪書〉，頁 1381-1383、1384-1403。

[221] 事見《史記》，卷 6，〈秦始皇本紀〉，頁 241-247。

[222] 《史記》，卷 87，〈李斯列傳〉，頁 2551。

石、會稽刻石的內容看出。

異於秦始皇偏重封禪中巡狩的性質，漢武帝則傾慕於延年登仙的幻想。元光二年（133 B.C.）初郊雍時後，方士詭怪之說趁勢而起，先是李少君言：

> 祠竈則致物，致物而丹沙可化為黃金，黃金成，以為飲食器則益壽，益壽而海中蓬萊僊者乃可見，見之以封禪則不死，黃帝是也。[223]

文中串聯黃金、益壽、見僊等常人普遍的願望，以媚惑天子，於是武帝始親祠竈。值得注意的是，假托黃帝封禪以獲不死的論點，在此首見。待汾陰寶鼎出，是為泰帝以來的聖器神物，且恰為飲食用具，公孫卿遂敷衍李少君的說法，曰：「寶鼎出而與神通，封禪。……上封則能僊登天矣。……黃帝且戰且學僊，……百餘歲然後得與神通。」齊人丁公亦云：「封禪者，合不死之名也。」[224]武帝聞而嗟嘆，欽羨於黃帝上天不死的傳說，開啟爾後封禪泰山的各種措施。

封禪泰山的首項舉措，即是在甘泉建立太一祠壇。雖說泰畤在西漢郊祀沿革的主要意義，在於承認太一天帝至尊無上的神格，但其成立的初衷，卻是武帝封禪典禮的前置作業。如上所論，祠壇建築多採承天迎仙的設計，具備濃厚的神僊色彩，正與武帝封禪的目的相合。翻過來看，元封元年（110 B.C.）冬，

---

[223] 《史記》，卷28，〈封禪書〉，頁1385。
[224] 《史記》，卷28，〈封禪書〉，頁1393、1397。

「為且用事泰山，先類祠太一」，[225]亦可證甘泉太一為武帝因封禪以求登僊上天的部份環節。此當受到《尚書・堯典》中虞舜「五載一巡狩」的影響，所謂：「類于上帝，禋于六宗，望于山川，徧于羣神」，[226]故在巡狩岱宗、用事泰山前，須先祭祀上帝太一於中央國都，方始東行。考察「類祠太一」的用意，一方面告知上帝將舉行非常大事，如同《禮記・王制》曰：「天子將出，類乎上帝。」[227]另方面則預先演練封禪禮儀，所謂：「類祠，謂以事類而祭也。」[228]是以同年夏四月正式登封泰山，史稱「如郊祠太一之禮。」[229]

武帝封禪泰山告祀何神？於首封時並無明言。到元封五年（106 B.C.）脩封，則「祠太一、五帝於明堂上坐」，此或是改尊太一不久，因此仍然並祀五帝；降及太初元年（104 B.C.），天子親祀上帝於泰山，其贊饗曰：「天增授皇帝太元神策，周而復始。皇帝敬拜太一。」[230]到此方真正確定獨以太一為至高上帝。順帶補充，《史記・封禪書》言漢家封禪，有所謂「五年一脩封」[231]的制度，但考武帝封禪，其相隔時間，並不完全是五年（見「附表二」）。案諸裴駰《集解》引徐廣曰：「常五年一

---

[225] 《史記》，卷28，〈封禪書〉，頁1396。

[226] 《尚書》，卷3，〈堯典〉，頁35。

[227] 《禮記》，卷12，〈王制〉，頁235。

[228] 《漢書・郊祀志上》：「先類祠泰一」下，顏師古《注》語（卷25上，頁1233）。

[229] 《史記》，卷28，〈封禪書〉，頁1398。

[230] 《史記》，卷28，〈封禪書〉，頁1401。

[231] 《史記》，卷28，〈封禪書〉，頁1403。

脩耳,今適二年,故但祠於明堂。」[232]是脩封與祠祀有規模大小的差別。職是以觀,則元封元年(110 B.C.)、元封五年(106 B.C.)、太初三年(102 B.C.)、天漢三年(98 B.C.),以及太始四年(93 B.C.)、征和四年(89 B.C.),其間相隔正好五年,除去元封元年的首封,武帝於泰山「凡五脩封」。[233]據此,對照甘泉太一祀祭的不定期舉辦,武帝定時脩封泰山的態度,表現出更加重視封禪大典的立場。[234]

與汾陰后土祠、甘泉太一祠相同,泰山封禪亦有特別的祭祀建築,稱作「明堂」。初封之時,諸儒、方士不曉其制度,故未及修治;待元封二年(109 B.C.)再祀泰山,濟南人公玉帶上黃帝時明堂圖,具載其形制云:

> 中有一殿,四面無壁,以茅蓋,通水,圜宮垣為複道,上有樓,從西南入,命曰昆侖,天子從之入,以拜祠上帝焉。[235]

於是武帝下令依公玉帶所上之圖作明堂,並於元封五年(106 B.C.)脩封時啟用。圖制中,「四面無壁,以茅蓋」的構造頗為特殊,同於《淮南子・主術》云:「明堂之制,有蓋而無四方,

---

[232] 見《史記・封禪書》「天子親至泰山,以十一月甲子朔旦冬至日祠上帝明堂,毋脩封禪」下(卷28,頁1401)。

[233] 《漢書》,卷25下,〈郊祀志下〉,頁1248。

[234] (日)村田浩:〈『漢書』郊祀志の「泰一」の祭祀について〉,《中國思想史研究》第19號(1996年12月),頁67-80。

[235] 《史記》,卷28,〈封禪書〉,頁1401。

風雨不能襲，寒暑不能傷。」[236]武帝建此宗教殿堂，意欲創造某種神聖空間，令天子置身其中，能夠不受外物侵擾，以收益壽延年的功效。另外，又築有樓臺曰「昆侖」，清儒王先謙釋云：

> 吳仁傑曰：「明堂者，壇也。」〈司儀〉職曰：「將命諸侯，則命為壇三成。」鄭康成曰：「成猶重也。三重者，自下差之為上等、中等、下等。」《爾雅》曰：「三成為昆侖。」古之所謂昆侖者蓋如此。[237]

由此可知，泰山明堂的主要建物「昆侖樓」，其結構與甘泉三垓祠壇並無二致，故同樣具備拾級昇遷、登仙上天的作用。不過明堂的昆侖是「樓」而非「壇」，整體建築當較甘泉泰畤更為宏偉，因此在其上須增建「複道」。所謂的「複道」，後世又稱「崑崙道」、「閣道」，清儒沈欽韓以為：

> 〈唐志〉貞觀五年太子中允、孔穎達以諸儒立議違古，上言曰：「臣伏尋勅依禮部尚書劉伯莊等議，以為崑崙道上層祭天。又尋後勅云：為左右閣道登樓設祭。……」[238]

據此而論，「複道」、「崑崙道」，即昆侖樓的步道或斜阪，沿

---

236 《淮南子》，卷9，〈主術〉，頁271。

237 （清）王先謙：《漢書補注》（揚州：廣陵書社，2006年5月），上冊，卷25下，〈郊祀志下〉，頁524。

238 （清）沈欽韓：《漢書疏證》，第1冊，卷18，頁538。

著宮樓的周圍設制，以利祭祀太一上帝時陟降往來之用。[239]由是以觀，武帝封禪實是將甘泉泰畤擴而大之，選擇東方至高至大的聖山，再於其上脩建益加巍峨聳立的樓臺，竭盡所能地接近天庭帝居，以滿足其昇僊不死的渴望。

　　其次，可由封禪儀式加以觀察。自獲汾陰寶鼎，上乃「令諸儒習射牛，草封禪儀」，但「諸儒及方士言封禪人人殊，不經，難施行」；[240]於是採納兒寬的建議，「乃自制儀，采儒術以文焉」。[241]詳細的儀式，載於《史記‧封禪書》：

> 天子至梁父，禮祠地主。乙卯，令侍中儒者皮弁薦紳，射牛行事。封泰山下東方，如郊祠太一之禮。封廣丈二尺，高九尺，其下則有玉牒書，書祕。禮畢，天子獨與侍中奉車子侯上泰山，亦有封。其事皆禁。明日，下陰道。丙辰，禪泰山下阯東北肅然山，如祭后土禮。天子皆親拜見，衣上黃而盡用樂焉。江淮閒一茅三脊為神藉。五色土益雜封。縱遠方奇獸蜚禽及白雉諸物，頗以加禮。兕牛犀象之屬不用。[242]

武帝所制定的封禪儀節，可分作兩大類：其一為「封泰山下東方」、「禪肅然山」，此部份禮儀公開施行，為眾人所知，故司

---

239 詳見凌純聲：〈中國的封禪與兩河流域的昆侖文化〉，《中央研究院民族學研究所集刊》第 19 期（1965 年春季號），頁 1-51。

240 《史記》，卷 28，〈封禪書〉，頁 1398。

241 《漢書》，卷 58，〈兒寬傳〉，頁 2631。

242 《史記》，卷 28，〈封禪書〉，頁 1398。

馬遷得以記錄前者「如郊祠太一之禮」，後者「如祭后土禮」，
並詳述所用神藉、封土、犧牲的品類。此種封禪儀式的性質，可
由武帝所立的〈泰山刻石〉看出：

> 事天以禮，立身以義，事父以孝，成民以仁；四守之內，
> 莫不為郡縣；四夷八蠻，咸來貢職；與天無極，人民蕃
> 息，天祿永得。[243]

此為應劭所記，其內容至東漢仍為人所知，故應屬公開禮儀的一
環。文中歌頌武帝德行施政合乎禮義孝仁，讚揚其匡統海內、羈
縻蠻夷的豐功偉業，進而希望永得天祿，維持帝國長久的繁榮昌
盛。據是以觀，此種封禪儀節，乃沿襲秦始皇故事，藉由舉行祭
祀典禮，上告天帝，下昭百姓，用以表彰皇帝的功績盛德，鞏固
其綱紀天下的至尊地位。

　　其二則是「獨與侍中奉車子侯上泰山」，加上「封泰山下東
方」後所封玉牒書的內容，此部份隱密不顯，「其事皆禁」，是
以其實情不可得而聞。[244]甚至唯一陪侍武帝上封泰山的奉車子

---

[243] 王利器校注：《風俗通義校注》（臺北：漢京文化事業有限公司，1983
年9月），卷2，〈正失〉，頁68。

[244] 《史記・封禪書》提及秦皇封禪曾云：「其禮頗采太祝之祀雍上帝所
用，而封藏皆祕之，世不得而記也。」是其亦有隱密不宣的部份。然
而，前文有言：「立石頌秦始皇帝德，明其得封也。」（卷28，頁
1367）知秦皇所封禪實欲頌揚功德，昭示天下，無須隱諱。再者，〈秦
始皇本紀〉亦云：「乃遂上泰山，立石，封，祠祀。」（卷6，頁242-
243）亦未言及祕藏之事，是以裴駰《集解》引服虔、張晏、臣瓚之
說，均釋「封禪」作「增高積土」之意，而不取「封藏祕之」的說法。

侯，亦突然暴病猝死，於是世上僅有武帝獨知封藏內容。[245]此
事經過頗有蹊蹺，《風俗通義‧正失》述云：

> 俗說：岱宗上有金篋玉策，能知人年壽脩短。武帝探策得
> 十八，因到讀曰八十，其後果用耆長。武帝出璽印石，裁
> 有兆朕，奉車子侯即沒其印，乃止。武帝畏惡，亦殺去
> 之。[246]

《史記‧封禪書》：「奉車子侯暴病，一日死」[247]一語下，司
馬貞《索隱》引桓譚《新論》亦有相同的記載。《索隱》再引顧
胤按語，言武帝安慰其家人，謊稱：「道士皆言子侯得仙，不足
悲。」就此傳說來看，岱宗上是否真有金篋玉策，又是否真能知
人年壽脩短，可能都是世俗穿鑿附會之說，無須深究；然此段史
事則強烈表現出武帝對於長生不死的渴望，與史書形象不謀而
合。若除卻穿鑿的成份，配合正史的可靠記載，當是武帝於公開
的「封泰山下東方」禮畢，特別摒卻群臣，登上泰山，自撰祭文
告天，以祈求延年益壽、登列仙位，並取璽印封藏，以祕其事。
[248]然由於封印時「裁有兆朕」，一來可能責備奉車子侯粗心大

---

[245] 事見《史記》，卷 28，〈封禪書〉，頁 1398-1399。

[246] 《風俗通義》，卷 2，〈正失〉，頁 65。

[247] 《史記》，卷 28，〈封禪書〉，頁 1398。

[248] 東漢光武帝時，曾詔梁松求元封時封禪故事，對於武帝所封藏的玉牒
書，有詳細的勘察記錄，文見《後漢書‧祭祀志上》，頁 3161-3163。
其後光武帝上封泰山，馬第伯則作〈封禪儀記〉以錄其實，文見《後漢
書‧祭祀志上》劉昭《注》引應劭《漢官》，頁 3166-3168。近代學者
曾深入考證武帝封藏的各項器物，參見（日）池田雅典：〈封禪儀禮に

意，導致祝禱儀式未竟全功，留有缺陷；二來或許因封泥上留有兆裂的痕跡，懷疑其曾經窺探祭文內容。[249]此即所以武帝畏惡，必殺子侯去而之的原因。

第三節　西漢後期的郊祀禮制

壹、宣帝以後的郊祀沿革

武帝崩殂以後，年僅八歲的昭帝繼位，因富於春秋，政事壹決於大將軍霍光，未嘗親行郊祀典禮。至宣帝嗣立，仍由霍光輔政，非宗廟之祀不出，待大將軍薨殂，始於神爵元年（61 B.C.）正月，巡幸甘泉，郊見泰畤，修武帝故事。爾後，更進一步擴大國家祭典的規模，使五嶽、四瀆皆有常禮，參山、休屠等神祇俱立祠祀，又派遣王襃持節求金馬碧雞之神，祭祀規模較諸武帝實有過之而無不及。[250]由於宣帝起自民間，故在郊祀禮制上，特別重視美祥嘉瑞，屢次強調鳳凰、神爵、甘露、黃龍等禎祥異象，甚至據以改元建號。此乃宣帝欲透過宗教的渲染，不斷塑造德符於天的形象，以神聖化其寒微的出身背景，頗異於武帝

關する一考察─光武帝の「封」を視點として─〉，《大東文化大學漢學會誌》第 47 號（2008 年 3 月），頁 48-76。

[249] 武帝禮神求仙，經常保持神祕的態度，例如曾置壽宮神君，「上使人受書其言，命之曰『畫法』。其所語，世俗之所知也，無絕殊者，而天子獨喜。其事祕，世莫知也。」（《史記》，卷 28，〈封禪書〉，頁 1388-1389）

[250] 事見《漢書》，卷 25 下，〈郊祀志下〉，頁 1248-1253。

欽羨黃帝不死，追求登僊上天的嚮望。[251]

　　至於舉行郊祀典禮的時間，《史記・封禪書》言：「三歲一郊。」司馬貞《索隱》引《漢舊儀》云：「元年祭天，二年祭地，三年祭五時，三歲一遍，皇帝自行也。」[252]衡諸史籍記載，武帝祠奉甘泉太一共六次，其間相隔有三年、五年、七年，最長則有十三年，時間頗不一定；到宣帝甘露元年（53 B.C.），二年一郊甘泉的制度方成慣例。而間歲一郊雍時，則建立於元帝永光四年（40 B.C.）以後，兩種定時祠祀的體制，俱實施至成帝末年，且汾陰后土往往與甘泉泰時同年祭祀（見「附表二」）。由是觀之，〈封禪書〉的說法恐為漢人理想典制，僅於宣、元、成三朝施行，並非實際狀況。[253]綜前所述，宣帝時期的郊祀典禮，雖然動機、目的未盡與武帝相同，但卻以武帝所行祭禮為基礎，在祠奉神祇、祭祀時間、獻祀犧牲等方面，進一步擴大或固定，致使西漢國家天地山川鬼神的祠禮再次達到高峰。

---

[251] 值得注意的是，史稱宣帝「身足下有毛，臥居數有光燿。每買餅，所從買家輒大讎，亦以是自怪。」（《漢書》，卷 8，〈宣帝紀〉，頁 237）西漢十一帝中，除高祖以外，僅有宣帝記有異象。此亦為強調其正統性，故於史事外，再添加奇異色彩，欲以神格化的形象，感服且徵信於世人；與兩漢史籍屢次神聖化高祖，以明其為大聖受命而帝者，有著異曲同工之妙。

[252] 《史記》，卷 28，〈封禪書〉，頁 1384。

[253] 郊祀時間的討論，可參考楊天宇：〈秦漢郊禮初探〉，《河南大學學報（哲學社會科學版）》1989 年第 1 期，頁 54-59。祠祭間隔與西漢郊祀的關係，參見（日）村田浩：〈『漢書』郊祀志の「泰一」の祭祀について〉，《中國思想史研究》第 19 號（1996 年 12 月），頁 67-80。

　　西漢郊祀盛極的狀況，到了元、成以後開始發生轉變。先是少而好儒的元帝即位，一改宣帝好用文法史的舊制，大量徵用儒生，儒者的祭祀理論得以付諸實施。元帝初元三年（46 B.C.），孝武園白鶴館災，翼奉上疏「以為祭天地於雲陽汾陰，及諸寢廟不以親疏迭毀，皆煩費，違古制。」[254]此乃儒生首次正式批評國家祭祀制度。爾後，貢禹建言漢家宗廟祭祀多不應古禮，韋玄成疏論昭穆迭毀廟制，並議罷郡國廟，皆自翼奉首發。至於郊祀天地的部份，則到成帝登基後，才有全面性的檢討。成帝建始元年（32 B.C.），匡衡、張譚奏請罷甘泉、汾陰祠，定天地之祀於長安南北郊；翌年春正月，上始郊祀長安南郊，再廢雍五時及舊祠四百七十五所。永始三年（14 B.C.）十月，成帝因久無繼嗣，復親郊禮如前，[255]且頗好鬼神，冀求子孫蕃茲。待綏和二年（7 B.C.）成帝崩歿，皇太后詔有司復長安南北郊，以順皇帝之意。哀帝繼位，由於久疾未瘳，故太皇太后再於建平三年（4 B.C.）詔復甘泉泰時、汾陰后土祠如故。平帝元始五年（5），王莽上奏宜如建始時丞相匡衡等議，恢復長安南北郊，儒家的祭祀理論至此終於獲得確定。[256]是以《漢書·郊祀志下》總結成帝以降的郊祀制度曰：「三十餘年間，天地之祠五徙焉。」[257]職此以觀，整個西漢後期郊祀禮制的改革，乃是在朝廷儒臣的主導下，逐步以儒家學說置換前期方術思想的過程。

---

[254] 《漢書》，卷75，〈翼奉傳〉，頁3175。

[255] 此為皇太后的詔令。據《漢書·成帝紀》所載，在永始二年（15 B.C.）十一月，成帝便親自「行幸雍，祠五時」（卷8，頁265）。

[256] 事見《漢書》，卷25下，〈郊祀志下〉，頁1253-1265。

[257] 《漢書》，卷25下，〈郊祀志下〉，頁1266。

貳、西漢儒臣的郊祀理論

　　西漢儒者改革國家祭禮的理由，主要有二：一是外緣的經濟因素，二是內在的思想變遷，誠如上文翼奉所言「皆煩費，違古制」是也。就前者而言，根據匡衡、張譚條奏統計當時神祠數量，長安廚官、縣官給祠，郡國候神方士使者所祠，凡六百八十三所；哀帝時更博徵方術士，京師諸縣皆有侍祠使者，又盡復前世所常興諸神祠官，凡七百餘所。各祠之中，或歲五祠，如泰山與河；或歲四祠，如長江；其餘皆一禱而三祠，總計天下神祠每年舉行祀禮將近三萬七千次。[258]再加上京師、郡國的祖宗廟、后妃寢園，合計百九十七所，日祭於寢，月祭於廟，時祭於便殿；寢，日四上食；廟，歲二十五祠；便殿，歲四祠；又月一游衣冠；漢家一歲祭祀祖宗次數，亦動輒以萬計。至於祭祀時所用人員，光是先帝園廟部份，就有衛士四萬五千一百二十九人，祝宰、樂人萬二千一百四十七人，豢養犧牲者尚不在數中。[259]而負責全國六、七百所神祠的方士、祝宰、牲人等，在人數方面恐怕還要高出許多。由此可知，西漢朝廷每年所舉行的郊祀、宗廟祭禮，於犧牲、禮器、人員等各項必需花費上，實為一筆相當龐大的數字，造成國家財政方面十分沈重的負擔，此即當時儒臣亟欲革新郊廟禮制的重要原因。

---

[258] 見《漢書》，卷25下，〈郊祀志下〉，頁1257-1258、1264。

[259] 見《漢書》，卷73，〈韋玄成傳〉，頁3115-3116。此為元帝時的統計數字。其中，郡國的祖宗廟有百六十七所。京師中，高祖至宣帝，加上太上皇、悼皇廟，合九所；昭靈后、武哀王、昭哀后、孝文太后、孝昭太后、衛思后、戾太子、戾后等各有寢園，與諸帝合，凡三十所。故京師和郡國宗廟共計百九十七所。

　　至於內在思想變遷的部份，成帝以前郊祀禮制的成立，總結前二節所論，可分成「沿襲秦制」和「方士之說」兩種理論內容，對於尊經崇古的儒生而言，俱屬於「各以其意所立，非禮之所載術也。」[260]到了雅好儒術的元、成二帝登基後，朝廷儒臣獲得以儒家理論改革國家祭禮的契機。成帝初即位，丞相匡衡、御史大夫張譚上奏言：

> 帝王之事莫大乎承天之序，承天之序莫重於郊祀，故聖王盡心極慮以建其制。祭天於南郊，就陽之義也；瘞地於北郊，即陰之象也。天之於天子也，因其所都而各饗焉。往者，孝武皇帝居甘泉宮，即於雲陽立泰畤，祭於宮南。今行常幸長安，郊見皇天反北之泰陰，祠后土反東之少陽，事與古制殊。又至雲陽，行谿谷中，阸陝且百里，汾陰則渡大川，有風波舟楫之危，皆非聖主所宜數乘。郡縣治道共張，吏民困苦，百官煩費。勞所保之民，行危險之地，難以奉神靈而祈福祐，殆未合於承天子民之意。昔者周文武郊於豐鄗，成王郊於雒邑。由此觀之，天隨王者所居而饗之，可見也。甘泉泰畤、河東后土之祠宜可徙置長安，合於古帝王。[261]

成帝下詔羣臣議定，大司馬車騎將軍許嘉等八人以為所從來久遠，宜遵漢室舊制，不應妄作改動。右將軍王商、博士師丹、議

---

[260] 《漢書》，卷 25 下，〈郊祀志下〉，頁 1257。
[261] 《漢書》，卷 25 下，〈郊祀志下〉，頁 1253-1255。

郎翟方進等五十人則贊同匡衡、張譚的建議，以為：

> 《禮記》曰：「燔柴於太壇，祭天也；瘞薶於大折，祭地
> 也。」兆於南郊，所以定天位也；祭地於大折，在北郊，
> 就陰位也。郊處各在聖王所都之南北。《書》曰：「越三
> 日丁巳，用牲於郊，牛二。」周公加牲，告徙新邑，定郊
> 禮於雒。明王聖主，事天明，事地察。天地明察，神明章
> 矣。天地以王者為主，故聖王制祭天地之禮必於國郊。長
> 安，聖主之居，皇天所觀視也。甘泉、河東之祠非神靈所
> 饗，宜徙就正陽、大陰之處。違俗復古，循聖制，定天
> 位，如禮便。[262]

綜合兩段引文觀察，儒生改革的基本理念，即是重新整理高祖以
來的各種神祠，以建立宗教世界的秩序，所謂「帝王之事莫大乎
承天之序」，此乃沿襲董仲舒「所聞古者天子之禮，莫重於
郊」；[263]而重整天地鬼神秩序的首要工作，在於廓清至尊神祇
的地位和性質，以為國家祭禮的根本基礎，故言「承天之序莫重
於郊祀」。由於民生經濟和行旅安全的因素，選擇適合的郊祀地
點，成為儒者首項關注的議題。針對此點，匡衡、張譚根據漢武

---

[262] 《漢書》，卷25下，〈郊祀志下〉，頁1254。
[263] 《春秋繁露義證》，卷15，〈郊祀對〉，頁414。至於西漢後期郊祀理
論與董仲舒的關係，可參考（日）岩野忠昭：〈前漢郊祭考—『春秋繁
露』を中心として—〉，《東洋文化》復刊第78號（1997年8月），
頁2-15。（日）岩野忠昭：〈前漢後期の郊祭論〉，《東洋大學中國
哲學文學科紀要》第12號（2004年2月），頁113-128。

帝、周文王、武王、成王的事蹟，一改過去帝王到處追求諸神所居的情況，提出「天隨王者所居而饗之」的主張，建議遷移雲陽泰一祠、汾陰后土祠至長安南北郊。然而，匡、張雖援用武帝居處甘泉宮，郊祀雲陽泰畤於宮南的漢家故事，但只是不敢擅自非議祖宗舊制，特別是建制太一、后土兩祠的武帝。否則，武帝雖常巡幸甘泉宮，然國都依舊位於長安，雲陽泰畤仍不在其南郊；即便是以甘泉宮為主，亦僅論及泰畤，刻意將處於東方的后土祠省略不提，由此可見匡、張為尊者諱的用心。王商、師丹、翟方進等學者再舉《尚書・召誥》，以證成周公曾定郊禮於雒。爾後，衡、譚總結各家議論，復引《詩經・周頌・敬之》：「毋曰高高在上，陟降厥士，日監在茲」、《詩經・大雅・皇矣》：「乃眷西顧，此維予宅」，說明皇天居於文王國都。[264]奏議中惟不見武王郊禮，可據《尚書・武成》：「王來自商，至于豐。……越三日庚戌，柴望大告武成」[265]加以補充。職是以觀，匡衡等儒者主張的「天隨王者所居而饗之」的論點，其義理根據主要是《詩》、《書》記載的西周典制。

　　天地既然以王者為主，故聖王制祭天地之禮必於國郊，接下來的問題，便是祭祀天地的具體方法。匡衡、張譚直稱「祭天於南郊，就陽之義也；瘞地於北郊，即陰之象也」，內容涉及天地方位及犧牲祀儀，然未徵引確切理據。在王商、師丹、翟方進等人的奏書中，引用《禮記・祭法》「燔柴」、「瘞薶」的說法，

264　事見《漢書》，卷 25 下，〈郊祀志下〉，頁 125-1255。

265　《尚書》，卷 11，〈武成〉，頁 160。

當是本於《儀禮‧覲禮》「祭天燔柴」、「祭地瘞」，[266]為祠奉天地儀式的經典根據。至於奉祀天地的方位，則綜合《禮記‧郊特牲》：「郊之祭也，迎長日之至也，大報天而主日也，兆於南郊，就陽位也」，以及〈禮運〉：「故祭帝於郊，所以定天位也」，[267]進而作出「兆於南郊，所以定天位也；祭地於大折，在北郊，就陰位也」的論斷。[268]

　　成帝聽從朝廷儒臣的建言，開始在長安南北郊建立新祠，準備將雲陽泰一祠、汾陰后土祠遷徙至此。興建新祠的同時，匡衡對於祀壇的形制，提出修正方案：

> 甘泉泰畤紫壇，八觚宣通象八方。五帝壇周環其下，又有群神之壇，以《尚書》「禋六宗、望山川、徧群神」之義。紫壇有文章采鏤黼黻之飾及玉、女樂、石壇；僊人祠，瘞鸞路、騂駒、寓龍馬，不能得其象於古。臣聞郊柴饗帝之義，埽地而祭，上質也。歌大呂舞雲門以竢天神，歌太蔟舞咸池以竢地祇，其牲用犢，其席稾稭，其器陶匏，皆因天地之性，貴誠上質，不敢修其文也。以為神祇

---

[266]　《儀禮》，卷 27，〈覲禮〉，頁 331。此外，《尚書‧武成》：「越三日庚戌，柴望大告武成。」（卷 11，頁 160）《禮記‧大傳》：「牧之野，武王之大事也，既事而退，柴於上帝。」（卷 34，頁 616）

[267]　《禮記》，卷 26，〈郊特牲〉，頁 497；《禮記》，卷 22，〈禮運〉，頁 438。

[268]　論者指出，經典雖可找出祭天於南郊的記載，卻無祀地於北郊的相關文字，後者首見匡衡、張譚所上奏議。詳見（日）小島毅：〈郊祀制度の變遷〉，《東洋文化研究所紀要》第 108 冊（1989 年 2 月），頁 123-219。

功德至大，雖修精微而備庶物，猶不足以報功，唯至誠為可，故上質不飾，以章天德。紫壇偽飾女樂、鸞路、駢駒、龍馬、石壇之屬，宜皆勿修。[269]

職是以觀，長安南郊的禮制內容，仍以太一為至尊，陪祀五帝、八方羣神；祠壇形式亦依循甘泉泰畤，同樣是紫壇、五帝壇、八通鬼道的三垓建築。[270]此乃由於甘泉泰畤的建築形制，並未與《尚書》記載義理有所矛盾，故得以保留在長安南郊中。但其「文章采鏤黼黻」的各種裝飾，因不合於《禮記‧郊特牲》「貴誠」、「尚質」的原則，[271]必須全部加以捨棄。配合《漢書‧禮樂志》所載〈郊祀歌〉十九章中，班固於〈惟泰元〉下注云：「建始元年，丞相匡衡奏罷『鸞路龍鱗』，更定詩曰『涓選休成』」，於〈天地〉下言：「丞相匡衡奏罷『黼繡周張』，更定詩曰『肅若舊典』」，[272]可知成帝接受了匡衡的奏言。

最後，匡衡進一步整飭天地以外的祭祀對象，以為雍地鄜、

---

269 《漢書》，卷 25 下，〈郊祀志下〉，頁 1256。

270 學者以為匡衡等人發起的郊祀變革，其意義有二：一是至上神的改變，二是天地眾神的集中。詳參王葆玹：《西漢經學源流》，頁 236-239。王葆玹：《今古文經學新論》，頁 327-334。就前者而言，長安南郊既依循甘泉泰畤修建，故其奉祀主神當仍是紫宮太一。以後者來看，所謂「羣神之壇」，在武帝建立泰畤時，即有「食羣神從者及北斗云」的記錄，故長安南郊只是遵從泰畤之舊，並非罷全國舊祠，加以集中。因此，學者認為長安南北郊類似古羅馬的萬神廟的說法，並不適用在匡衡的奏書上，要到王莽立二畤、五兆後，才有相近之處。

271 見《禮記》，卷 25，〈郊特牲〉，頁 480。

272 《漢書》，卷 22，〈禮樂志〉，卷 22。

密、上、下四時，乃秦侯所妄造，北時為高祖未定時所立，均未
合禮制，不宜復修。到了建始二年（31 B.C.）長安南北郊完成
後，成帝始祀南郊，匡衡、張譚復上條奏，建議在天下神祠中，
保留「應禮」以及「疑無明文」的部份，使其「可奉祠如故」；
將「不應禮」或「復重」者，盡皆罷廢。天子奏可，於是乎雍地
舊祠原有二百三所，僅存山川諸星、杜主等十六所，若諸布、諸
嚴、諸逐俱罷。[273]高祖所立梁、晉、九天等巫，文帝的渭陽
廟，武帝的薄忌泰一、八神、延年等祠，宣帝的參山、徑路之
屬，亦盡廢黜。使得全國原本六百八十三所的祠廟，罷除了四百
七十五所，候神方士使者副佐、本草待詔共七十餘人皆歸家。
[274]至此，儒生的建言完全受到成帝的認同。然而，其後成帝因
無繼嗣，廢止匡衡改制，恢復郊禮如前。其末年王商輔政，杜鄴
援引《周易‧既濟》九五爻辭：「東鄰殺牛，不如西鄰之禴
祭」，重申祭祀貴誠上質的道理，建請復還長安南北郊。並舉成
帝上甘泉迷途、祠后土遇波，以及大雨、雷電震壞雍地宮室垣門
等災異咎徵，以明皇天不答不饗於違禮背義的郊祀禮制。最終櫽
括《詩經‧大雅‧假樂》所言：「子孫千億」，藉以勸戒成帝廣
祠鬼神、冀求子嗣的迷信思想；惟有執行正確的郊祀禮儀，皇天
才會受饗，子孫方能因而滋衍繁盛。[275]

　　成帝崩後，皇太后下詔回復長安南北郊；不久，因哀帝寢疾
未瘳，旋遭罷黜。至平帝時大司馬王莽當政，再次回歸匡衡的改

---

[273]《爾雅‧釋天》：「祭星曰布」（卷6，頁99），知「諸布」祭星辰。
　　至於「諸嚴」、「諸逐」，則未聞其詳。
[274]見《漢書》，卷25下，〈郊祀志下〉，頁1257-1258。
[275]見《漢書》，卷25下，〈郊祀志下〉，頁1262-1263。

革措施，祠祭天地於國都南北郊的禮制終於得到確定，中國古代近二千年的郊祀制度，亦於焉宣告成形。[276]爾後，王莽進一步再改動祭祀禮節，奏言：

> 王者父事天，故爵稱天子。孔子曰：「人之行莫大於孝，孝莫大於嚴父，嚴父莫大於配天。」王者尊其考，欲以配天，緣考之意，欲尊祖，推而上之，遂及始祖。是以周公郊祀后稷以配天，宗祀文王於明堂以配上帝。《禮記》天子祭天地及山川，歲徧。《春秋穀梁傳》以十二月下辛卜，正月上辛郊。[277]

又曰：

> 《周官》天墬之祀，樂有別有合。其合樂曰：「以六律、六鐘、五聲、八音、六舞大合樂」，祀天神，祭墬祇，祀四望，祭山川，享先妣、先祖。凡六樂，奏六歌，而天墬、神祇之物皆至。四望，蓋謂日月星海也。三光高而不可得親，海廣大無限界，故其樂同。祀天則天文從，祭墬則墬理從。三光，天文也。山川，地理也。天地合祭，先

---

[276] 關於魏晉至唐代的郊禮討論，可參考（日）金子修一：〈魏晉より隋唐に至る郊祀・宗廟の制度について〉，《史學雜誌》第 88 編第 10 號（1979 年 10 月），頁 22-63。宋代的部份，可參考（日）山內弘一：〈北宋時代の郊祀〉，《史學雜誌》第 92 編第 1 號（1983 年 1 月），頁 40-66。

[277] 《漢書》，卷 25 下，〈郊祀志下〉，頁 1264。

祖配天，先妣配墬，其誼一也。天墬合精，夫婦判合。祭
天南郊，則以墬配，一體之誼也。天墬位皆南鄉，同席，
墬在東，共牢而食。高帝、高后配於壇上，西鄉，后在
北，亦同席共牢。牲用繭栗，玄酒陶匏。《禮記》曰：
「天子籍田千畮，以事天墬」，繇是言之，宜有黍稷。天
地用牲一，燔燎瘞薶用牲一，高帝、高后用牲一。天用牲
左，及黍稷燔燎南郊；墬用牲右，及黍稷瘞於北郊。其
旦，東鄉再拜朝日；其夕，西鄉再拜夕月。然後孝弟之道
備，而神祇嘉享，萬福降輯。此天墬合祀，以祖妣配者
也。其別樂曰：「冬日至，於墬上之圜丘奏樂六變，則天
神皆降；夏日至，於澤中之方丘奏樂八變，則墬祇皆
出」。天墬有常位，不得常合，此其各特祀者也。陰陽之
別於日冬夏至，其會也以孟春正月上辛若丁。天子親合祀
天墬於南郊，以高帝、高后配。陰陽有離合，《易》曰：
「分陰分陽，迭用柔剛」，以日冬至使有司奉祠南郊，高
帝配而望羣陽，日夏至使有司奉祭北郊，高后配而望羣
陰，皆以助致微氣，通道幽弱。當此之時，后不省方，故
天子不親而遣有司，所以正承天順地，復聖王之制，顯太
祖之功也。[278]

王莽綜合各種經典，建構出更加細緻的郊祀禮制：在配祀天地方
面，除以受命始祖高帝配天外，又提出「高后配墬」的主張，此
乃承自《儀禮‧喪服》：「夫妻一體也」、「夫妻牉合也」，以

---

[278]　《漢書》，卷 25 下，〈郊祀志下〉，頁 1265-1266。

及《公羊傳・宣公元年》：「夫人與公一體也」等經典內容。[279]在時間上，言天子歲祭天地及山川，見於《禮記・曲禮下》：「天子祭天地、祭四方、祭山川、祭五祀，歲徧。」[280]再據《穀梁傳・哀公元年》之言，確定「十二月下辛卜，正月上辛郊」。[281]但「正月」向有周正仲冬、夏正孟春兩種解釋，按照《周易・復卦・大象傳》：「先王以至日閉關，商旅不行，后不省方。」[282]的說法，冬、夏二至使有司分別奉祠南北郊，天子則於夏正孟春親自合祀天墬於南郊。在祭祀供品上，「牲用繭栗」，取自《禮記・王制》：「祭天地之牛角繭栗」、《國語・楚語下》：「郊禘不過繭栗」；[283]「玄酒」則據《禮記・禮

---

[279] 分別見《儀禮》，卷 30，〈喪服〉，頁 355-356；《公羊傳》，卷 15，〈宣公元年〉，頁 187。根據《漢書・哀帝紀》（卷 11，頁 339），建平二年（5 B.C.）六月，太后丁氏崩，哀帝亦曾引《詩經・國風・大車》：「穀則異室，死則同穴」，加以論證「夫妻一體」的義理，並據此合葬其父母於定陶恭皇園。關於古代「一體」觀念的討論，可參考王健文：《奉天承運—古代中國的「國家」概念及其正當幸基礎》（臺北：東大圖書股份有限公司，1995 年 6 月），頁 97-133。

[280]《禮記》，卷 5，〈曲禮下〉，頁 97。

[281] 漢儒最早提及郊日當於正月上辛者，為董仲舒。《春秋繁露・郊語》云：「以郊為百神始，始入歲首，必以正月上辛日先享天。」（卷 14，頁 399）〈郊義〉：「郊必以正月上辛者，言以所最尊首一歲之事。」（卷 15，頁 402）〈郊事對〉：「所聞古者天子之禮，莫重於郊，郊常以正月上辛者，所以先百神而最居前。」（卷 15，頁 414）有關《穀梁傳》對董仲舒的影響，可參考（日）齋木哲郎：〈董仲舒と『春秋穀梁傳』—西漢穀梁學の—〉，《日本中國學會報》第 44 集（1992 年 10 月），頁 17-31。

[282]《周易》，卷 3，〈復卦・大象傳〉，頁 65。

[283]《禮記》，卷 12，〈王制〉，頁 245；《國語》，卷 18，〈楚語

器》：「醴酒之用，玄酒之尚」、〈郊特牲〉：「酒醴之美，玄酒明水之尚」，[284]以及《荀子‧禮論》、《大戴禮記‧禮三本》：「大饗，尚玄尊」；[285]「陶匏」則出自〈郊特牲〉：「器用陶匏，尚禮然也」；[286]再引《禮記‧祭義》為典據，以為奉祀天地宜有黍稷。甚至推闡《尚書‧召誥》：「用牲于郊，牛二」，[287]以為天地共用一牲，高帝、高后共用一牲，合計二牛：天屬陽，用左牲；地為陰，用右牲，與黍稷分別燔於南郊、瘞於北郊；儒者所主張的「燔柴」、「瘞薶」儀節，於是益加完備。

再者，王莽引《孝經‧聖治章》，以明王者推尊祖考，上配於天的大孝之道。不過，「王者父事天，故爵稱天子」的論點，與始祖配天的義理，仍有些許差異。事實上，「天子」爵稱的意涵，首論於董仲舒，《春秋繁露‧順命》云：

> 父者，子之天也，天者，父之天也，無天而生，未之有也。天者，萬物之祖。……故德侔天地者，皇天右而子之，號稱天子。[288]

下〉，頁 565。

[284]《禮記》，卷 24，〈禮器〉，頁 469；卷 26，〈郊特牲〉，頁 502。

[285]（清）王先謙：《荀子集解》（北京：中華書局，1997 年 10 月），卷 13，頁 351。（清）王聘珍：《大戴禮記解詁》（北京：中華書局，2004 年 5 月），卷 1，頁 18。

[286]《禮記》，卷 26，〈郊特牲〉，頁 497。

[287]《尚書》，卷 15，〈召誥〉，頁 219。

[288]《春秋繁露》，卷 15，〈順命〉，頁 410。

其後，孟喜、京房《易》說論天子稱號曰：「周人五號：帝，天稱，一也；王，美稱，二也；天子，爵號，三也；大君者，興盛行異，四也；大人者，聖人德備，五也。是天子有爵。」[289]此即王莽論禮的學說根據。

　　「天子爵稱」、「始祖配天」的禮制既定，王莽進一步依據《周禮・春官・大司樂》祭祀天地的「合樂」、「別樂」的演奏樂儀式，將郊祀分成「合祀」、「別祀」兩類祭典。以前者而言，除先祖配天外，更享祀先姚以配地，形成「天墜合精，夫婦判合」的和諧秩序；合奏六歌、演六舞以祀天神、墜祇、四望、山川、先姚、先祖六者，於是乎天墜、神祇之物備至，所謂「天地合，而后萬物興焉。」[290]就「別祀」以論，冬至，祭天神於地上圜丘，配高帝而望羣陽；夏至祀墜祇於澤中方丘，高后配而望羣陰。如前文所述，由於「后不省方」，故二至特祀天子不親祭，僅遣有司奉之。

　　至於兩類祭祀的時間，則決定於一歲之中陰、陽二氣運行的位置，所謂「陰陽之別於日冬夏至，其會也以孟春正月上辛若丁」，故於陰陽相別的冬至、夏至別祀，在陰陽交會的孟春合祀。然細案其文，陰、陽別於冬、夏二至，若二氣運動速率相等，則當會於仲春，而王莽卻言會於孟春，疑有差忒；且仲秋時陰陽還有一會，二至既各有別祀，秋季亦理應舉行合祀。事實上，此說的理據，亦緣於董仲舒，《春秋繁露・陰陽終始》云：

---

[289] 《禮記・曲禮下》：「君天下曰天子」下，孔穎達《疏》引《五經異義》（卷4，頁78-79）。

[290] 《禮記》，卷26，〈郊特牲〉，頁505。

> 天之道，終而復始，故北方者，天之所終始也，陰陽之所
> 合別也。冬至之後，陰俛而西入，陽仰而東出，出入之
> 處，常相反也。……春秋之中，陰陽之氣俱相併也，中春
> 以生，中秋以殺。[291]

陰陽運動，終而復始，周行不殆，故自秋到冬，陰陽將合於北
方；由冬至春，陰陽從北方以分，所謂「北方者，天之所終始
也，陰陽之所合別也」，必須在此動態循環的角度下，方能妥善
理解。但王莽或僅著眼於「冬至之後，陰俛而西入，陽仰而東
出」，因而誤認二至為陰陽相分的時節。再加上「春秋之中，陰
陽之氣俱相併也」一句的誤導，致使王莽以為二氣合併於春、
秋，進而曲解作「其會也以孟春正月上辛若丁」，希望藉此縫弭
周正建子仲冬、夏正建寅孟春兩種說法的歧異。然而，揆諸《春
秋繁露》的其他篇章，如〈陰陽出入〉言：「至於中春之月，陽
在正東，陰在正西，謂之春分，春分者，陰陽相半也」、「至於
中秋之月，陽在正西，陰在正東，謂之秋分，秋分者，陰陽相半
也」，[292]故就董仲舒而言，「陰陽之氣俱相併也」的「併」，
非但不能釋為「合併」，反而應當解作「並列」、「並峙」，以
顯陰、陽於春、秋兩季各在正東、正西的特殊位置。

　　綜前所述，王莽對於郊祀制度的成立，主要的貢獻有三：其
一，確定祭祀時間、柴瘞犧牲等細部禮節，使其合於六藝經典；
其二，推尊高帝、高后配祀天地，有助於建立宇宙陰陽流行的和

---

[291] 《春秋繁露》，卷12，〈陰陽終始〉，頁339-340。
[292] 《春秋繁露》，卷12，〈陰陽出入〉，頁344。

諧秩序；其三，釐析「合祀」、「別祀」的義理內容，二至、孟春的祀天之禮得以並存，且各具功用，不能偏廢。三者之間，主要以陰陽觀念加以貫聯，組成整套嚴密的祭祀體系。爾後，王莽又進一步稱天神曰皇天上帝泰一，兆曰泰畤；令地祇稱皇墬后祇，兆曰廣畤；二者代表生化天地萬物的陰陽二氣。再搭配上五行思想，分羣神以類相從為五部，兆天地之別神：中央帝黃靈后土畤及日廟、北辰、北斗、填星、中宿中宮於長安城之未墬兆；東方帝太昊青靈勾芒畤及靁公、風伯廟、歲星、東宿東宮於東郊兆；南方炎帝赤靈祝融畤及熒惑星、南宿南宮於南郊兆；西方帝少皞白靈蓐收畤及太白星、西宿西宮於西郊兆；北方帝顓頊黑靈玄冥畤及月廟、雨師廟、辰星、北宿北宮於北郊兆。於是天地、日月星辰、雷風山澤、四方五神皆得奉祠於「二畤」、「五兆」，長安旁諸廟兆畤甚盛矣。[293]

結　語

經過前述章節的詳盡討論，可歸結西漢郊祀各階段的意義及性質如下：

首先，「西漢初期的郊祀禮制」部份，根據「悉召故秦祝官」、「如其故儀禮」[294]的線索，回溯秦朝國家祭典的性質。由雍畤「刑馬祭天」，以及因「泮凍」、「涸凍」所決定的祭祀時間，闡明秦朝郊祀上帝的儀式，實深受西北戎俗的影響。及秦

---

[293] 見《漢書》，卷 25 下，〈郊祀志下〉，頁 1267-1268。
[294] 《史記》，卷 28，〈封禪書〉，頁 1378。

併天下，令祠官奉祀天地名山大川，乃至於封禪泰山，亦改造自
郊雍禮節；所奉犧牲數量更以咸陽為中心，由西向東順序遞減，
使其「可得而序也」。[295]日後高祖、武帝便以此為基礎，一方
面繼承秦代祭禮，另方面在長安廣置天下鬼神之祠。[296]此舉乃
於方國山川就地奉祠外，使各種巫祝方術能夠聚於中央，以滿足
皇帝在詛禱敵軍、延年長壽等方面的需求。至於始皇東游封禪，
巡狩郡縣的成份多，祭祀告天的意味少。考察其巡行的都邑，與
齊國八神祠正相符合；核案孟子所言，此路線原是先秦齊侯觀覽
地方民俗的舊跡。由是以觀，當是齊國的儒生、方士根據此一舊
制，推而廣之，發展出「舜巡四嶽」的政治學說；待秦皇東行至
齊，聽從當地儒生、方士的建議，沿襲古代齊國的羈縻政策，游
歷海濱，宣揚王威。往後，漢武帝封禪泰山，亦先禮祠八神；兩
漢儒生討論封禪，多以巡幸岱宗為其主要內容。可知秦皇封泰
山、立石刻、禮八神的舉動，對於先秦、兩漢的國家祭祀制度與
思想，實扮演著承先啟後的作用。

　　其次，「武帝時期的郊祀禮制」一節，考察武帝的郊祀改
革，主要表現在兩個方面：以五行土德為基礎，建制后土祠，並
設廟於汾陰冀州，象徵佔居九州中央，以統制四方。在雍時五帝
之上，增立甘泉太一祠，作為郊祀、封禪所禮祠的至尊上帝。就
現實的角度來說，一方面配合當時帝國專制的政治環境，以及北
征匈奴、南平百越的軍事行動，故革新國家祭禮，展現出武帝君

---

295 《史記》，卷28，〈封禪書〉，頁1371。

296 高祖時有梁巫、晉巫、秦巫、荊巫、九天巫、河巫、南山巫等，皆立於
　　長安。武帝時有上郡巫、越巫，設於甘泉。俱見《史記》，卷 28，
　　〈封禪書〉，頁 1378-1379、1388-1389、1399-1400。

臨天下、四海歸宗的氣魄與雄心。另方面則滿足武帝個人渴求延壽長生、庶幾登僊昇天的嚮往。如文中所述，太一即是北辰，后土立於汾陰，前者受到眾星所拱，後者位處地理中心，天地萬物的循環運動均以其為核心樞紐，而其本身卻是恆常不動。蓋不動則不變化，不變化則能致長生，此正是武帝必藉由郊祀、封禪的宗教儀式，以求上下冥契於太一、后土的思維理路。再由思想史的高度觀察，此乃以「唯一、永恆」取替「眾多、變動」，亦即在「周行不殆」的五行、八方思想上，增添「獨立不改」的太一觀念，因而豐富且完備先秦以降的形上理論，具有特殊的價值與意義。只不過在方士宣揚太一思想的過程中，與其嚴肅討論形上哲理，未若包裝各種延年昇天的悠謬之說，以投合武帝的個人喜好，是以黃帝乘龍、昆侖三重、西北天門、明堂圖制、海上仙山等說法迭出不窮，形成鬼神之祀極其興盛的局面。

最後，「西漢後期的郊祀禮制」部份，指出財政耗費及思想變遷，為促成當時朝廷任臣亟欲以儒家學說革新武、宣以來各種淫祠神巫的主要理由。因此，由匡衡主導的改革運動，檢擇《詩》、《書》、《禮》、《易》、《春秋》等經典的相關內容，歷經成、哀、平三朝儒生不斷努力，逐步將西漢郊禮中秦制、方士等舊俗、謬說加以汰除。其間雖因天子無嗣、寢疾種種因素而受到許多否定或挫折，至平帝時王莽當政，郊祀禮制終於獲得確立。於是乎，郊祀包涵的各項細節，不論是配享對象、舉行時間、獻祭供品、柴薶儀式、禮器材質、音樂演奏等各方面，每項均有典據，無處不存禮意，儒家理想的禮制學說，至此得以完全體現。然而，在王莽進一步的改革中，立「二畤」祠天地陰陽，建「五兆」祀五部群神，雖是依據《周易·繫辭上》：「方

以類聚，物以羣分」[297]的原則，重新整飭《尚書・堯典》：
「禋于六宗，望于山川，徧于羣神」[298]的祭祀系統，不過匡
衡、谷永等儒者所欲距絕的陰陽五行、淫祀左道等方術思想，
[299]卻也因此滲雜到儒學的理論體系中。

附表二　西漢郊祀年表

皇帝	紀年	雍五時	甘泉泰時	汾陰后土	南北郊	封禪
高祖	二年丙申 （205 B.C.）	六月				
惠帝						
文帝	十五年丙子 （165 B.C.）	夏四月				
景帝	中元六年丁酉 （144 B.C.）	冬十月				
武帝	元光二年戊申 （133 B.C.）	冬十月				
	元狩元年己未 （122 B.C.）	冬十月				
	元狩二年庚申 （121 B.C.）	冬十月				
	元鼎四年戊辰 （113 B.C.）	冬十月		十一月甲子		
	元鼎五年己巳 （112 B.C.）	冬十月	十一月辛巳朔旦，冬至			

---

[297] 《周易》，卷7，〈繫辭上〉，頁143。

[298] 《尚書》，卷3，〈堯典〉，頁36。

[299] 成帝末年因無繼嗣，頗好鬼神，當時谷永曾上疏勸諫天子「距絕此類，
毋令姦人有以窺朝者」。班固贊曰：「谷永之言，不亦正乎！不亦正
乎！」（《漢書》，卷25下，〈郊祀志下〉，頁1260-1261、1271）

武帝	元封元年辛未（110 B.C.）					夏四月癸卯
	元封二年壬申（109 B.C.）	冬十月				夏四月
	元封四年甲戌（107 B.C.）	冬十月		春三月		
	元封五年乙亥（106 B.C.）		夏四月			春三月
	元封六年丙子（105 B.C.）			三月		
	太初元年丁丑（104 B.C.）					十一月甲子朔旦，冬至
	太初二年戊寅（103 B.C.）			三月		
	太初三年己卯（102 B.C.）					夏四月
	天漢元年辛巳（100 B.C.）		春正月	三月		
	天漢三年癸未（98 B.C.）					三月
	太始四年戊子（93 B.C.）	十二月				春三月
	征和四年壬辰（89 B.C.）					三月
	後元元年癸巳（88 B.C.）		春正月			
昭帝						
宣帝	神爵元年庚申（61 B.C.）		春正月	三月		
	五鳳元年甲子（57 B.C.）		春正月			
	五鳳二年乙丑（56 B.C.）	春三月				
	五鳳三年丙寅（55 B.C.）			三月		

	甘露元年戊辰 （53 B.C.）		春正月		
	甘露三年庚午 （51 B.C.）		春正月		
	黃龍元年壬申 （49 B.C.）		春正月		
元帝	初元二年甲戌 （47 B.C.）		春正月		
	初元四年丙子 （45 B.C.）		春正月	三月	
	初元五年丁丑 （44 B.C.）	三月			
	永光元年戊寅 （43 B.C.）		春正月		
	永光四年辛巳 （40 B.C.）	三月			
	永光五年壬午 （39 B.C.）		春正月	三月	
	建昭元年癸未 （38 B.C.）	春三月			
	建昭二年甲申 （37 B.C.）		春正月	三月	
成帝	建始二年庚寅 （31 B.C.）				春正月 三月
	永始二年丙戌 （15 B.C.）	冬十一月			
	永始四年戊申 （13 B.C.）		春正月	三月	
	元延元年己酉 （12 B.C.）	三月			
	元延二年庚戌 （11 B.C.）		春正月	三月	
	元延三年辛亥 （10 B.C.）	三月			
	元延四年壬子 （9 B.C.）		春正月	三月	

	綏和元年癸丑 （8 B.C.）	三月				
	綏和二年甲寅 （7 B.C.）		春正月	三月		
哀帝	建平三年丁巳 （4 B.C.）		冬十一月 壬子	冬十一月 壬子		
平帝	元始四年甲子 （4）				春正月	
孺子嬰	居攝元年丙寅 （6）				正月	

第三章　西漢宗廟禮制變遷

　　西漢宗廟制度的沿革，基本上可以元帝為界線，劃分成前後兩期。以前期而言，由於高祖劉邦起於民間，對於國家典制未能有清楚的認識，雖責成叔孫通制定宗廟禮樂，猶「未盡備而通終」；[1]且其制禮原則是「頗采古禮與秦儀雜就之」，[2]又往往順應時變世務，造成當時宗廟禮制常因偶然事件而增加新例的狀況。[3]其後禮家如賈誼、董仲舒等，亦多針對政局時勢，提出禮制改革的要求，缺乏通盤且周延的整體法度，[4]造成西漢前期的宗廟禮制處處表現出臨時性、矛盾性。

　　這種混亂的宗廟制度，到了「柔仁好儒」的元帝即位後，開啟了轉變的契機。當時儒臣針對前期宗廟制度中，各種互相矛盾

---

[1]　《漢書》，卷 22，〈禮樂志〉，頁 1030。

[2]　《史記》，卷 42，〈叔孫通列傳〉，頁 2126。

[3]　叔孫通制禮，不限於宗廟方面，其他如朝儀、禮器等，皆有初步的規定。關於叔孫通制禮的內容及意義，可參見林聰舜：〈叔孫通「起朝儀」的意義—劉邦卡理斯瑪支配的轉變〉，《哲學與文化》第 20 卷第 12 期（1993 年 12 月），頁 1154-1162。華有根：《西漢禮學新論》（上海：上海社會科學院出版社，1998 年 2 月），頁 9-19。

[4]　賈誼的禮學思想，可參見林聰舜：〈「禮」世界的建立—賈誼對禮法秩序的追求〉，《清華學報》新第 23 卷第 2 期（1993 年 6 月），頁 149-174。

或危害政體的部份，提出改革方案。具體而言，主要圍繞在「罷廢郡國廟」以及「定親疏迭毀」兩項議題上，而後者更衍生出「祖宗廟」、「親考廟」的定義及存毀之相關辯論。於是乎，整個西漢後期宗廟禮制的改革，便是在朝廷儒臣的主導下，通過儒家學說逐步建構起合乎古禮的理想制度。

因此，本章即根據前述的兩個階段，擬分作三節加以討論：首先，「西漢前期的宗廟禮制」，主要詳述西漢十一帝設立宗廟的實況，由此歸結出前期廟制的幾項特徵，並闡明當時訂定禮制的歷史機緣。其次，「西漢後期的宗廟禮制」，先概述元帝以後儒臣改革宗廟制度的歷程，進而點出改制的主要內容：「罷廢郡國廟」、「定親疏迭毀」。再詳細剖析「郡國廟」於宗法上、政權上的弊病和危害，並深入考察儒臣奏議中所徵引的經典義理。最後，「儒生廟議的論辯核心」，定親疏迭毀是西漢後期宗廟改制的核心議題，歷經元、成、哀、平四帝方告完成，其中最大的困難，在於儒臣各自援用不同的經典，或對相同證據存有歧異的見解，形成左右難決、依違不定的局面。本節即詳盡敘述當時儒臣間的論辯內容與經過，並探討其引證出處及理解狀況。

第一節　西漢前期的宗廟禮制

西漢的宗廟建制，頗為紛亂，學者按照廟主的身份，區分成「帝廟」、「皇廟」、「后廟」三大類。所謂的「帝廟」，指曾經登基稱帝的治國者所建宗廟，有高、惠、文、景、武、昭、宣、元、成、哀、平，共十一帝。至於「皇廟」，是指自己雖未稱帝享國，但因其後世子孫登基即位，遂追封皇位名號者，包括

高祖之父太上皇、宣帝之父史皇孫、哀帝之父定陶共王。「后廟」是指未能與先帝合葬的后妃所修建之廟宇，包括文帝母薄太后、昭帝母鉤弋夫人、宣帝許皇后、元帝王皇后等等。前兩類與元成以後儒生廟議息息相關，故本節專述其設置歷程，同時略去「后廟」不論，避免雜蕪旁枝。再者，於「帝廟」、「皇廟」之下，根據立廟的性質及地點，進一步區分作「主廟」、「原廟」、「京廟」、「陵廟」、「郡國廟」五小類，分別定義如下：

> 主廟：為宗廟祭祀的主要場所。
> 原廟：在已建有主廟的基礎上另外再建的宗廟。
> 京廟：在京城長安或其附近所立的宗廟。
> 陵廟：於廟主陵旁所建的宗廟。
> 郡國廟：郡縣和諸侯國都所立的宗廟。

其中，「主廟」、「原廟」是以性質分類，「京廟」、「陵廟」、「郡國廟」則依宗廟的所在地點劃分。[5]以下首先詳述西漢「帝廟」、「皇廟」的建制過程，再以此為基礎，深入說明西漢前期宗廟禮制的特色。

---

[5]　以上分類，是在焦南峰、馬永嬴的分類基礎上擴大而成，參見焦南峰、馬永嬴：〈西漢宗廟芻議〉，《考古與文物》1999 年第 6 期，頁 50-58。

壹、西漢宗廟的建制

一、高帝廟

漢高祖劉邦崩殂後，群臣推為「漢太祖」，上尊號為「高皇帝」；惠帝即位，詔令郡國諸侯各立高祖廟，以歲時祠。[6]《史記》、《漢書》中，多處提及「高廟」，如文帝、景帝、昭帝、宣帝、元帝、成帝、哀帝、平帝即位時，皆謁高廟；此外，昭帝、平帝立皇后，昭帝行冠禮，平帝改名，亦均見于高廟；甚至荒淫迷惑的昌邑王劉賀，霍光亦舉「未見命高廟」的理由，進而「告祠高廟」，加以廢黜。[7]皇室重要典禮之所以選擇在長安高廟舉行，乃為了昭告太祖劉邦，以確定新君、皇后等身份或地位的合法性，故此廟應即高帝神主所在，是為「主廟」。至於高廟的所在位置，可由惠帝「築復道」事件加以觀察：

> 惠帝為東朝長樂宮，及間往，數蹕煩民，作復道，方築武庫南，通奏事，因請間，曰：「陛下何自築復道？高帝寢衣冠月出游高廟，子孫奈何乘宗廟道上行哉！」[8]

《三輔黃圖・漢宮》言及漢家皇室居處，曰：「長樂宮，……高

6　見《史記》，卷 8，〈高祖本紀〉，頁 392；《漢書》，卷 2，〈惠帝紀〉，頁 88。史書未見方國高廟記錄，郡縣高廟有二：一為《漢書・武帝紀》：「遼東高廟災」（卷 6，頁 159）；二在《漢書・地理志下》記遼西郡且慮縣，班固自注：「有高廟。」（卷 28 下，頁 1625）

7　見《史記》、《漢書》各帝紀，以及《漢書》，卷 68，〈霍光傳〉，頁 2945-2946。

8　《漢書》，卷 43，〈叔孫通傳〉，頁 2129-2130。

帝居此宮，後太后常居之，孝惠至平帝，皆居未央宮。」[9]稽諸漢代長安城平面圖（附圖三），長樂宮、未央宮位於東西兩側，中隔武庫與安門大街，惠帝每朝必蹕，因此煩民，故作高架的復道以橫跨安門大街，欲以便利百姓。然而，如此舉動卻冒犯了高祖「游衣冠」的路徑。所謂的「游衣冠」，顏師古《注》曰：「謂從高帝陵寢出衣冠，游於高廟，每月一為之，漢制則然。」[10]亦即從高祖長陵，請出衣冠，游於高廟。《三輔黃圖‧陵墓》言：「高祖長陵在渭水北。」[11]漢代長安城在渭南，是以其路線，乃自渭北長陵出發，入長安北門洛城門，經安門大街直貫而南。職是觀之，安門大街實為高祖「游衣冠」的主要道路，今惠帝於其上方修築復道，此即叔孫通所謂：「子孫奈何乘宗廟道上行哉！」由此可推，高廟的位置應在長樂宮以西、未央宮以東、武庫以南、安門以北的地方，位於長安城中，是為「京廟」。經過考古勘察，在長樂宮西南方、安門大街與南城牆南折段間，發現了漢代大型夯土建築遺址，與《漢舊儀》曰：「六頃三十畝四步，祠內立九旗，堂下撞千石鐘十枚，聲聞百里」[12]的恢宏規模相符，當是前述的長安高廟。[13]

---

[9] 何清谷：《三輔黃圖校注》，頁 103。

[10] 《漢書》，卷 43，〈叔孫通傳〉，頁 2129-2130。

[11] 何清谷：《三輔黃圖校注》，頁 348。

[12] 引自（宋）徐天麟：《西漢會要》（北京：中華書局，1998 年 11 月），卷 12，〈禮六〉，頁 97。

[13] 參見劉慶柱、李毓芳：《西漢十一陵》（西安：陝西人民出版社，1987 年 7 月），頁 9。劉慶柱、李毓芳：《漢長安城》（北京：文物出版社，2003 年 3 月），頁 142。

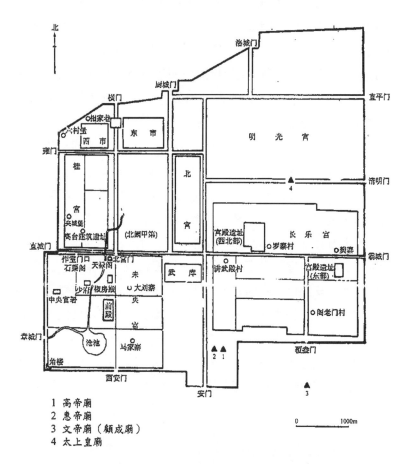

1　高帝廟
2　惠帝廟
3　文帝廟（顧成廟）
4　太上皇廟

附圖三　漢長安城遺址平面示意圖[14]

14　引自劉慶柱：〈漢長安城的考古發現及其相關問題研究〉，《古代都城
與帝陵考古學研究──紀念漢長安城考古工作四十年》（北京：科學出版
社，2000 年 7 月），頁 125。

「築復道」的犯禮舉動，經過叔孫通提醒，惠帝十分惶恐，欲「急壞之」。叔孫通為惠帝想出解決的辦法，其言曰：

> 人主無過舉。今已作，百姓皆知之矣。願陛下為原廟渭北，衣冠月出游之，益廣宗廟，大孝之本。[15]

所謂「原廟」，文穎曰：「高祖已自有廟，在長安城中，惠帝更於渭北作廟，謂之原廟。《爾雅》曰：『原者，再』，再作廟也。」[16]是於京城主廟外，另立一廟。惠帝聽從叔孫通的提議，更改高祖「游衣冠」的路線，免除子孫乘宗廟道上行的罪名。根據前引《三輔黃圖・陵墓》所言，高祖長陵即在渭北，與叔孫通所言地點相同，推測此原廟的位址當在長陵附近；因近於陵墓，故亦為「陵廟」（附圖四）。惠帝五年（190 B.C.），又因「思高祖之悲樂沛，以沛宮為高祖原廟。」[17]故高祖的「原廟」有二：一在長陵，一在沛縣。

二、惠帝廟

惠帝繼高帝而立，由於天下戰亂已久，亟需休息生養；加上呂后專政，誅殺趙王、戚夫人，故日飲為淫樂、不聽政，即位七年而崩。[18]是以帝祚甚短，功德亦薄，其廟僅有一處，《三輔黃

---

15 《漢書》，卷 43，〈叔孫通傳〉，頁 2130。

16 《漢書・元帝紀》：「復太上皇寢廟園、原廟」一語下，顏師古《注》所引（卷 9，頁 297）。

17 《史記》，卷 8，〈高祖本紀〉，頁 393。

18 見《史記》，卷 9，〈呂太后本紀〉，頁 395-399。《漢書》，卷 2，〈惠帝紀〉，頁 85-92；卷 67 上，〈外戚傳上〉，頁 3937-3938。

圖‧宗廟》云：「惠帝廟，在高帝廟後。」[19]《長安志》引《關
中記》言：「惠帝廟在高廟之西。」[20]據考古探勘，發現可能屬
惠帝廟的「西廟」瓦當，則後者的說法似更可靠。[21]雖然兩書的
記載有些許的差異，但惠帝廟位處長安城中並無疑義，位置上屬
於「京廟」（附圖三）。[22]

三、文帝廟

　　史載文帝即位四年，「作顧成廟」。[23]關於「顧成」的解釋
有三，其中以應劭所言較為合理：「文帝自為廟，制度卑狹，
若顧望而成，猶文王靈臺不日成之，故曰顧成。」[24]與史書中
文帝節儉敦朴的形象相符。顧成廟的位址，服虔曰：「廟在長
安城南。」[25]《長安志》云：「有漢顧成廟餘阯，廟北漢奉明

19　何清谷：《三輔黃圖校注》，頁 291。

20　（宋）宋敏求：《長安志》（臺北：成文出版社，1970 年），第 1
　　冊，卷 5，頁 110。

21　參見劉慶柱：〈戰國秦漢瓦當研究〉，《古代都城與帝陵考古學研究——
　　紀念漢長安城考古工作四十年》，頁 291，註 1。

22　學者或以為惠帝廟在惠帝安陵附近，屬於「陵廟」。參見楊寬：《中國
　　古代陵寢制度史研究》（上海：上海人民出版社，2003 年 6 月），頁
　　207。但是根據安陵的考古報告，陵中有陵邑、陵園、后冢、陪葬坑
　　等，尚未發現陵廟，故不能排除惠帝宗廟位於長安城中的可能性。參見
　　陝西省考古研究所：〈西漢安陵調察簡報〉，《考古與文物》2002 年
　　第 4 期，頁 3-8。

23　《漢書》，卷 4，〈文帝紀〉，頁 121。

24　《漢書‧文帝紀》：「作顧成廟」下，顏師古《注》所引（卷 4，頁
　　121）。其他尚有服虔曰：「還顧見城，故名之。」如淳云：「身存而
　　為廟，若《尚書》之〈顧命〉也。」兩種說法。

25　《漢書‧文帝紀》：「作顧成廟」下，顏師古《注》所引（卷 4，頁
　　121）。

園。」[26]經過考古學者的探察復原，大約是在漢長安城南出東頭第一門覆央門外的正南方，位於唐代長安的休祥坊內（附圖三），[27]此即《漢書・五行志上》所謂「古之廟皆在城中，孝文廟始出居外。」[28]雖然顧成廟位居漢長安城外，但由於文帝所葬的霸陵距長安有七十里的距離，[29]與京城相對較近，因此將其歸為「京廟」。綜合來說，文帝顧成廟在西漢開創先例有三：一為皇帝生前自建廟，二是皇帝自命廟名，三則首立主廟於長安城外。

　　文帝除了生前自立顧成廟外，景帝元年（156 B.C.）詔「立孝文皇帝廟，郡國為太宗廟。」[30]前者於顧成廟以外再立，是為「原廟」；後者則屬「郡國廟」。[31]文帝原廟的位置，《漢書・宣帝紀》云：「甲辰，孝文廟火。」[32]同書〈五行志上〉：「宣帝甘露元年（53 B.C.）四月丙申，……甲辰，孝文廟災。」其後錄劉向所論災異有：「不當在山陵昭穆之地」，[33]推測此次火

26　《長安志》，第 1 冊，卷 10，頁 237。

27　參見中國社會科學院考古究所編著：《西漢禮制建築遺址》（北京：文物出版社，2003 年 12 月），頁 209-210。

28　《漢書》，卷 27 上，〈五行志上〉，頁 1335。

29　《史記・孝文本紀》：「臣皆頓首上尊號曰孝文皇帝」下，裴駰《集解》引皇甫謐曰：「霸陵去長安七十里。」（卷 10，頁 435）

30　《史記》，卷 22，〈漢興以來將相名臣年表〉，頁 1130。

31　史書未見郡縣文帝廟記載，方國文帝廟有二：一為《漢書・景帝紀》：「臨江王榮坐侵太宗廟地」（卷 5，頁 146），二是《漢書・武帝紀》：「趙有蛇從郭外入邑，與邑中蛇羣鬬孝文廟下」（卷 6，頁 207；又見《漢書》，卷 27 下之上，〈五行志下之上〉，頁 1468）。

32　《漢書》，卷 8，〈宣帝紀〉，頁 269。

33　《漢書》，卷 27 上，〈五行志上〉，頁 1135-1136。

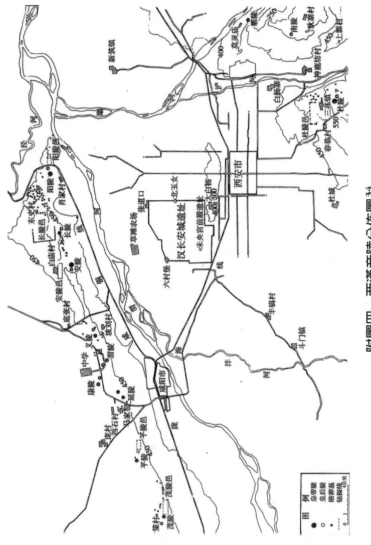

附圖四 西漢帝陵分佈圖[34]

34 引自劉慶柱：〈西漢諸陵調查與研究〉，《古代都城與帝陵考古學研究
——紀念漢長安城考古工作四十年》，頁208。

災並非發生在顧成廟，而是在原廟，其地點當在文帝霸陵附近，亦為「陵廟」（附圖四）。[35]

四、景帝廟

文帝於生前自作廟後，景帝亦隨其故事，《史記·景帝本紀》云：「中四年（146 B.C.）三月，置德陽宮。」裴駰《集解》引臣瓚曰：「是景帝廟也，帝自作之，諱不言廟，故言宮。《西京故事》云景帝廟為德陽宮。」[36]《三輔黃圖·宗廟》亦言：「景帝廟，號德陽宮。」[37]此廟位置，史無明說，留待下文與成帝、哀帝、平帝等廟一併討論。

五、武帝廟

武帝廟號「龍淵宮」，修建於元光三年（132 B.C.）。[38]《三輔黃圖·宗廟》云：「今長安西茂陵東有其處。」[39]《水經注·渭水》亦曰：「又東徑漢武帝茂陵南，……故渠又東徑茂陵縣故城南，……故渠又東徑龍泉北，……渠北故坂北，即龍淵廟。」[40]兩書俱指出武帝廟的地址在茂陵東側附近，是為「陵廟」（附圖四）。

至宣帝本始二年（72 B.C.），「由武帝正統興，故立三

---

[35] 另外，《漢書·昭帝紀》載元鳳四年「五月丁丑，孝文廟正殿火。」（卷 7，頁 230）同書〈五行志上〉載劉向所論災異云：「古之廟皆在城中，孝文廟始出居外。」（卷 27 上，頁 1335）可知此次火災，當是發生在長安城南的顧成廟，而非霸陵旁的原廟。

[36] 《史記》，卷 11，〈景帝本紀〉，頁 445。

[37] 何清谷：《三輔黃圖校注》，頁 295。

[38] 見《漢書》，卷 6，〈武帝紀〉，頁 163。

[39] 何清谷：《三輔黃圖校注》，頁 295。

[40] 陳橋驛：《水經注校證》，卷 19，頁 459。

年，尊孝武廟為世宗，行所巡狩郡國皆立廟。」[41]是武帝亦有「郡國廟」，《漢書・夏侯勝傳》記其數目云：「武帝巡狩所幸郡國凡四十九，皆立廟。」[42]

六、昭帝以後宗廟

昭帝以後各帝廟廟號，如淳記曰：「昭帝廟號徘徊，宣帝廟號樂游，元帝廟號長壽，成帝廟號陽池。」[43]與《三輔黃圖・宗廟》所載相符。[44]其中昭帝崩於元平元年（74 B.C.），年僅二十餘歲，史稱「方上事暴起，用度未辦」，倉促之間，朝廷只好沒收茂陵富人所積貯的「炭葦諸下里物」，以供昭帝陵墓度用。[45]可知昭帝陵寢、宗廟的興建工程可能剛剛開始，甚至尚未規畫，是以昭帝徘徊廟非生前所立。不過宣帝樂游廟則再依循文帝以來制度，於神爵三年（59 B.C.）「起樂游苑」，顏師古《注》曰：「案其處則今之所呼樂游廟者是也，其餘基尚可識焉。蓋本為苑，後因立廟乎？」[46]總括而言，由文帝到宣帝，均生前自立宗廟，惟昭帝享國甚短，未及營建，是為特例。昭帝廟的位址，《水經注・渭水》云：「故渠又東徑姜原北，渠北有漢昭帝陵，……又東徑平陵縣故城南，……故渠之南有寶氏泉，北有徘徊廟。」[47]而樂游廟的所在地，《三輔黃圖・宗廟》云：「在杜

---

[41] 《漢書》，卷25下，〈郊祀志下〉，頁1248。

[42] 《漢書》，卷75，〈夏侯勝傳〉，頁3157。

[43] 《漢書・文帝紀》：「作顧成廟」下，顏師古《注》所引（卷4，頁121）。

[44] 見何清谷：《三輔黃圖校注》，頁295-298。

[45] 見《漢書》，卷90，〈田延年傳〉，頁3665。

[46] 《漢書》，卷8，〈宣帝紀〉，頁262。

[47] 陳橋驛：《水經注校證》，卷19，頁459。

陵西北。」[48]可知昭、宣兩廟俱屬「陵廟」（附圖四）。

　　至於元帝立廟時間，史未明言，《漢書・哀帝紀》云：「孝元廟殿門銅龜蛇鋪首鳴。」[49]待王莽篡漢，尊王太后為新室文母，為立新廟，《漢書・元后傳》記其事曰：

> 墮壞孝元廟，更為文母太后起廟，獨置孝元廟故殿以為文母篹食堂，既成，名曰長壽宮。以太后在，故未謂之廟。莽以太后好出遊觀，乃車駕置酒長壽宮，請太后。既至，見孝元廟廢徹塗地。[50]

王莽墮壞元帝廟，另外為太后興建長壽宮，並改造元廟舊殿作為太后食堂，因其利用了部份元帝廟基址，故後人亦將元帝廟稱作「長壽」。此廟號的命名亦與廟主有關，王太后年高八十四，元帝只得壽四十三，故「長壽」之名當是祝贊太后而非元帝。[51]長壽廟的位址，由「好出遊觀」、「車駕」來看，應不在長安城中；因長壽宮是王莽為王太后所建，加上太后死後與元帝合葬渭陵，其地望當在渭陵附近，屬於「陵廟」（附圖四）。

　　成帝廟號「陽池」，哀、平兩帝廟則無稱號。此三廟的位址，與上述景帝德陽廟一般，史籍未有記載，學者多據已知西漢帝廟的位址及設置規則，推測此四廟「陵旁立廟」的可能性最

48　何清谷：《三輔黃圖校注》，頁296。
49　《漢書》，卷11，〈哀帝紀〉，頁344。
50　《漢書》，卷98，〈元后傳〉，頁4030。
51　見何清谷：《三輔黃圖校注》，頁298，註1。

大，俱屬於「陵廟」（附圖四）。[52]

七、皇廟

　　首先討論高祖之父太公。高祖六年（200 B.C.），尊其父為「太上皇」；十年（196 B.C.）七月癸卯，太公崩於櫟陽宮，葬萬年；八月，令諸侯王皆立太上皇廟于國都。[53]據此，諸侯國均立太上皇廟。[54]綜前所述，漢室立郡國廟者有四：太上皇廟、高帝廟、文帝廟、武帝廟。

　　高祖崩殂後，於太上皇廟冊立太子，是為惠帝；景帝時，鼂錯曾南穿太上皇壖垣為門，可知長安城中有太上皇廟，屬於「京廟」。[55]其所在位置，《三輔黃圖・宗廟》言：「太上皇廟，在長安城，香室街南，馮翊府北。《關輔記》曰：『在酒池北』。」[56]《括地志》亦云：「漢太上皇廟在雍州長安縣西北長安故城中酒池之北，高帝廟北。」[57]（附圖三）由在此廟中舉行惠帝的繼位大典，推其為太公神主所在，故為「主廟」。太上皇

52　參見劉慶柱、李毓芳：《西漢十一陵》，頁 43、198-199。

53　事見《史記》，卷 8，〈高祖本紀〉，頁 381-392；《漢書》，卷 1下，〈高帝紀下〉，頁 62-68。

54　《漢書・五行志上》：「宣帝甘露元年（53 B.C.）四月丙申，中山太上皇廟災。」（卷 27 上，頁 1335）是諸侯立太上皇廟之證。另外，亦有郡縣立廟的記載，如《漢書・元帝紀》載初元元年（48 B.C.）詔書曰：「二月戊午，地震于隴西郡，毀落太上皇廟殿壁木飾。」（卷 9，頁 281）

55　見《史記》，卷 8，〈高祖本紀〉，頁 392；卷 96，〈申屠嘉列傳〉，頁 2684。《漢書》，卷 96，〈申屠嘉傳〉，頁 2102。

56　何清谷：《三輔黃圖校注》，頁 290。

57　《史記・高祖本紀》：「至太上皇廟」下，張守節《正義》所引（卷 8，頁 392-393）。

廟加上前述的高祖廟、惠帝廟，應即《漢舊儀》所謂長安城中的「三廟」。[58]

《漢書・元帝紀》載建昭五年（34 B.C.）「秋七月庚子，復太上皇寢廟園、原廟。」[59]《三輔黃圖・宗廟》言：「太上皇有寢廟園、原廟。」[60]知太上皇於長安京廟外，亦另有原廟，其所在位置，《漢書・韋玄成傳》有言：「京師自高祖下至宣帝，與太上皇、悼皇考各自居陵旁立廟。」[61]故當在萬年陵附近；因近於陵墓，故亦為「陵廟」（附圖四）。

至於宣帝之父史皇孫，宣帝即位後，先追諡曰「悼」，並置「悼園」；至元康元年（65 B.C.）夏五月，詔曰：「悼園宜稱尊號曰皇考，立廟」，且改「悼園」為「奉明園」。[62]其廟的地望，前面討論文帝顧成廟時，曾引《長安志》云：「坊內有漢顧成廟餘阯，廟北漢奉明園。」[63]是位於顧成廟與長安城之間，地近京城，故歸為「京廟」。[64]最後是哀帝之父定陶共王，哀帝建平二年（5 B.C.），追尊為共皇，「置寢廟京師」，故共皇廟屬「京廟」，不過確切的地點已無可稽考。[65]

---

[58]　見何清谷：《三輔黃圖校注》，頁 61-62 所引。

[59]　《漢書》，卷 9，〈元帝紀〉，頁 297。

[60]　何清谷：《三輔黃圖校注》，頁 299。

[61]　《漢書》，卷 73，〈韋玄成傳〉，頁 3115。

[62]　見《漢書・宣帝紀》，卷 8，頁 254；〈戾太子傳〉，卷 63，頁 2749。

[63]　《長安志》，第 1 冊，卷 10，頁 237。

[64]　學者或因史皇孫葬於奉明園，為陵寢所在，而視作「陵廟」。參見焦南峰、馬永贏：〈西漢宗廟芻議〉，《考古與文物》1999 年第 6 期，頁 50-58。

[65]　見《漢書》，卷 80，〈定陶共王傳〉，頁 3327。

貳、宣帝以前的宗廟禮制

根據前小節的討論，可以製成簡表（附表三），並歸納出西漢宣帝以前宗廟禮制的三項特點：「陵旁立廟」、「生前作廟」、「郡國設廟」。本小節便以此三點為中心，進一步探討西漢前期宗廟禮制的相關問題。

附表三　西漢皇帝立廟表

帝廟	主廟		原廟	郡國廟
	京廟	陵廟		
太上皇廟	※		萬年陵	※
高帝廟	※		沛縣、長陵	※
惠帝廟	※			
文帝廟	顧成（長安南）		霸陵	※
景帝廟		德陽（陽陵）		
武帝廟		龍淵（茂陵）		※
昭帝廟		徘徊（平陵）		
史皇廟	悼園（長安南）			
宣帝廟		樂游（杜陵）		
元帝廟		長壽（渭陵）		
成帝廟		陽池（延陵）		
共皇廟	※			
哀帝廟		（義陵）		
平帝廟		（康陵）		

一、陵旁立廟

東漢蔡邕曾論及西漢陵廟制度的起源，其《獨斷》云：

宗廟之制，古學以為人君之居，前有「朝」，後有「寢」，終則前制「廟」以象朝，後制「寢」以象寢。「廟」以藏主，列昭穆；「寢」有衣冠、几杖，象生之具，總謂之「宮」。……古不墓祭，至秦始皇出寢起之於墓側，漢因而不改，故今陵上稱寢殿，有起居、衣冠，象生之備，皆古寢之意也。[66]

應劭《漢官儀》[67]、《後漢書・祭祀志下》[68]均有類似的說法。由引文可知，古人相信君王崩薨以後，靈魂並非前往他界，而是與生前一般地處理政務和飲食起居，符合《論衡・薄葬》所說的「謂死如生」。[69]因此，生前有「朝」，死後有「廟」，以供施政朝覲；生前有「寢」，死後亦有「寢」，充作日常生活起居的處所。古代的「寢」、「廟」相連，所謂「前曰廟，後曰寢。《詩》云：『寢廟奕奕』，言相連也。」[70]兩者均建造在都邑當中，總謂之「宮」。到秦始皇修建驪山陵墓時，獨將「寢」遷移到陵墓旁邊，以就近便利墓室死者用作日常飲食的場所，「寢」、

66　（漢）蔡邕：《獨斷》，收入《叢書集成新編》（臺北：新文豐出版公司，1985 年 1 月），第 28 冊，頁 28-30。

67　《後漢書・明帝紀》：「帝率公卿已下朝於原陵，如元會儀」下，李賢注所引（卷 2，頁 99）。

68　見《後漢書・祭祀志下》，頁 3199-3200。

69　黃暉：《論衡校釋》（北京：中華書局，1996 年 11 月），卷 23，頁 961。有關漢代喪葬禮俗所反映的靈魂觀，可參考（韓）具聖姬：《漢代人的死亡觀》（北京：民族出版社，2005 年 1 月），頁 60-73。

70　見《呂氏春秋・季春紀》：「薦鮪于寢廟」下，高誘注（卷 3，頁 121）。

「廟」於此時遂告分離。[71]

　　漢初繼承秦制,因襲不改,於是太上皇葬萬年,高祖葬長陵,陵寢皆在渭北,其廟均在長安城內。待惠帝為方便覲見呂后,於長樂宮、未央宮間「築復道」,冒犯了高帝的「衣冠道」後,遂因叔孫通的建議,另立高祖原廟於渭北長陵附近,開創西漢「陵旁立廟」的先例。爾後惠帝雖仍立廟於長安城中,或是由於諸呂作亂,未暇更動高祖舊制。至「孝文廟始出居外」,[72]建顧成廟於長安城南,使位處渭南的霸陵衣冠出游時不必經過長安街道,避免後世皇帝和在地居民的生活作息,繼續受到「衣冠道」的影響,此乃史稱文帝「有不便,輒弛以利民」[73]的具體展現,是為西漢廟至由「京廟」改為「陵廟」的重要轉折。[74]

　　自景帝以後,西漢諸帝均在「陵旁立廟」。不過,所謂的「陵旁立廟」,並非帝廟緊鄰著陵墓,其間仍有些許距離。例如《三輔黃圖‧宗廟》載武帝龍淵廟云:「今長安西茂陵東有其處。」[75]又記宣帝樂游廟曰:「在杜陵西北。」[76]《三輔黃圖‧

71　結合考古資料與文獻記載看,帝王陵墓中築有「寢」的制度,應當創始於戰國中期。其次,先秦時期,楚國、秦國不僅「陵旁立寢」,且已有「陵旁立廟」的制度出現。不過秦始皇初定天下,自建新制,建「寢」驪山陵旁,築「極廟」於渭南,「寢」、「廟」再次分離,漢代所承,即是此制。以上關於秦漢陵寢制度,詳見楊寬:《中國古代陵寢制度史研究》,頁 16-38。

72　《漢書》,卷 27 上,〈五行志上〉,頁 1335。

73　《史記》,卷 10,〈孝文本紀〉,頁 433。

74　學者以為陵旁立廟的制度,應是創始於景帝為文帝所興建的霸陵原廟,參見劉慶柱、李毓芳:《西漢十一陵》,頁 199。但其先例,仍當是惠帝因築復道而立高祖原廟於長陵。

75　何清谷:《三輔黃圖校注》,頁 295。

陵墓》則言宣帝杜陵「在長安城南五十里。」[77]更精確的說，是在漢代長安城的東南方。可知二帝宗廟均介於陵墓與長安之間，其餘像高祖原廟、昭帝徘徊廟，學者亦以為如此。[78]這樣的設置，一方面便於「游衣冠」時將墓主遺物送到宗廟，另方面亦便於皇帝從長安出發前往祭祀；惟「游衣冠」的祀禮月月舉行，加上先祖的數量與時俱增，故皇帝或不一定每次親祀，此所以各帝廟較近帝陵而遠長安。

綜上所述，西漢由「京廟」到「陵廟」的變革，實是因應每月「游衣冠」之祠而起。然而，「游衣冠」的祭禮，並未見於前朝，乃始於西漢。推測此禮制的緣起，固然是將祖先的遺物請至廟中供後人瞻仰，使子孫得以盡追懷之情。從往生者的角度看，定時從陵墓請出亡者衣冠，更象徵其魂魄能夠會見故人、游覽舊地，亦是子孫體卹祖先獨居山陵的孝心表現。史載高祖於太上皇生前，即曾徙故鄉沛縣豐邑的親戚舊友至酈邑，以消解太公悽愴不樂的情緒，[79]正與「游衣冠」的祀禮有著相同的心態及功用。是以「游衣冠」之祠，或許和「更命酈邑曰新豐」[80]一般，創制於太上皇崩殂之後，兩者均展現出高祖對其父親的無限孝思。

76　何清谷：《三輔黃圖校注》，頁296。

77　何清谷：《三輔黃圖校注》，頁356。

78　參見楊寬：《中國古代陵寢制度史研究》，頁202-208。

79　《史記‧高祖本紀》：「更命酈邑曰新豐」下，張守節《正義》引《括地志》之言云：「新豐故城在雍州新豐縣西南四里，漢新豐宮也。太上皇時悽愴不樂，高祖竊因左右問故，答以平生所好皆屠販少年，酤酒賣餅，鬥雞蹴踘，以此為歡，今皆無此，故不樂。高祖乃作新豐，徙諸故人實之，太上皇乃悅。」（卷8，頁387）

80　《史記》，卷8，〈高祖本紀〉，頁387。

二、生前作廟

由前小節討論中，得知西漢從文帝自作顧成廟以後，帝王生前建廟遂成漢家故事。回顧高祖時期，戰事初定，民生凋敝，故蕭何營作未央宮，高祖怒斥云：「天下匈匈苦戰數歲，成敗未可知，是何治宮室過度也？」[81]惠帝時，繼續任命少府陽成延修築長安城，起西市、敖倉，歷經六年方告成功。[82]可知當時欲營造國家行政中心已嫌勉強，更遑論帝王崩殂後的宗廟建築。經過惠帝、呂后時期的休息生養，「民務稼穡，衣食滋殖」，[83]文帝時國計民生呈現復甦景象，在經濟條件上足以負擔帝廟的興建工程。只不過當時海內方殷，故文帝作宗廟，「制度卑狹，若顧望而成」；[84]治霸陵，「皆瓦器，因其山，不起墳」，務求節儉敦樸，「為天下先」。[85]

「生前作廟」並非始於西漢，而是創自秦始皇。前述秦皇初即位，穿治酈山陵墓，將「寢」遷至陵旁，改變了古代「寢」、「廟」相連的宗廟建築。至二十七年（220 B.C.），「作信宮渭南，已更命信宮為極廟，象天極。」[86]此乃生前立廟之始。其命

---

[81] 《史記》，卷8，〈高祖本紀〉，頁385。

[82] 事見《史記》，卷19，〈惠景閒侯者年表〉，頁980-981。

[83] 《史記》，卷9，〈呂太后本紀〉，頁412。

[84] 《漢書‧文帝紀》：「作顧成廟」下，顏師古《注》引應劭之言（卷4，頁121）。

[85] 《漢書》，卷4，〈文帝紀〉，頁134。

[86] 《史記》，卷6，〈秦始皇本紀〉，頁241。其後更言：「自極廟道通酈山，作甘泉前殿，築甬道。」所謂「甬道」，裴駰《集解》引應劭之言曰：「築垣牆如街巷。」張守節《正義》亦引應劭之語云：「謂於馳道外築牆，天子於中行，外人不見。」（卷6，頁241-242）是秦始皇

名宗廟為「極廟」，是源自「中宮天極星」[87]的星象觀念，其意在於以中宮天極星自居，宣示秦皇縱橫古今的偉業及至高無上權力，表現出政治上的支配性與宗教上的神格性。[88]由是以觀，這種「生前作廟」的作法，一方面帝王營造個人偏愛的風格，如秦皇、漢武好恢宏壯麗，文帝喜簡約樸素；另方面則自定廟名，避免「子議父、臣議君」，[89]被動受到後代臣子的評價，展現帝王自我肯定的氣慨。[90]

三、郡國設廟

　　西漢前期宗廟制度的另一項特色，是為「郡國設廟」。如前所述，得立郡國廟者僅有太上皇、高帝、文帝、武帝四者，足見必須有特殊的條件，才能獲享這種高規格的禮儀。就高祖之父太公而言，高帝先倣效秦始皇追尊其父莊襄王為「太上皇」。[91]蓋「皇」取自「泰皇」，「帝」取自「五帝」，太公有生養高祖之德，卻未居天子之位，故不能與歷史上的帝王並列，因此去「帝」留「皇」，前加「太上」，以彰顯太公未為「皇帝」卻是

在極廟和酈山陵寢間修有隱密的「甬道」，目的在於死後得以任意出入極廟、陵寢，此舉或影響了漢代「游衣冠」的祠禮。

[87]　《史記》，卷27，〈天官書〉，頁1289。

[88]　其他如自稱「皇帝」、阿房宮的建築形制，亦有相同的象徵內涵。詳見（日）西嶋定生：〈皇帝支配の成立〉，《岩波講座世界歷史 4：東アジア世界の形成 I》，頁217-256。

[89]　《史記》，卷6，〈秦始皇本紀〉，頁235-236。

[90]　參見焦南峰、馬永贏：〈西漢宗廟芻議〉，《考古與文物》1999年第6期，頁50-58。

[91]　見《史記》，卷6，〈秦始皇本紀〉，頁236；卷8，〈高祖本紀〉，頁282。

「皇帝」之父的特殊身份。至於高祖，西入咸陽滅秦，東至陔下破楚，由一介草民登臨天子大位，其武功偉業，更不待言，故高祖崩歿後，群臣皆曰：「高祖起微細，撥亂世反之正，平定天下，為漢太祖，功最高。」[92]此乃朝中大臣著眼於高祖撥亂反正、戡定宇內的功績，所謂「大功者太祖」；[93]同時依循秦二世「尊始皇廟為帝者祖廟」[94]的故事，推尊高祖廟為漢家帝者的太祖之廟。[95]高祖、太上皇擁有如此顯榮的地位，因而符合郡國立廟的資格條件。

　　除了特殊的身份、崇高的功業以外，西漢郡國廟的建制，還配合著當時的政治環境。高祖初起時，天下形勢正處於「秦失其鹿，天下共逐之，於是高材疾足者先得焉」[96]的局面。待項羽自刎烏江，表面上天下歸漢，實際上諸侯各擁兵馬，宮冠服制僭於中央，如此險峻的局勢至文帝時，賈誼仍引以為懲誡云：

> 假設天下如曩時，淮陰侯尚王楚，黥布王淮南，彭越王梁，韓信王韓，張敖王趙，貫高為相，盧綰王燕，陳豨在代，令此六七公者皆亡恙，當是時而陛下即天子位，能自安乎？[97]

92　《史記》，卷8，〈高祖本紀〉，頁392。

93　《管子》，卷24，〈輕重己〉，頁1536。

94　《史記》，卷6，〈秦始皇本紀〉，頁266。

95　參見（日）鷲尾祐子：〈前漢祖宗廟制度の研究〉，《立命館文學》第577號（2002年12月），頁97-123。

96　《史記》，卷92，〈淮陰侯列傳〉，頁2629。

97　《漢書》，卷48，〈賈誼傳〉，頁2233。

足證當時中央的政治、軍事力量，尚無法有效深入全國各地，尤其是異姓諸侯國的勢力範圍。因此，藉由詔令天下郡縣、方國設立太上皇廟、高帝廟，將皇帝的位格神聖化；通過控制全國宗教禮儀，確立漢室中央的權威，以達到鎮懾地方勢力的功效，此即日後元帝詔曰：「蓋建威銷萌，一民之至權也」，匡衡亦云「將以繫海內之心，非為尊祖嚴親也。」[98]

　　相對於太上皇、高祖在西漢一朝的當然地位和身份，文帝、宣帝能夠登臨帝位，則頗經幾番周折。諸呂之亂後，朝中大臣議立新君，欲擇立諸王最賢者；然群臣以呂氏為鑑，故不選高帝之孫、惠帝之子輩的諸侯王，而擁立母家謹良的高祖中子、惠帝庶弟代王劉恆。如此一來，就同是劉氏家族的成員而言，容易對帝位產生覬覦之心。例如齊哀王劉襄，於諸呂作亂時欲以高帝長孫立為天子；文帝即位後，濟北王劉興居，曾發兵謀反，淮南厲王劉長，亦謀圖勾結閩越、匈奴作亂，賈誼所謂「濟北一反，淮南為逆」[99]是也。[100]其後有司建請早立太子以奉宗廟時，文帝仍推

---

[98]　《漢書》，卷 73，〈韋玄成傳〉，頁 3121。案，將設立郡國廟的用意，解釋為神聖化漢家宗室的相關討論，可參考（日）津田左右吉：《儒教の研究二》，收入《津田左右吉全集》（東京：岩波書店，1965年 2 月），第 17 卷，頁 94-96。高明士：〈皇帝制度下的廟制系統─以秦漢至隋唐作為考察中心─〉，《臺大文史哲學報》第 40 期（1993年 6 月），頁 53-96。林聰舜：〈西漢郡國廟之興廢─禮制興革與統治秩序維護的關係之一例〉，《南都學壇（人文社會科學學報）》第 27卷第 3 期（2007 年 5 月），頁 1-8。其中，林氏的著作對西漢郡國廟和政治形勢的關聯，有精闢的解析。

[99]　閻振益：《新書校注》（北京：中華書局，2000 年 7 月），卷 2，〈制不定〉，頁 71。

[100]　事見《史記》，卷 52，〈齊悼惠王世家〉，頁 1999-2012。《漢書》，

舉楚王、吳王、淮南王，以為「諸侯王宗室昆弟有功臣，多賢及有德義者」，[101]欲禪讓帝位。至於宣帝劉詢，祖父戾太子亡於巫蠱之亂，自幼流落民間，於昭帝歿後，霍光又先立昌邑王劉賀，因賀荒淫遭廢，才有機會御臨皇帝大位。當武帝崩卒之際，燕王劉旦亦曾懷疑京師有變，自謂：「我當為帝」，發兵謀反。[102]

綜前所述，漢家先後經過諸呂作亂、巫蠱之禍，紊淆了原來帝位繼承的譜系，因而削弱了文、宣二帝嗣續帝位的正當性。職是之故，文帝生前，賈誼上書曰：

> 禮：「祖有功而宗有德」，使顧成之廟稱為太宗，上配太祖，與漢亡極。[103]

原本「宗」在親族關係中，具有重要的功用和地位，誠如《儀禮・喪服》曰：「大宗者，尊之統也。大宗者，收族者也。」[104]《禮記・大傳》言：「宗，其繼高祖者。」[105]《管子・輕重己》亦曰：「宗者，族之始也。」[106]現今文帝以高祖庶子入尊大位，其嗣統的正當性基礎實未甚穩固。賈誼因而重新詮釋

卷 38，〈高五王傳〉，頁 1987-2002；卷 44，〈淮南王傳〉，頁 2135-2152。

[101] 《史記》，卷 10，〈孝文本紀〉，頁 419。

[102] 此段史事，見《漢書》，卷 8，〈宣帝紀〉，頁 235-238；卷 68，〈霍光傳〉，頁 2937-2948。

[103] 《漢書》，卷 48，〈賈誼傳〉，頁 2231。

[104] 《儀禮》，卷 31，〈喪服〉，頁 358。

[105] 《禮記》，卷 34，〈大傳〉，頁 620。

[106] 《管子》，卷 24，〈輕重己〉，頁 1535。

「宗」的內涵，改取「有德」加以充實，並搭配始祖的「有功」，以取代嫡長繼嗣的血緣譜系。學者稽考賈誼的理論根據，乃出自《國語‧魯語上》展禽總結古代能夠立祀受祠的幾種資格，特別是「有功烈於民者」以及「前哲令德之人」，前者為「有功」之祖，後者則是「有德」之宗。[107]文帝雖謙讓未自稱太宗，但屢次頒布詔令，力田農耕以供粢盛，上比夏柱、周棄「能殖百穀、百蔬」，足稱「以勞定國」；又除誹謗訞言之罪、去肉刑之法，合於唐堯「單均刑法以儀民」，堪任「法施於民」。[108]其德行足以推宗受祀，故孝景即位，群臣建言「孝文皇帝廟宜為帝者太宗之廟」，[109]文帝繼承皇位的正統性因而確立，且益加鞏固。爾後，宣帝尊孝武廟為世宗，亦基於同樣的政治背景，以彰顯自己「由武帝正統興」[110]的合法地位。[111]

---

[107] 參見（日）鷲尾祐子：〈前漢祖宗廟制度の研究〉，《立命館文學》第577號（2002年12月），頁97-123。

[108] 文帝事蹟見《史記》，卷10，〈孝文本紀〉，頁413-438。《漢書》，卷4，〈文帝紀〉，頁105-135；卷23，〈刑法志〉，頁1097-1099。夏柱、周棄、唐堯的功德見《國語》，卷4，〈魯語上〉，頁166-167。又「農耕以供粢盛」，出於《國語》，卷18，〈楚語下〉，頁567；《穀梁傳》，卷4，〈桓公十四年〉，頁39。

[109] 《史記》，卷10，〈孝文本紀〉，頁436。

[110] 《漢書》，卷25下，〈郊祀志下〉，頁1248。

[111] 高帝太祖、文帝太宗、武帝世宗的特殊廟制，尚可由各廟所奏樂舞加以觀察。根據《漢書‧禮樂志》，基本上「諸帝廟皆常奏〈文始〉、〈四時〉、〈五行〉舞云」，只有高祖加奏〈武德〉，文帝加奏〈昭德〉，武帝加奏〈盛德〉。三首舞曲之間，「孝景采〈武德〉舞以為〈昭德〉，以尊大宗廟；至孝宣，采〈昭德〉舞為〈盛德〉，以尊世宗廟。」（卷22，頁1044）其承襲嗣統的關聯性，甚為明顯。關於西漢

　　再就文景時期的地方勢力來看，異姓諸侯的力量，在「非劉氏而王，天下共擊之」[112]的誓盟原則下，已逐漸受到削弱；取而代之的，則為同姓諸侯的僭越稱制，所謂「若此諸王，雖名為臣，實皆有布衣昆弟之心，慮亡不帝制而天子自為者。」[113]在此險惡的政治局勢下，景帝推尊文帝為太宗，進而制詔全國郡縣、諸侯亦立廟以祀太宗，其目的與其說是「確立中央權威，鎮懾地方勢力」，勿寧說是藉由繫統合族的方法，以攏絡安撫同姓諸侯的覬覦之心。[114]雖然最終仍無法遏阻七國之亂的發生，但其設立的初衷，用心卻是良苦的。

第二節　西漢後期的宗廟禮制

壹、元帝以後的宗廟改革

　　承前節所論，西漢宗廟主要有「陵旁立廟」、「生前作廟」、「郡國設廟」三種特徵，表現出建立禮制時的偶然性、任

宗廟樂舞的體制內容，詳見胡紅波：〈西漢之宗廟樂舞〉，《成功大學學報（人文、社會篇）》第24卷（1990年2月），頁43-78。

[112] 《史記》，卷9，〈呂太后本紀〉，頁400。

[113] 《漢書》，卷48，〈賈誼傳〉，頁2234。

[114] 另有一派學者，將郡國廟的設立用「家族國家觀」的角度加以說明，進而促成全國百姓「以君為父」的觀念。相關討論，可參考（日）西嶋定生：《秦漢帝国—中国古代帝国の興亡》（東京：講談社，2004年5月），頁127-128。（日）板野長八：《儒教成立史の研究》（東京：岩波書店，1995年7月），頁41-47。這種說法或是受到日本對於天皇的觀念影響，在中國似乎比較看不出「以君為父」的思想，所謂「家族國家觀」的成立，應只適用於西漢劉氏皇家宗族以及官僚身份等對象。

意性。宗廟寢園的數目，亦隨之日漸龐大：根據《漢書・韋玄成傳》的統計，降至元帝時期，京師、郡國的祖宗廟、后妃寢園，凡百九十七所；一歲祠食，合二萬四千四百五十五次；祭祀所用的衛士、祝宰、樂人等人員，共有五萬七千二百七十六人，豢養犧牲者尚不在數中。[115]如此的宗廟制度，倘若不加以改革，隨著漢代國祚的延續，宗廟的數目、祠食的次數，以及專職祭祀人員的數額，只有逐代增加的趨勢，形成國家財政日益沈重的負擔。因此，翼奉首先於元帝初元三年（46 B.C.）上疏，認為就宗廟制度的任意性而言，是「違古制」；以龐大的財政支出來看，則「皆煩費」；進而提出「親疏迭毀」、「徙都更始」等主張；惟具體細節以及施行方法，尚未能明確釐定。[116]

　　在西漢宗廟的特徵中，即使想要改革「陵旁立廟」、「生前作廟」兩項制度，亦不可能要求在位皇帝停止置陵建廟，只能就道德和民生的角度上，勸說帝王減省營造陵廟的花費；[117]然而，前任皇帝已經完成的宗廟，則可藉由固定親疏迭毀的宗廟數目，使其不再因國祚緜長而累進增加。至於「郡國設廟」的部

---

115 見《漢書》，卷73，〈韋玄成傳〉，頁3115-3116。

116 見《漢書》，卷75，〈翼奉傳〉，頁3175-3178。

117 西漢帝陵、帝廟的建作，以武帝、宣帝最盛，於陵寢、宗廟外，更分別建白鶴館、樂游園，以供歿後享樂之用。元帝後，開始減省陵廟方面的花費，永光四年（40 B.C.）置渭陵，詔曰：「今所為初陵者，勿置縣邑，使天下咸安土樂業，亡有動搖之心。」（《漢書》，卷9，〈元帝紀〉，頁292）成帝則先作延陵，後聽信解萬年之言置昌陵，五年不成，天下虛耗，百姓罷勞，遂罷昌陵，仍葬延陵（見《漢書》，卷10，〈成帝紀〉，頁316-330）。哀帝作陵，亦「勿徙郡國民，使得自安。」（《漢書》，卷11，〈哀帝紀〉，頁340）

份，當太上皇、高祖的地位神聖性，文帝、宣帝嗣統的合法性已完全被承認時，其存在的價值與功能亦隨之逐漸削弱；尤有進者，在武帝以後，郡國廟制反而成為諸侯王覬覦皇位的工具手段，對於維繫中央和地方的政治秩序，形成重大的威脅。針對以上兩點，貢禹奏言：「古者天子七廟，今孝惠、孝景廟皆親盡，宜毀。及郡國廟不應古禮，宜正定。」[118]元帝贊同其議，可惜未及施行而貢禹已卒，但日後宗廟改革的具體內容，即是確立在貢禹「罷廢郡國廟」以及「定親疏迭毀」兩項原則上。

到了永光四年（40 B.C.），元帝追思貢禹奏議，下詔先議罷郡國廟，丞相韋玄成、御史大夫鄭弘等七十人皆「以為宗廟在郡國，宜無修，臣請勿復修。」奏可。連帶不在帝位嗣統的皇室親族，如昭靈后、武哀王、昭哀后、衛思后、戾太子、戾后園，[119]皆不奉祠，裁徹吏卒衛守。罷郡國廟後月餘，元帝又下詔議宗廟迭毀制度，朝中大臣雖贊成先帝宗廟理應遷毀，但對於何帝當毀、何帝不當毀則頗有歧見，因而依違一年。待永光五年（39 B.C.），韋玄成遂奏以高帝為太祖、文帝為太宗，加上景帝、武

118　《漢書》，卷 73，〈韋玄成傳〉，頁 3116。據《漢書・翼奉傳》，貢禹言當定宗廟迭毀禮，乃由翼奉發之，其說見於元帝初元三年（46 B.C.）茂陵白鶴館災後的疏對當中（卷 75，頁 3178）。《漢書・漢書百官公卿表下》，載貢禹卒於元帝初元五年（44 B.C.）十二月丁未（卷 19 下，頁 816）。可推貢禹上奏時間，約在初元三年（46 B.C.）到五年（44 B.C.）之間。

119　昭靈后是太上皇妃，武哀王是高祖之兄劉伯，昭哀后是高祖之姐，俱封於高后七年（181 B.C.），見《漢書・高后紀》，卷 3，頁 100。衛思后是戾太子劉據之母衛子夫，宣帝時追諡思后，見《漢書》，卷 97 上，〈外戚傳上〉，頁 3950。

帝、昭帝、宣帝、皇考，凡七廟，其餘親盡宜毀，元帝奏可。建昭元年（38 B.C.），韋玄成奏言「國君之母非適不得配食」，建請勿復修孝文太后、孝昭太后寢祠園，天子亦奏可。其後，元帝寢疾數年，於是在建昭五年（34 B.C.）秋七月，盡復諸所罷寢廟園，唯郡國廟遂廢而不祀。[120]

元帝崩後，丞相匡衡重新恢復宗廟迭毀禮制，太上皇、孝惠、孝景親盡宜毀，進而定太祖高帝、太宗文帝、武帝、昭帝、皇考、宣帝、元帝七廟。[121]成帝時因無繼嗣，加上平當的奏疏，[122]於河平元年（28 B.C.）再復太上皇寢園，世世奉祠；昭靈后、武哀王、昭哀后并食於太上寢廟如故。綏和二年（7 B.C.）成帝崩，哀帝即位，丞相孔光、大司空何武奏請與羣臣議宗廟迭毀之禮。光祿勳彭宣、詹事滿昌、博士左咸等，認為武帝雖有功烈，親盡當毀。太僕王舜、中壘校尉劉歆則以為武帝功德兼備，且為宣帝尊作世宗廟，應建之萬世，不宜毀廟。哀帝從王舜、劉歆所議，定太祖高帝、太宗文帝、世宗武帝、昭帝、皇考、宣帝、元帝、成帝八廟。[123]

另外，哀帝以成帝弟定陶王劉康之子的身份入嗣大位，因而尊成帝母為太皇太后，成帝趙皇后為皇太后，而哀帝祖母傅太后與母丁后皆在國邸。高昌侯董宏上書奏請立丁后為皇太后，遭到左將軍師丹與大司馬王莽的反對。傅太后大怒，要求哀帝必稱尊

---

[120] 見《漢書》，卷73，〈韋玄成傳〉，頁3116-3124。

[121] 其餘如昭靈后、武哀王、昭哀后、孝文太后、孝昭太后俱罷。只有衛思后、戾太子、戾后，匡衡以為親未盡，異於永光四年（40 B.C.）的詔令。

[122] 見《漢書》，卷71，〈平當傳〉，頁3049。

[123] 見《漢書》，卷73，〈韋玄成傳〉，頁3124-3125。

號，於是在綏和二年（7 B.C.）五月，追尊定陶恭王為恭皇，尊
傅太后為恭皇太后，丁后為恭皇后。其後，郎中令泠襃、黃門郎
段猶再上奏宜為定陶恭皇立廟京師，有司皆以為宜如襃、猶所
言，唯有師丹獨排眾議，以為不可。哀帝遂從有司所論，於建平
二年（5 B.C.）四月，立恭皇廟於京師；至於恭皇有無計入廟數
中，則史無明言。待平帝嗣立，大司馬王莽攝政，發掘傅太后、
丁太后冢，奪其璽綬，改以民葬之，定陶亦罷廢恭皇廟。[124]平
帝元始中，王莽又建言裁徹宣帝所立的皇考廟，因旁系入嗣帝位
而立的兩座皇廟，至此完全摒除在西漢帝統以外。[125]

　　綜前所述，西漢元帝以後的宗廟改革，事實上是在翼奉、貢
禹、韋玄成、匡衡、孔光、劉歆、師丹、王莽等儒生論辯中逐漸
確立；即使是主動下詔議論宗廟禮制的元帝，史書亦稱「柔仁好
儒」，自幼深受儒學薰陶，故詔問亦遵循六藝經典。[126]職此以
論，整個西漢後期宗廟禮制的改革，與郊祀一般，同樣是在朝廷
儒者的主導下，通過儒家學說逐步建構起合乎古禮的理想制度。
總括而言，儒者改革的項目主要有三：一是罷黜郡國廟，二是存
毀祖宗廟，三是立廢親考廟。後兩項由於關係密切，且儒臣的歧
見頗大，故另闢專節「儒生廟議的辯論核心」詳加討論。以下先
探究罷廢郡國廟的相關問題及其意義。

---

[124] 見《漢書》，卷86，〈師丹傳〉，頁3505-3510。

[125] 見《漢書》，卷73，〈韋玄成傳〉，頁3129-3130。

[126] 元帝太傅有夏侯勝、蕭望之、黃霸等，所學有《書》、《詩》、
《禮》、《論語》等，見《漢書》，卷75，〈夏侯勝傳〉，頁3159；
卷78，〈蕭望之傳〉，頁3280-3282；卷89，〈循吏傳〉，頁3631-
3632。

貳、郡國廟制的廢止歷程

到元帝為止，西漢共有四位帝王尊立郡國廟：太上皇廟、高帝太祖廟、孝文太宗廟、孝武世宗廟，「凡祖宗廟在郡國六十八，合百六十七所。」[127]對於當時天災不斷、饑饉頻仍的狀況而言，[128]無疑是國家財政上的沈重負擔，此所以史載貢禹、韋玄成等人議論宗廟禮制前，先敘述天下宗廟每年所耗費的龐大開銷。[129]是以經濟窘迫與民生疾苦，實為當時儒臣亟欲革新宗廟禮制的重要原因。

除了財政、民生的理由外，罷廢郡國廟尚有制度內在的問題。誠如前節所論，高祖、惠帝詔令天下郡國立太上皇廟、高帝廟，主要是將皇帝的位格神聖化，通過控制全國宗教禮儀，確立漢室中央的權威，以達到鎮懾異姓諸侯勢力的功效。景帝、宣帝

---

[127] 《漢書》，卷 73，〈韋玄成傳〉，頁 3115。案，郡國廟的設立，有「郡國諸侯皆立」以及「行所嘗幸則立」兩種說法，前者見《漢書》，卷 1 下，〈高帝紀下〉，頁 67-68；卷 5，〈景帝紀〉，頁 137-138。後者見《漢書》，卷 8，〈宣帝紀〉，頁 243；卷 25 下，〈郊祀志下〉，頁 1248；卷 73，〈韋玄成傳〉，頁 3115。學者曾根據兩種說法，分別當時天下郡國廟數，參見周振鶴：《中國歷史文化區域研究》（上海：復旦大學出版社，1997 年 9 月），頁 73-78。郭善兵：〈西漢元帝永光年間皇帝宗廟禮制改革考論〉，《煙臺師範學院學報（哲學社會科學版）》第 21 卷第 4 期（2000 年 12 月），頁 54-57、65。

[128] 元帝時天災、饑荒的相關記載，可見《漢書》，卷 9，〈元帝紀〉，頁 277-299。貢禹因「年歲不登，郡國多困」，屢次請求元帝體恤民生、減抑器用的相關奏章，見《漢書》，卷 72，〈貢禹傳〉，頁 3069-3080。

[129] 見《漢書》，卷 73，〈韋玄成傳〉，頁 3115-3116。

立孝文太宗廟、孝武世宗廟，一方面宣示自己繼統嗣宗的正當
性、合法性，另方面則藉由繫統合族的方法，以攏絡慰撫同姓諸
侯對於帝位的覬覦之心。然而，訴諸親情以安同姓的策略尚未完
全奏效，郡國廟制卻先在宗法上賦予諸侯王入承大統的資格與正
當性，朝廷因此面臨至高權力受到分享甚至奪取的危機。[130]事
實上，吳王劉濞掀起七國之亂，正是高揭「匡正天下，以安高
廟」[131]的旗號，假借同姓劉氏的身份，圖謀篡位。武帝崩殂，
昭帝即位，燕王劉旦請立廟郡國，當時輔政大臣霍光並未同意，
故燕王言：「我親武帝長子，反不得立，上書請立廟，又不聽。
立者疑非劉氏。」[132]在此，武帝郡國廟之立或不立，反倒成為
諸侯王質疑朝廷政權合法性的正當理由。日後宣帝透過立世宗廟
於全國的手段，宣示自己「由武帝正統興」[133]的合法地位，也
只是和燕王執行相同的措施。由此可見，此時的郡國廟制，非但
無益於國家統治，反而形成皇室宗親間的內部矛盾。

　　針對同姓諸侯僭禮越制、染指皇位的政治形勢，朝廷一方面
推行「彊本幹，弱枝葉」[134]、「眾建諸侯而少其力」[135]的政
策，以分散地方勢力。在制度方面，於景帝中五年（145 B.C.）

---

[130] 林聰舜：〈西漢郡國廟之興廢──禮制興革與統治秩序維護的關係之一
　　例〉，《南都學壇（人文社會科學學報）》第 27 卷第 3 期（2007 年 5
　　月），頁 1-8。以下有關郡國廟廢止的討論，多受本文啟發，並加以引
　　申。

[131] 《漢書》，卷 35，〈吳王劉濞傳〉，頁 1910。

[132] 《漢書》，卷 63，〈燕剌王傳〉，頁 2753。

[133] 《漢書》，卷 25 下，〈郊祀志下〉，頁 1248。

[134] 《史記》，卷 17，〈漢興以來諸侯王年表〉，頁 803。

[135] 《漢書》，卷 48，〈賈誼傳〉，頁 2237。

「令諸侯王不得復治國，天子為置吏，改丞相曰相。」[136]使諸侯官制不再與中央齊等，確定君臣上下的政治秩序。[137]與宗廟禮制相關者，則為「酎金律」的訂立，《通典‧禮十二‧上陵》載丁孚《漢儀》曰：「《酎金律》，文帝所加，以正月朝作酒，八月成，名酎酒。因令諸侯助祭貢金。」又記《漢律‧金布令》云：「諸侯、列侯各以人口數，率千口奉金肆兩，奇不滿千口至五百口亦四兩，皆會酎，少府受。」[138]此乃每年八月將釀好的酎酒獻祭祖先，並要求諸侯助祭貢金，是為「酎金」。[139]原察文帝訂立律法的用意，一方面宣示京師才是宗廟的正統，天子才是漢室的代表；另方面透過酎嘗宗廟的機會，定時聚集同姓諸侯，達到收族合宗的效果；進而在祭祀祖先的儀式中，彰顯「君臣之義、父子之倫、貴賤之等、親疏之殺、爵賞之施、政事之均、長幼之序、上下之際」[140]等倫常關係，希望藉由潛移默化的道德教育，推親親以顯尊尊。換句話說，「酎金律」的制定，是從朝廷的權威以及親情的聯繫兩方面，盡可能削弱由郡國廟賦

---

[136] 《漢書》，卷 19 上，〈百官公卿表上〉，頁 741。

[137] 此乃出自賈誼的建議，見《新書》，卷 1，〈等齊〉，頁 46-48。

[138] （唐）杜佑：《通典》（北京：中華書局，1992 年 6 月），第 2 冊，卷 52，頁 1448。

[139] 學者指出，宗廟嘗酎至少可回溯至春秋時期，參見楊樹達：《讀漢書札記》，收入徐蜀編：《兩漢書訂補文獻彙編》（北京：北京圖書館出版社，2004 年 4 月），第 1 冊，卷 1，頁 486。

[140] 《禮記‧祭統》云：「夫祭有十倫焉：見事鬼神之道焉，見君臣之義焉，見父子之倫焉，見貴賤之等焉，見親疏之殺焉，見爵賞之施焉，見夫婦之別焉，見政事之均焉，見長幼之序焉，見上下之際焉。此之謂十倫。」（卷 49，頁 834）

予宗法上的權力，減輕同姓諸侯覬覦王權的緩衝措施。

　　事實上，「酎金律」對於諸侯所獻酎金有明確的規定，《漢儀注》曰：

> 王子為侯，侯歲以戶口酎黃金於漢廟，皇帝臨受獻金以助祭。大祀日飲酎，飲酎受金。金少不如斤兩，色惡，王削縣，侯免國。[141]

可知酎金的重量、成色等，均有嚴格的標準，諸侯獻金若有欠缺，嚴重可導致削縣、免國的罪罰。但自文帝到景帝數十年，從未有諸侯違犯「酎金律」，這不一定是當時諸侯奉公守法，或是酎祭貢助發揮效果，否則專扈驕縱的吳王劉濞、淮南厲王劉長亦不會廢法踰制、擬於天子，甚至意圖謀反。反倒是文、景二帝對於諸侯採取寬厚的懷柔政策，因此縱使偶有「金少」、「色惡」的狀況，也按而不表，加以饒恕。如此情況，到了武帝時期開始有了轉變，《漢書‧武帝紀》：

> 九月，列侯坐獻黃金酎祭宗廟不如法奪爵者百六人，丞相趙周下獄死。[142]

此乃西漢援用「酎金律」對諸侯施以大規模的懲處，牽連所及，竟達百六人。武帝之所以如此震怒，是因為當時對匈奴連年用

---

[141]　《史記‧平準書》：「而列侯坐酎金失侯者百餘人」下，裴駰《集解》引如淳之語（卷30，頁1439）。

[142]　《漢書》，卷6，〈武帝紀〉，頁187。

兵，加上山東屢被水患，文景時期所積蓄的國家財富耗費甚鉅。
面對經濟上的重大困難，武帝自己損膳、解乘輿駟、出御府禁
藏，此即大農丞孔僅、咸陽所言：「山海，天地之藏也，皆宜屬
少府，陛下不私，以屬大農佐賦。」[143]將原本供給皇室內廷的
少府賦收，轉交管理國家財政的大農丞統轄；簡單來說，即是武
帝捐輸私有財產以支應國家公用。天子既出私產以助國用，諸
侯、朝臣、百姓理當群起響應、共體時艱，然而當時豪富皆爭匿
財，僅有卜式數次入財以助縣官。到了元鼎五年（112 B.C.）夏
四月，南越王相呂嘉反，卜式更上書願父子死南粵，武帝特別頒
詔褒揚，布告天下，但百餘位列侯，卻沒有一人奏請從軍。面對
列侯消極漠視的態度，武帝終於忍無可忍，在同年九月，根據
「酎金律」對各王侯施以嚴厲的處分，丞相趙周甚至亦連坐下獄
論死。[144]

　　如前所論，就列侯酎祭貢助的制度而言，主要是由朝廷權威
和親情聯繫兩方面，減輕同姓諸侯染指王權的緩衝措施，其中又
以親親之義為重。是以武帝怒而奪爵者逾百人，天子至上的權威
雖因此完全展現，但這僅是繫於某位皇帝的雄略或手腕，並非真
正強幹弱枝的有效政策。武帝以前的文、景二帝懷柔諸侯，不曾
因酎金未符標準而削縣免國；[145]其後的昭帝年幼，輔政大臣霍

---

[143] 《史記》，卷30，〈平準書〉，頁1429。

[144] 此次因酎金不如法而除國的列侯，除同姓劉氏外，尚有異姓的部份。學
者曾詳考酎金除國的諸侯姓名，參見（日）橫山貞裕：〈前漢武帝の酎
祭について〉，收入《歷史における民眾と文化─酒井忠夫先生古稀祝
賀記念論集─》（東京：國書刊行會，1982年9月），頁11-26。

[145] 武帝在元鼎五年（112 B.C.）以前，因《酎金律》而奪爵者，有元鼎四

光又屬異姓，若利用「酎金律」箝制同姓諸侯，恐怕將招致更大的非議與反彈；至於雜用王霸的宣帝，則是沿用尊立孝武世宗廟的方法，昭示自身嗣繼帝位的正當性。[146]由此以觀，郡國廟制授予諸侯能夠入繼大位的資格和正當性，並不會因為「酎金律」的存在或實施，而獲得有效的遏抑；根本的解決之道，只有罷廢郡國廟制，方能防止假借親親以危害尊尊的可能。

　　面對郡國廟制所引發的種種闕失和矛盾，董仲舒經由推衍災異的方式，首先提出批評。武帝建元六年（135 B.C.）二月乙未，[147]遼東高廟災；四月壬子，高園便殿火。董仲舒論曰：

> 今高廟不當居遼東，高園殿不當居陵旁，於禮亦不當立，
> 與魯所災同。其不當立久矣，至於陛下時天乃災之者，殆
> 亦其時可也。昔秦受亡周之敝，而亡以化之；漢受亡秦之
> 敝，又亡以化之。夫繼二敝之後，承其下流，兼受其猥，
> 難治甚矣。又多兄弟親戚骨肉之連，驕揚奢侈恣睢者眾，
> 所謂重難之時者也。陛下正當大敝之後，又遭重難之時，

年（113 B.C.）的斥丘懿侯唐尊，見《漢書》，卷16，〈高惠高后文功臣表〉，頁571；其後則有征和二年（91 B.C.）的南繑侯劉佗，見《漢書》，卷15上，〈王子侯表上〉，頁477。但這只是零星個案，並非如元鼎五年（112 B.C.）對列侯的大規模懲治。

146 宣帝時，諸侯亦曾因酎金不足斤兩，遭到免國。例如地節四年（66 B.C.）的襄隄侯劉聖，見《漢書》，卷15下，〈王子侯表下〉，頁475；五鳳四年（54 B.C.）的朝節侯劉固城，見《漢書》，卷15上，〈王子侯表上〉，頁445。

147 此據《漢書·武帝紀》，卷6，頁159；〈五行志上〉作「六月丁酉」（卷27上，頁1331）。

甚可憂也。故天災若語陛下：「當今之世，雖欲而重難，
非以太平至公，不能治也。視親戚貴屬在諸侯遠正最甚
者，忍而誅之，如吾燔遼東高廟乃可；視近臣在國中處旁
仄及貴而不正者，忍而誅之，如吾燔高園殿乃可」云爾。
在外而不正者，雖貴如高廟，猶災燔之，況諸侯乎！在內
不正者，雖貴如高園殿，猶燔災之，況大臣乎！此天意
也。舉在外者天災外，舉在內者天災內，燔甚舉當重，燔
簡舉當輕，承天意之道也。[148]

董仲舒所推災異，完全根據《春秋》立說。就時間而言，魯昭公
時未發生火災，卻在定、哀二公接連受災，此乃因孔子德盛足以
去除亂臣季孫，故上天特別在此時機，亟欲透過災異加以提點，
所謂「不時不見，天之道也」。[149]同理以推，西漢承周、秦之
敝，文、景以來兄弟諸侯驕奢者又眾，上天同樣選此重難的時
刻，藉由遼東高廟、高園便殿遭受火災，表明誅內外不正者是武
帝責無旁貸的任務。至於改革的禮制內容，魯國所燔的兩觀、
桓、釐廟、亳社等建築，俱為不當立僭禮之物，象徵理當除去政
治上的僭禮之臣，特別是把持政權的季孫氏。今所燔的遼東高廟
在外，代表當削除「諸侯遠正最甚者」；高園便殿在內，顯示應
誅罰「近臣貴而不正者」，故言「舉在外者天災外，舉在內者天
災內」。兩者之中，根據《公羊傳‧襄公九年》：「大者曰災，
小者曰火」[150]的原則，遼東高廟既記作「災」，表示受損程度

---

[148] 《漢書》，卷27上，〈五行志上〉，頁1332-1333。

[149] 《漢書》，卷27上，〈五行志上〉，頁1332。

[150] 《公羊傳》，卷19，〈襄公九年〉，頁245。

較為嚴重，推知在外的諸侯違犯禮制的辜責尤重，故當優先加以懲治，是為「承天意之道也」。

　　依照《漢書·董仲舒傳》的記載，遼東高廟災、高園便殿火的災異言論，原是董生居家推說的草稿，由於主父偃嫉賢妒能，因而利用高后所立下擅議宗廟者棄市的禁令，「竊其書而奏焉」，想要羅織董生入罪。然而，董仲舒所論，正確點出當時諸侯僭越禮制，甚至勾結謀反的政治形勢，是以武帝並未馬上按律論作死罪，反而先「召視諸儒」；即使仲舒弟子呂步舒「不知其師書，以為大愚」，下吏當死，武帝仍詔令赦宥。[151]至元朔六年（123 B.C.）淮南王劉安謀反，武帝想起董仲舒的言論，於是遣使「呂步舒持斧鉞治淮南獄，以《春秋》誼顓斷於外。」[152]不過，就董仲舒的推論而言，所謂「高廟不當居遼東」，主要是用來指明在外的親戚貴屬，可能懷有僭禮謀篡的非份之想，故重點在於將其「忍而誅之」；當淮南王反叛平定後，諸侯遠正最甚者既伏法受戮，上天交付的任務業已完成，故無須進一步關注郡國廟的存廢問題，於是真正罷黜郡國廟的議論，唯有俟諸異日了。

　　郡國廟制所蘊涵朝廷與諸侯皆有資格爭逐至高權力的內在矛盾，在文、景以降諸侯不斷驕揚恣睢、虎視國器的形勢下，日益顯著；然而郡國廟制卻繼續維持，甚至宣帝尚利用此制以明承嗣大宗的正統資格。究其原因，一方面或是當時朝廷將諸侯專屬、

---

[151] 見《漢書》，卷 56，〈董仲舒傳〉，頁 2524。《漢書·韋玄成傳》：「高后時惠臣下妄非議先帝宗廟寢園官，故定著令，敢有擅議者棄市。」（卷 73，頁 3125）

[152] 《漢書》，卷 27 上，〈五行志上〉，頁 1333。

謀反視作個別事件，僅透過官制、法令、軍事等方面加以約束或征討，[153]尚未完全察覺問題癥結在於郡國廟制所認可宗統的合法地位。另方面，郡國廟制成立的初衷，原是為了通過制度神聖化劉氏家族，是以欲廢黜漢家的神聖傳統，必須建立在相當正大堂皇的理論基礎。如此條件，直到「柔仁好儒」的元帝即位後方告成熟，其改制的首項措施，即是蠲除高后所立的擅議宗廟之命，翼奉、貢禹先後上奏議定宗廟之禮。永光四年（40 B.C.），元帝親自下詔議罷郡國廟：

> 朕聞明王之御世也，遭時為法，因事制宜。往者天下初定，遠方未賓，因嘗所親以立宗廟，蓋建威銷萌，一民之至權也。今賴天地之靈，宗廟之福，四方同軌，蠻貊貢職，久遵而不定，令疏遠卑賤共承尊祀，殆非皇天祖宗之意，朕甚懼焉。《傳》不云乎？「吾不與祭，如不祭。」其與將軍、列侯、中二千石、二千石、諸大夫、博士、議郎議。[154]

元帝在詔書中，敏銳指出西漢早期建立郡國廟的用意，正是為了「建威銷萌，一民之至權也」，亦即藉由宗教力量，神聖化劉氏

---

153 官制部份，改王侯的丞相曰相，前文已述。軍事部份，主要是七國之亂、淮南王謀反的事件。法令部份，除上文提及呂步舒治淮南王獄外，其餘有景帝時的郅都、甯成，武帝時的主父偃，均以嚴酷峻刑著稱，宗室豪桀人皆慴恐，見《漢書》，卷90，〈酷吏傳〉，頁3645-3650；卷64上，〈主父偃傳〉，頁2798-2806。

154 《漢書》，卷73，〈韋玄成傳〉，頁3116。

王朝,以銷弭外姓非分之心。但政治形勢隨著時局的轉移,天下已呈現「四方同軌,蠻貊貢職」的和諧景象,郡國廟的存在,反而「令疏遠卑賤共承尊祀」,造成禮制上的混淆及僭越,是以有重新考慮的必要。最後更引《論語‧八佾》:「吾不與祭,如不祭。」[155]一方面通過孝子親祭的拳拳之心,以更根本的內在誠意,作為禮制改革的指導理據。另方面則宣示唯有天子大宗親行祭祀,方是漢家劉姓正統所在;其餘郡國宗廟,均屬旁支庶子,故不具備奉祠祖宗的資格。

　　元帝既下詔議制,群臣旋即詳加討論,以答聖意。於是丞相韋玄成、御史大夫鄭弘等七十人上奏云:

> 臣聞祭,非自外至者也,繇中出,生於心也。故唯聖人為能饗帝,孝子為能饗親。立廟京師之居,躬親承事,四海之內,各以其職來助祭,尊親之大義,五帝三王所共,不易之道也。《詩》云:「有來雍雍,至止肅肅,相維辟公,天子穆穆。」《春秋》之義,父不祭於支庶之宅,君不祭於臣僕之家,王不祭於下土諸侯。臣等愚以為宗廟在郡國,宜無修。臣請勿復修。[156]

順承元帝「吾不與祭,如不祭」的旨意,群臣發揮「祭由中出,生於心也」的義理,與《禮記‧祭統》:「夫祭者,非物自外至者也,自中出生於心也。」[157]大致相同。學者指出,此乃扭轉

---

155 《論語》,卷3,〈八佾〉,頁28。
156 《漢書》,卷73,〈韋玄成傳〉,頁3117。
157 《禮記》,卷49,〈祭統〉,頁830。

戰國以來的宗教觀念，以孝子祭祀時的盡志誠意，取代求鬼神、祈眾福的傳統信仰；故祭祀的核心要素，亦由具有魔法性質的外物，轉為祭者的內心狀態。[158]是以祖宗的神靈，僅受饗於孝子躬親承事、怵惕奉禮的祠祀儀式中，此即《禮記・祭義》所謂：「唯聖人為能饗帝，孝子為能饗親。」[159]如今元帝既表明躬親與祭的孝心誠意，對於無法幸臨奉祠的郡國宗廟，亦因此沒有存在的必要。故應當獨立京師宗廟，天子臨幸親祀，以合乎《孝經・聖治章》所言的「四海之內，各以其職來祭。」[160]方為尊親大義，不易之道。再引《詩經・周頌・雍》以明周代諸侯助王禘祭時，君臣上下雍和敬穆的融洽景象，作為天子親祀、諸侯助祭的古禮例證。

至於所謂的「《春秋》之義」，於《春秋經》及三《傳》中，並不能直接檢尋到相應敘述，反倒是《儀禮・喪服》：「公子不得禰先君」、「公孫不得祖諸侯」；[161]《禮記・大傳》：「庶子不祭，明其宗也」，〈喪服小記〉：「庶子不祭祖者，明其宗也」、「庶子不祭禰者，明其宗也」[162]等議禮言論較為近之，令人懷疑韋玄成等儒臣引述經典的正確性。然而，仔細檢閱

---

158 參見（日）板野長八：《儒教成立史の研究》，頁 180-192、216-227。甘懷真：〈西漢郊祀禮的成立〉，《皇權、禮儀與經典詮釋：中國古代政治史研究》，頁 35-80。

159 《禮記》，卷 47，〈祭義〉，頁 808。

160 （唐）唐玄宗注，（宋）邢昺疏：《孝經注疏》（臺北：藝文印書館，1997 年 8 月，《十三經注疏》本），卷 5，頁 36。

161 《儀禮》，卷 73，〈喪服〉，頁 379、頁 379。

162 《禮記》，卷 34，〈大傳〉，頁 620；卷 32，〈喪服小記〉，頁 592-593。

《春秋》，〈定公十二年〉經文有：「叔孫州仇帥師墮郈」、「季孫斯、仲孫何忌帥師墮費」、「公圍成，公至自圍成」，所墮的郈、費、成三都，分別是三桓叔孫、季孫、孟孫的私邑。因三桓家臣把持魯國政權，當時孔子任大司寇，便計畫剷除三桓勢力，集權於公室，於是著命任職季氏宰的子路執行「墮三都」的政策。根據《左傳・定公十二年》的記錄，在「墮三都」的過程中，遭受到費、成二都邑宰的頑強反抗，至終孟氏成邑仍未能完全墮克，「墮三都」的任務最後功敗垂成。[163]

　　三桓原是桓公旁系子孫，後政治勢力日漸壯大，進而掌握魯國政權，甚至昭公亦遭其脅迫驅逐，[164]僭禮犯上，莫甚於此。在三桓諸多犯禮僭越的舉動中，建築逾越禮制的都邑，實為魯國內政的一大憂患，此所以孔子、仲由必墮三都的原因。至於「三都」違反何種禮制，《穀梁》無說，《公羊》云：

> 孔子行乎季孫，三月不違。曰：「家不藏甲，邑無百雉之城。」於是帥師墮郈、帥師墮費。雉者何？五板而堵，五堵而雉，百雉而城。[165]

是《公羊》引孔子之言，以為「三都」的建築規模過高，成為抗衡公室的軍事堡壘，此乃著眼於三桓武力過盛，造成魯國公室的重大威脅，所謂「冕弁兵革，藏於私家，非禮也，是謂脅

---

163 以上均見《左傳》，卷56，〈定公十二年〉，頁 979-980。

164 見《左傳》，卷51，〈昭公二十五年〉，頁 892-895。

165 《公羊傳》，卷26，〈定公十二年〉，頁 332。

君」[166]是也。至於《左傳》，則另有解說，其言曰：

> 凡邑，有宗廟、先君之主曰都，無曰邑。邑曰築，都曰
> 城。[167]

在此《左傳》以「宗廟、先君之主」的有無，作為甄別「都」、「邑」的依據。《左傳·定公十二年》既言「墮三都」而非「墮三邑」，可知站在《左氏》的立場上，必墮郈、費、成三座都城的理由，並不在於規模的大小、兵甲的多寡，而是因為城中有「宗廟」、「先君之主」等違背禮制的建築。換句話說，在宗法禮制的規定中，即使貴為桓公血親後裔的三桓，由於非屬嫡系宗統，同樣不具備興建宗廟、祭祀先君的資格，故《禮記·郊特牲》總結曰：「諸侯不敢祖天子，大夫不敢祖諸侯，而公廟之設於私家，非禮也，由三桓始也。」[168]

　　職是觀之，韋玄成等儒生所謂「《春秋》之義」並無錯引經典的問題；更精確地說，其理據實淵源自《春秋左氏》說。順理而推，儒者再以「父不祭於支庶之宅」的宗法基礎，進一步闡發出君、王不祭於臣僕之家、下土諸侯的政治倫理，為罷黜郡國廟提出強而有力的論證典據。[169]因此，在群臣奏議的支持下，元帝批准了宗廟改制的首項措施，於永光四年（40 B.C.）冬十月乙丑，正式廢止祖宗廟在郡國者。

---

[166] 《禮記》，卷21，〈禮運〉，頁421。

[167] 《左傳》，卷10，〈莊公二十八年〉，頁178。

[168] 《禮記》，卷25，〈郊特牲〉，頁487。

[169] 參見湯志鈞等著：《西漢經學與政治》，頁239-287。

　　建昭三年（36 B.C.）六月甲辰，丞相韋玄成薨；七月癸亥，匡衡遷任丞相。[170]當時元帝寢疾，夢見祖宗譴罷郡國廟，恰巧楚孝王亦有同樣的夢境。在懷疑祖先譴責的心態下，天子詔問匡衡，議欲恢復郡國廟制，丞相深言不可。然元帝疾久不平，於是匡衡惶恐，效法《尚書》：「武王有疾，周公作金縢」[171]的故事，作冊祝禱曰：

　　　　嗣曾孫皇帝恭承洪業，夙夜不敢康寧，思育休烈，以章祖
　　　　宗之盛功，故動作接神，必因古聖之經。往者有司以為前
　　　　因所幸而立廟，將以繫海內之心，非為尊祖嚴親也。今賴
　　　　宗廟之靈，六合之內莫不附親，廟宜一居京師，天子親
　　　　奉，郡國廟可止毋修。皇帝祗肅舊禮，尊重神明，即告于
　　　　祖宗而不敢失。今皇帝有疾不豫，乃夢祖宗見戒以廟，楚
　　　　王夢亦有其序。皇帝悼懼，即詔臣衡復修立。謹案上世帝
　　　　王承祖禰之大禮，皆不敢不自親。郡國吏卑賤，不可使獨
　　　　承。又祭祀之義以民為本，間者歲數不登，百姓困乏，郡
　　　　國廟無以修立。禮，凶年則歲事不舉，以祖禰之意為不
　　　　樂，是以不敢復。如誠非禮義之中，違祖宗之心，咎盡在
　　　　臣衡，當受其殃，大被其疾，隊在溝瀆之中。皇帝至孝肅
　　　　慎，宜蒙祐福。唯高皇帝、孝文皇帝、孝武皇帝省察，右
　　　　饗皇帝之孝，開賜皇帝眉壽亡疆，令所疾日瘳，平復反

　　常，永保宗廟，天下幸甚！[172]

　　匡衡的冊文，不單是禱於宗廟祖先，亦有堅定元帝宗改革信念的功用，故首先申明種種禮制的革新，是經過「夙夜不敢康寧，思育休烈」審慎且嚴肅的考慮過程，務使新制「必因古聖之經」，方能付諸實行，並非一時心血來潮而妄動造作。其次，匡衡總結元帝、貢禹、韋玄成的廟議論點，明確點出漢家郡國廟「將以繫海內之心，非為尊祖嚴親也」的設制初衷；是以當「六合之內莫不附親」，政治環境既已改變時，理應依循「遭時為法，因事制宜」的原則，宗廟一居京師且毋修郡國廟。簡單來說，匡衡乃就歷史變遷的角度，將郡國廟視作特定條件下產生的特殊事物，透過突顯制度本身的偶然性，進而強化改革廟制的合理性。

　　再者，匡衡以「祗肅舊禮，尊重神明，即告于祖宗而不敢失」，說明改革的經過並無禮儀上的闕失，以彰顯程序方面的合法性。接著，強調「有疾不豫」，是為了說明「詔臣衡復修立」，完全是出「皇帝悼懼」的主觀感受，與客觀政治、經濟形勢不僅毫無關聯，且一旦讓卑賤的郡國官吏享有「承祖禰之大禮」的資格，反而對於國家的禮制產生重大的危害。另外，又提出「祭祀之義以民為本」的說法，在「凶年則歲事不舉」的禮義下，由於當時「歲數不登」、「百姓困乏」，祖禰亦哀慟凶年而不能樂享郡國獻祭，是以不敢任意恢復舊制。此則以儒者體恤民瘼、民胞物與的理想精神，灌注到祖禰的心態中，於是乎作威降殃的祖先神靈，因而轉化為仁慈愛民的形象。最後，匡衡更負起

---

[172] 《漢書》，卷73，〈韋玄成傳〉，頁3121-3122。

反對恢復郡國廟制的全部責任，將由此可能招致的所有災殃一肩扛下，並請求祖靈保佑天子寢疾早日瘳癒，眉壽亡疆，永保宗廟。元帝的病情並未因匡衡祝冊而有所改善，於是在建昭五年（34 B.C.）恢復諸所罷寢廟園。然而，其中只有包括在京師因親盡迭毀的宗廟，郡國廟遂廢而不復。至此，西漢晚期的郡國廟制改革，歷經翼奉、貢禹、韋玄成的努力，終於在匡衡的手上獲得徹底的成功。

第三節　儒生廟議的論辯核心

貢禹奏疏所提出的「罷廢郡國廟」以及「定親疏迭毀」兩項宗廟改革原則，前者由於制定在特殊的機緣下，當歷史環境一旦轉移，存在條件已然消逝時，隨即失去了繼續施行的必要，是以元帝詔令廢止，朝廷上下俱無異議，儘管天子因寢疾而議欲恢復，最終仍維持公卿奏論，施行百餘年的郡國廟遂罷而不復。[173]至於宗廟親疏迭毀的部份，元帝君臣雖有共識重新商訂，但於禮制的內容細節方面，則存有頗大的歧見，造成朝中儒臣對於相關議題紛爭難決，歷經元、成、哀、平四朝，方確定於劉歆、王莽的奏論中。考察當時辯論的焦點，主要圍繞在宗廟定數以及祭祀對象的議題上；具體而言，則可歸結為「祖宗廟的內涵與存毀」以及「親考廟的爭論與立廢」兩項問題，以下分別加以詳細申論。[174]

---

[173] 最早的郡國廟，是立於高祖十年（197 B.C.）的太上皇廟，至元帝永光四年（40 B.C.）廢止，共經一百五十七年。

[174] 此兩點為西漢廟議的主要癥結，最早是由日本學者提出，見於（日）藤

壹、祖宗廟的內涵與存毀

　　永光四年（40 B.C.），罷廢郡國廟後月餘，元帝下詔群臣
議定宗廟迭毀制度，其言曰：

> 蓋聞明王制禮，立親廟四，祖宗之廟，萬世不毀，所以明
> 尊祖敬宗，著親親也。朕獲承祖宗之重，惟大禮未備，戰
> 栗恐懼，不敢自顓，其與將軍、列侯、中二千石、二千
> 石、諸大夫、博士議。[175]

在此，元帝提出建立宗廟的兩項原則：一是為了「著親親」，具
體的作法為「立親廟四」；二是為了「尊祖敬宗」，實際措施則
是立萬世不毀的「祖宗之廟」。二者之間，尤以親親為上，誠如
《禮記‧大傳》云：

川正數：〈前漢時代における宗廟禮說の變遷とその思想的根底〉，
《東方學》第 28 輯（1964 年 7 月），頁 11-34。（日）伊藤德男：
〈前漢の宗廟制—七廟制の成立を中心にして—〉，《東北大學論集
（歷史學‧地理學）》第 13 號（1983 年 3 月），頁 43-67。（日）保
科季子：〈前漢後半期における儒家禮制の受容—漢的傳統との對立と
皇帝觀の變貌—〉，收入《方法としての丸山真男》（東京：青木書
店，1998 年 11 月），頁 223-268。（日）南部英彥：〈前漢後期の宗
廟制論議等を通して見たる儒教國教化—その親親‧尊尊主義の分析を
軸として—〉，《日本中國學會報》第 51 集（1999 年 10 月），頁 16-
30。後三篇內容，基本上不脫藤川氏的論說框架，進而發展成「尊尊、
今文、故事」和「親親、古文、古制」兩種經學立場的對立、辯論。
[175] 《漢書》，卷 73，〈韋玄成傳〉，頁 3118。

> 自仁率親，等而上之至于祖；自義率祖，順而下之至於
> 禰。是故人道親親也，親親故尊祖，尊祖故敬宗，敬宗故
> 收族。[176]

可知訂立廟制的宗旨，正是要彰顯「人道親親」的精神，為了達
到此目的，必須尊立受命太祖，然後順義而下，進而獲得敬宗收
族的效果。換句話說，「親親」和「尊尊」之間，並非別作兩
橛，互相對立，而是彼此聯繫，藉由「尊祖敬宗」的祭祀方法，
以求臻至「親親繫族」的最終目標。據此以觀，元帝所言雖然簡
略，但深得宗廟迭毀的核心意義，也為爾後儒臣廟議的內容，確
立基本的討論方向。

面對皇帝的詔問，丞相韋玄成等四十四人奏議曰：

> 禮，王者始受命，諸侯始封之君，皆為太祖。以下，五廟
> 而迭毀，毀廟之主臧乎太祖，五年而再殷祭，言壹禘壹祫
> 也。祫祭者，毀廟與未毀廟之主皆合食於太祖，父為昭，
> 子為穆，孫復為昭，古之正禮也。〈祭義〉曰：「王者禘
> 其祖自出，以其祖配之，而立四廟。」言始受命而王，祭
> 天以其祖配，而不為立廟，親盡也。立親廟四，親親也。
> 親盡而迭毀，親疏之殺，示有終也。周之所以七廟者，以
> 后稷始封，文王、武王受命而王，是以三廟不毀，與親廟
> 四而七。非有后稷始封，文、武受命之功者，皆當親盡而
> 毀。成王成二聖之業，制禮作樂，功德茂盛，廟猶不世，

176　《禮記》，卷34，〈大傳〉，頁622。

以行為諡而已。禮，廟在大門之內，不敢遠親也。臣愚以為高帝受命定天下，宜為帝者太祖之廟，世世不毀，承後屬盡者宜毀。今宗廟異處，昭穆不序，宜入就太祖廟而序昭穆如禮。太上皇、孝惠、孝文、孝景廟皆親盡宜毀，皇考廟親未盡，如故。[177]

奏疏中，儒臣為元帝詔問內容，提出經典上的論據。首先，是宗廟迭毀的部份：「五年而再殷祭」，見於《公羊傳·文公二年》，韋玄成等人解釋成「壹禘壹祫」的禮制；[178]「父為昭，子為穆」，本於同年《穀梁傳》的「逆祀，則是無昭穆也」；[179]至於「祫祭合食」云云，則為二《傳》共通禮意。[180]由此以觀，宗廟依親疏迭毀，其禮制根據乃統括《公》、《穀》兩書義例而成。其次，確立萬世不毀「祖宗之廟」的意涵，明確以「王者始受命，諸侯始封之君」詳加定義。再援用〈祭義〉之言，贊同元帝「立親廟四」的說法，進而闡釋，縱使尊貴如受命王的父

---

[177] 《漢書》，卷73，〈韋玄成傳〉，頁3118。

[178] 《公羊傳》，卷13，〈文公二年〉，頁165。

[179] 《穀梁傳》，卷10，〈文公二年〉，頁100。

[180] 《公羊傳·文公二年》：「八月丁卯，大事于大廟，躋僖公。大事者何？大祫也。大祫者何？合祭也。其合祭奈何？毀廟之主，陳于大祖，未毀廟之主，皆升，合食于大祖。五年而再殷祭。躋者何？升也。何言乎升僖公？譏。何譏爾？逆祀也。其逆祀奈何？先禰而後祖也。」（卷13，頁165）《穀梁傳·文公二年》所記，大致相同，僅在「逆祀」之下補充云：「逆祀，則是無昭穆也；無昭穆，則是無祖也；無祖，則無天也。故曰文無天。無天者，是無天而行也。君子不以親親害尊尊，此《春秋》之義也。」（卷10，頁100）

祖，亦僅於郊祀祭天時配饗，而不另立其廟的義理。其所引〈祭義〉文字，見於今本《禮記・喪服小記》，論者以為「或玄成等當日別引古禮篇名也。」[181]《禮記・大傳》則言：「禮，不王不禘。王者禘其祖之所自出，以其祖配之，諸侯及其大祖。」《儀禮・喪服》亦曰：「大夫及學士則知尊祖矣，諸侯及其大祖，天子及其始祖之所自出。」[182]考察此說的起源，當出自《國語・魯語上》展禽的言論：

> 故有虞氏禘黃帝而祖顓頊，郊堯而宗舜。夏后氏禘黃帝而祖顓頊，郊鯀而宗禹。商人禘舜而祖契，郊冥而宗湯。周人禘嚳而郊稷，祖文王而宗武王。[183]

《禮記・祭法》也有類似的記載，惟有虞氏作「郊嚳而宗堯」，商人則「禘嚳」，根據韋昭註釋和學者研究，前者以《國語》為確，後者則當從〈祭法〉。[184]單就周代而論，周棄於夏禹時職任后稷，因功受封，屬於「諸侯始封之君」；[185]文、武伐商而

---

[181]　（清）周壽昌：《漢書注校補》，收入徐蜀編：《兩漢書訂補文獻彙編》，第 1 冊，卷 44，頁 899。

[182]　《禮記》，卷 34，〈大傳〉，頁 616；《儀禮》，卷 11，〈喪服〉，頁 358。

[183]　《國語》，卷 4，〈魯語上〉，頁 166。

[184]　參見《國語》，卷 4，〈魯語上〉，頁 169，註 28。黃彰健：《中國遠古史研究》，頁 75-78。

[185]　《國語・魯語上》：「昔烈山氏之有天下也，其子曰柱，能殖百穀百蔬。夏之興也，周棄繼之，故祀以為稷。」韋昭云：「棄能繼柱之功，自商已來祀之也。」（卷 4，頁 166-167）知夏代周棄因種殖之功而命為

王，是為「王者始受命」。[186]此一侯、二王均符合「祖宗之廟」的定義，故具有太祖資格，其廟萬世不隳；至於后稷之父帝嚳，則僅在禘祭時配天，不另外立廟，這是本於「親盡有終」的原則；雖在細節方面尚未完全釐清，但此正是韋玄成等所理解的周人「禘、郊、祖、宗」四種祭典。除此以外，即便制禮作樂，功德茂盛如成王，亦僅以行為諡，親盡猶須迭毀而不世。職此可見，在韋玄成等人的奏章中，只認可「受命」、「始封」之祖，否定賈誼基於「祖有功而宗有德」而建祖立宗的漢家舊制。據此盱衡元帝以前九廟，[187]唯有高祖受命定天下，堪任劉氏太祖之廟，世世不毀；至於太上皇、孝惠、孝景，甚至於功德崇高的孝文皇帝，因非受命之王、始封之君，皆應當遵循親盡宜廢的宗廟制度，毀廟遷主入就高帝太祖廟中，以序定昭穆世次。是以韋玄成等人整合前述理由，主張當時存而不罷者共五廟，由近而遠依序有孝宣、皇考、孝昭、孝武四親廟，加上萬世永祀的高帝太祖廟。

韋玄成奏議既上，隨即引起朝廷眾臣的熱烈討論，各自表述不同的見解，例如大司馬車騎將軍許嘉等二十九人，以為孝文皇帝德厚侔天地，利澤施四海，宜為帝者太宗之廟。廷尉尹忠以為孝武皇帝改正朔，易服色，攘四夷，宜為世宗之廟。諫大夫尹更

后稷，商代則追思其德而祀作稷神。

[186] 《詩經‧大雅‧江漢》云：「文武受命。」（卷 18，頁 686）其餘如〈文王〉、〈皇矣〉、〈靈臺〉、〈文王有聲〉等，俱有歌頌文王、武王受命成功之德。

[187] 其中包括太上皇、高帝、惠帝、文帝、景帝、武帝、昭帝、皇考、宣帝等九廟。

始等十八人以為皇考廟上序於昭穆，非正禮，宜毀。面對如此紛
歧不一的各種意見，元帝因而重難其事，依違不決者一年。到了
永光五年（39 B.C.），元帝下詔曰：

> 蓋聞王者祖有功而宗有德，尊尊之大義也；存親廟四，親
> 親之至恩也。……高皇帝為漢太祖，孝文皇帝為太宗，世
> 世承祀，傳之無窮，朕甚樂之。孝宣皇帝為孝昭皇帝後，
> 於義壹體。孝景皇帝廟及皇考廟皆親盡，其正禮儀。[188]

元帝依據尊尊大義，立高帝為太祖、文帝為太宗，兩廟世世承
祀；按照親親原則，存孝宣、孝昭、孝武三廟，孝景、皇考則親
盡當黜。元帝的考量，延續前年詔書「立親廟四」、「祖宗之
廟」的說法，亦即以五廟為定數。就「祖宗之廟」而言，其立論
根源，學者認為是《禮記・祭法》：

> 是故王立七廟：一壇一墠，曰考廟、曰王考廟、曰皇考
> 廟、曰顯考廟、曰祖考廟，皆月祭之；遠廟為祧，有二
> 祧，享嘗乃止。[189]

除去遠廟二祧不計，由考廟到祖考廟共有五廟，元帝正是以「祖
考廟」當「始祖廟」；[190]再接受許嘉等人的建言，分祖宗為太

[100]　《漢書》，卷 73，〈韋玄成傳〉，頁 3120。

[189]　《禮記》，卷 73，〈祭法〉，頁 799。

[190]　參見（日）藤川正數：〈前漢時代における宗廟禮說の變遷とその思想
　　　的根底〉，《東方學》第 28 輯（1964 年 7 月），頁 11-34。

祖、太宗，故有兩廟萬世不毀。定數五廟既已佔其二，親廟則只能有三；由元帝以上逆數，依序本是孝宣、皇考、孝昭三廟。皇考廟原是元康元年（65 B.C.），丞相魏相奏請宣帝為其生父史皇孫所立，待宣帝崩亡後，理應親盡廢祀，是以元帝認為當立孝宣、孝昭、孝武三親廟。不過，元帝雖定祖宗廟二、親廟有三，但在立文帝太宗及存孝景親廟間，仍須面臨選擇的難題，質言之，亦即在「尊尊」、「親親」兩項原則間，依舊「牽制文義，優游不斷」，[191]因而詔令眾臣「其正禮儀」。[192]

　　經過朝中大臣幾番討論，終於提出較為妥善的解決方案：

> 祖宗之廟，世世不毀；繼祖以下，五廟而迭毀。今高皇帝為太祖，孝文皇帝為太宗，孝景皇帝為昭，孝武皇帝為穆，孝昭皇帝與孝宣皇帝俱為昭。皇考廟親未盡。太上、孝惠廟皆親盡，宜毀。太上廟主宜瘞園，孝惠皇帝為穆，主遷於太祖廟，寢園皆無復修。[193]

韋玄成等人的建議，是將祖宗廟及五考廟劃分開來，讓親者可以依序迭毀，尊者得以世世承祀，亦即令親親、尊尊兩項立廟原則能夠同時並行，互不干涉。在此前題下，因文帝已循尊尊大義立

---

[191] 《漢書》，卷9，〈元帝紀〉，頁299。

[192] 有學者將元帝算入廟數之中，形成高帝太祖、文帝太宗（昭）、武帝（穆）、昭宣二帝（同為昭）、元帝生廟（穆）的五廟制度，恐怕有待商榷。參見（日）北村良和：〈前漢末の改禮について〉，《日本中國學會報》第33集（1981年10月），頁43-57。

[193] 《漢書》，卷73，〈韋玄成傳〉，頁3120。

作太宗廟，不能計入迭毀親廟當中，故自宣帝逆推而上，僅有宣、昭、武、景四帝，未能湊齊五廟之數，此所以必言「皇考廟親未盡」，且以穆位介於昭、宣祖孫兩昭位之間的主要因素。據是以觀，韋玄成等人的提案，不僅尊尊、親親並重，更能妥善照顧到帝系昭穆的序列，雖皇考廟存而未隳，猶與禮義相悖，但只是大醇小疵，因此獲得元帝的認可，終於在永光五年（39 B.C.）十二月乙酉，毀太上皇、孝惠皇帝寢廟園，西漢宗廟迭毀之禮，正式宣告成立。

　　眾臣又據《詩經‧周頌‧清廟》：「於穆清廟，肅雝顯相」，言宗廟交神之禮，無不清靜；「對越在天，駿奔走在廟」，以為奉祠祖先均在廟中，不宜出游；建議元帝廢止每月一游衣冠的舊禮。再援《禮記‧祭義》：「祭不欲數，數則煩，煩則不敬」的說法，奏請勿修諸寢園日月間祀，宜復古禮，四時祭於廟。[194]對此，元帝並未擅加更動，一循其舊。建昭元年（38 B.C.），韋玄成復言：

> 古者制禮，別尊卑貴賤，國君之母非適不得配食，則薦於寢，身沒而已。……孝文太后、孝昭太后寢祠園宜如禮，勿復修。[195]

由於孝文太后薄姬、孝昭太后鉤弋夫人，兩者皆非高祖、武帝正妃皇后，而是因文、昭二帝即位，故推尊其生母，分別葬於安

---

[194] 見《漢書》，卷 73，〈韋玄成傳〉，頁 3120-3121。
[195] 《漢書》，卷 73，〈韋玄成傳〉，頁 3120-3121。

陵、雲陵，亦即《公羊傳・隱公元年》所謂：「母以子貴」[196]
是也。韋玄成認為，此舉混淆了后妃妻妾間的尊卑貴賤，違背齊
桓公稱霸所立「無以妾為妻」[197]的盟約，應當罷而勿復修。元
帝同意韋玄成的說法，遂於同年冬詔廢孝文太后、孝昭太后寢
園。

　　到了建昭三年（36 B.C.），元帝因為罹病寢疾，懷疑是祖
先譴責罷郡國廟、廢毀宗廟的改革措施，再詔群臣議復舊制。於
是繼任丞相的匡衡作冊禱於高祖、孝文、孝武廟，解釋廢止郡國
廟的理由，其相關內容已詳論於前。[198]又作告謝文呈獻諸毀

---

[196] 《公羊傳》，卷 1，〈隱公元年〉，頁 11。

[197] 《公羊傳》，卷 10，〈僖公三年〉，頁 125，此為陽穀之會。《穀梁
傳・僖公九年》記葵丘之會亦有「毋以妾為妻。」（卷 8，頁 80）《左
傳・哀公二十四年》則云：「則有若以妾為夫人，則固無其禮也。」
（卷 60，頁 1050）知《春秋》三傳俱譏「以妾為妻」為非禮。

[198] 論者以為祝禱文宣讀於京師三帝廟中，但其目的是為廢黜郡國廟的政策
作辯護；告謝文則呈獻給郡國廟，其內容反而說明京師廟數的限制原
因。進而由此二文的「倒置」，闡述其政治方面的功能。參見 Timothy
Baker, *The Imperial Temple in China's Western Han Dynasty: Institutional
Trandition and Personal Belief* (Ph.D. diss., Harvard University, 2006), pp.
186-198.（美）貝克定（Timothy Baker）：〈西漢晚期宗廟制度中的宗
教意涵：《漢書・韋賢傳》中的論辯〉，收入祝平次、楊儒賓編：《天
體、身體與國體：迴向世界的漢學》，頁 37-71。事實上，細讀《漢
書・韋玄成傳》的相關記錄，祝禱文之所以只於高祖、孝文、孝武三廟
宣讀，是因為只有此三廟曾立郡國廟；太上皇在尊高帝為漢家始祖後，
已親盡當毀，失去原本崇高地位，故不必另外告禱。至於告謝文部份，
完全沒有任何線索提及匡衡將其呈獻至郡國廟中，其對象乃是所有受到
親疏迭毀制度影響的宗廟，且與高祖、孝文、孝武三廟相同，俱是神主
所在的京師主廟。換句話說，並不存在任何「倒置」的問題。不過，貝

廟，申論迭毀禮制的理據：

> 往者，大臣以為在昔帝王承祖宗之休典，取象於天地，天序五行，人親五屬，天子奉天，故率其意而尊其制。是以禘嘗之序，靡有過五。受命之君躬接于天，萬世不墮。繼烈以下，五廟而遷，上陳太祖，間歲而祫，其道應天，故福祿永終。太上皇非受命而屬盡，義則當遷。[199]

告謝文中，匡衡認為，帝王宗廟典禮，必須「取象於天地」，此乃沿襲董仲舒「承天地之所為也」[200]的思維模式。是以天既列序五行，人的親疏倫次理當同天相應，故亦有五屬，所謂「法天地之數也」。[201]因此，在親廟的總數上，受命始祖躬接于天，是為漢室立國本體，萬世永祀；其下則效法五行迭次輪替，按照親疏倫序，五廟而遞遷。於祭祀時間方面，《公羊傳・文公二年》既以「五年而再殷祭」解釋「大事祫祭」，故匡衡同樣以五年為定數，推衍出「間歲而祫」的祭祖時程，爾後《說苑・修文》及《禮緯》中「三歲一祫，五年一禘」[202]的說法，即綜合

氏由此論及的政治功能，則頗具參考價值。

[199] 《漢書》，卷73，〈韋玄成傳〉，頁3122。

[200] 《春秋繁露》，卷3，〈玉英〉，頁69。

[201] 《春秋繁露》，卷8，〈爵國〉，頁238。

[202] 向宗魯：《說苑校證》（北京：中華書局，2000年3月），卷19，頁496。案，《漢書・劉向傳》載其序著《說苑》的緣由，乃是「睹俗彌奢淫，而趙、衛之屬起微賤，踰禮制。」（卷36，頁1957-1958）故序次《列女傳》、《新序》、《說苑》凡五十八篇，時為成帝在位，晚於元帝寢疾。且《說苑・修文》進一步分釋祫、禘二祭曰：「祫者，合

韋玄成「壹禘壹祫」及匡衡「間歲而祫」的禮例而成。職是以
觀，異於韋玄成參酌《詩》、《書》、《春秋》的史事、義例，
匡衡則採取天副人數的立場，以證成元帝改革廟制的合理性、正
當性。具體而論，即是將迭毀序數、殷祭周期的本體根源，建立
在由「獨立不改」的皇天、「周行不殆」的五行，兩者共同組織
而成的宇宙結構上。於是乎親盡迭遷的宗廟制度，並非僅是前朝
舊制的重演再現，更是符應於天地秩序的永世理則。

　　在闡明禮制的本體基礎後，匡衡續言：

> 又以為孝莫大於嚴父，故父之所尊，子不敢不承；父之所
> 異，子不敢同。禮，公子不得為母信，為後則於子祭，於
> 孫止，尊祖嚴父之義也。寢日四上食，園廟間祠，皆可亡
> 修。皇帝思慕悼懼，未敢盡從。惟念高皇帝聖德茂盛，受
> 命溥將，欽若稽古，承順天心，子孫本支，陳錫亡疆。誠
> 以為遷廟合祭，久長之策，高皇帝之意，乃敢不聽？[203]

許慎《五經異義》引《穀梁》說曰：「魯僖公立妾母成風為夫
人，是子爵於母，以妾為妻，非禮也。」[204]是為「公子不得為

也；禘者，諦也。祫者大合祭於祖廟也，禘者諦其德而差優劣也。」祫
祭沿《公羊》說，禘祭則為新說。至於《禮緯》之文，見於《禮記·王
制》：「天子犆礿祫禘祫嘗祫烝」一段下，孔穎達《疏》所引（卷
12，頁 243-244）；鄭玄即主此說，並以為是「百王通義」。

[203] 《漢書》，卷 73，〈韋玄成傳〉，頁 3122-3123。

[204] 孔穎達疏《禮記·服問》：「有從輕而重，公子之妻為其皇姑」一段所
引（卷 57，頁 951-954）。

母信」的禮學根據。可知匡衡與韋玄成議罷孝文、孝昭太后寢園的立場相同，只不過將廢止的輩份，明定在孫輩而非子輩，一方面解釋文、昭二帝葬其生母於安陵、雲陵，並無違禮悖義之處，另方面亦強調元帝廢其寢園，同樣是完全正確且合乎禮制的舉動。至於「孝莫大於嚴父」，則出自《孝經‧聖治章》，[205]根據此項禮法，子孫的所作所為不得異於父祖，故當年韋玄成建請亡修寢園間祀，元帝未敢妄動擅作，正是子承父志的孝心表現。其後再頌揚高帝受命德盛，子孫亡疆，進而揣度始祖心意，認為既傳國永世，當定遷廟合祭制度，方為久長之策，故孝孫元帝理應承繼高帝遺志，建立起完備的宗廟禮制。在此，高祖是否曾想訂定遷廟制度，史無明言，亦不須詳考；匡衡只是將廟制改革的理由，假託為漢家太祖的志願，組成以下推論：「諸帝之父既有此意，後世子孫焉敢不從？」希望藉由漢家始祖的權威，為毀廟制度辯護。所以毀廟遷主，非但不是泯滅孝道，反而是完成劉氏受命之祖的遺願，這樣才是孝道的具體實踐。

綜前所論，匡衡以為元帝各項宗廟改制，皆「義有所斷，禮有所承」，故反對恢復毀廟，再行舊制。於是告謝漢家的列祖列宗，表明堅定的改革立場，並完全負起政治責任，承擔所有禍殃，同時祈求天子疾病能夠盡早痊癒。然而，元帝的病況並未因此好轉，終於在建昭五年（34 B.C.）恢復所有迭毀罷廢的宗廟寢園；更進一步申明孝武廟為世宗廟，即使日後親盡，亦不能有任何損益。至竟寧元年（33 B.C.）元帝崩後，匡衡又奏請回復迭毀廟制，僅存高帝、文帝、武帝、昭帝、皇考、宣帝、元帝七

---

[205] 《孝經》，卷 5，〈聖治章〉，頁 36。

廟，其餘親盡皆毀，成帝奏可。其後再因成帝無繼嗣，遂又於河平元年（28 B.C.）秋九月，復太上皇寢園宗廟，[206]世世奉祠，並重新實施元帝罷除的擅議宗廟之令。[207]

降及綏和二年（7 B.C.）成帝崩，哀帝初即位，丞相孔光、大司空何武聯名上奏，「以為迭毀之次，當以時定，非令所為擅議宗廟之意也。」[208]請求重新審議永光五年（39 B.C.）、建昭五年（34 B.C.）制立的太祖、太宗、世宗三廟是否與禮義相符。針對此項議題，光祿勳彭宣、詹事滿昌、博士左咸等五十三人皆以為繼祖宗以下，五廟而迭毀，後雖有賢君，猶不得與祖宗並列，武帝雖有功烈，依禮親盡當毀。太僕王舜、中壘校尉劉歆則持反對意見，同樣基於「祖有功而宗有德」的立場，認為武帝於外有南滅百粵、北攘匈奴、東征朝鮮、西伐大宛之功；對內則改正朔、易服色、建封禪、存周後，奠定萬世基業。進而主張高帝建大業為太祖，文帝德至厚為文太宗，至於武帝則功至著，理當立作武世宗。[209]由於世宗廟的存廢，以及新歿待立的成帝廟，廟數的多寡勢必要重新調整。對此，王舜、劉歆續曰：

> 《禮記・王制》及《春秋穀梁傳》，天子七廟，諸侯五，大夫三，士二。天子七日而殯，七月而葬；諸侯五日而殯，五月而葬；此喪事尊卑之序也，與廟數相應。其文曰：「天子三昭三穆，與太祖之廟而七；諸侯二昭二穆，

---

[206] 此乃出自平當的建議，見《漢書》，卷71，〈平當傳〉，頁3049。

[207] 見《漢書》，卷73，〈韋玄成傳〉，頁3125。

[208] 《漢書》，卷73，〈韋玄成傳〉，頁3125。

[209] 見《漢書》，卷73，〈韋玄成傳〉，頁3125-3126。

與太祖之廟而五。」故德厚者流光，德薄者流卑。《春秋
左氏傳》曰：「名位不同，禮亦異數。」自上以下，降殺
以兩，禮也。七者，其正法數，可常數者也。宗不在此數
中。宗，變也，苟有功德則宗之，不可預為設數。故於
殷，太甲為太宗，大戊曰中宗，武丁曰高宗。周公為〈毋
逸〉之戒，舉殷三宗以勸成王。繇是言之，宗無數也，然
則所以勸帝者之功德博矣。以七廟言之，孝武皇帝未宜
毀；以所宗言之，則不可謂無功德。《禮》記祀典曰：
「夫聖王之制祀也，功施於民則祀之，以勞定國則祀之，
能救大災則祀之。」竊觀孝武皇帝，功德皆兼而有焉。凡
在於異姓，猶將特祀之，況于先祖？……孝宣皇舉公卿之
議，用眾儒之謀，既以為世宗之廟，建之萬世，宣布天
下。臣愚以為孝武皇帝功烈如彼，孝宣皇帝崇立之如此，
不宜毀。[210]

王舜、劉歆首先徵引《禮記・王制》及《穀梁傳・僖公十五年》
的記載，證明天子七廟的廟數禮制，[211]並言與天子、諸侯殯葬
日數的等差相應。有關古代殯葬禮數的規定，見於《荀子・禮
論》、《禮記・王制》、〈禮器〉、〈雜記下〉、《說苑・修
文》等文獻，其中〈禮器〉又總結出「以多為貴」[212]的禮法原

---

[210] 《漢書》，卷 73，〈韋玄成傳〉，頁 3126-3127。

[211] 秦始皇崩殂後，羣臣議尊始皇廟，其言即有：「古者天子七廟，諸侯
五，大夫三，雖萬世世不軼毀」（《史記》，卷 6，〈秦始皇本紀〉，
頁 266）的說法。

[212] 《禮記》，卷 23，〈禮器〉，頁 451。

則。據此，無論廟數、日數，自天子以下，皆降殺以兩，與《左傳・莊公十八年》所言：「名位不同，禮亦異數」[213]相符；故天子至尊，以七為正數，內涵三昭三穆，與太祖之廟，是為親廟常數。除此之外，再援用《尚書・無逸》：「舉殷三宗以勸成王」，以及《禮》書：「功施於民則祀之」等典據，提出「宗，變也」的主張，認為因功德茂盛所推尊廟數，不可計入常數七廟之中。其所引《禮》書，見於《國語・魯語上》、《禮記・祭法》，惟字句略有差異，[214]蘇輿懷疑〈祭法〉「或漢時一名『祀典』與？」楊樹達則云：「此謂《禮》書記述祀典者耳。蘇師以『禮記』連讀，似非。」[215]至於《尚書》的部份，〈無逸〉有大戊中宗、武丁高宗，有祖甲無太甲。《史記・魯周公世家》：「其在祖甲」下，裴駰《集解》引孔安國曰：「祖甲，湯孫太甲也。」[216]《史記・殷本紀》言：「襄帝太甲，稱太宗。」[217]《漢書・儒林傳》稱司馬遷「從安國問故」，引《書》「多古文說」，[218]可見釋〈無逸〉「祖甲」作「太甲」

---

[213]　《左傳》，卷9，〈莊公十八年〉，頁159。

[214]　「功施於民則祀之」、「能救大災則祀之」，〈魯語上〉及〈祭法〉均作「法施於民則祀之」、「能禦大災則祀之」；「夫聖王之制祀也」，與〈魯語上〉同，〈祭法〉則為「夫聖王之制祭祀也」。

[215]　楊樹達：《漢書補注補正》，收入徐蜀編：《兩漢書訂補文獻彙編》，第2冊，卷4，頁52。

[216]　《史記》，卷33，〈魯周公世家〉，頁1520-1521。案，此說異於馬融、鄭玄曰：「祖甲，武丁子帝甲也。」（《史記》，卷33，〈魯周公世家〉，司馬貞《索隱》之言，頁1521）

[217]　《史記》，卷3，〈殷本紀〉，頁99。

[218]　《漢書》，〈儒林傳〉，卷88，頁3607。案，孫奭疏《孟子・公孫丑上》：「紂之去武丁未久也」下，引孔安國《傳》曰：「太甲修德，諸

者，為孔安國所傳《古文尚書》之說。許慎《五經異義》曰：

> 《詩》魯（筆者按：疑作「齊」）說丞相匡衡以為，殷中
> 宗，周成、宣王皆以時毀。《古文尚書》說，經稱中宗，
> 明其廟宗而不毀。謹案《春秋公羊》御史大夫貢禹說，王
> 者宗有德，廟不毀；宗而復毀，非尊德之義。[219]

可知「宗，變也」的論點，乃綜合《古文尚書》、《春秋公羊》
兩說，以及前舉《禮》書加以引申而成，且異於匡衡的說法。職
此觀之，王、劉二人實據永光五年（39 B.C.）韋玄成的奏議為
基礎，一方面消去「祖廟」緣於「祖有功而宗有德」的立廟條
件，回復「親親」的血緣聯繫，廓清其漢家始祖的至尊身份。另
方面則將頌功崇德的「尊尊大義」完全歸給「宗廟」，並賦予獨
立且不受定數限制的立廟資格。在此前提下，按照七廟迭毀的禮
制，由成帝逆數而上，依序為元帝、宣帝、皇考、昭帝、武帝，
加上世世不墮的高帝太祖廟；根據尊德貴功的原則，文帝已於元
帝永光五年（39 B.C.）推尊為太宗，武帝功烈德盛，亦當立作
世宗廟。因此，王舜、劉歆主張，無論就「親親」或「尊尊」而
言，均不宜廢毀武帝廟。上覽其議而從之，總計立有八廟。其
後，王莽於平帝元始四年（4）尊孝宣廟為中宗、孝元廟為高
宗，[220]再於元始五年（5）十二月平帝崩後，尊孝成廟曰統宗、

侯咸歸，百姓以寧，稱為人宗。」（卷3上，頁52-53）

[219] 《詩經·商頌·烈祖·序》：「烈祖祀中宗也」下，孔穎達《疏》所引
（卷20，頁791）。

[220] 建請孝元立作高宗，亦發自翼奉，其言曰：「陛下共己亡為，按成周之

孝平廟曰元宗；[221]加上孝文太宗廟、孝武世宗廟，終西漢一世，合計立有六座世世不毀的變宗之廟。凡此，皆沿襲劉歆所發禮例。[222]

另外，劉歆又考論親疏尊卑的祭祀等級，並釐正廢毀宗廟之禮，其言云：

> 禮，去事有殺，故《春秋外傳》曰：「日祭，月祀，時享，歲貢，終王。」祖禰則日祭，曾高則月祀，二祧則時享，壇墠則歲貢，大禘則終王。德盛而游廣，親親之殺也；彌遠則彌尊，故禘為重矣。孫居王父之處，正昭穆，則孫常與祖相代，此遷廟之殺也。聖人於其祖，出於情矣，禮無所不順，故無毀廟。自貢禹建迭毀之議，惠、景及太上寢園廢而為虛，失禮意矣。[223]

所謂「日祭月祀」云云，見於《國語・周語上》，劉歆依此訂立去事有殺、除廟有漸的上下等差：自祖禰至始祖，愈親愈卑，彌遠彌尊，最卑則日祭，至尊則終王，形成「以少為貴」[224]的祭

居，兼盤庚之德，萬歲以後，長為高宗。」（《漢書》，卷 75，〈翼奉傳〉，頁 3176）

[221] 分別見於《漢書》，卷 12，〈平帝紀〉，頁 357；卷 99 上，〈王莽傳上〉，頁 4078。

[222] 補充一點，大約在哀帝元壽元年（2 B.C.），朝臣曾議「可復孝惠、孝景廟不？」（《漢書》，卷 42，〈龔勝傳〉，頁 3082）史書未見議論的結果，推測恢復的可能性不高。

[223] 《漢書》，卷 73，〈韋玄成傳〉，頁 3129。

[224] 《禮記》，卷 23，〈禮器〉，頁 453。

祀原則。再者，鑑於貢禹始議親疏迭毀之禮，宗廟寢園往往因親盡而成為廢墟，故取祖孫相間同昭穆的禮例，[225]闡明迭毀制度理當「有遷主、無毀廟」。就前者而言，「大禘終王」的意見，和韋玄成「壹禘壹祫」的祭祖時程頗有出入；加上所引《國語》前句本作：「甸服者祭，侯服者祀，賓服者享，要服者貢，荒服者王。」[226]原是說明遠近方國的進獻責任，並非解釋血緣親疏的祠祀次數，故劉歆所論頗有斷章取義的嫌疑。至於「有遷主、無毀廟」的說法，亦非完全合理。《公羊》、《穀梁》俱言「毀廟之主，陳于大祖。」[227]《穀梁傳・文公二年》更云：「壞廟之道，易檐可也，改塗可也。」[228]知周禮所謂的毀廟，並非拆除舊廟，僅是改動原有宗廟的內部陳設以示變革，為新納神主預作準備，此即劉歆所據理證。不過，周代的遷毀制度，是建立在寢廟相聯、位居同處的建築形制上，廟數永為定制，[229]異於西

---

225 《禮記・祭統》：「夫祭之道，孫為王父尸，所使為尸者，於祭者子行也，父北面而事之，所以明子事父之道也，此父子之倫也。」又曰：「夫祭有昭穆，昭穆者，所以別父子、遠近、長幼、親疏之序，而無亂也。是故有事於大廟，則羣昭羣穆咸在，而不失其倫，此之謂親疏之殺也。」（卷49，頁835、836）

226 《國語》，卷1，〈周語上〉，頁4。

227 《公羊傳》，卷13，〈文公二年〉，頁165；《穀梁傳》，卷10，〈文公二年〉，頁99。

228 《穀梁傳》，卷10，〈文公二年〉，頁98。另外，《禮記・喪大記》亦云：「甸人取所徹廟之西北厞薪，用爨之」，孔《疏》曰：「舊云：厞是屋簷也。謂抽取屋西北簷也。」（卷44，頁770-771）可以和《穀梁傳》互相補充。

229 陝西周原考古隊於1976年2月，在陝西岐山鳳雛村發現西周早期宗廟遺址，為一座北朝南、東西對稱、前堂後室（寢）的巨型建築。詳見陝西

漢諸廟各居一地的歷史條件，兩者實在不能等量齊觀。劉歆所提
的兩點主張，朝廷是否加以採納，史書並無明言，但由前述分析
觀察，恐怕難以令當朝群臣信服，實施的機會或許不高；然而，
種種創新的論點，卻開啟了日後經學上許多重大的禮制爭議。

附表四　西漢後期廟議沿革表

時間	論者	廟數											
		太上皇	高帝	惠帝	文帝	景帝	武帝	昭帝	皇考	宣帝	元帝	成帝	哀帝
永光四年（40 B.C.）	韋玄成		※				※	※	※	※	／	／	／
永光五年（39 B.C.）	元帝		※		※		※			※	／	／	／
永光五年（39 B.C.）	韋玄成		太祖		太宗	※	※	※		※	／	／	／
竟寧元年（33 B.C.）	匡衡		太祖		太宗		※	※		※	※	／	／
綏和二年（7 B.C.）	王舜 劉歆		太祖		太宗		※(世宗)	※		※	※	※	／

◎加網底者，表示曾實際執行

周原考古隊：〈陝西岐山鳳雛村西周建築基址發掘簡報〉，《文物》1979
年第 10 期，頁 27-37。王恩田：〈岐山鳳雛村西周建築群基址的有關問
題〉，《文物》1981 年第 1 期，頁 75-80。根據學者初步復原的結果，
其後院基本上保持夏商以降「五室」的格局，或即神主所在。參見楊鴻
勛：〈西周岐邑建築遺址初步考察〉，《文物》1981 年第 3 期，頁 23-
33。至於周代宗廟的形制，可參考鄭憲仁：〈周代「諸侯大夫宗廟圖」
研究〉，《漢學研究》第 24 卷第 2 期（2006 年 12 月），頁 23-33。

貳、親考廟的爭論與立廢

　　所謂「親考廟」，是指皇帝為其生父立廟，在普通狀況下，按照父死子繼的嗣位常例，自始祖到當今皇帝之父將依廟制定數迭毀，並沒有任何疑義。不過，一旦有支庶旁系入嗣大宗帝統時，問題旋接踵而來。西漢十一帝中，孝文、孝昭由姜妃所生，其父高祖、武帝尚屬漢室正統，但二帝為其生母槃陵造園的舉措，已然招致後世子孫的異議，遂於元帝建昭元年（38 B.C.）罷廢孝文、孝昭兩太后寢園。至於孝宣、孝哀由旁支諸侯身份晉奉漢室宗統，二帝生父宗廟之立或不立？當立或不當立？勢必帶給西漢廟制更大的難題。質言之，即是在固定廟數中，抉擇受祀對象的問題上，產生極為重要的影響。

　　西漢旁系繼位的問題，肇始在元平元年（74 B.C.）夏四月，時昭帝崩故無嗣，群臣議立武帝庶孫昌邑王劉賀，但因其行為淫亂荒誕，眾臣建白孝昭太后，遂廢賀歸於故國，即位僅二十七日。在大將軍霍光、丞相楊敞及群臣連名奏疏中，條陳昌邑王所犯淫行，開頭即云：

> 天子所以永保宗廟、總壹海內者，以慈孝、禮誼、賞罰為本。孝昭皇帝早棄天下，亡嗣，臣敞等議，禮曰：「為人後者，為之子也」，昌邑王宜嗣後，遣宗正、大鴻臚、光祿大夫奉節使徵昌邑王典喪。服斬線，亡悲哀之心，廢禮誼，居道上不素食，使從官略女子載衣車，內所居傳舍。……祖宗廟祠未舉，為璽書使使者持節，以三太牢祠

昌邑哀王園廟，稱嗣子皇帝。[230]

所引「為人後者，為之子也」，見於《公羊傳・成公十五年》，[231]《儀禮・喪服》則詳細解釋曰：

> 為人後者，為其父母報。〈傳〉曰：何以期也？不貳斬也。何以不貳斬也？持重於大宗者，降其小宗也。「為人後者」孰後？後大宗也。曷為後大宗？大宗者，尊之統也。……大宗者，收族者也，不可以絕，故族人以支子後大宗也。[232]

孝子為父母服喪，原本應是至重的斬衰三年，但若為支庶嗣承大宗之後，則降其親生父母作小宗，故不貳斬而改服齊衰期年，以示尊統無二。如今劉賀繼嗣昭帝之後，根據前述禮法原則，本當為昭帝斬縗三年，但卻無哀戚之心，[233]且屢行淫亂而不齋戒；加上未舉祠漢室宗廟，反先私祭其父昌邑哀王劉髆，妄自推尊為「嗣子皇帝」，更紊淆了大宗、小宗的譜系。[234]在「宗廟重於君」的前提下，劉賀實屬犯行重大，因而遭到廢黜，不可以接承

---

[230] 《漢書》，卷68，〈霍光傳〉，頁2944。

[231] 《公羊傳》，卷18，〈成公十五年〉，頁229。

[232] 《儀禮》，卷30，〈喪服〉，頁357-358。

[233] 據《漢書・昌邑哀王傳》記載，劉賀至京師奔昭帝喪，原當「望見國都哭」，卻以「嗌痛」推託，遲至未央宮東闕，才哭盡哀止，由此可見其「亡悲哀之心」（卷63，頁2765）。

[234] 見《漢書》，卷68，〈霍光傳〉，頁2944-2945。

天序。

　　昌邑王罷歸後，霍光再依照「人道親親故尊祖，尊祖故敬宗」的禮則，選出流落於外的武帝曾孫病已繼承劉氏天下，是為孝宣皇帝。即位後，遂於本始元年（73 B.C.）六月，下詔為其祖父議定號諡，丞相蔡義恪遵「為人後者，為之子也」的禮制，降宣帝父母不得祭，僅據「諡者，行之迹也」的立諡法則，史皇孫宜諡曰悼，比諸侯王園，置奉邑三百家，故皇太子諡曰戾，置奉邑二百家。[235]此乃沿襲廢退昌邑王的奏議立場，在顧命大臣霍光的主導下，起於民間尚無政治實力的宣帝只能全盤接受。

　　至地節二年（68 B.C.）三月庚午霍光薨，隔年七月霍禹謀反受誅，令宣帝「若有芒刺在背」[236]的霍家勢力從此宣告瓦解，政權完全回歸天子手中。待元康元年（65 B.C.）五月，丞相魏相復上奏曰：

> 禮：「父為士，子為天子，祭以天子。」悼園宜稱尊號曰皇考，立廟；因園為寢，以時薦享焉。益奉園民滿千六百家，以為奉明縣。尊戾夫人曰戾后，置園奉邑，及益戾園各滿三百家。[237]

所謂「父為士」云云，見於《禮記・喪服小記》，[238]魏相援以

---

[235] 見《漢書》，卷63，〈戾太子傳〉，頁2748-2749。

[236] 《漢書》，卷68，〈霍光傳〉，頁2958。

[237] 《漢書》，卷63，〈戾太子傳〉，頁2749。

[238] 其原文作：「父為士，子為天子、諸侯，則祭以天子、諸侯，其尸服以士服。」（卷32，頁594）

作為尊奉宣帝生父史皇孫的論據。不過就〈喪服小記〉的字句而言，其後尚有「其尸服以士服」闕漏未引。其原因可能有二：一是當時禮書正如魏相所言，並無後文，今本《禮記》則在其基礎上加以補充。二是魏相刻意省略，以奉承宣帝欲尊奉其生父的意願。無論何種狀況，按照魏相所引，祭其父得用天子之禮，是由於主祭孝子貴為至尊，故祠祀時禮樂、犧牲等俱用天子儀節，至於受祀者本身能否因此改變生前爵位，既無明文規定，便不宜輕舉造作。職是觀之，宣帝雖可以天子禮樂祭祀其生父，但其生父是否有資格立廟受祀，則頗值得商榷，更遑論將皇考廟計入歷代帝廟之中。然魏相所言，正合宣帝心意，更為變動宗廟制度，提出看似合理的詮解，於是宣帝遂從其議而尊號立廟，也為元帝以後的廟制改革，埋下爭論的課題。

元帝永光年間，儒臣開始檢討漢家宗廟制度，幾經論辯，元帝遂於永光五年（39 B.C.），下詔曰：

> 蓋聞王者祖有功而宗有德，尊尊之大義也；存親廟四，親親之至恩也。……高皇帝為漢太祖，孝文皇帝為太宗，世世承祀，傳之無窮，朕甚樂之。孝宣皇帝為孝昭皇帝後，於義壹體。孝景皇帝廟及皇考廟皆親盡，其正禮儀。[239]

關於尊尊、親親兩項宗法原則，詳見前文分析。至於皇考廟部份，當年魏相徵援禮書「父為士，子為天子，祭以天子」，已有斷章取義的嫌疑，如今宣帝崩亡，身為孫輩的元帝既不為其後，

---

239 《漢書》，卷73，〈韋玄成傳〉，頁3120。

於理更應擯黜皇考廟於帝系祭祀之外。再者，昭帝原是宣帝的祖
輩，宣帝既入嗣於昭帝之後，賡續帝統大位，按照前引《公羊》
「為人後者，為之子也」的義例，昭、宣當改以父子相承，其間
亦無再奉祀皇考廟的道理；但因為是權宜禮法，非真正父子關
係，根據《儀禮・喪服》：「父子首足一體」的義例，昭、宣兩帝
屬於「於義壹體」，而非「於親壹體」。[240]綜合前述理由，皇
考廟親盡當毀，據此可見元帝禮學素養之深厚，特別在嗣統為後
的職份權責上，尤為恰當。然而，正如前文所論，由於當時對於
宗廟禮制尚未完全釐清，在尊尊、親親並重的考量外，仍須照顧
帝系的昭穆序列，是以儒臣的回覆還是將皇考廟計入親廟當中，

---

[240] 《儀禮・喪服》云：「父子一體也，夫妻一體也，昆弟一體也。故父子
首足也，夫妻牉合也，昆弟四體也。」（卷 30，頁 355-356）關於古代
「一體觀」的詳細討論，可參見王健文：《奉天承運——古代中國的「國
家」概念及其正當辛基礎》，頁 97-133。《漢書・韋玄成傳》：「於
義壹體」下，顏師古《注》曰：「一體謂俱為昭也。禮，孫與祖俱為
昭。宣帝之於昭帝為從孫，故云於義一體。」（卷 73，頁 3120）其
實，祖孫同昭穆，僅是「昭與昭齒，穆與穆齒」（《禮記》，卷 49，
〈祭統〉，頁 837），在祭祀時「孫可以為王父尸」（《禮記》，卷
3，〈曲禮上〉，頁 53），並不能稱作「一體」。顏說或是誤將其後群
臣奏議與元帝詔書混同，故有此解。關於祖孫昭穆及立尸的原則，可參
考胡新生：〈周代祭祀中的立尸禮及其宗教意義〉，《世界宗教研究》
1999 年第 4 期，頁 14-25。鄭憲仁：〈古代祭祖立尸制度淺探〉，《孔
孟月刊》第 33 卷第 7 期（1995 年 3 月），頁 11-19。另有學者採取人
類學、神話學的角度，推測祀祖立尸制度，源於原始社會中，孫輩為祖
父「再現者」的信仰觀念，其後再牽合昭穆制度加以解釋，詳見（日）
池田末利：〈立尸考——その宗教の意義と原初形態—〉，《中國古代宗
教史研究——制度と思想—》（東京：東海大學出版會，1989 年 8
月），頁 623-644。

亦獲得元帝的首肯。

皇考廟的問題尚未解決，至哀帝即位，又欲為其生父立恭皇廟。原來成帝子嗣空虛，故徵定陶共王劉康之子劉欣為皇太子，待成帝崩後，太子即位，是為孝哀帝。當時成帝母稱太皇太后，成帝趙皇后稱皇太后，而哀帝祖母傅太后與母丁后皆在國邸，自以定陶共王為稱。綏和二年（7 B.C.），高昌侯董宏上書，以為：「秦莊襄王母本夏氏，而為華陽夫人所子，及即位後，俱稱太后。宜立定陶共王后為皇太后。」大司馬王莽、左將軍師丹共同彈劾董宏「稱引亡秦以為比喻，誑誤聖朝」，哀帝因新立謙讓，納用莽、丹言，免宏為庶人。然而，此舉卻引起傅太后的不滿，要求哀帝必稱尊號。哀帝遂於同年五月丙戌，援據《公羊》「母以子貴」禮例，尊傅太后為共皇太后、丁后為共皇后，並追尊定陶共王為共皇。[241]

至建平二年（5 B.C.），郎中令泠褒、黃門郎段猶等以為共皇太后、共皇后皆不宜復引定陶蕃國之名以冠大號，又宜為共皇立廟京師。有司皆以為褒、猶所言恰當。惟獨師丹持反對立場，其言曰：

> 今定陶共皇太后、共皇后以定陶共為號者，母從子、妻從夫之義也。欲立官置吏，車服與太皇太后並，非所以明尊卑二上之義也。定陶共皇號諡已前定，義不得復改。禮：「父為士，子為天子，祭以天子，其尸服以士服。」

---

[241] 事見《漢書》，卷 11，〈哀帝紀〉，頁 334-339；卷 86，〈師丹傳〉，頁 3505-3510。

子亡爵父之義，尊父母也。「為人後者，為之子」，故為
所後服斬衰三年，而降其父母朞，明尊本祖而重正統也。
孝成皇帝聖恩深遠，故為共王立後，奉承祭祀，今共皇長
為一國太祖，萬世不毀，恩義已備。陛下既繼體先帝，持
重大宗，承宗廟天地社稷之祀，義不得復奉定陶共皇祭入
其廟。今欲立廟於京師，而使臣下祭之，是無主也。又親
盡當毀，空去一國太祖不墮之祀，而就無主當毀不正之
禮，非所以尊厚共皇也。[242]

針對「太后」、「皇后」稱號的部份，《儀禮·喪服》曰：「婦
人有三從之義，無專用之道。故未嫁從父，既嫁從夫，夫死從
子。」[243]《禮記·郊特牲》亦有：「婦人從人者也，幼從父
兄，嫁從夫，夫死從子。」[244]此即「母從子、妻從夫」的義例
所出。而今哀帝承嗣帝位，「定陶共王」得以尊作「定陶共
皇」，「定陶共王太后」、「定陶共王后」亦與共皇一體同仁，
改稱「定陶共皇太后」、「定陶共皇后」，正是「婦人無爵，從
夫之爵」[245]的具體表現。若去「定陶」蕃國名號，名位將與太
皇太后並列，尊卑上下、宗統支庶因而混淆，反而不符禮制定
法。

　　至於「共皇立廟京師」的問題，師丹一方面沿襲蔡義、霍光
等人的意見，徵引《公羊》「為人後者，為之子」當作論據，闡

---

[242] 《漢書》，卷86，〈師丹傳〉，頁 3505-3506。
[243] 《儀禮》，卷30，〈喪服〉，頁 359。
[244] 《禮記》，卷26，〈郊特牲〉，頁 506。
[245] 《禮記》，卷26，〈郊特牲〉，頁 506。

示「不貳斬」的禮義。另方面則異於魏相，在「父為士，子為天子，祭以天子」後，更引及「其尸服以士服」，以辨明「子亡爵父之義」。案，許慎《五經異義》云：

> 妾子立為君，得尊其母，立以為夫人否？今《春秋公羊》說：妾子立為君，母得稱夫人，故上堂稱妾，屈於適也；下堂稱夫人，尊於國也。云：子不得爵命父，妾子為君，得爵命其母者，以妾在奉授於尊者，有所因緣故也。《穀梁傳》曰：魯僖公立妾母成風為夫人，是子爵於母，以妾為妻，非禮也。故《春秋左氏》說：成風，妾。得立為夫人，母以子貴，禮也。[246]

在此，《異義》主要辨析國君妾母能否立為夫人的議題，《公羊》、《左氏》皆以為可，《穀梁》則持反對意見。進一步通覽其文，無論國君是否能爵其妾母，在「子不得爵命父」的立場上，《春秋》三傳卻未有明顯歧見，是為師丹禮論之所本。再加上定陶共王劉康，本為元帝之子而受封諸侯，成帝徵其子劉欣為皇太子，既奉大宗之後，不得顧私親，於是立楚思王子劉景為定陶王，奉共王後。[247]根據「別子為祖，繼別為宗」[248]的禮法，共皇劉康已尊為一國太祖，萬世不毀，恩義既備，禮無不逮。如今改立共皇廟於京師，對定陶侯國而言，是徹其太祖不墮之祀；

---

[246] 孔穎達疏《禮記・服問》：「有從輕而重，公子之妻為其皇姑」一段所引（卷57，頁951-954）。

[247] 見《漢書》，卷80，〈定陶共王傳〉，頁3327。

[248] 《禮記》，卷32，〈喪服小記〉，頁592；卷34，〈大傳〉，頁620。

就大宗帝統來說，則祠祭旁系支庶之廟；於內於外，皆是悖體犯制之舉，原本想要尊厚共皇美意，反倒陷其背負無禮亂統的罪名。

　　師丹反對立共皇廟的奏議，顯然不合上意，其後因細故，遭到丁、傅子弟彈劾罷歸。丹既免數月，哀帝遂於建平二年（5 B.C.）四月，用丞相朱博之議，尊傅太后為皇太太后，丁后為帝太后，與太皇太后及皇太后同尊，又為共皇立廟京師，儀如孝元皇帝。待哀帝崩後，平帝即位，大司馬王莽秉政，於元始元年（1）奏白太皇太后，發掘傅太后、丁太后冢，更以民葬之，定陶隳廢共皇廟，當初議立傅、丁、共皇者，董宏、泠褒、段猶、朱博等，均因罪或免或殺，共皇廟的爭議到此告一段落。[249]至於皇考廟，同樣在元始年間，由王莽奏請廢黜，其言曰：

> 謹與大司徒晏等百四十七人議，皆曰孝宣皇帝以兄孫繼統為孝昭皇帝後，以數，故孝元世以孝景皇帝及皇考廟親未盡，不毀。此兩統貳父，違於禮制。案義奏親諡曰「悼」，裁置奉邑，皆應經義。相奏悼園稱「皇考」，立廟，益民為縣，違離祖統，乖繆本義。「父為士，子為天子，祭以天子」者，乃謂若虞舜、夏禹、殷湯、周文、漢之高祖受命而王者也，非謂繼祖統為後者也。臣請皇高祖考廟奉明園毀，勿修。[250]

---

[249] 見《漢書》，卷86，〈師丹傳〉，頁3510。

[250] 《漢書》，卷73，〈韋玄成傳〉，頁3130。

王莽指出元帝時皇考廟親未盡而不毀，乃是嫡長、支庶兩統，於義、於親貳父，嚴重紊淆宗法禮制。又平議蔡義、魏相兩位前朝丞相的意見，以為蔡義所言，應於經義。不過，詮釋「父為士」一段義理時，並未若師丹循上下句意加以解說，卻另外牽合歷代受命而王者，將其視作特殊禮例。事實上，根據前述韋玄成對於《國語・魯語上》「禘、郊、祖、宗」四種祭法的認識，在「親盡有終」的原則下，受命始祖之父，僅在禘祭時配天，亦未另外立廟，所謂「王者禘其祖之所自出，以其祖配之」[251]是也。因此，王莽所論，表面上合乎禮制，實際上卻未盡允於禮義；雖平帝奏可其言，但在禮學內涵的辨析方面，徒然增添理解上的紛擾。

結　語

　　經過前述章節的詳盡討論，可歸結西漢宗廟改制前後的內涵及意義如下：

　　首先，關於西漢前期的宗廟禮制，呈現出較大的臨時性、任意性：「陵旁立廟」，肇因於惠帝「築復道」一事，是針對「游衣冠」宗廟禮儀所作出的修訂，以避免妨礙皇帝、百姓的日常生活。「生前作廟」，則承襲秦始皇制度，依照皇帝生前喜愛的風格，建築將來殯天受享的場所，並自命廟名，展現帝王自定生平政績的氣慨。「郡國設廟」，一方面確認皇帝身份、功業，如推尊太公、高帝為漢室始祖，強調文帝、宣帝繼位的合法性、正統

---

[251] 《禮記》，卷 32，〈喪服小記〉，頁 592；卷 34，〈大傳〉，頁 616。

性；另方面又分別順應異姓、同姓諸侯壯大的地方勢力，因而詔令天下郡國立廟，以達到鎮懾或攏絡各地方國的功效。

其次，由元帝以後宗廟改制的歷史過程，可以看出當時變革的主要內容在於「罷廢郡國廟」以及「定親疏迭毀」。關於「罷廢郡國廟」部份，郡國廟制在惠帝以後，天下歸心，鎮懾異姓諸侯的功效已然喪失，景帝、宣帝立孝文太宗廟、孝武世宗廟，一則宣示自己繼統嗣宗的正當性，再則藉由繫統合族的方法，以攏絡慰撫同姓諸侯對於帝位的覬覦之心；然而，卻反倒在宗法上賦予諸侯王入承大統的合法資格，朝廷因此面臨至高權力受到分享，甚至奪取的危機，造成國家體制的內部矛盾。加上財政方面日益窘迫的外緣因素，促使朝廷上下產生廢止郡國廟的共識，歷經董仲舒、翼奉、貢禹、韋玄成、匡衡等儒臣的努力，斟酌經典中的相關禮論，歸結出「父不祭於支庶之宅」的《春秋》義例，成為推動此項改革的有力論據，於是乎施行百餘年的郡國廟制，終於在元帝時完全遭到罷廢。

最後，有關儒生廟議的論辯核心，可以從「祖宗廟」與「親考廟」兩大議題加以討論。就前者而言，儒臣致力在「尊尊」、「親親」間取得平衡，以整合出二者兼顧的完備體制。其中，韋玄成辨析《國語》舊典，匡衡採取天副人數的立場，劉歆更雜剌六藝禮例，最終總結出「宗，變也」的主張，使「人道親親」以及「尊祖敬宗」得以同軌並行。至於「親考廟」部份，在於「為人後者，為之子也」與「子為天子，祭以天子」兩種立場的辯論。事實上，無論就文意、制度而言，均是以前者為確，但因宣、哀二帝本於私親，必欲為其生父立廟，計入宗統，促使儒臣必須辨析更清楚的論點，舉出更有效的證據，方能明確指出悖禮

違義之處。總結前述討論，可以發現：西漢後期儒生對於廟制的改革，並非是盲目的變動，而是在釐清禮制的過程中，透過研討經典的相關記載，歸納出各項禮例，進而彌縫其間闕漏或矛盾的地方，以作為推動改制的主要理據。簡單來說，西漢宗廟禮制的改革過程，乃是隨著儒者研究經典義理的深入程度，逐漸趨向合理、完備，亦為後代廟制內容奠定重要的理論基礎。

第四章　方士理論的融攝與運用

壹、思想史的提問

　　在前兩章的討論中，已勾勒出西漢郊廟禮制各階段的特色。於此基礎上，可以進一步分析其中的思想內涵。郊祀方面，高祖立北畤黑帝、文帝建渭陽五帝廟、武帝立汾陰后土祠，是源自五行思想；武帝的甘泉泰畤、泰山封禪，則本於太一觀念。再考慮到提倡者如新垣平、謬忌、公孫卿、公玉帶等，均具有方士身份，可以發現：由高祖到武帝的郊祀禮制，乃是受到方術之說的影響，以太一取代五行而成為至尊上帝的過程。降及元帝以後，雖經過成、哀、平三朝儒生的努力，逐步將方士謬說加以汰除，務使郊禮回歸六藝典籍，但王莽立「二畤」、建「五兆」；甚至廟制方面，匡衡亦曾提出「天序五行，人親五屬」[1]的說法，致使陰陽、五行等方術成份，滲雜到儒學的理論體系中。

　　在前述的歷史現象中，其實蘊涵了以下問題：由五行到太一，是發生於歷史的偶然，抑或是「內在理路（inner logic）」的邏輯發展？[2]在儒生「距絕此類」[3]的要求下，為何還要吸收方

1　《漢書》，卷73，〈韋玄成傳〉，頁3122。

2　所謂「內在理路」，乃由余英時所提出，認為「每一個特定的思想傳統本身都有一套問題，需要不斷地解決，這些問題，有的暫時解決了，有

術學說？儒者又如何運用、操作這些悠謬之說？關於上述各種問題，由於主要探討郊祀背後的理論變遷，故單就制度史的層次而言，不易獲得完滿的答案，必須在更基礎的思想史層次上，方能尋得妥善的解釋。職是之故，本章跳脫祭祀制度的藩籬，將視野轉移至秦漢時期的思想環境，選擇和上述問題關係密切的「終始論」作為主軸，透過考察其中五行、太一的理論結構，尋繹兩者分合的歷史背景；再由學說內在的發展邏輯，闡述儒生吸收方術學說的原因與經過；最後說明西漢後期儒生，除了在郊祀、宗廟以外，如何轉化且運用「終始論」，突顯此學說在各領域所產生的影響。

所謂的「終始論」，最早為戰國時期的鄒衍所作，原是一套攙雜陰陽五行內容的政治理論，據史書所記，到秦始皇兼并六國，方施行於現實的政治制度中，《史記‧秦始皇本紀》云：

> 始皇推終始五德之傳，以為周得火德，秦代周德，從所不勝。方今水德之始，改年始，朝賀皆自十月朔。衣服旄旌節旗皆上黑。數以六為紀，符、法冠皆六寸，而輿六尺，六尺為步，乘六馬。更名河曰德水，以為水德之始。剛毅

的沒有解決，有的當時重要，後來不重要，而且舊問題又衍生新問題，如此流轉不已。」參見余英時：〈從宋明理學的發展論清代思想史〉、〈清代思想史的一個新解釋〉、〈畧論清代儒學的新動向──「論戴震與章學誠」自序〉，《歷史與思想》，頁 87-119、121-156、157-165。余英時：〈清代學術思想史重要觀念通釋〉，《中國思想傳統的現代詮釋》，頁 405-486。

3　《漢書》，卷 25 下，〈郊祀志下〉，頁 1261。

> 戾深，事皆決於法，刻削毋仁恩和義，然後合五德之數。
> 於是急法，久者不赦。[4]

爾後，明曆者如張蒼、司馬遷，言改制者如賈誼、公孫臣、董仲舒，[5]乃至於新莽篡漢、光武中興等，無不沾染終始論的學說色彩，其影響範圍之廣，實不容小覷。

以往關於鄒衍的研究中，多注意其陰陽五行方面的理論，[6]終始論的課題則鮮受學者的重視。就目前而論，仍以數十年前顧頡剛的〈五德終始說下的歷史和政治〉最為傑出，尤其是顧氏以其「層累造成的古史說」為研究基礎，抽絲剝繭地分析秦漢時期眾說紛紜的帝王譜系，詳盡地揭示出當時造作古史的現象，對於古代史的廓清，獲得極高的成就。[7]

站在史學家的責任與歷史研究追求真相的立場而言，顧氏在

4　《史記》，卷6，〈秦始皇本紀〉，頁237-238。

5　有關張蒼、賈誼、公孫臣對於漢當何德與服色改制的爭論，請參《史記》，卷26，〈曆書〉，頁1260；卷28，〈封禪書〉，頁1381-1348；卷84，〈屈原賈生列傳〉，頁2492；卷36，〈張丞相列傳〉，頁2681-2682。至於司馬遷與董仲舒的終始論內容，詳見後文。

6　事實上，在《漢書‧藝文志》中，「諸子略」有「陰陽家」，「兵家略」也有「兵陰陽」，「數術略」則有「五行類」。對此，本文基本上贊同李零的說法：「凡自成一家之言如鄒衍之書者，多歸入〈諸子略〉『陰陽家』，而『雖有其書而無其人』的實用書籍則歸入〈數術略〉『五行類』。」因此，「陰陽家」、「兵陰陽」、「五行類」等原則上屬於同一來源，只不過有「理論」與「實用」之分。詳見李零：《中國方術考》（北京：東方出版社，2001年8月），頁15-16。

7　參見顧頡剛：〈五德終始說下的歷史和政治〉，《顧頡剛古史論文集（第三冊）》，頁254-459。

此課題上無疑作出了相當重要的貢獻，然而以思想史的觀點來看，在認清了古史乃是層累地造成的事實後，應當繼續深入追問的是：終始論本身，是否只是妄誕與迷信的材料集合？若是如此，為何在秦漢時期，有如此眾多的博學之士，參與了此項學術活動？在整個思想史上，此活動的意義又是如何？筆者便從此角度出發，針對秦漢時期的終始論進行研究，首先釐清與終始論相關資料的內容、性質，以作為研究的基礎，進一步採取宏觀的視野，探求其理論淵源及發展過程，並考察西漢晚期儒生如何藉由實際操作，建立漢朝「火德堯後」的德運學說，以闡明終始論在中國思想史上特殊的意義及價值。

貳、「終始論」考辨

終始論首倡於鄒衍，據《漢書・藝文志》所載，其著作有《鄒子》與《鄒子終始》兩部，現俱已不傳，如今想要了解此學說的具體內容，惟有藉助秦漢諸子的徵引或介紹，才能稍窺梗概。必須附帶一提的是，誠如《史記・封禪書》言鄒衍「顯於諸侯，而燕齊海上之方士傳其術不能通，然則怪迂阿諛苟合之徒自此興，不可勝數也。」[8]可知方術之士對終始論的依託與傅會甚眾，造成文獻上許多溷淆，故此處對於終始論相關資料的辨析，雖以鄒衍學說為中心，卻不實指某特定篇章為鄒子所親著。[9]

8　《史記》，卷 28，〈封禪書〉，頁 1369。

9　過去學者亦有對鄒子遺文有所懷疑者，如王夢鷗云：「倘更從西漢以上而推究之，我們還懷疑那一百零五篇未必就是司馬遷所看到的『十萬餘言』，倘更嚴格說，就連司馬遷所看到的十萬餘言，也未必就是鄒衍的原著。」故而在本文中對於鄒子遺說的考辨，採取如此立場。參見王夢

　　秦漢學者中，稱述鄒衍終始論最詳盡者，莫過於司馬遷，
《史記‧曆書》云：「是時獨有鄒衍，明於五德之傳，而散消息
之分，以顯諸侯。」[10]又於〈三代世表〉曰：「余讀諜記，黃帝
以來皆有年數。稽其曆譜諜終始五德之傳，古文咸不同，乖
異。」[11]復於〈五帝本紀〉言：「學者多稱五帝，然《尚書》獨
載堯以來；而百家言黃帝，其文不雅馴，薦紳先生難言之。」[12]
可知太史公作此三篇，乃是親自覈校參驗當時諸家古史傳說而
成，尤其是「文不雅馴」的「終始五德之傳」。因此，司馬遷於
《史記‧孟荀列傳》中對於鄒衍學說的介紹，當信而有徵，為最
可靠的記錄：

> 其次騶衍，後孟子。騶衍睹有國者益淫侈，不能尚德，若
> 〈大雅〉整之於身，施及黎庶矣。乃深觀陰陽消息而作怪
> 迂之變、〈終始大聖〉之篇十餘萬言。其語閎大不經，必
> 先驗小物，推而大之，至於無垠。先序今以上至黃帝，學
> 者所共術，大並世盛衰，因載其禨祥度制，推而遠之，至
> 天地未生，窈冥不可考而原也。……稱引天地剖判以來，
> 五德轉移，治各有宜，而符應若茲。……其術皆此類也。
> 然要其歸，必止乎仁義節儉，君臣上下六親之施，始也濫

鷗：《鄒衍遺說考》（臺北：臺灣商務印書館，1966 年 1 月），頁
45。

10　《史記》，卷 26，〈曆書〉，頁 1259。

11　《史記》，卷 13，〈三代世表〉，頁 488。

12　《史記》，卷 1，〈五帝本紀〉，頁 46。

　　耳。王公大人初見其術，懼然顧化，其後不能行之。[13]

文中原有鄒衍的另一項著名的學說──「大九州說」，由於並非
本篇論述的重點，故略而不錄。就太史公所述，鄒子造作終始論
的初衷，乃是見當時國君日「益淫侈，不能尚德」，故使用「先
驗小物，推而大之，至於無垠」的方法，建立起「五德轉移」的
學說系統；其所以能從「小物」推闡至於「窈冥不可考」，則是
引入了「陰陽消息」的觀念。由此可知，鄒衍的終始論，原是目
驗日常生活所見的普通物質，再於其中灌注陰陽消長的思想，使
各物質成為彼此往復的循環力量，其目的在於整飭國君之德，以
及解釋王朝的盛衰興滅。

　　據此以觀，在《淮南子・本經》中，或許可以找出鄒衍終始
論的理論肇端：

　　　　凡亂之所由生者，皆在流遁。流遁之所生者五：大構架，
　　　　興宮室，延樓棧道，雞棲井榦，標林欘櫨，以相支持，木
　　　　巧之飾，盤紆刻儼，贏鏤雕琢，詭文回波，芒繁亂澤，巧
　　　　偽紛挐，以相摧錯，此遁於木也。鑿汙池之深，肆眇崖之
　　　　遠，來谿谷之流，飾曲岸之際，積牒旋石，以純脩碕，抑
　　　　減怒瀨，以揚激波，曲拂邅迴，以像湡渨，益樹蓮菱，以
　　　　食鱉魚，鴻鵠鷫鷞，稻梁饒餘，龍舟鷁首，浮吹以娛，此
　　　　遁於水也。高築城郭，設樹險阻，崇臺榭之隆，侈苑囿之
　　　　大，以窮要妙之望，魏闕之高，上際青雲，大廈曾加，擬

13　《史記》，卷74，〈孟荀列傳〉，頁2344。

於昆侖，脩為牆垣，甬道相連，殘高增下，積土為山，接
徑歷遠，直道夷險，終日馳騖，而無蹟蹈之患，此遁於土
也。大鐘鼎，美重器，華蟲疏鏤，以相繆紾，寢兕伏虎，
蟠龍連組，焜昱錯眩，照燿煇煌，偓寒寥紏，曲成文章，
雕琢之飾，鍛錫文鏡，乍晦乍明，抑微滅瑕，霜文沈居，
若篁簬篠，纏錦經冗，似數而疏，此遁於金也。煎熬焚
炙，調齊和之適，以窮荊吳甘酸之變，焚林而獵，燒燎大
木，鼓橐吹埵，以銷銅鐵，靡流堅鍛，無猒足目，山無峻
幹，林無柘梓，燎木以為炭，燔草而為灰，野莽白素，不
得其時，上掩天光，下殄地財，此遁於火也。此五者一，
足以亡天下矣。[14]

此段文字向為學者所忽略，例如清儒馬國翰所輯的鄒子遺佚文
中，即未見徵錄。[15]然案諸《漢書・劉向傳》有言：「上復興神
僊方術之事，而淮南有《枕中鴻寶苑秘書》。書言神僊使鬼物為
金之術，及鄒衍重道延命方，世人莫見。」[16]可知淮南王劉安所
招的術士中，當有能通鄒衍遺說者。復覈《淮南子・要略》云：
「〈本經〉者，所以明大聖之德。」又曰：「原人情而不言大聖
之德，則不知五行之差。」[17]足證《淮南子・本經》中，應保存

---

[14]　《淮南子》，卷 8，〈本經〉，頁 261-264。

[15]　參見（清）馬國翰：《玉函山房輯佚書》（揚州：廣陵書社，2004 年
　　　11 月），卷 19。案，馬氏共輯有《鄒子》佚文 11 條，後附《黃帝終始
　　　傳》1 條。其後研究鄒衍學說者，多據馬氏所錄。

[16]　《漢書》，卷 36，〈劉向傳〉，頁 1928。

[17]　《淮南子》，卷 21，〈要略〉，頁 703、706。

相當豐富的鄒衍學說。此處論及「木、水、土、金、火」等，更直截點出「大聖之德」、「五行之差」的理論核心，察其所論「五遁」，次序既無相生，又非相勝，且同《尚書・洪範》所記亦有齟齬；[18]惟視作時君所耽溺的五類享受，亦即〈孟荀列傳〉所謂「有國者益淫侈，不能尚德」的部份，與〈洪範〉的五行，《左傳》的「六府」、「五材」[19]取意相近，俱是將其視作五種物質，呼應於太史公謂鄒衍「必先驗小物」的說法。

　　鄒子所驗的「小物」——「木、水、土、金、火」，僅是自然界的五種材質，國君或遁於木，或遁於水，全無生剋消長的輪替。鄒子於是深觀季候陰陽之消息，「推而大之」，而作「怪迂之變」，此當為《史記・孟荀列傳》云：「作〈主運〉。」[20]又〈封禪書〉亦有：「鄒衍以陰陽〈主運〉顯於諸侯。」裴駰《集解》引如淳之言曰：「今其書有〈主運〉。五行相次轉用事，隨方面為服。」[21]即屬此類（後文以「主運說」稱之）。如淳註語，最早為錢穆所注意，並認為以此所建立的五帝說，與從所不

18　《尚書・洪範》曰：「五行：一曰水，二曰火，三曰木，四曰金，五曰土。」（卷 12，頁 169）其次序既非相生，亦非相剋。學者以為，此和《詩經・大雅・文王有聲》：「自西自東，自南自北」（卷 16，頁 584），以及《國語・鄭語》：「以土與金、木、水、火雜」（卷 16，頁 515）相同，表現出西周以方位為主，東、西、南、北交又為序。參見李學勤：《周易經傳溯源》（長春：長春出版社，1992 年 8 月），頁 15-27。李學勤：〈帛書〈五行〉與《尚書・洪範》〉，《簡帛佚籍與學術史》（南昌：江西教育出版社，2001 年 9 月），頁 278-286。

19　分別見《左傳》，卷 19 上，〈文公七年〉，頁 319；卷 45，〈昭公十一年〉，頁 785。

20　《史記》，卷 74，〈孟荀列傳〉，頁 2345。

21　《史記》，卷 28，〈封禪書〉，頁 1369。

勝的五帝說有所區別。[22]然王夢鷗頗懷疑如淳是否曾親見鄒子之書，其理由有二：首先，兩漢諸子稱引的鄒子學說，俱不出司馬遷所論範圍，然則鄒衍著書「十餘萬言」，何故只有「五德終始」與「大九州說」兩種？再者，《漢書・藝文志》僅載有《鄒子》四十九篇、《鄒子終始》五十六篇，何以至三國時代的如淳又另能見《主運》及《五德終始》二書？[23]其實，鄒子學說的核心，原是「終始論」與「九州說」，其所著「十餘萬言」，或因「怪迂之變」、「閎大不經」的語言特色，或由於海上方士的「怪迂阿諛苟合」，故繁衍至於「不可勝數」[24]的篇幅。至於「主運」、「五德終始」，本是如淳對〈封禪書〉原文的註語，並非妄造臆說，而如淳謂「今其書有某某」，所指當是篇名，而非書名，司馬貞《索隱》即言：「劉向《別錄》云：鄒子書有〈主運〉篇」。[25]再加上太史公僅言「作〈主運〉」、「以陰陽〈主運〉顯於諸侯」，並未對此學說的內容加以介紹，如淳能言：「五行相次轉用事，隨方面為服」，故可推測應曾親驗鄒子遺書，方有可能。

　　「主運說」大量存於戰國秦漢的典籍中，如《管子》中的〈玄宮〉、〈玄宮圖〉、〈四時〉、〈五行〉、〈輕重己〉，《呂氏春秋・十二紀》紀首，《淮南子》中的〈天文〉、〈時則〉，《禮記・月令》等。諸說間雖偶有差異，其原因或由於

22　參見錢穆：〈評顧頡剛五德終始說下的政治與歷史〉，收入《顧頡剛古史論文集（第三冊）》，頁465-478。

23　參見王夢鷗：《鄒衍遺說考》，頁41-45。

24　《史記》，卷28，〈封禪書〉，頁1369。

25　見《史記・孟荀列傳》：「作〈主運〉」下（卷74，頁2345-2346）。

「燕齊海上之方士傳其術不能通」[26]所致。然各篇指歸則大略相同，皆是於寓四時於五行之中，以寒來暑往的陰陽觀，作為五行交遞輪替的力量，形成木德主春居東尚青、火德主夏居南尚赤、金德主秋居西尚白、水德主冬居北尚黑、土德居中尚黃的循環體系；進而據此要求君主的服制、宮室、祭祀、軍事、舉措，乃至於國家的施政，無論小大，都必須與四時變化、五德終始相符合；最後並出機祥為忌諱當作警示，務使有國者「必止乎仁義節儉，君臣上下六親之施」，以作為黔首百姓的範式。

　　由「木、水、土、金、火」的小物雜舉，到「木、火、土、金、水」的循環相生，「主運說」引入了寒暑消長的陰陽觀，作為推動五行迭替的力量，此乃著眼於國家一年四時的施政，整飭君主的言行。若再繼續「推而大之」，即可說明王朝的盛衰興滅：

> 凡帝王者之將興也，天必先見祥乎下民。黃帝之時，天先見大螾大螻，黃帝曰：「土氣勝」，土氣勝，故其色尚黃，其事則土。及禹之時，天先見草木秋冬不殺，禹曰：「木氣勝」，木氣勝，故其色尚青，其事則木。及湯之時，天先見金刃生於水，湯曰：「金氣勝」，金氣勝，故其色尚白，其事則金。及文王之時，天先見火，赤烏銜丹書集於周社，文王曰：「火氣勝」，火氣勝，故其色尚赤，其事則火。代火者必將水，天且先見水氣勝，水氣勝，故其色尚黑，其事則水。水氣至而不知，數備，將徙

于土。[27]

此即《史記‧封禪書》云：「騶子之徒論著五德終始之運。」裴
駰《集解》引如淳之言曰：「今其書有〈五德終始〉。五德各以
所勝為行。」[28]（後文以「終始說」稱之）。王夢鷗考察鄒衍生
平，認為此說乃是鄒子為了鼓吹燕昭王趁早稱帝，以匡統天下而
造。[29]蓋燕國居於中原北端，就「主運說」的方位來看，當應水
德；配合東周以來列國相互撻伐征戰的混亂局勢，改以「相勝」
為原則；進而「序今以上至黃帝」，組織起一套完整的古史譜
系，藉由「水將剋火」的歷史規律，強調燕國代周的正當性、合
法性。由此可知，「終始說」雖言相勝而繫於世代，但仍是以言
相生而繫於四時的「主運說」為基礎，譬如所謂「其事則水」，
具體措施如何，於「終始說」中並未詳加說明，此乃由於「水
事」的內容，俱已載錄於「主運說」的冬季水德之下。日後秦始
皇兼并六國，自以為水德之始，色尚黑、度以六為名、以冬十月
朔為歲首、施政剛戾急法等，即據此而定。[30]值得注意的是，在
「主運說」中，國君必須更改服制，來配合五行四時的輪替，到
了「終始說」中，則固定為某特殊服制，雖是應祥符所設立，但
鄒子「整之於身，施及黎庶」的初衷，也在排列帝德譜系的過程
中，逐漸受到忽略。[31]

27　《呂氏春秋》，卷 13，〈應同〉，頁 677。

28　《史記》，卷 28，〈封禪書〉，頁 1368-1369。

29　王夢鷗：《鄒衍遺說考》，頁 104-108。

30　見《史記》，卷 28，〈封禪書〉，頁 1366。

31　《漢書‧魏相傳》中，魏相曾引高祖劉邦所述書《天子所服第八》中，

　　針對「終始說」偏重於解釋推動王朝興替的背後力量，而模糊了鄒衍「必止乎仁義節儉」的原義，於是另有一套「文質說」，以救其弊。史書中，首先明確論及此說為鄒子提出者，乃武帝時的嚴安，其言曰：

> 臣聞《鄒子》曰：「政教文質者，所以云救也，當時則用，過則舍之，有易則易之，故守一而不變者，未睹治之至也。」[32]

司馬遷於〈孟荀列傳〉所徵述的鄒衍學說，實未見文質迭變的內容；在〈平準書〉中，太史公則謂：「是以物盛則衰，時極而轉，一質一文，終始之變也。」[33]與他處稱引終始論（如〈封禪書〉），必著明鄒子之言的文例比較，史遷或不認為此套「文質說」乃是鄒衍所親造。再進一層探討各家論述「文質說」的用意，或是鑑於當時奢華太過，欲以樸質相救，如〈嚴安傳〉於其後曰：「今天下人民用財侈靡，……侈而無節，則不可贍，民離本而徼末矣。」[34]或是依王者改制之事，以損抑文飾，如董仲舒對策云：「然夏上忠，殷上敬，周上文者，所繼之捄，當用此也。……今漢繼大亂之後，若宜少損周之文致，用夏之忠

蕭何、周昌的奏議云：「春夏秋冬天子所服，當法天地之數，中得人和。……臣請法之。」高祖制曰：「可。」（卷 74，頁 3139-3140）知當時曾改秦始皇尚黑的服制，回復到「土運說」的體系。

32　《漢書》，卷 64 下，〈嚴安傳〉，頁 2089。
33　《史記》，卷 30，〈平準書〉，頁 1442。
34　《漢書》，卷 64 下，〈嚴安傳〉，頁 2089。

者。」[35]此處雖言「夏忠、殷敬、周文」，然亦是希望武帝能損周文而繼夏忠，改文飾為樸素。由此可見，「文質說」的理論重心，雖曰「一文一質」、「文質相救」，但其真正用意，是「以質代文」。

其實，《呂氏春秋・應同》所言「代火者必將水」，[36]可知當時天下尚未統一，逮秦始皇摭采其說，自推水德，鄒子早已身歿，無緣親見，[37]故對於「終始說」的流弊，既不得而知，更遑論提出「文質相變」的理論，加以補救。案諸《禮記・表記》引孔子之言曰：「虞夏之質，殷周之文，至矣。虞夏之文不勝其質；殷周之質不勝其文。」[38]又《史記・孔子世家》亦有：「後雖百世可知也，以一文一質。周監二代，郁郁乎文哉。吾從周。」[39]知此「文質說」或是秦漢以後的儒生，深懼國君自恃受命於天而日益驕奢，故引伸孔子之言，加以諷諫。

鄒衍的終始論至此大抵已經鉤勒出其主要輪廓，戰國以後無

35　《漢書》，卷 56，〈董仲舒傳〉，頁 2518-2519。

36　《呂氏春秋》，卷 13，〈應同〉，頁 677。

37　據《史記・六國年表》，始皇帝二十六年，「王賁擊齊，虜王建。初并天下，立為皇帝。」（卷 15，頁 757）次年，方「更命河為『德水』」，以應水德，時值西元前 220 年。而鄒衍生卒，錢穆定為西元前 305 年到 240 年；王夢鷗舉立六證，考其生平活動，當在西元前 343 年到 278 年之間；徐復觀則以為鄒衍應生於西元前 356 年左右，得年六、七十歲。三說雖互有歧異，但鄒子卒年皆早於秦國統一天下甚遠。詳見錢穆：《先秦諸子繫年》（臺北：東大圖書股份有限公司，1999 年 6 月），頁 438-443、619。王夢鷗：《鄒衍遺說考》，頁 16-34。徐復觀：《兩漢思想史（卷二）》，頁 5-8。

38　《禮記》，卷 54，〈表記〉，頁 916。

39　《史記》，卷 47，〈孔子世家〉，頁 1936。

論是「主運說」或「終始說」，秦漢諸子時有發揮，前者如《管子》、《呂氏春秋》、《淮南子》、《禮記》等，後者如董仲舒、劉向。[40]就「終始說」而言，董仲舒的《春秋繁露·三代改制質文》中，即綜合了「再而復」的「文質說」，「三而復」的「三統說」，「四而復」的「夏商質文說」，「五而復」的「五帝說」，「九而復」的「九皇說」等。[41]眾說看似雜亂紛紜，基本上卻不出鄒衍「終始說」的歷史循環架構，僅僅是內容繁簡的差別而已。唯「三統說」乃董仲舒所創，在終始論的發展上，自有一定的意義和價值。以下即以此考辨的文獻資料為基礎，進一步就思想內涵的演變脈絡，作更深入的討論。

第一節　「主運說」的結構與內涵

從「先驗小物，推而大之」，到「主運說」的五德相生，再到「終始說」的五德相勝，「木、水、土、金、火」五者，一直是鄒衍建立終始論的基礎核心，三者之間的差異，在於透過不同的排列順序所反映出來的生剋思想。就「主運說」而言，其「木、火、土、金、水」的排序，首先將春秋時期叔向所論「力盡而斃之」的「五材」，[42]轉變為五德相生的循環學說，其中的

---

[40] 梁啟超謂：「然則造此邪說（筆者案：指陰陽五行說）以惑世誣民者誰耶？其始蓋起於燕齊方士；而其建設之，傳播之，宜負罪者三人焉：曰鄒衍，曰董仲舒，曰劉向。」參見梁啟超：〈陰陽五行說之來歷〉，收入顧頡剛編：《古史辨（第五冊）》，頁 343-362。

[41] 見《春秋繁露》，卷7，〈三代改制質文〉，頁 184-213。

[42] 《左傳》，卷 45，〈昭公十一年〉，頁 785。

關鍵，可以從早期「主運說」的相關篇章看出，例如《管子・四時》云：

> 是故陰陽者，天地之大理也；四時者，陰陽之大徑也；刑德者，四時之合也。刑德合於時則生福，詭則生禍。然則春、夏、秋、冬將何行？[43]

其後即歷述「木、火、土、金、水」，用以說明四時的施政與禁忌，可知五德之所以能終始相生，在於引入上古以來測候季節的陰陽刑德觀，合於司馬遷所言的「騶衍以陰陽〈主運〉顯於諸侯。」[44]自此，五德不再只是五種物質，而是推動宇宙萬物活動變化的基本力量。

　　若進一步觀察，於〈四時〉篇中，國君政令雖必須配合五德，但通篇的綱領，並非五德，卻是五方：

> 東方曰星，其時曰春，其氣曰風。風生木與骨，其德喜贏，而發出節時。……南方曰日，其時曰夏，其氣曰陽。陽生火與氣，其德施舍修樂。……中央曰土，土德實輔四

---

[43] 《管子》，卷 14，〈四時〉，頁 838。

[44] 參見（日）金谷治：《金谷治中国思想論集【上卷】中国古代の自然観と人間観》（東京：平河出版社，1997 年 5 月），頁 112-125。值得注意的是，《管子・四時》言：「德始於春，長於夏；刑始於秋，流於冬。」（卷 54，頁 916）與《淮南子・天文》云：「日冬至則斗北中繩，陰氣極，陽氣萌，故曰冬至為德。日夏至則斗南中繩，陽氣極，陰氣萌，故曰夏至為刑。」（卷 54，頁 916）有所不同。

時，入出以風雨，節土益力。土生皮肌膚，其德和平用
均，中正無私，實輔四時。……西方曰辰，其時曰秋，其
氣曰陰。陰生金與甲，其德憂哀，靜正嚴順，居不敢淫
佚。……北方曰月，其時曰冬，其氣曰寒。寒生水與血，
其德淳越，溫怒周密。[45]

此處所言「東、南、中、西、北」，乃是為了回應前文「然則
春、夏、秋、冬將何行？」蓋季候原屬時間範疇，稍縱即逝，頗
難把握，故以方位節氣的作用為測候標準。換句話說，「四時」
之所以能分，乃是基於四方季風的轉換：當「東方風氣」吹拂
時，即為春季；「南方陽氣」蒸鬱時，即為夏季；「西方陰氣」
浸涼時，即為秋季；「北方寒氣」侵襲之際，則是冬季。問以四
時，答以方位，這種時位相合的結構，即為「主運說」的最大特
徵。覈諸其他「主運說」相關篇章，如《管子》中的〈玄宮〉、
〈玄宮圖〉、〈輕重己〉，《呂氏春秋·十二紀》紀首，《淮南
子》的〈天文〉、〈時則〉，《禮記·月令》等，雖各篇形式有
異，或繁或簡，然其基本架構，多不出於此。[46]

***

[45]　《管子》，卷 14，〈四時〉，頁 842-854。

[46]　在《管子·五行》、《淮南子·天文》中，可以見到年分五季，季有七
十二日的型態架構。若取《管子·玄宮》中以十二日為一節，一年共三
十節的曆法以觀，每季六節，則可劃成五季，而與〈五行〉、〈天文〉
相符。就就〈玄宮〉以論，中央土德實不居時，是以雖〈玄宮〉可能保
留著某種古代特殊的曆法，但在與五德結合時，仍然是分作四時，而非
五季。由此可知，「主運說」的五德相生雖以時序為基礎，但其本身並
非曆法。而〈五行〉、〈天文〉兩篇，當是方士截取〈玄宮〉古曆再加
以轉化而成的理想時令。關於「主運說」各篇與古曆法的聯繫，參見王

　　再擴大來看，這種以方位為思想結構核心的觀念，不僅出現於「主運說」中，也可見於東周以後的諸子學說當中。舉例而論，如《墨子‧迎敵祠》曰：「敵以東方來，迎之東壇，壇高八尺，堂密八，年八十者八人，主祭青旗，青神長八尺者八，弩八，八發而止，將服必青，其牲以雞。」[47]其餘三方，亦各有相配的服色、數字、神祇、犧牲；篇中所言兵法，與《管子‧玄宮》、〈玄宮圖〉的四方副圖相合。[48]又如《墨子‧貴義》記墨子北行之齊遇日者，論云：「且帝以甲乙殺青龍於東方，以丙丁殺赤龍於南方，以庚辛殺白龍於西方，以壬癸殺黑龍於北方。」[49]此種數術，亦見於《春秋繁露‧求雨》：「春旱求雨。……八日。於邑東門之外為四通之壇，方八尺，植蒼繒八。……以甲乙

夢鷗：〈月令之五行數與十干日解〉，《文史學報》第 1 期（1971 年 5 月），頁 1-8。陳久金等著：《彝族天文學史》（昆明：雲南人民出版社，1991 年 9 月），頁 227-231。陳久金：〈陰陽五行八卦起源新說〉，《帛書及古典天文史料注析與研究》（臺北：萬卷樓圖書有限公司，2001 年 5 月），頁 349-372。

[47]　《墨子》，卷 15，〈迎敵祠〉，頁 573。孫詒讓注〈備城門〉篇題云：「自此至〈襍守〉，凡二十篇，皆禽滑釐所受守城之法也。」（卷 14，頁 490）〈迎敵祠〉即屬之，故可視作兵法。

[48]　其文曰：「旗物尚青，兵尚矛，刑則交寒害鈌。……此居於圖東方方外。」（卷 3，頁 171-172）南、西、北三方亦然。此種四方四色的兵法思想，最早可溯及春秋晚期吳王夫差以黑、赤兩色搭配陰陽的陣法；此類兵法於《漢書‧藝文志》當屬「兵陰陽」一類。由陰陽到五行，從兩色至四色，隨著戰國征伐的日益頻繁，兵家陣法也愈加複雜，以迎合時代所需。參見拙著：〈雍時與五行〉，《新世紀宗教研究》第 3 卷第 3 期（2005 年 3 月），頁 135-188。

[49]　《墨子》，卷 12，〈貴義〉，頁 447。

日為大蒼龍一，長八尺，居中央。……小童八人，皆齋三日，服青衣而舞之。」[50]可見四方除了能和四色龍、天干搭配，與日者占測相同外，季節、數字乃至於所祀神祇，[51]亦與「主運說」諸篇相契。再如《山海經》裏的「東方句芒」、「南方祝融」、「西方蓐收」、「北方禺彊」，[52]《楚辭・遠遊》的「軒轅、句芒、太皓、蓐收、西皇、炎神、顓頊」，[53]所舉神祇名稱雖然眾多紛雜，但其象徵的方位，俱與「主運說」各篇的說法若合符節。[54]

　　若於古代思想史的脈絡下加以追蹤，這種「四方－五德－四時」的結構，或可回溯至殷商時代的卜辭中：

　　　　東方曰析，鳳（風）曰啟。

　　　　南方曰爽，鳳（風）曰㞷。

　　　　西方曰東，鳳（風）曰彝。

---

[50] 《春秋繁露》，卷16，〈求雨〉，頁426-429。

[51] 〈求雨〉篇中的四方四時神祇分別為春季共工、夏季蚩尤、季夏后稷、秋季少昊、冬季玄冥。與《呂氏春秋・十二紀》紀首相較，則後者春夏二季為句芒、祝融，又后稷作后土而附於夏季之後，不入四時。此或數術家輾轉傳鈔，故有些許誤差，但其結構基本不變。

[52] 此四神分別見於〈海外東經〉、〈海外南經〉、〈海外西經〉、〈海外北經〉。參見袁珂：《山海經校注》（臺北：里仁書局，1995年4月），頁265、頁206、頁227、頁248。

[53] （宋）洪興祖：《楚辭補注》（北京：中華書局，2002年10月），卷5，頁163-175。

[54] 參見拙著：〈雍時與五行〉，《新世紀宗教研究》第3卷第3期（2005年3月），頁135-188。

〔北方曰夗〕，鳳（風）曰役。[55]

辛亥卜，內，貞帝于北方曰〔夗〕，鳳（風）曰〔役〕，
奉〔年〕。

辛亥卜，內，貞帝于南方曰峕，鳳（風）曰夷，奉年。

貞帝于東方曰析，鳳（風）曰劦，奉年。

貞帝于西方曰彝，鳳（風）曰夷，奉年。[56]

胡厚宣首先取卜辭與《山海經》、《尚書·堯典》相互參校，證
明經典中的四方、四風，乃濫觴於殷商祀典。[57]楊樹達、陳夢家
進一步推斷為四方神、四風神。[58]赤塚忠論斷殷王朝的四方風祭
祀，乃是日後五行說的母胎。[59]復取甲骨文的「……于帝史
（使）鳳（風）二犬」[60]並觀，則此四方、四風之神，在殷人的
觀念中，俱為上帝的臣屬，供其驅使。[61]爾後，黃銘崇又發現，
《老子·十四章》曾提及「視之不見名曰夷，聽之不聞名曰希，

---

[55] 郭沫若主編：《甲骨文合集》（北京：中華書局，1979 年 10 月），第
5 冊，編號 14294。

[56] 郭沫若主編：《甲骨文合集》，第 5 冊，編號 14295。

[57] 參見胡厚宣：〈甲骨文四方風名考證〉，《甲骨學商史論叢初集》，頁
265-276。

[58] 參見楊樹達：〈甲骨文中之四方風名與神名〉，《積微居金文說·甲文
說（合訂本）》，頁 52-57。陳夢家：《殷虛卜辭綜述》，頁 589。

[59] 參見（日）赤塚忠：〈中国古代における風の信仰と五行說〉，《二松
學舍大學論集·中國文學編》第 1 期（1977 年 10 月），頁 47-92。

[60] 郭沫若主編：《甲骨文合集》，第 5 冊，編號 14225。

[61] 參見胡厚宣：〈殷代之天神崇拜〉，《甲骨學商史論叢初集》，頁
234-235。陳夢家：《殷虛卜辭綜述》，頁 589。

摶之不得名曰微，此三者不可致詰，故混而為一。」[62]所謂的
「夷、希、微」，正是源自於卜辭的「東方曰析」、「西方曰
彝」、「南方曰岧」；而「不可致詰，混而為一」，則與「帝史
（使）鳳（風）」的從屬關係互相呼應。[63]若除去文字的繁簡問
題，卜辭與《老子》的差別，僅是後者將前者的語言風格，由上
古宗教神話式轉化昇華為哲學理論式，至於其基本結構，則完全
相同。

　　分析至此，與「主運說」有著相通觀念框架的相關理論資
料，大致已經全部鉤稽出來，進而得知於戰國以降的各家學說
中，存在著一種「四方－五德－四時」的思想結構，無論是陰陽
家、墨家、兵家、數術、文學作品，乃至於道家等，或資取提
煉，或批評反對；[64]卻在各種不同的層面上，經由各自的方法，

62　《老子》，〈十四章〉，頁31。

63　參見黃銘崇：〈老子筆記一則〉，《大陸雜誌》第87卷第1期（1993
　　年7月），頁1-9。

64　資取者，已如上所舉。批評者，除了《墨子‧貴義》外，《孟子‧告子
　　上》有：「仁之勝不仁也，猶水之勝火。今之為仁者，猶以一杯水救一
　　車薪之火也。不熄，則謂之水不勝火。此又與於不仁之甚者也，亦終必
　　亡而已矣。」（卷11下，頁205）《文子‧上德》亦云：「金之勢勝
　　木，一刃不能殘一林；土之勢勝水，一掬不能塞江河；水之勢勝火，一
　　酌不能救一車之薪。」其立意皆同於《墨子‧經下》所言：「五行毋常
　　勝，說在宜。」（卷10，頁319）《墨子‧經說下》釋云：「火鑠金，
　　火多也；金靡炭，金多也。」（卷10，頁377）乃由五德的物理質性，
　　反對五行相勝的必然性。《孫子‧虛實》則從兵法詭譎論辯駁：「兵因敵
　　而制勝。故兵無常勢，水無常形，能因敵變化而取勝者，謂之神。故五
　　行無常勝，四時無常位。」然而，對於相生循環或四時四方之說，則罕
　　見議論，即使〈貴義〉中，墨子對於日者術士之言加以批判，然於〈迎

共通指向一套複雜而連貫的體系，表現出對事物終極實在的觀
點。就此意義而言，此體系可以視作某種古代觀念世界的形上基
礎，成為前舉諸家在建構各自理論學說的共同預設。[65]透過列舉
資料的排序比對，知此思想體系的起源，最少可上溯至殷商時期
的祭典禮制，而為戰國以後百家學說的原型（archtypes）。[66]因
此，卜辭的四方神、四風神與上帝間的關係結構，理當蘊藏了日
後「四方－五德－四時」體系的主要義涵。若四方神代表靜態的
空間觀，則四方風神的陟降往來，便象徵動態的時間觀，上帝居
中以驅策四方神與四方風神，形成「中央－四方」的結構關係。
此結構於古代中國並非特例，如良渚文化的玉琮、殷周金文的
「亞」形符號、殷墟陵墓的「亞」形構造，乃至於占卜時龜甲的
選用等等，俱呈現出相同的觀念結構。[67]再進一層看，先民之所

敵祠〉中，依然沿用以禦敵，足見墨子反對的，並非此結構，而是對於
江湖術士的妄論表示輕蔑。參見王利器：《文子疏義》（北京：中華書
局，2000 年 9 月），卷 6，頁 264。楊丙安：《十一家注孫子校理》
（北京：中華書局，1999 年 3 月），卷中，頁 125。

[65] 參見（法）耶律亞德（Mircea Eliade）著，楊儒賓譯：《宇宙與歷史—
永恆回歸的神話》（臺北：聯經出版事業公司，2000 年 6 月），頁 1。

[66] 本文所用的「原型」，主要是採取法國宗教學家耶律亞德的定義，指的
是在傳統社會或原始社會裡，人的種種表現、社會的種種組織、規範都
被認為有種超越的起源或摹本。參見（法）耶律亞德（Mircea Eliade）
著，楊儒賓譯：《宇宙與歷史—永恆回歸的神話》，〈英譯本前言〉，
頁 11-13。楊儒賓：《儒家身體觀》（臺北：中央研究院中國文哲研究
所籌備處，2003 年 1 月），頁 27，註 1。

[67] 參見（美）艾蘭（Sarah Allan）著，汪濤譯：《龜之謎—商代神話、祭
祀、藝術和宇宙觀研究》（成都：四川人民出版社，1992 年 8 月），
頁 81-123。張光直：〈談「琮」及其在中國古史上的意義〉、〈說殷

以在與上天或自然溝通的各種儀式、象徵、神話、禮器、建築
等,刻意造作成彼此類似的架構,其目的當是盡可能地模擬宇宙
實體的本然樣貌,並藉由各種宗教性的儀式活動,不斷地參贊
此超越現象變化的終極本體,使個體有機會與本體同樣真實不
妄。[68]

　　誠如《莊子・天下》所言:「道術將為天下裂。」[69]戰國以
後,諸子百家雖同樣繼承上古以來的原型架構,然由於各家學說
立論重心的差別,形成「共源異流」的現象。若就殷商祭典的結
構而論,位居中央的上帝為至高的主宰,位階並不與四方神、四
方風神等同,此即為「中央-四方」於東周以後輾轉分流的關鍵
因素。具體的表現有兩種型態:一是以中央為首,強調居中者對
於四方的制約,如上述《老子》三者混一的哲學思想、《墨子・
貴義》帝殺四龍於四方的數術理論、《墨子・迎敵祠》的兵學陣
法,以及《尚書・堯典》中堯分命羲和四臣測定四方、四時等。
一是以四方為主,目的在於闡明四時輪遞的規律,秦漢時期的
「主運說」,即為其主要代表;進而可以解釋,在五德和四方、
四時搭配的過程中,中央土德往往不與其餘四德分攤四時的原
因。

　　代的「亞」形〉,《中國青銅時代(第二集)》(臺北:聯經出版事業
　　公司,1994 年 4 月),頁 67-80、81-89。(美)艾蘭(Sarah Allan)
　　著,楊民等譯:《早期中國歷史、思想與文化》(瀋陽:遼寧教育出版
　　社,1999 年 2 月),頁 96-136。

68　參見(法)耶律亞德(Mircea Eliade)著,楊儒賓譯:《宇宙與歷史—
　　永恆回歸的神話》,頁 1-46。

69　《莊子》,卷 10 下,〈天下〉,頁 1069。

　　從「主運說」的結構出發，本節不僅徵引了戰國秦漢諸子中相近相類的理論學說，更上推至古代初民的原始宗教典制，尋出此體系的共同淵源，並據此說明東周以後，各家側重的焦點及因此所呈現的兩種主要型態。在瞭解整體思想背景後，最後應當回過來討論「主運說」本身的核心意義。就「中央－四方」的結構來看，四方定出空間座標，四方風的輪替則象徵時間的轉換，時間、空間既已決定，則宇宙的基本框架亦隨之成形。「主運說」便以此架構為基礎，務使國君「相次轉用事，隨方面為服。」其意義主要有三：首先，君王當中扮演了顯赫的角色，因為他被視為能夠溝通天人的主要樞紐，此乃殷商以來的傳統觀念，[70]是故他必須為自然的正常運行及全體社會的安寧福址負責。[71]在此前提下，國君的居處、施政、行事等，必須因應於不同的時節，而有所更替，其目的在於使人事活動能夠與宇宙的運行規律，達到「同步同律」的狀態。再者，國君的服色、飲食等，亦須配合方位季候加以改動，透過各種象徵性的儀式，以求在與宇宙同步之

---

[70] 參見陳夢家：〈商代的神話與巫術〉，《燕京學報》第 20 期（1936 年 12 月），頁 485-576。（日）白川靜著，加地伸行、范月嬌合譯：《中國古代文化》（臺北：文津出版社，1983 年 5 月），頁 119-122。黎正甫：〈古文字上之天帝象義溯源〉，《大陸雜誌》第 31 卷第 2 期（1965 年 7 月），頁 50-60。張光直：〈商代的巫與巫術〉，《中國青銅時代（第二集）》，頁 41-65。周策縱：〈中國古代的巫醫與祭祀、歷史、樂舞、及詩的關係〉，《清華學報》新 12 卷第 1、2 期合刊（1979 年 12 月），頁 1-59。周策縱：《古巫醫與「六詩」考──中國浪漫文學探源》（臺北：聯經出版事業公司，1989 年 3 月），頁 117-140。

[71] 參見（法）耶律亞德（Mircea Eliade）著，楊儒賓譯：《宇宙與歷史──永恆回歸的神話》，頁 51。

外，進一步可以臻至「同體同質」的境地。藉由國君確實執行
「主運說」的內容，使天人之際的聯繫暢通無礙，亦即參贊終極
的形上本體，進而能夠和宇宙實體同質、同律，俗世間各種活動
的價值與意義，也因此獲得貞定。[72]

第二節　「終始說」的創造與發展

前舉《史記・孟荀列傳》中，曾臠栝鄒衍學說云：「乃深觀
陰陽消息而作怪迂之變、〈終始大聖〉之篇十餘萬言。」[73]所謂
的「終始大聖」的意義，可參考太史公於《史記・秦楚之際月
表》的說法：

> 秦既稱帝，患兵革不休，以有諸侯也，於是無尺土之封，
> 墮壞名城，銷鋒鏑，鉏豪桀，維萬世之安。然王跡之興，
> 起於閭巷，合從討伐，軼於三代，鄉秦之禁，適足以資賢
> 者為驅除難耳。故憤發其所為天下雄，安在無土不王。此
> 乃《傳》之所謂大聖乎？豈非天哉，豈非天哉！非大聖孰
> 能當此受命而帝者乎？[74]

並列兩處論述來看，可知司馬遷所指稱的「大聖」，乃是承續鄒
衍的思想觀念，亦即誕膺天命、受命而帝、匡統宇內的天子，進

72　參見（法）耶律亞德（Mircea Eliade）者，楊儒賓譯：《宇宙與歷史——
　　永恆回歸的神話》，頁 47-86。

73　《史記》，卷 74，〈孟荀列傳〉，頁 2344。

74　《史記》，卷 16，〈秦楚之際月表〉，頁 760。

而得以瞭解鄒子的「終始大聖」，其內涵乃是闡述「五德轉移」與「受命之帝」的學說理論。若置於戰國時期，諸侯爭雄的時空下加以觀察，則鄒衍創造「終始說」的背景，乃是為了周室的覆滅與新王朝的興起，預先提出整套歷史循環理論，以解釋政權轉移的合理性。再由《呂氏春秋・應同》言：「代火者必將水」[75]而論，當初鄒子制作「終始說」的動機，或是欲報答燕昭王的知遇之恩，故特別高揭「水將代火」的旗幟，以鼓吹居於羣雄之北的燕國，早日統一天下，受命稱帝。[76]

簡單分析「終始說」的基本架構，如以相勝相剋取代五德相生，此乃呼應於戰國時期列國互相征伐的特殊背景。又所謂「其事則某」的具體措施，須見於「主運說」五德相關規定，可知鄒衍當是以後者為基礎，因應於時代情勢，加以重新安排。且「終始說」所尚服色，必須配合上天所降的祥瑞，並非如同「主運說」因四時五德的輪替，而有所更改。大體而言，整個「終始說」的早期結構，一方面帶有鮮明的時代色彩，一方面又略顯粗糙，凡此皆可說明鄒衍造作之初，實急於用世，尚未有餘暇能夠統觀其理論的前後脈絡，更遑論消弭學說內部矛盾隔閡的地方。

據此以論，「終始說」的創造，原為歷史上某項偶然事件，在秦始皇兼并六國、漢高祖統一天下，戰國時期諸侯分裂混亂的局勢結束後，理應隨著問題的消失而不再流行。然而，即便在文帝時，「天下和洽」，賈誼仍以為「固當改正朔，易服色，……

---

[75] 《呂氏春秋》，卷13，〈應同〉，頁677。
[76] 參見王夢鷗：《鄒衍遺說考》，頁100-121。

色尚黃，數用五。」[77]武帝初即位時，「搢紳之屬皆望天子封禪改正度也」；[78]詔舉賢良，亦問云：「蓋聞五帝三王之道，改制作樂而天下和洽，百王同之。……三代受命，其符安在？」[79]又如董仲舒的三統說，以及與劉歆相關的《世經》，[80]莫不表現出極為濃厚的「終始說」理論色彩。其所以能夠引起如此廣泛而長遠的回響與關注，足見在此學說體系中，理應當蘊藏了相當深度的內涵。

取「主運說」及「終始說」加以比較，後者學說的重心，在於黃帝、夏禹、商湯、文王，以及將代周火而興的水德之王所組成的歷史循環理論。此五德受命之帝，在眾說紛紜的古史系統中，據太史公所言，乃為「學者所共術」，受到當時各家的承認，亦即視作歷史上曾經真實存在的帝王。反觀「主運說」中，無論是「太暤、炎帝、黃帝、少暤、顓頊」的五帝，或者是「句芒、祝融、后土、蓐收、玄冥」的五神，[81]「主運說」所表現的神話氣息明顯較為濃郁，[82]可稱作「五神帝」，和「終始說」的

---

[77] 《史記》，卷84，〈屈原賈生列傳〉，頁2492。

[78] 《史記》，卷28，〈封禪書〉，頁1384。

[79] 《漢書》，卷56，〈董仲舒傳〉，頁2496。

[80] 參見顧頡剛：〈五德終始說下的政治和歷史〉，收入《顧頡剛古史論文集（第三冊）》，頁465-478。

[81] 五帝、五神的名稱，「主運說」諸篇章所記未盡相同，此據《呂氏春秋・十二紀》紀首。

[82] 五神的「句芒、祝融、蓐收、玄冥」，分別見於《山海經》的〈海外東經〉、〈海外南經〉、〈海外西經〉、〈海外北經〉，其形像或鳥身或獸身，若據聞一多的神話分類，應為「獸的擬人化」階段。參見聞一多：〈伏羲考〉，《聞一多全集（一）神話與詩》（臺北：里仁書局，2000年4月），頁31-32。

「五人帝」有所區別。誠如上節所論，在「主運說」裏，透過與季候時節同質同律的儀式活動，以達到溝通天人、參贊本體的目的，而祭祀「五神帝」即為儀式之一，故而「五神帝」所象徵的，亦是一年四季的循環輪替。如今「終始說」理論結構中，「土、木、金、火、水」的五德相勝，表示在世間王朝的興滅更替的背後，仍有一套超越歷史演進的基本規律，故同樣可視作具有形上意義的原型框架。換句話說，「終始說」改「神帝」為「人帝」，表面上僅是神人之間的差別，實際上乃是將五德循環的形上規律，從原本迴旋周轉的時鐘，發展成向前推進的巨輪。自此，人事的活動並非只是對於形上原型的回歸反覆，而是得以初步擺脫宗教神話式的觀念框架，使歷史演進的意義能夠獲得正面的肯定；更由於歷史發展的過程中，主要起著推動作用的是人帝而非神帝，人的價值與地位，也因而逐漸突顯出來。[83]

　　再就「終始說」本身加以觀察，就時間序列而言，鄒衍造作「終始說」的用意，雖急於用世，然亦不出當時知識份子共同推崇的古代聖王，所謂「序今以上至黃帝，學者所共術」[84]是也。復就天人關係以論，《呂氏春秋・應同》開頭即言：「凡帝王者之將興也，天必先見祥乎下民。」[85]看似仍以天為首位，帶有古代迷信的色彩，然從其後諸帝曰：「某氣勝」，以定「其事則

---

[83]　初民社會回歸與反覆於原型的時間觀念，並非只出現在中國；針對此觀念，各民族亦有許多發揮，以求在歷史的變化與原型的回歸之間，取得某種相容平衡的立場。參見（法）耶律亞德（Mircea Eliade）著，楊儒賓譯：《宇宙與歷史—永恆回歸的神話》，頁 87-126。

[84]　《史記》，卷 74，〈孟荀列傳〉，頁 2344。

[85]　《呂氏春秋》，卷 13，〈應同〉，頁 677。

某」的模式來看，則某項自然現象是否足以當作瑞兆禎祥，並非上天直接的命令或告示，而是透過聖王的選擇；進一步說，某朝之所以符應某氣某德，聖王實是決定的關鍵，而為形上形下的溝通樞紐。由此，鄒子「終始說」所架構出的原型典範，雖在於「與元同氣」的五德循環，但其具體的表徵，卻是繫於歷史上最初始的四位聖王（水德之王將出而未出）。形上的實體，展現於文化的開端；遠古的君王，亦聖化為歷史的模範。如此思想觀念，即便在日後改五德相勝為相生，或者上溯首位受命之王為太昊炮犧，內容繁簡亦未盡相同，然其理論模式並無甚改變。起初鄒衍創造「終始說」，其志或非在於此，但一方面五德循環的架構，提供了十分適合發揮的理論工具；一方面又蘊涵著追溯溝通形上與歷史的聖王原型，而為日後諸子建構各自思想體系的重要課題。由此可知，「終始說」於秦漢時期所以能有如此廣大的影響，除了因應時勢渦亂與燕齊方士傳播等外緣條件，其學說內在所隱涵的深刻義理，亦為重要的因素。

　　雖然鄒衍的「終始說」蘊藏了相當豐富的義理內涵，但並非是完滿無缺。就其五德相勝的循環原理而言，如上所述，乃是為了因應當時諸侯互相攻伐的混亂局勢；到了秦漢一統帝國的出現，征戰的時代結束，相勝的原理便不再適用。甚至王朝更替之事，亦為執政者所諱言，如漢昭帝時，眭弘曾推泰山大石自立的異象云：

　　　　先師董仲舒有言，雖有繼體守文之君，不害聖人之受命。
　　漢家堯後，有傳國之運。漢帝宜誰差天下，求索賢人，禪

以帝位，而退自封百里，如殷周二王後，以承順天命。[86]

此大逆不道之言，果然不見容於當朝，故最後落得論罪伏誅的下
場。再就「終始說」的內在結構以觀，雖在歷史現實的背後，安
置整套五德循環的形上理論，然其本身仍是眾多而非唯一，是變
動而非恆定；若套用《老子》的話來說，僅是「周行而不殆」，
並非「獨立不改」。[87]因此，鄒衍「終始說」所建構的歷史循環
思想，雖超越現實，進入形上範疇，然尚非最終極的原型本體。

　　如此現象並非一日造成，而是其來有自。回顧整個終始論的
發展，如前節所述，較早的「主運說」其淵源可上推至殷商時期
四方、四風神與上帝的神祇譜系，其中，四方風乃為上帝臣屬而
受其驅使，兩者位階高低原有所差異，即使後來在《墨子·貴
義》裏，中央帝宰殺四方龍的數術，亦反映同樣的觀念思想。降
至「主運說」中，或許是為了遷就五德之數，故將中央黃帝與其
餘四帝並列，進而由殷商時期立體的臣屬關係，壓縮成為平面的
循環關係；這可從中央土德或不居時，或居季夏，或自其餘四時
分十八日的尷尬地位得知。[88]甚至以後漢高祖劉邦入關時，仍有
「天有五帝」之問；直到武帝時才依亳人謬忌的奏議，建立太一

---

[86]　《漢書》，卷75，〈眭弘傳〉，頁3154。

[87]　《老子》，〈二十五章〉，頁63。

[88]　不居時者，如《管子·玄宮》、〈玄宮圖〉、〈四時〉，《呂氏春秋·
　　　十二紀》紀首，《禮記·月令》等。居季夏者，如《淮南子·時則》、
　　　《春秋繁露·五行對》。自四時分十八日者，如《白虎通·五行》。參
　　　見（清）陳立：《白虎通疏證》（北京：中華書局，1997年10月），
　　　卷4，頁190。

壇並以五帝為佐；足證戰國秦漢之際，學者多只知有五帝，而不
明其上更有惟一上帝。[89]逮及「終始說」中，五帝乃由神帝變作
「學者所共術」的人帝，為歷史上的真實聖王，與惟一上帝關係
更顯疏遠；而〈應同〉篇所謂的「與元同氣」、「帝者同氣」，
此「氣」若依其通篇脈絡，僅是五德之氣，尚未與最終至極的本
體元氣相銜接。由此可見，從「主運說」到「終始說」，終始論
雖為整飭國君德行、解釋王朝興替提出整套有效的理論學說，但
也在不知不覺中，以五德生剋的循環架構，取代殷商以來的獨立
且惟一的最終至極本體，因而減低了此形上體系的內涵與深度。

　　針對鄒衍「終始說」所遺留的問題，其自身固然未及補救，
而燕齊方士亦傳其術不能通，故仍無力面對；惟有等到兩漢儒宗
董仲舒提出「三統說」，方得到妥善的解決。於「三統說」中，
董仲舒首先改《呂氏春秋・應同》中的五德相勝為相生，使其能
與西漢的政治局勢相應。[90]其次，董仲舒對於「終始說」中，形
上本體由一變作五，從「獨立不改」轉為強調「周行不殆」的情
形，更以其《春秋公羊》學為基礎，提出了補救的方法，此可由
其回答武帝的對策中看出：

> 臣謹案《春秋》之文，求王道之端，得之於正。正次王，
> 王次春。春者，天之所為也；正者，王之所為也。其意

---

[89]　見《史記》，卷 28，〈封禪書〉，頁 1378；《漢書》，卷 25 上，〈郊
　　　祀志上〉，頁 1210。相關討論，可參考錢穆：〈周官著作時代考〉，
　　　《兩漢經學今古文平議》，頁 292。

[90]　參見錢穆：〈評顧頡剛五德終始說下的政治與歷史〉，收入《顧頡剛古
　　　史論文集（第三冊）》，頁 465-478。

曰，上承天之所為，而下以正其所為，正王道之端云爾。
然則王者欲有所為，宜求其端於天。[91]

此乃發揮《春秋經》首句：「元年春王正月」之義而成，在《春
秋繁露‧玉英》中，有更清楚的展示：

> 謂一元者，大始也。……惟聖人能屬萬物於一，而繫之元
> 也。終不及本所從來而承之，不能遂其功。是以《春秋》
> 變一謂之元。元，猶原也。其義以隨天地終始也。故人唯
> 有終始也，而生不必應四時之變。故元者為萬物之本，而
> 人之元在焉。安在乎？乃在乎天地之前。故人雖生天氣及
> 奉天氣者，不得與天元本、天元命而共違其所為也。故春
> 正月者，承天地之所為也，繼天之所為而終之也，其道相
> 與共功持業。安容言乃天地之元？天地之元奚為於此惡施
> 於人？大其承貫意之理矣。是故《春秋》之道，以元之深
> 正天之端，以天之端正王之政，以王之政正諸侯之即位，
> 以諸侯之即位正竟內之治，五者俱正，而化大行。[92]

由此上下統攝的結構來看，董仲舒以為，孔子作《春秋》，乃是
以「元」為天地宇宙的最高本體，故「變一謂之元」，在原用於
紀時的「元」字中，賦予形上意涵。其所謂「故元者為萬物之
本，而人之元在焉。安在乎？乃在乎天地之前。」則是從根源

91　《漢書》，卷56，〈董仲舒傳〉，頁2501-2502。
92　《春秋繁露》，卷3，〈玉英〉，頁67-70。

上，以「人」與宇宙的本體——「元」相繫聯，且將人事與自然並舉，特別強調人的地位，實不低於四時變化的天；由此可知，自然的變化與人事的活動，其價值與意義的共同起源，俱來自於「元」。是故《春秋經》所云：「元年春王正月」，當可斷作「元‧年春‧王正月」：「元」為宇宙最高本體，「年春」表示自然範疇，「王正月」則代表人事範疇。就形上根源而言，自然與人事共同繼承「元」；就具體活動以觀，人事的舉止亦必須與自然變化相配合，以求上契於「元」。蓋天地變化，原無意識介於其中，自然承「元」而行，故真實無妄；但人則有意識，可以自由選擇，所以有悖離「元」的可能。因此，即便人的價值與意義直接根源於「元」，居於與天地自然相等的地位，但仍必須繼承天地之所為而終之。以自然為始，繼人事而終；天人相互承貫，兩者共功持業，此就是「元」的具體實現。

　　董仲舒便據此「元」的思想體系為基礎，建構「三統說」，以匡補鄒衍「終始說」所遺留下來的問題，其言曰：

> 《春秋》曰：「王正月」，《傳》曰：「王者孰謂？謂文王也。曷為先言王而後言正月？王正月也。」何以謂之王正月？曰：王者必受命而後王。王者必改正朔，易服色，制禮樂，一統於天下，所以明易姓，非繼人，通以己受之於天也。[93]

若就此處所言「改正朔，易服色，制禮樂」且「受之於天」，而

---

[93]　《春秋繁露》，卷7，〈三代改制質文〉，頁184-185。

謂其乃以天為首位，正是《春秋繁露・楚莊王》中所批評的「此
聞其名而不知其實者也」。[94]董仲舒進一步加以解釋云：

> 今所謂新王必改制者，非改其道，非變其理，易姓更王，
> 非繼前王而王也。……故必徙居處、更稱號、改正朔、易
> 服色者、無他焉，不敢不順天志而明自顯也。若夫大綱、
> 人倫、道理、政治、教化、習俗、文義盡如故，亦何改
> 哉？故王者有改制之名，無易道之實。[95]

與前舉〈玉英〉並觀，王者的「有改制之名」，對應於天地自然
的層級，故理當順從四時循環的規律，在朝代興替之際，於服色
等方面，進行各項制度的革新；「無易道之實」，則等同於一元
大始，是宇宙中不可改易的終極本體。再和鄒衍「終始說」相
較，董仲舒的「三統說」，一方面以三統替代五德，保留了易服
改制的理論成分；一方面又發揮《春秋》義理，超越了五德周行
不殆的循環框架，而歸源於獨立不改、最終至高的形上實體──
「元」。由是以觀，在殷商祀典、《老子》、《墨子》中所蘊藏
的宇宙本體，受到鄒衍五德循環論的掩蔽約百餘年，經過董仲舒
的重新建構，方再次獲得顯豁。

94　《春秋繁露》，卷 1，〈楚莊王〉，頁 17。
95　《春秋繁露》，卷 1，〈楚莊王〉，頁 17-19。

第三節 「堯後」、「火德」與王朝正統

鄒衍的「終始論」，不管是整飭帝王施政的「主運說」，抑或解釋王朝興替的「終始說」，都受到西漢儒者的吸收及改造。前者如宣帝時丞相魏相兼采《易陰陽》及《明堂月令》，於五行、四方的基礎上，再搭配《周易》卦爻；[96]《禮記·月令》亦「本《呂氏春秋》十二月紀之首章也，以禮家好事抄合之。」[97] 使「主運說」由「諸子雜家」得以升格到「六藝禮家」。至於「終始說」部份，在董仲舒建構「三統說」的過程中，融攝且提升了鄒衍學說的理論高度；劉向、劉歆、王莽等，則重新組織上古帝王譜系，擴大且改造「終始說」的歷史循環，進而提出「堯後火德」的說法。

所謂「堯後火德」，事實上包括了兩個部份：一為「漢家堯後」，一是「漢為火德」，分別在「宗法」、「天道」的意義

---

[96] 《漢書·魏相傳》云：「東方之神太昊，乘〈震〉執規司春；南方之神炎帝，乘〈離〉執衡司夏；西方之神少昊，乘〈兌〉執矩司秋；北方之神顓頊，乘〈坎〉執權司冬；中央之神黃帝，乘〈坤〉、〈艮〉執繩司下土。茲五帝所司，各有時也。東方之卦不可以治西方，南方之卦不可以治北方。春興兌治則飢，秋興震治則華，冬興離治則泄，夏興坎治則雹。」（卷 74，頁 3139-3140）論者以為魏相所采奏的《易陰陽》，即《周易·說卦傳》，參見王葆玹：〈西漢《易》學卦氣說源流考〉，收入林慶彰編：《中國經學史論文選集》，上冊，頁 173-185。至於五方所執的「規、衡、矩、權、繩」，出自《淮南子》，卷 3，〈天文〉，頁 88-89。

[97] 見《禮記·月令》標題下，孔穎達《疏》引鄭玄《三禮目錄》（卷 14，頁 278）。

上，說明劉氏天子具有紹述聖王的正統資格。[98]以下便由此切入，討論西漢後期儒者組織新說的背景及過程。

壹、漢為火德

史籍中有關「漢為火德」的說法，最早為劉向父子所提出，班固於《漢書・郊祀志下・贊》曰：

> 劉向父子以為帝出於〈震〉，故包羲氏始受木德，其後以母傳子，終而復始，自神農、黃帝下歷唐、虞、三代而漢得火焉。[99]

荀悅《漢紀・高祖皇帝紀》亦有：

> 及至劉向父子，乃推五行之運，以子承母，始自伏羲，以迄于漢，宜為火德。其序之也，以為《易》稱「帝出乎震」，故太皞始出于〈震〉，為木德，號曰伏羲氏。[100]

至於伏羲至漢代的詳細世系，見於《漢書・律曆志下》的《世經》之中。有別於鄒衍以黃帝土德為首，取五行相勝模式，預言水德將出，班、荀兩篇的敘述，均是始自木德伏羲，採母傳子、

---

[98] 參見楊權：《新五德理論與兩漢政治──「堯後火德」說考論》，頁 160-161。

[99] 《漢書》，卷 25 下，〈郊祀志下・贊〉，頁 1270-1271。

[100] （漢）荀悅：《漢紀》，收入《兩漢紀》（北京：中華書局，2002 年 6 月），卷 1，頁 2。

子承母的相生序次，證明漢朝為火德赤統。其所以改「相勝」為
「相生」，是順應西漢的政治局勢，在「言學者無言湯武受命」
[101]的忌諱下，進一層說明高祖代秦而立的合法性、正當性。其
所以始自木德伏羲，而非起於無懷氏、燧人氏等其他傳說聖王，
則是因為折衷於六藝經典，而捨棄百家之言。[102]由此可見，劉
向父子一方面繼承鄒衍「終始說」解釋王朝輪替的主要功能，一
方面又因應時勢，並在儒家的立場上加以改造，強化理論的運用
效力。

　　值得注意的是，在班固、荀悅的引述中，均將創說者稱作
「劉向父子」，暗示「漢為火德」並非一人所造，可能經過修改
或補充。事實上，按照班固所言「自神農、黃帝下歷唐、虞、三
代而漢得火焉」加以排序，其古史世次如下：

附表五　劉向朝代世次復原表（一）

木	火	土	金	水
伏羲	神農	黃帝	※	※
※	唐	虞	夏	商
周	漢			

---

[101] 《史記》，卷121，〈儒林列傳〉，頁3123。

[102] 「無懷氏」出於《管子・封禪》，見《史記》，卷28，〈封禪書〉，
頁1361所引，「燧人氏」出自《莊子・繕性》，卷6上，頁551。兩
氏均列於「伏羲氏」之前。論者以為古史聖王的選取，反映出諸子爭鳴
的學術環境，各家欲以世代更古的帝王，凌越其他學派的系統。參見顧
頡剛：〈五德終始說下的歷史和政治〉，《顧頡剛古史論文集（第三
冊）》，頁303-313。

若將秦代併入，則為：

附表六 劉向朝代世次復原表（二）

木	火	土	金	水
伏羲	神農	黃帝	※	※
唐	虞	夏	商	周
秦	漢			

其中，伏羲、神農、黃帝的世系，是稽之於《周易·繫辭下》；
[103]唐、虞、三代的次序，則見於《尚書》所載。既有六藝經典
作為根據，是以此兩套世系固定不變。在聖王符應五德方面，由
於《周易·說卦》云：「帝出乎震，……震，東方也。」[104]因
五行學說中，東方屬木，故以伏羲為百王先，首德始於木；黃帝
土德，其稱號德運間已有呼應，自鄒衍以來各家均無異議；「漢
為火德」，則是此說所要建構的結果，故此三世德運確定不改。
在此前提下，若數秦則唐堯屬木，與漢異德，違背了「漢家堯
後」的說法；若不數秦，雖堯、漢同為火德，卻和高祖入關滅秦
的史實不合。針對以上難題，班固於後文補充曰：「昔共工氏以
水德間於木火，與秦同運，非其次序，故皆不永。」[105]《世
經》則言：

---

[103] 其言曰：「古者包犧氏之王天下也，……包犧氏沒神農氏作，……神農
氏沒黃帝、堯、舜氏作，……」（卷8，頁166-167）

[104] 《周易》，卷9，〈說卦〉，頁183。

[105] 《漢書》，卷25下，〈郊祀志下〉，頁1271。

〈祭典〉曰:「共工氏伯九域。」言雖有水德,在火木之
間,非其序也。任知刑以彊,故伯而不王。秦以水德,在
周、漢木火之間。周人黜其行序,故《易》不載。[106]

顏師古《注》曰:「〈志〉言秦為閏位,亦猶共工不當五德之
序。」亦即採取曆法置閏的方式,在木、火之間,安排閏位水
德,同時補充伏羲、神農、黃帝、唐、虞、三代、秦、漢以外的
上古聖王,進而序列出以下世次:

附表七 　《世經》朝代世次表

木	(水)	火	土	金	水
太昊炮犧氏	共工	炎帝神農氏	黃帝軒轅氏	少昊金天氏	顓頊高陽氏
帝嚳高辛氏	帝摯	唐堯	虞舜	夏	商
周	秦	漢			

由於共工氏佔居閏位,不能計入正式的終始循環,使《周易》世
系依舊維持完整,同時伏羲木德、黃帝土德亦無須任何更動。至
於秦以水德介於周、漢木火之間,一則證成「漢家堯後」之說,
確定唐、漢同為火德,二則保留高帝代秦而立的史實。職是以
觀,比對《漢書》前後的記載,的確可以尋繹出「漢為火德」的
發展過程。據此辨析班固、荀悅所說「劉向父子」,當是劉向先
改造鄒衍學說,劉歆在其基礎上增設水德閏位,使整個理論益加
周密完備;換句話說,劉向才是真正的創說者,劉歆只是補充其

---

[106] 《漢書》,卷 21 下,〈律曆志下〉,頁 1012。

父理論。《漢書・律曆志上》言：「劉向總六曆，列是非，作
《五紀論》。向子歆究其微眇，作《三統曆》及《譜》以說《春
秋》，推法密要，故述焉。」[107]說明劉歆曾經運用劉向的理論
來排列古史譜系，正與此處相互呼應。

　　以往學者大都認為「漢為火德」，是劉歆為了輔翼王莽篡
漢，故藉重其父學術聲望所發表的主張；況且劉向在成帝時已激
烈反對王鳳的擅權專政，更不可能擬構出五德相生的「終始
說」。因此，史書所稱「劉向父子」，當是劉歆的假託之辭。
[108]事實上，在文景以後，「相勝」的觀念已不適合解釋王朝興
替，景帝阻止轅固生和黃生有關湯武革命的辯論，[109]即是最佳
的例證；董仲舒的「三統說」，亦改以「相生」序次。在此學風
中，劉向很難不受到影響，故《說苑・至公》有云：「古有行大
公者，帝堯是也。貴為天子，富有天下，得舜而傳之，不私於其
子孫也。」[110]又曾上諫疏言：「王者必通三統，明天命所授者
博，非獨一姓也。」[111]由此可知，劉向言禪讓、通三統，在
「終始說」的立場上，亦是贊成五德相生的循環序列，而有創造
新說的可能。

　　至於劉向立說的動機，可從其上呈的奏議加以追蹤。元帝

---

107 《漢書》，卷21上，〈律曆志上〉，頁979。
108 參見顧頡剛：〈五德終始說下的歷史和政治〉，《顧頡剛古史論文集
　　（第三冊）》，頁 430-441。王葆玹：《西漢經學源流》，頁 337-
　　344。王葆玹：《今古文經學新論》，頁380-387。
109 見《史記》，卷 121，〈儒林列傳〉，頁 3122-3123；《漢書》，卷
　　88，〈儒林傳〉，頁 3612。
110 《說苑》，卷14，〈至公〉，頁 343。
111 《漢書》，卷36，〈劉向傳〉，頁 1950。

時，劉向請求天子廢退弘恭、石顯等宦官佞臣；成帝時，又痛陳
王氏僭貴、國祚將移的政權危機。兩者均由災異的角度，勸戒天
子能夠進賢臣、放讒邪，黜外戚、全宗室，進而「起福於無形，
銷患於未然」，「百異消滅，眾祥並至」，方為「太平之基，萬
世之利」。[112]其中，劉向諫疏的論點，無不涉及當時流行的災
異學說，亦即透過各種異象，作為天子或朝廷施政的懲誡，並假
孔子之言曰：「不如是，則王公其何以戒慎？」[113]只不過「災
異」和「祥瑞」間，往往是一體兩面：若出現某種異象，就當朝
而言，是為「災異」，必須經由修養品性、整頓政治等方法加以
消弭；以新的王朝來說，則視作「祥瑞」，豫言新朝即將應運而
起。[114]誠如《公羊》家解釋哀公十四年獲麟一事，既言：「此
受命之端」，又云：「周亡失天下之異」，[115]正是採取這種旁
觀者的角度立說。若舉漢代史事而論，成帝時王氏祖墳梓柱生
枝、扶疏出屋，哀帝時關東民傳行西王母籌，就漢室來說為災
異，王莽則當作元后受命符瑞。[116]劉向身為漢室宗親，並未選

---

[112] 見《漢書》，卷36，〈劉向傳〉，頁1957-1996。

[113] 《漢書》，卷36，〈劉向傳〉，頁1950。

[114] 關於劉向的災異學說，可參考黃啟書：〈試論劉向災異學說之轉變〉，
《臺大中文學報》第26期（2007年6月），頁1-33。黃啟書：〈試論
劉向、劉歆《洪範五行論》之異同〉，《臺大中文學報》第27期
（2007年12月），頁123-166。拙著：〈《漢書・五行志》所見劉向
災異論〉，《先秦兩漢學術》第10期（2008年9月），頁81-104。

[115] 《禮記・禮運》：「何謂四靈」下，孔穎達《疏》引許慎《五經異義》
（卷22，頁436-437）。

[116] 見《漢書》，卷36，〈劉向傳〉，頁1961；卷98，〈元后傳〉，頁
4033-4034。

擇超然、旁觀的態度，而是基於「吉凶不並，瑞災不兼」[117]的
觀點，站在和朝廷同樣的陣線上，將所有異象全部視作「當朝之
災」，而非「新朝之瑞」。職是以觀，劉向創造新說，與其說是
替新莽篡漢豫先舖路，勿寧說是希望透過漢祚將盡的災異理論，
警惕天子必須懲誅奸佞、黜遠外戚，方能轉否成泰，永保劉氏天
下萬世無疆。

　　最後應當解決的是，在劉向、劉歆的古史世系中，若排除隨
機選取的可能，漢朝為何必須符應於火德赤統？[118]關於這個問
題，可以回顧西漢前期德制的演變。根據前賢的研究，劉邦在沛
縣起義時，因居於南方火位，故尚赤；楚漢相爭之際，又設黑帝
北時，自以為獲水德之瑞，改尚黑；至武帝太初元年（104
B.C.），方改制土德，故尚黃。[119]因此，有學者認為「漢為火
德」根源自漢初尚赤的傳統。[120]然而，三德之中，相較於水
德、土德經過天子的認可、學者的支持、朝廷的施行，火德只是
倉促臨時的制度，並不具備任何特殊條件，足以促使劉向必選此

---

[117] 《禮記·禮運》：「何謂四靈」下，孔穎達《疏》引許慎《五經異義》
（卷22，頁436-437）。
[118] 學者曾以律曆的角度加以解釋，參見（日）久野昇一：〈前漢末に漢火
德說の稱へられたる理由に就いて（下）〉，《東洋學報》第25卷第
4期（1938年8月），頁95-127。
[119] 關於漢初水德到武帝土德的轉變歷史，可參見顧頡剛：〈五德終始說下
的歷史和政治〉，《顧頡剛古史論文集（第三冊）》，頁279-298。至
於漢初火德，可參見錢穆：〈評顧頡剛五德終始說下的政治與歷史〉，
收入《顧頡剛古史論文集（第三冊）》，頁465-478。
[120] 參見楊權：《新五德理論與兩漢政治—「堯後火德」說考論》，頁
139-145。

作為漢室符應。因此僅從漢初曾經尚赤的史事，當作「漢為火德」的理論由來，在解釋的強度上，恐怕略嫌不足。

其實，除歷史事實外，還需注意文獻如何記載。由此角度出發，司馬遷所著的《史記》，對於「漢為火德」成立，產生極大影響。在〈秦楚之際月表〉中，太史公對於高祖滅秦勝楚，曾發出以下感慨：

> 秦既稱帝，患兵革不休，以有諸侯也，於是無尺土之封，墮壞名城，銷鋒鏑，鉏豪桀，維萬世之安。然王跡之興，起於閭巷，合從討伐，軼於三代，鄉秦之禁，適足以資賢者為驅除難耳。故憤發其所為天下雄，安在無土不王。此乃《傳》之所謂大聖乎？豈非天哉，豈非天哉！非大聖孰能當此受命而帝者乎？[121]

劉邦既非將相之種，又無尺土之封，以一介布衣草民，起於閭巷之間，不但覆滅秦政，更擊破六國諸侯之後，終於統一天下。面對如此現象，司馬遷反覆讚嘆「豈非天哉，豈非天哉！」以為除了鄒衍《終始傳》所言膺受天命的大聖以外，沒有任何其他理由足以解釋高祖能夠建立漢朝的原因。劉向父子重新序列古史世系，正是追隨太史公的腳步，將高帝上比受命聖王，以說明漢室王朝的必然性。

雖然太史公推尊高祖為受命大聖，但是根據鄒衍所言「凡帝

---

[121] 《史記》，卷22，〈秦楚之際月表〉，頁436-437。

王者之將興也，天必先見祥乎下民」[122]的說法，尚須替劉邦找出禎祥符瑞，方能決定漢朝所應之德。關於高帝受命的祥瑞，在《史記》中有以下記載：

> 眾莫敢為，乃立季為沛公。祠黃帝，祭蚩尤於沛庭，而釁鼓旗，幟皆赤。由所殺蛇白帝子，殺者赤帝子，故上赤。[123]

又云：

> 漢興，高祖之微時，嘗殺大蛇。有物曰：「蛇，白帝子也，而殺者赤帝子。」高祖初起，禱豐枌榆社。徇沛，為沛公，則祠蚩尤，釁鼓旗。遂以十月至灞上，與諸侯平咸陽，立為漢王。因以十月為年首，而色上赤。[124]

所謂「赤帝子殺白帝子」云云，詳見於《史記‧高祖本紀》，篇中又記高祖出生時「左股有七十二黑子」，[125]凡此俱與火德相應。[126]有別於日後水德、土德相關記載，僅忠實敘述漢代改制

---

[122] 《呂氏春秋》，卷13，〈應同〉，頁677。

[123] 《史記》，卷8，〈高祖本紀〉，頁350。

[124] 《史記》，卷28，〈封禪書〉，頁1378。

[125] 《史記》，卷8，〈高祖本紀〉，頁342。

[126] 張守節《正義》云：「左，陽也。七十二黑子者，赤帝七十二日之數也。木、火、土、金、水各居一方，一歲三百六十日，四方分之，各得九十日，土居中央，並索四季，各十八日，俱成七十二日，故高祖七十二黑子者，應火德七十二日之徵也。」（卷8，頁343）另外，有學者以《史記‧張耳陳餘列傳》所載甘公之言：「漢王之入關，五星聚東

史事，此處陳說漢初尚赤的緣由，即便是採自傳說異聞，亦難掩其中的神祕色彩。故太史公本身雖不主張漢室應當尚赤，[127]但對劉向父子而言，高祖斬蛇的故事，正是上天見祥的符瑞，亦即「漢為火德」的絕佳證明。在此意義下，漢室之所以必應火德，與其說根源於漢初尚赤的史實，勿寧說是劉向父子匯整分析《史記》相關篇章而得。換句話說，所謂尚赤、尚黑、尚黃等，只是歷史上發生過的偶然事件，惟有經過學術理論的詮釋後，火德的必然性才能顯透出來，甚至凌駕於高帝、武帝曾經詔令執行的政策之上。

貳、漢家堯後

　　「漢為火德」是從天道方面，證明漢室為應天受命而立，「漢家堯後」則藉由承嗣聖王譜系，提高劉姓的宗法地位。在周代的封建制度下，產生了貴族世家的社會觀念，特別是帝國、王

井。」（卷 89，頁 2581）以為「東井」即「井宿」，又名「鶉首」，為南宮朱雀之首，故為火德尚赤之應。參見徐興無：〈論讖緯文獻中的天道聖統〉，《中國典籍與文化論叢（第三輯）》（北京：中華書局，1995 年 12 月），頁 45-102。然而，就古代分野星占而言，雖「東井」屬於南宮朱雀，但其占應似乎和南方無涉，故甘公續曰：「東井者，秦分也。」（卷 89，頁 2581）《史記・天官書》亦云：「東井、輿鬼，雍州」，《正義》引《星經》則言：「東井、輿鬼，秦之分野。」（卷 27，頁 1330、1346）均只著眼於井宿和秦地的分野配合，而未考慮到東井屬南宮的聯繫。因此，「漢王之入關，五星聚東井」一句，當理解為：漢王入關中，正值五星聚東井，天上地下同時匯集於秦地，故有帝王之應。

[127] 司馬遷主張漢為土德，並為推動武帝太初改制的重要學者，見《漢書》，卷 21 上，〈律曆志上〉，頁 974-976。

朝的創建者、統治者，其出身背景更為世人所矚目。陳勝、吳廣
起義時，質問：「王侯將相寧有種乎！」[128]正反映出當時社會
普遍認為只有王侯將相的胤胄種嗣，方有獲得政權的身份資格。
在此觀念下，劉邦原為泗水亭長，起於閭閻，發跡田野，相較於
秦漢之際，六國之後復起，出身實屬低微；但卻能降秦滅楚，匡
統海內，超出常識所能理解的範圍。因此，兩漢儒生大都希望在
上古聖王中，搜尋劉氏血緣的相關記錄，以證明漢家亦有紹述聖
統的資格，此即「漢家堯後」興起的思想背景。[129]

　　想要在宗法上證明劉姓與上古聖王的血緣關係，必須對於古
史譜牒有深入的研究，在此領域中，最著名的西漢學者，莫過於
司馬遷。《史記·五帝本紀》云：「予觀《春秋》、《國語》，
其發明《五帝德》、《帝繫姓》章矣」；〈三代世表〉曰：「余
讀諜記，……稽其曆譜諜終始五德之傳，於是以《五帝繫諜》、
《尚書》集世紀黃帝以來訖共和為世表」；〈十二諸侯年表〉
中，更綜合了《左氏春秋》、《鐸氏微》、《虞氏春秋》、《呂
氏春秋》、張蒼曆譜五德、董仲舒所推《春秋》等「《春秋》曆
譜諜」而成。[130]可見太史公著述史事，幾乎囊括當時所有重要
材料，經過深思稽考、論次揀擇後，方刊定成篇，故為上古史的
重要著作。在宗譜方面，太史公亦有所記錄，包括〈五帝本
紀〉、〈夏本紀〉、〈殷本紀〉、〈秦本紀〉等篇，均詳載上古

---

[128] 《史記》，卷48，〈陳涉世家〉，頁1952。

[129] 參見顧頡剛：〈五德終始說下的歷史和政治〉，《顧頡剛古史論文集
　　　（第三冊）》，頁346-355。

[130] 以上分別見《史記》，卷1，〈五帝本紀〉，頁46；卷13，〈三代世
　　　表〉，頁488；《史記》，卷14，〈十二諸侯年表〉，頁509-510。

聖王後世支姓子孫，對於釐清三代以降的宗族譜系，有極大的助益。

　　雖然《史記》記載了許多姓氏譜牒，但對劉姓的淵源卻毫無所悉，更未提出「漢家堯後」的說法，以抬高漢室的宗統地位。〈秦楚之際月表〉云：「昔虞、夏之興，積善累功數十年，……然後在位。湯、武之王，乃由契、后稷脩仁行義十餘世，……其後乃放弒。」[131]可知太史公同樣承認所有受命稱帝者，必須經過數年、甚至數世的積德累功，方有可能，故有「蓋一統若斯之難也」[132]的感嘆。職是以觀，太史公並不是沒有注意到這個問題，而是在眾多的古史資料中，完全不見劉氏家族的相關記載，故司馬遷於此亦未能置一辭。面對這種違背歷史經驗、世俗觀念的現象，太史公亦莫可奈何，只能發出「非大聖孰能當此受命而帝者乎？」的感慨，將劉邦無先祖之德卻能建朝稱帝的事實，訴諸天命所歸的神祕力量了。

　　史書中，首倡「漢家堯後」者，為昭帝時的《公羊》學者眭弘。當時泰山大石自立，僵柳復起，於是眭弘推災異，以為「漢家堯後，有傳國之運」，建請天子求索賢人，禪以帝位。由於所言大逆不道，祅言惑眾，最後落得論罪伏誅的下場。[133]爾後，班固在《漢書・高帝紀》中，對於劉氏譜系有更完整的記錄：

　　〈贊〉曰：《春秋》晉史蔡墨有言，陶唐氏既衰，其後有
　　劉累，學擾龍，事孔甲，范氏其後也。而大夫范宣子亦

131　《史記》，卷 16，〈秦楚之際月表〉，頁 759。
132　《史記》，卷 16，〈秦楚之際月表〉，頁 759。
133　見《漢書》，卷 75，〈眭弘傳〉，頁 3153-3154。

曰：「祖自虞以上為陶唐氏，在夏為御龍氏，在商為豕韋

氏，在周為唐杜氏，晉主夏盟為范氏。」范氏為晉士師，

魯文公世奔秦。後歸于晉，其處者為劉氏。

劉向云：「戰國時劉氏自秦獲於魏。秦滅魏，遷大梁，都

于豐，故周市說雍齒曰：『豐，故梁徙也』」。

是以頌高祖云：「漢帝本系，出自唐帝。降及于周，在秦

作劉。涉魏而東，遂為豐公。」豐公，蓋太上皇父。其遷

日淺，墳墓在豐鮮焉。及高祖即位，置祠祀官，則有秦、

晉、梁、荊之巫，世祠天地，綴之以祀，豈不信哉！是推

之，漢承堯運，德祚已盛，斷蛇著符，旗幟上赤，協于火

德，自然之應，得天統矣。[134]

班固〈贊〉文主要由三大段落組成，首段是從「《春秋》晉史蔡
墨有言」到「其處者為劉氏」，最早可上溯至《左氏》的三段傳
文。[135]前輩學者對此有兩派意見：一是將《左傳》視作劉歆偽
造，刻意在書中安插劉家上代的相關記載，並竄入《史記》當
中。[136]一則以為《太史公書》於東漢已是流傳甚廣的權威著
作，不可能輕易竄改，故其徵引的《左傳》，乃真正的先秦古

---

[134] 《漢書》，卷1下，〈高帝紀〉，頁81-82。

[135] 「晉史蔡墨」一段，見《左傳》，卷53，〈昭公二十九年〉，頁992-
926；「范宣子」一段，見《左傳》，卷35，〈襄公二十四年〉，頁
608-609；「范氏為晉士師」一段，見《左傳》，卷19下，〈文公十三
年〉，頁332-333。

[136] 參見顧頡剛：〈五德終始說下的歷史和政治〉，《顧頡剛古史論文集
（第三冊）》，頁346-355、383-399。陳槃：《古讖緯研討及其書錄解
題》（臺北：國立編譯館，1991年2月），頁29。

籍。[137]綜合前文所述，最早提出「漢家堯後」的學者，是眭弘以及班固〈贊〉文所徵引的劉向。若此說出自《左傳》，以眭弘師承而言，受《公羊》於「守學不失師法」[138]的嬴公，按理不會加以採用；就班氏提到的劉向來說，或許未必會大肆宣揚，但其子劉歆沒有理由不援作立古文經於學官的根據，反而到東漢班固才匯集傳文。進一步觀察「漢家堯後」的流傳狀況，雖經過眭弘、劉向、劉歆、王莽等人的稱述運用，終西漢一世卻無任何經師著明其出處，更遑論涉及和《左傳》的關係。根據上述理由，特別是眭弘的師承學派，使得主張《左傳》為真的學者，不得不替「漢家堯後」的來源另尋解說：或認為是西漢學者的共識，無煩引據，[139]或以為始於讖緯家的發明，[140]但因缺乏確切例證，難以令人完全信服。

　　事實上，「漢家堯後」的主要論據，在於「陶唐氏既衰，其後有劉累」一語，並兩見於《史記‧夏本紀》[141]、《左傳‧昭公二十九年》。揆諸武帝以後的學術環境，楊惲、褚少孫、馮商等，俱誦習《太史公書》；[142]成帝時，東平思王劉宇曾上疏求

---

137 參見錢穆：〈評顧頡剛五德終始說下的政治與歷史〉，收入《顧頡剛古史論文集（第三冊）》，頁 465-478。楊向奎：《西漢經學與政治》，收入林慶彰主編：《民國時期經學叢書（第二輯）》（臺中：文听閣圖書有限公司，2008 年 7 月），第 7 冊，頁 33-34。

138 《漢書》，卷 88，〈儒林傳〉，頁 3616。

139 參見錢穆：〈劉向歆父子年譜〉，《兩漢經學今古文平議》，頁 3。

140 參見楊權：《新五德理論與兩漢政治──「堯後火德」說考論》，頁 75-84。

141 〈夏本紀〉作：「陶唐既衰，其後有劉累。」（卷 2，頁 86）

142 《漢書‧楊惲傳》：「惲始讀外祖《太史公記》，頗為《春秋》。」

《太史公書》；[143]揚雄自述撰著《法言》緣由，亦言：「及太史公記六國，歷楚漢，訖麟止，不與聖人同，是非頗謬於經。故人時有問雄者，常用法應之。」[144]由此可證，相較於《左傳》的傳承而言，[145]司馬遷所著的《太史公書》流行更加廣泛。職是之故，與其說「漢家堯後」出於《左傳》，毋寧說西漢後期學者是從《太史公書》中找到立說的根據。透過如此的理解，一來眭弘身為《公羊》大家卻首倡此說的矛盾，可以渙然冰釋；二來此說為當時學術共識的說法，亦能確實找到文獻上的證據。其實，前述兩派學者均已留意到《史記》存有相關的記載，但受到清末辨偽風氣的影響，陷入爭辯《左傳》真假的盲點，對於討論「漢家堯後」的建立過程，反倒造成治絲益棼的障礙。

只舉出學術背景，便斷言「漢家堯後」源自《太史公書》，理據似乎稍嫌不足，還需回歸文獻資料，特別是與西漢學者相關部份，才能充份得到證實。首先，眭弘言「漢家堯後，有傳國之

（卷 66，頁 2889）《史記·三王世家》：「褚先生曰：臣幸得以文學為侍郎，好覽觀太史公之列傳。」（卷 60，頁 2114）《史記·孝武本紀》標題下司馬貞《索隱》云：「褚先生名少孫，元成間為博士。」（卷 12，頁 451）《漢書·藝文志》錄有「馮商所續《太史公》七篇。」顏師古《注》引《七略》言：「商陽陵人，治《易》，事五鹿充宗，後事劉向，能屬文，後與孟柳俱待詔，頗序列傳，未卒，病死。」（卷 30，頁 1712）

[143] 見《漢書》，卷 80，〈東平思王傳〉，頁 3324-3325。

[144] 《漢書》，卷 87下，〈揚雄傳下〉，頁 3580。

[145] 劉歆曾以「杜塞餘道，絕滅微學」（《漢書》，卷 36，〈劉歆傳〉，頁 1971）責讓太常博士，可知當時雖有經師傳習《左傳》，但並未廣為流傳，此即劉歆欲立《左氏》於學官的原因。

運」，[146]重點在於揭示漢、唐同運，並未詳細提及劉氏的譜牒
繁衍，故其文獻根據只需採用「陶唐既衰，其后有劉累」[147]一
語，不一定要親自閱覽《左傳》。至於班固〈贊〉文，是兩漢學
者建構「漢家堯後」的重要資料，但其中混雜了班固、劉向兩人
的說法，必須謹慎檢別。《後漢書・賈逵列傳》曰：「五經家皆
無以證圖讖，明劉氏為堯後者，而《左氏》獨有明文。」[148]這
是史書中首次明白提到此說出自《左傳》，為西漢經師所未及。
前引班固〈贊〉文在頌高祖詩之後，言「豐公，蓋太上皇父」，
明顯是對詩句的解釋，當是班固之言。因此，班氏所述，惟有
「劉向云」到「遂為豐公」一段，才有可能出自劉向所說。但弔
詭的是：劉向所云，始於戰國；頌詩卻上溯到唐堯，其間仍然有
所齟齬。是以採取最嚴格的標準，只有「劉向云」的部份，方能
確定是劉向的說法。

　　巧合的是，「劉向云」的內容只涉及戰國以後劉家的遷徙經
過：

> 戰國時劉氏自秦獲於魏。秦滅魏，遷大梁，都于豐，故周
> 市說雍齒曰：「豐，故梁徙也。」[149]

此絕非《左氏》經傳所能記載，特別是周市遊說雍齒所言的
「豐，故梁徙也」，正見於《史記・高祖本紀》之中，〈本紀〉

---

146 《漢書》，卷75，〈眭弘傳〉，頁3154。
147 《史記》，卷2，〈夏本紀〉，頁86。
148 《後漢書》，卷36，〈賈逵列傳〉，頁1237。
149 《漢書》，卷1下，〈高帝紀〉，頁81。

且記高祖自述曰：「豐吾所生長，極不忘耳。」又云：「沛公怨
雍齒與豐子弟叛之。」[150]知豐邑中多有高祖子弟，此乃回溯劉
氏宗譜的珍貴資料。循此線索向上考察，所謂「秦滅魏，遷大
梁」，是指魏王假三年（225 B.C.），「秦灌大梁，虜王假，遂
滅魏以為郡縣」，出自《史記・魏世家》。[151]至於「自秦獲於
魏」，在〈魏世家〉中亦有蹤跡可尋，魏文侯三十八年（387
B.C.），「伐秦，敗我武下，得其將識。」[152]魏國與強秦的對戰
結果，雖敗於武下，但仍獲其將軍「識」，為秦國將領受擄的僅
見記載，劉氏遂於此役中，由秦至魏。加上周市所言的「豐，故
梁徙也」，於是居處豐邑的劉氏家族，便可往前追溯到戰國前
期，其世系亦因此延長近二百年。綜前所論，不管是劉向或眭
弘，所有西漢關於劉姓世系的說法，全部都可從《太史公書》中
找到相應的文獻根據，「漢家堯後」出自《史記》的推論，也因
此獲得進一步的確認。

　　至於班固〈贊〉中所云：「及高祖即位，置祠祀官，則有
秦、晉、梁、荊之巫，世祠天地，綴之以祀，豈不信哉！」[153]
文穎釋曰：

　　　　巫，掌神之位次者也。范氏世仕於晉，故祠祀有晉巫。范
　　　　會支庶，留秦為劉氏，故有秦巫。劉氏隨魏都大梁，故有

---

[150] 以上分別見《史記》，卷8，〈高祖本紀〉，頁390、頁352。

[151] 《史記》，卷44，〈魏世家〉，頁1864。

[152] 《史記》，卷44，〈魏世家〉，頁1841。

[153] 《漢書》，卷1下，〈高帝紀〉，頁81。

梁巫。後徙豐，豐屬荊，故有荊巫也。[154]

班、文二氏俱認為高帝置巫者祠官，是為了祭祀劉姓遷徙各地祖
先，看似劉邦稱帝時，即對其先祖世系瞭若指掌。然而，揆諸
《史記‧封禪書》有言：

> 長安置祠祝官、女巫。其梁巫，祠天、地、天社、天水、
> 房中、堂上之屬；晉巫，祠五帝、東君、雲中君、司命、
> 巫社、巫祠、族人、先炊之屬；秦巫，祠社主巫保、族纍
> 之屬；荊巫，祠堂下、巫先、司命、施糜之屬。[155]

可知秦、晉、梁、荊之巫，原是高帝集中先秦以來的各種神祠，
以統一管理全國宗教信仰，和劉姓祖先並無多大關聯。班固只是
依照劉向提出的譜系，再於《史記》中找出可供附會的段落，頗
有斷章取義之嫌，其用意在於加強世系的可信程度，證明劉氏家
族的源遠流長。綜前所述，《漢書‧高帝紀》的〈贊〉文，實際
上有很大成份，乃班固主觀的判斷和理想，目的在於以經典史傳
的記載，論證漢朝「堯後火德」的正統地位。[156]

---

[154] 《漢書》，卷1下，〈高帝紀〉，頁83，顏師古《注》所引。

[155] 《史記》，卷28，〈封禪書〉，頁1378-1379。

[156] 學者曾透過分析「五經博士的成立」、「董仲舒的對策」，以及「堯後
火德的內容」，指出《漢書》中有許多篇章段落，為班固捏造儒學官學
化的虛構產物。詳見（日）福井重雅：《漢代儒教の史的研究—儒教の
官學化をめぐる定說の再檢討—》（東京：汲古書院，2005 年 3
月）。

　　必須澄清的是，言「漢家堯後」出自《太史公書》，並非指司馬遷首創此說。如前所論，史遷面對劉邦起於窮巷，終登帝位的特殊現象，感到難以理解，忍不住發出「豈非天哉！」的慨嘆。另外，在〈夏本紀〉亦僅記「陶唐既衰，其后有劉累」，可見經過司馬遷比輯資料，謹慎研究後，除了同為劉姓外，並未找到劉累和高帝的任何關聯，因此沒有在此大作文章，更遑論提出「漢家堯後」的主張了。[157]至於劉向之言，司馬遷在〈魏世家〉中，自述曾適大梁之墟；又於〈魏公子列傳〉內，載高祖即天子位，常過大梁祠祀信陵君；〈樊酈滕灌列傳〉後，亦云：「吾適豐沛，問其遺老」；〈太史公自序〉亦有：「晉中軍隨會奔秦」。[158]四段記錄均涉及魏國、士會事蹟，卻完全沒有任何劉姓宗譜的相關記錄，故所謂「秦滅魏，遷大梁，都于豐」云云，實為劉邦、史遷所未聞。由此可見，眭弘證成「傳國之運」、劉向追尋劉氏宗譜，乃是二人各自在《史記》中找到立說的根據；換句話說，「漢家堯後」的主張，是由眭弘、劉向兩種說法組合而成。

　　進一層觀察眭弘、劉向的主張，前者僅言「漢家堯後，有傳國之運」，並未涉及劉姓世系。至於劉向，一方面身為漢室宗族

---

[157] 有學者以為，「劉累」原作「龍累」，懷疑是漢代儒生欲建構劉家世系，故改成形、音相近的「劉」取代「龍」。參見（日）平勢隆郎：《中國古代紀年の研究—天文と曆の檢討から—》（東京：汲古書院，1996 年 3 月），頁 234-235。

[158] 以上分別見《史記》，卷 44，〈魏世家〉，頁 1864；卷 77，〈魏公子列傳〉，頁 2385；卷 95，〈樊酈滕灌列傳〉，頁 2673；卷 130，〈太史公自序〉，頁 3285。

的一份子，另方面自第二代楚元王劉郢客開始，歷代多負責典掌
親屬的「宗正」官職，其本身亦曾任「散騎宗正給事中」，[159]
是以能夠對於劉氏遷徙過程如此瞭若指掌。若加上前節已述，劉
向既明三統說，又知堯舜禪讓的歷史，很容易便可將劉姓世系自
戰國上推至陶唐；但遍查所有劉向的著作言論，卻絲毫不見「漢
家堯後」的主張。即使到了新莽時，劉歆之子劉疊奉堯後，亦未
如王莽作《自本》詳述王氏本系，[160]而是遲至東漢才有完整記
錄；甚至哀帝曾自號「陳聖劉太平皇帝」，[161]前後充當唐堯、
虞舜的角色，上演自己傳位給自己的荒謬鬧劇。[162]凡此皆可證
明，西漢時期的「漢家堯後」，原未包括劉姓世系的內容，只是
有心人士用來宣揚漢室有「傳國之運」的理論工具。

　　再與前節「漢為火德」並觀，世系和傳國原分為二的狀況更
加明顯。由於班固〈贊〉文引劉向言：「秦獲於魏」、「秦滅
魏」云云，表示劉向將秦朝計入王朝之中，故其古史世次當如
「附表六」，亦即唐堯不必與劉漢同為火德，亦非同運。劉歆
《世經》雖增閏位水德，使漢紹堯運，均為火德，但僅需引伸眭
弘之說，不必涉及劉姓世系。何況劉德之孫、和劉歆同輩的劉慶

---

159 見《漢書》，卷 36，〈楚元王傳〉，頁 1921-1972。曾任「宗正」者，
　　尚有劉禮、劉辟彊、劉德、劉慶忌等。
160 見《漢書》，卷 98，〈元后傳〉，頁 4013。
161 《漢書》，卷 11，〈哀帝紀〉，頁 340。
162 陳姓為虞舜之後，王莽曰：「虞帝之先，受姓曰姚，其在陶唐曰媯，在
　　周曰陳，在齊曰田，在濟南曰王。……姚、媯、陳、田、王氏凡五姓
　　者，皆黃、虞苗裔，予之同族也。」（《漢書》，卷 99 中，〈王莽傳
　　中〉，頁 4106）由此可知，「漢家堯後」對於哀帝而言，只具「傳國
　　之運」的意義，而非指劉姓必定是唐堯之後，也可以陳、劉並稱。

忌亦任職「宗正」，在朝廷譜牒俱在的前提下，不可能讓劉歆恣意造作。至東漢初，蘇竟作〈與劉龔書〉，提到「火德承堯，雖昧必亮，承積世之祚，握無窮之符。」[163]劉龔乃是劉歆兄子，由唐至漢曾經歷「積世之祚」，卻透過蘇竟才知，足證劉歆的確尚未將劉姓世系前推至陶唐。事實上，真正明白將傳國之運和劉姓宗譜組合起來，並明確點明出自《春秋》者，始見於東漢班彪的〈王命論〉，其言云：「劉氏承堯之祚，氏族之世，著于《春秋》。唐據火德，而漢紹之。」[164]自此，劉氏非但和唐堯同屬火德，亦成為其胤胄子孫，於是「堯後火德」之說正式宣告成立。其中的關鍵，在於舉出《左傳》當作根據，以銜接夏代劉累和戰國世系。

以班固〈贊〉文中的頌高祖詩而言，惟有「降及于周，在秦作劉」一語不能自《史記》中找到相關資料，這正是眭弘、劉向所未提及的部份，「漢家堯後」的說法亦因此在周代斷成兩截，而削減理論的有效性，此即西漢以後經師必須取《左傳》記載加以葺補的緣由。但西漢後期《左傳》學者如此眾多，卻無人能夠填滿劉累和戰國之間的空缺，反倒在光武時期，才言「氏族之世，著于《春秋》」，[165]可見其中大有蹊蹺。

---

163 《後漢書》，卷 30 上，〈蘇竟列傳〉，頁 1043。

164 （梁）沈約：《宋書》（北京：中華書局，1997 年 11 月），卷 27，〈符瑞志上〉，頁 772。

165 當時隗囂佔據雍州，與公孫述連通聲氣，抗拒光武帝劉秀，故班彪作〈王命論〉，希望能夠諭知隗囂，歸順光武。事見《後漢書》，卷 13，〈隗囂列傳〉，頁 513-532；卷 40 上，〈班彪列傳〉，頁 1323-1330。

　　要梳理箇中問題，必須要詳細辨析班固〈贊〉文所引的三段《左傳》文字。首先，《左傳·昭公二十九年》云：

> 有陶唐氏既衰，其後有劉累，學擾龍于豢龍氏，以事孔甲，能飲食之。夏后嘉之，賜氏曰御龍，以更豕韋之後。[166]

此段文字，亦見於《史記·夏本紀》。劉累為唐堯之後，夏王孔甲因其擾龍有功，賜姓御龍氏，其後又更作豕韋氏。《史記》所載，僅止於夏代，在《左傳·襄公二十四年》中，則透過范宣子自述家世，將此宗譜延續到春秋時期：

> 昔匄之祖，自虞以上為陶唐氏，在夏為御龍氏，在商為豕韋氏，在周為唐杜氏，晉主夏盟為范氏。[167]

同樣的敘述，亦見於《國語·晉語八》。此段原是范宣子和叔孫豹的對話，叔孫豹更提出立德、立功、立言的「三不朽」，平帝時王舜曾徵引其說，建請立王莽為宰衡，[168]當非後世所能假造。劉累的後代，經過御龍、豕韋、唐、杜等氏，到春秋時已改姓范氏，並任職於晉國，活躍於當時政治舞臺，劉姓嗣統反倒隱匿不顯。[169]因此，欲尋求春秋時期的漢室宗譜，必須依附在同

166　《左傳》，卷53，〈昭公二十九年〉，頁922。
167　《左傳》，卷35，〈襄公二十四年〉，頁608。
168　見《漢書》，卷99上，〈王莽傳上〉，頁4066-4067。
169　《左傳》中，有劉康公、劉定公、劉獻公、劉桓公一系，亦姓劉。此系始自康公，出自周頃王，為定王母弟，因封於劉，故以邑為氏，與漢室

是劉累之後的范氏家族上。[170]然而，范氏家族中，或以官為氏而姓「士」，或以食邑為氏而姓「隨」、「范」，[171]完全無涉於「劉」姓，造成繫聯上的困難。

有鑑於此，《左傳》關於劉姓世系的第三段敘述，具有非常重要的功能，其言曰：

> 晉人患秦之用士會也。……乃使魏壽餘偽以魏叛者，以誘士會。……秦伯師于河西，魏人在東。壽餘曰：「請東人之能與夫二三有司言者，吾與之先。」使士會，士會辭曰：「晉人，虎狼也。若背其言，臣死，妻子為戮，無益於君，不可悔也。」秦伯曰：「若背其言，所不歸爾帑者，有如河。」乃行，繞朝贈之以策，曰：「子無謂秦無人，吾謀適不用也。」既濟，魏人譟而還，秦人歸其帑。其處者為劉氏。[172]

劉姓無關。參見（清）陳厚耀：《春秋世族譜》，收入《文淵閣四庫全書》（臺北：臺灣商務印書館，1983 年 6 月），第 172 冊，卷上，頁 356。

[170] 不只漢室劉姓附會於范氏家族，《漢書・韋賢傳》中，韋孟作詩云：「肅肅我祖，國自豕韋」，又曰：「總齊羣邦，以翼大商」（卷 73，頁 3101），正本於范宣子所言「在商為豕韋氏」。其後又言「至于有周，歷世會同」（卷 73，頁 3101），韋氏始見於韋賢一系，秦漢以前並未出現任何姓韋人名，更遑論「歷世會同」了，故當亦是依附范宣子「晉主夏盟為范氏」一語。

[171] 參見（清）陳厚耀：《春秋世族譜》，收入《文淵閣四庫全書》，第 172 冊，卷上，頁 362。

[172] 《左傳》，卷 19 下，〈文公十三年〉，頁 332-333。

士會為范宣子的祖父，根據《左傳》、《史記・秦本紀》、〈晉
世家〉所記，原是晉國大臣，於魯文公六年（621 B.C.）隨先蔑
使秦迎公子雍。魯文公七年（620 B.C.）秦、晉令狐之戰時，跟
隨先蔑奔秦。到了魯文公十二年（615 B.C.），秦、晉戰於河
曲，秦伯用士會之言，掩襲晉上軍，晉卿趙穿險些被秦所獲，此
即晉人患秦用士會的原因。[173]晉國於是派遣魏壽餘誘歸士會，
利用文公十三年（614 B.C.）秦伯入侵瑕邑的機會，建議秦伯派
遣士會勸說魏人歸降，趁機讓士會能夠回到晉國。士會擔心自己
一去，妻兒將遭殺戮，故刻意引秦伯指河立誓，使其必歸士會家
眷。士會果然一去不復返，但秦伯依舊信守誓約，終究還是歸其
妻帑，返回晉國。其留於秦國未歸者，恢復劉累舊姓，而為高祖
之先。[174]根據此段史事，向上可繫於陶唐劉累，合於睦弘所
言；往後可銜接劉向「自秦獲於魏」的說法，進而貫通上下世
系，證實豐邑劉邦確為唐堯胤嗣。換句話說，此段所述，尤其是
「其處者為劉氏」一語，實為證成「降及于周，在秦作劉」的關
鍵記錄。

　　然而，問題在於：《左傳》全書中，僅有「其處者為劉氏」
一句，卻無任何其他劉氏的記載？前引《左傳・昭公二十九年》
一段，見於《史記・夏本紀》；〈襄公二十四年〉一段，見於

---

[173] 以上見《左傳》，卷 19 上，〈文公六年〉，頁 315；卷 19 上，〈文公
　　 七年〉，頁 317-318；卷 19 下，〈文公十二年〉，頁 330-331。

[174] 此為杜預的解釋。清儒惠棟以為：「處者為留，謂留于秦者遂以為氏。
　　 漢人因改『留』為『劉』，以合卯金刀之說。」轉引自（清）洪亮吉：
　　 《春秋左傳詁》（北京：中華書局，2004 年 2 月），上冊，卷 9，頁
　　 377。

《國語‧晉語八》及《漢書‧王莽傳上》；其間文字雖未盡相同，但事件始末俱無差忒。只有《左傳‧昭公二十九年》一段，綜覽所有西漢《左傳》學者，惟司馬遷於《史記‧秦本紀》、〈晉世家〉中記有此事，卻僅止於「會遂歸晉」，更未提及「其處者為劉氏」的關鍵記錄，足證史遷只知士會奔秦歸晉之事，對於留處秦國的劉氏確實毫無所悉。再就事理來看，既然秦人已「歸其帑」，又為何能有「其處者」？即便承認有處於秦國者，但士會於文公六年使秦，七年奔秦，十三年歸晉。其使秦是為了迎公子雍繼任為君，在「國不可一日無君」的狀況下，必須盡速回國，按理不可能有親眷隨行；奔秦是因晉國改立靈公而發兵阻止公子雍回國，亦事出倉促，迫於無奈；故秦伯所歸妻帑，當是士會奔秦後所娶所生。倘若如此，在短短六、七年間，秦、晉交戰頻仍的局勢下，[175]士會居然能夠子孫滿堂，人數足以或返晉國，或留秦國，進而分成范、劉兩大支系，實在遠悖於常理。因此，有充份理由懷疑此句乃是後人附益而成。推測造作並竄入《左傳》的時間，前引蘇竟〈與劉龔書〉，已略見雛形，蘇氏曾在王莽時和劉歆共典校書，前文已論，劉歆尚未貫連唐、漢世系，故其說應在與劉歆共事之後，不會早於新莽時期；其下限則在班彪作〈王命論〉勸說隗囂降漢以前，根據《後漢書‧光武帝紀下》，時為建武六年（30），其目的當是為了證成光武中興的

---

[175] 按《史記‧十二諸侯年表》（卷 14，頁 603-608），自魯文公七年（620 B.C.）到十三年（614 B.C.）之間，秦、晉共發生大小戰役至少有五回，除了魯文公九年（618 B.C.）、十一年（616 B.C.）外，幾乎年年都有戰事。

正統地位。[176]

結　語

　　本章主要探討方士理論對西漢儒學的影響狀況，具體以鄒衍的「終始論」作為考察對象，並細分成「主運說」、「終始說」兩部份，由其內在邏輯發展，研究儒者融攝方術的原因和過程。進而發現：由鄒衍到董仲舒，「終始論」在內部結構上，歷經了五行至太一的轉變，無論在內容、時間等方面，均能和西漢郊祀的沿革互相呼應，泰時取代雍時成為至尊上帝的原因，亦可以得到妥善的解釋。不過，這並非意指武帝時期方士的怪迂之言，乃是發自董仲舒的《公羊》學說，[177]而是當時的思想環境，正配合著帝國的建立而趨於一統。董仲舒以「元」的形上本體，縮合「終始論」的五德架構，葺補鄒衍理論內在邏輯可發展卻未完成的部份。簡單來說，即是以儒家學說為基礎，融攝並深化了方士虛言謬說，使其不再只是荒誕迂怪的排列組合，形成秦漢思想的巔峰代表。

　　其次，觀察西漢晚期儒生改造、運用「終始說」的實際情

---

[176] 學者由漢初承秦和微言豫兆的角度，以為「其處者為劉氏」一句，當作於西漢初年或戰國考期。參見（日）平勢隆郎：《『左傳』の史料批判的檢討》（東京：汲古書院，1998 年 12 月），頁 143-150。然文中附會、推測成份過多，缺乏堅強的證據，恐怕有待商榷。

[177] 亦有學者認為「董仲舒以陰陽定法令，垂則博士，神人大巫也。」見章太炎：《檢論》（臺北：廣文書局，1970 年 12 月），卷 3，〈學變〉，葉 20。

形，亦即關於漢代「堯後火德」的成立經過。進而發現：此說不僅是「漢為火德」、「漢家堯後」的複合命題，而且「漢家堯後」原本亦可分作「傳國之運」、「劉姓世系」兩部份。就「漢為火德」而言，《漢書》、《漢紀》籠統地記作「劉向父子」所創，事實上是劉向首先改造鄒衍學說，劉歆在其基礎上增設水德閏位，使整個理論益加周密完備。以「傳國之運」來說，最早由眭弘提出，在政治上間接促成哀帝更始、王莽篡漢，劉歆更融合「堯後」、「火德」兩說，建構出《世經》的歷史循環理論，對於日後王朝興替的正統性解釋，產生了極其深遠的影響。[178]另外，劉向以漢室親族、職任宗正的身份，回溯「劉姓世系」至戰國初期。到了新莽、光武之際，儒生才於《左傳》中增添「其處者為劉氏」一語，正式將唐堯至劉漢的世系完全貫聯起來，進一步加強「堯後火德」的學說效力。至於儒者立論的文獻基礎，無論是劉向的「漢為火德」、「劉姓世系」，抑或眭弘的「漢家堯後」，完全都可以在司馬遷所著《太史公書》中找到相應資料，可知《史記》正是西漢儒生建構「堯後火德」的主要根據。只不過劉向、眭弘所論，往往因某些特定目的而加以引伸，和史遷原意出入甚大，但卻在儒生的認同及鼓吹中，不僅漢代德運因而確定，亦訂立了日後歷朝興替傳承的循環模式。

---

[178] 關於漢代以後各朝所屬德運，可參見楊權：《新五德理論與兩漢政治──「堯後火德」說考論》，頁 21-30。

第五章　儒學話語的構成與形態

　　藉由前章的分析研究，可以發現秦漢時期「五德終始論」的
發展脈絡：從殷商祀典到五德相生，「主運說」彰顯一年四時
「周行不殆」的循環結構，然其循環僅於原地，尚未能開展；
「終始說」則據「主運說」循環結構為基礎，由原地的反覆回
歸，改造成往前開展的時代巨輪，從而建構起王朝輪替的詮釋體
系；其後，董仲舒以《春秋》之「元」為思想基礎，重新喚回形
上結構中，獨立不改的終極本體，融攝且改造了鄒衍的終始論。
誠如梁啟超所言：

> 然則造此邪說（筆者案：指陰陽五行說）以惑世誣民者誰
> 耶？其始蓋起於燕齊方士；而其建設之，傳播之，宜負罪
> 者三人焉：曰鄒衍，曰董仲舒，曰劉向。[1]

梁氏受到民初學風的影響，[2]將戰國以降的陰陽五行說，視作

---

[1]　梁啟超：〈陰陽五行說之來歷〉，收入顧頡剛編：《古史辨（第五
　　冊）》，頁 343-362。

[2]　關於梁氏同期的史學觀點，可參考王汎森：〈價值與事實的分離？──
　　民國的新史學及其批評者〉，《中國近代思想與學術的系譜》（臺
　　北：聯經出版事業有限公司，2003 年 6 月），頁 377-462。

「惑世誣民」的「邪說」，未能持平辨析其在中國思想史的作用和意義，殊為可惜；但其批評正確點出秦漢時期儒生和方士間的承續關係，乃是基於兩者均大量運用陰陽五行說的共通特色。精準地說，正是武帝以後儒生建構起更完備、更有效、更優越的學說體系，才能取代西漢前期的方士之言，進而獲得在國家祭禮、王朝興替等議題上的發言權。

　　西漢儒生對於終始論的吸收及轉化，表現出與方士在「內在理論」上的關聯性、承續性。職是，梁啟超、顧頡剛、勞思光等學者，判定漢代儒學為「邪說」、「黑暗」[3]、「沒落」[4]的緣由，可以得到合理的解釋，亦即在同樣運用陰陽五行說角度上，將秦漢時期的儒生、方士歸作同類。然而，儒生與方士畢竟是兩類，即使初期或許混淆難辨，至武帝以後便明顯趨向兩端，例如谷永請求成帝「距絕此類」[5]、劉向奏甘忠可「假鬼神罔上惑眾」，[6]正是站在儒生的立場對方術加以責斥。因此，對於西漢儒學的考察，除了要注意方士、儒生的關聯性、承續性外，尚須釐清其間的差異，並闡明兩者開始分離的發生原因，方能窺得當時學術變遷的全豹。

　　若說「內在理論」的探討可找出方士、儒生間的連續關係，兩者的差異性、斷裂性，則有待「外在規律」的解析。所謂「外在規律」，指的是分析某時期學者觀看、論說事物的規則或方法，亦即探討當時的「話語形態」（discursive formation）。關

---

[3]　參見顧頡剛：《秦漢的方士與儒生》，〈序〉，頁 1-12。
[4]　參見勞思光：《新編中國哲學史（二）》，頁 9-17、22-29。
[5]　《漢書》，卷 25 下，〈郊祀志下〉，頁 1261。
[6]　《漢書》，卷 75，〈李尋傳〉，頁 3192。

於「話語形態」的概念，第一章已有解說，簡而言之，「內在理論」研究陰陽五行等學說內容，主要在於討論「說什麼」（what）；「外在規律」則關注言談風格、論事態度等論述樣貌，偏重於「怎麼說」（how）。有關此種研究視野，顧頡剛已略有涉及：

> 為什麼有今文家？為什麼有古文家？他們出現的社會背景和歷史條件是什麼？……研究的結果，使我明白儒生和方士的結合是造成兩漢經學的主因。……試問漢武帝以後為什麼不多見方士了？原來儒生們已儘量方士化，方士們為要取得政治權力已相率歸到儒生的隊裏來了。[7]

顧氏觀察到兩漢經學的產生，與儒生、方士間的牽纏有密切關聯，洵為卓見。文中主要舉出《洪範五行傳》一類的「天書」，以及劉歆、王莽所造的新五德終始論當作例證，兩者均是儒生吸收、改造陰陽五行的實際結果，屬於「內在理論」的連續關係，進而歸納出「儒生和方士的結合是造成兩漢經學的主因」的結論。至於「儒生方士化」、「方士歸到儒生群體」部份，則是留意到兩者間「話語形態」的異同，亦即以論說事物的方法，說明造成儒生、方士分合的歷史條件。可惜顧氏尚未確切掌握「話語形態」的差異性，遂將儒生融攝五德終始論的過程，視作西漢「儒生方士化」的學術趨勢，並據以解釋武帝以後不多見方士的原因。若循其解說，西漢儒生、方士的界線理應日漸消泯，但就

7　顧頡剛：《秦漢的方士與儒生》，〈序〉，頁 5-7。

前舉谷永、劉向的言論來看，均是儒生責斥方術的自覺主張，足證武帝以後兩者之間的界線是越趨明顯，並非相混為一。

因此，本章便以《史記》、《漢書》等相關篇章中，參與郊祀、宗廟議題的方士、儒生作為主要對象，分析、歸納二者間「話語形態」的相異之處。探討同樣面對國家祭禮的議題上，儒生、方士在言談風格、經典運用、論禮態度等方面，如何呈現截然不同的規則樣貌，展示其間正在分離的實況，藉以釐清儒生和方士間的界線。進而說明武帝以後的儒生，在何種歷史條件下，一方面可以吸收陰陽消息、五德終始等學說，又能同時自別於方術之士，終於產生禮學的話語形態，成為西漢儒學的主要特徵。

第一節　悠謬迂誕的方士話語

前輩學者多將西漢方士、儒生視作同類，然詳細檢繹史書，可以發現即使在秦漢時期，兩者雖常在國家的祭祀、德制等方面參與咨詢，但其所據學說、話語樣貌卻往往有所差異，甚至不僅只能分作二類。因此，本節首先徵引相關資料，重新辨析秦漢時期的儒生、方士類型，再據以歸納方士的話語形態。

壹、儒生、鄒子之徒、海上方士

儒生、方士的區別，可由秦始皇初并天下後，新帝國的幾項施政開始討論。在議定「皇帝」尊號後，《史記‧秦始皇本紀》載「始皇推終始五德之傳」，以為「方今水德之始」，於是更命河曰「德水」，以冬十月為年首，色上黑，度以六為名，音上大

呂，事統上法。[8]於《史記・封禪書》中，則詳盡記錄始皇所推
「終始傳」的理論內容：

> 或曰：「黃帝得土德，黃龍地螾見。夏得木德，青龍止於
> 郊，草木暢茂。殷得金德，銀自山溢。周得火德，有赤鳥
> 之符。今秦變周，水德之時。昔秦文公出獵，獲黑龍，此
> 其水德之瑞。」[9]

如此說法，明顯繼承鄒衍的五德終始論：

> 凡帝王者之將興也，天必先見祥乎下民。黃帝之時，天先
> 見大螾大螻，黃帝曰：「土氣勝」，土氣勝，故其色尚
> 黃，其事則土。及禹之時，天先見草木秋冬不殺，禹曰：
> 「木氣勝」，木氣勝，故其色尚青，其事則木。及湯之
> 時，天先見金刃生於水，湯曰：「金氣勝」，金氣勝，故
> 其色尚白，其事則金。及文王之時，天先見火，赤鳥銜丹
> 書集於周社，文王曰：「火氣勝」，火氣勝，故其色尚
> 赤，其事則火。代火者必將水，天且先見水氣勝，水氣
> 勝，故其色尚黑，其事則水。[10]

就鄒衍的理路而言，列舉黃帝、禹、湯、文王傳說事蹟當作例
證，一方面闡釋「凡帝王者之將興也，天必先見祥乎下民」的論

8　見《史記》，卷6，〈秦始皇本紀〉，頁237-238。

9　《史記》，卷28，〈封禪書〉，頁1366。

10　《呂氏春秋》，卷13，〈應同〉，頁677。

點，另方面說明土、木、金、火、水的循環架構。此因鄒衍的
「五德終始」為全新理論，有待事例加以證成，否則將流於空口
白言，難以取信於諸侯君王。降及秦國匡統宇內，「或曰」所論
倒置「因為『天先見大螾大螻』，所以黃帝曰『土德勝』」的因
果關係，遂將五德相勝的循環模式作為理論基礎，並找出秦文公
獲黑龍的舊史，當作秦朝水德的祥瑞符應。這是由於鄒衍創發學
說，在某種程度上已受到學界認識，古帝德運既已確定，故能夠
直接援引套用。

　　其次，《史記・秦始皇本紀》又記秦皇於二十八年（219
B.C.）東行郡縣，與魯諸儒生議封禪望祭山川之事，遂封泰山、
禪梁父。其封禪泰山的經過，詳見於《史記・封禪書》：

> 即帝位三年，東巡郡縣，祠騶嶧山，頌秦功業。於是徵從
> 齊魯之儒生博士七十人，至乎泰山下。諸儒生或議曰：
> 「古者封禪為蒲車，惡傷山之土石草木；埽地而祭，席用
> 葅稭，言其易遵也。」始皇聞此議各乖異，難施用，由此
> 絀儒生。而遂除車道，上自泰山陽至巔，立石頌秦始皇帝
> 德，明其得封也。從陰道下，禪於梁父。其禮頗采太祝之
> 祀雍上帝所用，而封藏皆祕之，世不得而記也。[11]

面對封禪大典，秦始皇徵詢禮樂嫻熟、文學博雅的齊魯儒生。然
而由於所提建議，或倡談仁義，如蒲車一類，嫌於「迂遠而闊於

事情」；[12]或崇尚簡樸，如埽地而祭，違背秦皇想要歌功頌德的願望；再加上諸生意見乖異紛歧，未能統整出具體可行的實施辦法。因此，秦皇盡黜儒生言論，自行采擇郊雍所用禮儀，更「除車道」、「立石刻」，故意和儒生立異。爾後，武帝將欲封禪，亦「頗采儒術以文之」，但羣儒既已不能辨明封禪事，且牽拘於《詩》、《書》古文；對於武帝所造封禪祠器，或稱「不與古同」；徐偃又曰「太常諸生行禮不如魯善」，於是採兒寬的建議，盡罷諸儒不用，「乃自制儀，采儒術以文焉」。[13]所以，秦皇、漢武封禪於泰山，雖俱徵詢齊、魯儒生，卻因無法提出具體恰當的祭祀禮節，最終均遭廢黜。

泰山封禪既畢，秦始皇遂東遊海上，窮成山、登之罘、作琅邪臺、立石頌秦德。其後，齊人徐市（福）等上書，言海中有神山，僊人居之，於是派遣徐市（福）入海求僊人，此乃秦皇首次接觸神山僊人、長生不死的傳說。至三十二年（215 B.C.），再使燕人盧生入海訪羨門、高誓等古仙人，又令韓終、侯公、石生尋仙人不死之藥。[14]關於求神仙、不死之說，《史記・封禪書》記其梗概云：

> 自威、宣、燕昭使人入海求蓬萊、方丈、瀛洲。此三神山者，其傳在勃海中，去人不遠；患且至，則船風引而去。蓋嘗有至者，諸僊人及不死之藥皆在焉。其物禽獸盡白，

12　《史記》，卷 74，〈孟荀列傳〉，頁 2343。

13　見《史記》，卷 28，〈封禪書〉，頁 1397。《漢書》，卷 25 上，〈郊祀志上〉，頁 1233；卷 58，〈兒寬傳〉，頁 2630-2632。

14　見《史記》，卷 6，〈秦始皇本紀〉，頁 247-263。

> 而黃金銀為宮闕。未至，望之如雲；及到，三神山反居水
> 下。臨之，風輒引去，終莫能至云。世主莫不甘心焉。及
> 至秦始皇并天下，至海上，則方士言之不可勝數。始皇自
> 以為至海上而恐不及矣，使人乃齎童男女入海求之。船交
> 海中，皆以風為解，曰未能至，望見之焉。[15]

言海上仙山、僊人神藥、金銀宮闕等，咸為世主渴求、奢望的對
象，特別是對於已經獲得至尊地位的帝王而言，在期盼能永保權
勢的心理下，更能產生強大的吸引力，由是可知秦皇、漢武欣羨
於求僊不死的緣由。然而，所謂「神人仙丹」云云，原是「盪盪
如係風捕景，終不可得」，[16]故入海求仙者，一方面言「望見之
焉」，以干惑帝王，使其必得之而甘心，其目的在於假借彷彿若
有的神山仙藥，引起君王對於登天不死的嚮往，再伺機攫取名利
祿位，例如西漢時期新垣平、少翁、公孫卿等，皆賞賜累千金，
欒大尤為尊盛，「至妻公主，爵位重絫，震動海內。」[17]另方面
又推託「風輒引去」，或詐言「為大鮫魚所苦」，[18]或詭稱「不
見其氣」，[19]避免在終無所獲的情況下，遭到君主論罪、譴責。

　　綜前所述，影響秦始皇封禪祭祀、求僊不死者，共有三類：
其一是迂闊尚仁、拘於《詩》、《書》的「儒生」，特別是尚講
誦、習禮樂的魯中諸儒，流風所及，亦浸染至齊地，司馬遷言：

15　《史記》，卷28，〈封禪書〉，頁1369-1370。
16　《漢書》，卷25下，〈郊祀志下〉，頁1260。
17　《漢書》，卷25下，〈郊祀志下〉，頁1260。
18　《史記》，卷6，〈秦始皇本紀〉，頁263。
19　《史記》，卷28，〈封禪書〉，頁1393。

「夫齊魯之間於文學，自古以來，其天性也。」[20]其二是傳承五德終始論的「鄒子之徒」，其三則為稱說神山僊人、延年妙藥的「海上方士」。後兩者的差別，可參考《史記・封禪書》的說法：

> 自齊威、宣之時，騶子之徒論著終始五德之運，及秦帝而齊人奏之，故始皇采用之。而宋毋忌、正伯僑、充尚、羨門高，最後，皆燕人，為方僊道，形解銷化，依於鬼神之事。騶衍以陰陽主運顯於諸侯，而燕齊海上之方士傳其術不能通，然則怪迂阿諛苟合之徒自此興，不可勝數也。[21]

由此可知，「鄒子之徒」主要講述終始五德之運，成為促使秦始皇以秦朝為水德的重要推手。神僊方道則出自燕國，傳說中的四位仙人均能形解銷化，依於鬼神，晚於鄒衍之說。[22]「海上方士」一方面偽託仙方道術，侈言神人僊山、不死靈藥；另方面羨慕鄒衍顯於諸侯，於是在內容上牽合其陰陽五行理論，風格上模倣其怪迂之變、閎大不經的語言特色；進而阿諛苟合、欺罔逢迎，以干世主，獲取名利祿位。據是以觀，秦漢時期的「儒生」、「鄒子之徒」、「海上方士」，雖皆涉及封禪泰山、郊祀

---

[20]　《史記》，卷 121，〈儒林列傳〉，頁 3117。

[21]　《史記》，卷 28，〈封禪書〉，頁 1368-3169。

[22]　《史記・封禪書》：「最後皆燕人」下，司馬貞《索隱》云：「最後猶言甚後也。服虔說止有四人，是也。小顏云：『自宋無忌至最後凡五人』，劉伯莊亦同此說，非也。」（卷 28，頁 1368-3169）由「最後」可知神僊方術晚於鄒衍。

泰一等國家祭祀的議題，卻呈現出相當不同的話語樣貌：「儒生」牽於六藝、嚴謹愨慎，「鄒子之徒」推尊鄒衍、善說五德終始，「海上方士」荒誕怪迂、依於鬼神。

貳、海上方士的話語形態

透過分析秦始皇咨詢禮制、求仙的對象，概略區別出「儒生」、「鄒子之徒」、「海上方士」三種類型。但並非完全根據「如何說」的話語形態，如牽於《詩》、《書》，善說五德終始，為方僊道等，即是屬於內在理論方面的差異。其實，秦始皇亦在相異議題上，分別諮商不同的對象：封禪禮節徵召「儒生」，王朝德制聽從「鄒子之徒」，尋僊訪藥則派遣「海上方士」。然而，至西漢以降，方士亦開始干預禮制、德運的議論，甚至主導文帝、武帝時期國家祭禮的變革。在相同的議題上，方士所以能夠取代原本擅於此道的儒生、鄒子之徒，進而掌握當時德運、祀禮的解釋權，並非提出優越的學說理論，而是取決於特殊的話語形態。經過分類、歸納，主要可總結出兩項：

一、敢為大言、驗方立信

既封泰山，秦始皇東巡海上，齊人徐市（福）、燕人盧生等上言海中神山有僊人及不死之藥，開啟秦皇追求長生不死的奢心。就當時方士之說而論，雖多怪異奇特的神仙傳說，但只是內容上有別於平常，方士本身並未將其所學視作虛妄。這可由侯生、盧生的談話得知：

> 始皇為人，天性剛戾自用，起諸侯，并天下，意得欲從，以為自古莫及己。專任獄吏，獄吏得親幸。博士雖七十

人，特備員弗用。丞相諸大臣皆受成事，倚辦於上。上樂以刑殺為威，天下畏罪持祿，莫敢盡忠。上不聞過而日驕，下懾伏謾欺以取容。秦法，不得兼方，不驗，輒死。然候星氣者至三百人，皆良士，畏忌諱諛，不敢端言其過。天下之事無小大皆決於上，上至以衡石量書，日夜有呈，不中呈不得休息。貪於權勢至如此，未可為求仙藥。[23]

異於後世方士託稱「風輒引去」，來卸除未得神人仙藥的責任，兩生則鑑於始皇剛戾自用、刑殺為威、貪於權勢等人格缺陷，認為若為其求得不死丹藥，無疑會助紂為虐、生靈塗炭，於是相偕亡去。換句話說，侯生、盧生並非對求藥一事有所懷疑，只是不願為虎作倀，在此意義下，說其學內容荒誕不經則可，斷定其講述態度為怪迂苟合，則有待商榷。

其後，最早入海求神藥的徐市（福），由於耗費既多，又數歲不得，擔心遭到秦皇的譴責，因而詐言「為大鮫魚所苦，故不得至」。[24]對徐市（福）來說，原或同侯、盧二生般，深信僊山神藥之說，但徧跡海上卻無所獲後，當亦清楚蓬萊、羨門一類，僅存於幻想傳說之中，並不發生在現實世界裏。於是，在秦法「不驗輒死」[25]的嚴酷壓力下，捏造出各種巧言遁辭，以彷彿若見、幾將臨之的說法，一方面逃脫刑法的懲罰，再方面增益世主求仙的渴望，使其加派更多方士迎仙遇神，以便從中獲得更多利祿。這種明知所論盡虛，卻仍「敢為大言」的話語形態，才是真

---

[23] 《史記》，卷6，〈秦始皇本紀〉，頁258。

[24] 《史記》，卷6，〈秦始皇本紀〉，頁263。

[25] 《史記》，卷6，〈秦始皇本紀〉，頁258。

正怪誕阿諛的方士之徒。

　　職是以論，所謂的「敢為大言」，必須要建立在已知其論為假的前提上，否則若自認所說皆實，即是「真言」，不能視作「大言」。至於方士稱說「大言」，目的是為了惑眾媚主，對於秦始皇來說，或因「初見其術，懼然顧化」，[26]故僅需宣傳不死登僊的異聞、講演彷彿將遇的話術，便足以令其「冀遇海中三神山之奇藥」，[27]至死不渝。降及西漢，海上方士不可勝數，競相編造各種更加迂怪的說法，藉以引發世主延壽升天的渴望；甚至跨越神僊方術的範圍，擴及到王朝德制、郊廟祭祀等領域。例如文帝時黃龍見成紀，應於公孫臣所推土德的豫言，新垣平趁機請立渭陽五帝廟、祠河出周鼎。並且為使文帝接納其說，事先使人獻玉杯於闕下，預言「闕下有寶玉氣來者」，又「候日再中」，[28]形成「驗方立信」的話語特徵。據是可知，正因方士「敢為大言」，所論皆屬妄偽，故必須驗以小方，才能博取君主的信賴；既得信任，便能繼續持其怪迂之說，進而與他說爭勝，斂聚更豐厚、更顯貴的名利祿位。

　　反過來看，方士「驗方立信」之際，亦須保持「敢為大言」的態度。以新垣平而言，豫測闕下寶氣，固然是設計詐偽，然其候日再中，可能基於某種學說，故能推得「日卻復中」[29]的天文異象，正如《淮南子‧覽冥》中亦有「日為之反三舍」[30]的記

26　《史記》，卷7，〈孟荀列傳〉，頁2344。
27　《史記》，卷28，〈封禪書〉，頁1370。
28　《史記》，卷28，〈封禪書〉，頁1383。
29　《史記》，卷28，〈封禪書〉，頁1383。
30　《淮南子》，卷6，〈覽冥〉，頁193。

錄。新垣平原本可以站在實證的立場加以預測，不過如此一來，
其術將為世人所知，往後無法再誆惑群眾，且日復中之事亦因此
顯得平常，難以引起君主的興趣。武帝時，李少君的行事更為顯
例：

> 是時李少君亦以祠竈、穀道、卻老方見上，上尊之。少君
> 者，故深澤侯舍人，主方。匿其年及其生長，常自謂七
> 十，能使物，卻老。其游以方徧諸侯。無妻子。人聞其能
> 使物及不死，更饋遺之，常餘金錢衣食。人皆以為不治生
> 業而饒給，又不知其何所人，愈信，爭事之。少君資好
> 方，善為巧發奇中。嘗從武安侯飲，坐中有九十餘老人，
> 少君乃言與其大父游射處，老人為兒時從其大父，識其
> 處，一坐盡驚。少君見上，上有故銅器，問少君。少君
> 曰：「此器齊桓公十年陳於柏寢。」已而案其刻，果齊桓
> 公器。一宮盡駭，以為少君神，數百歲人也。[31]

從李少君傳習「祠竈、穀道、卻老」等方術，知其亦為海上方士
一類；藉由「匿其年及其生長」，塑造出神秘莫測的形象；加上
不事生產卻饒給有餘，世人反倒愈信其言且爭事之，殊不知其所
以能如此，正是四處接受群眾的饋贈而致。至於從武安侯宴飲，
談到老人年輕時游射處，極可能和新垣平一般，為事先安排的橋
段，透過兩人的唱和，達到「一坐盡驚」的功效。其後覲見武
帝，言宮中銅器為齊桓公器，說穿了不過如同宣帝時張敞視美陽

---

[31]　《史記》，卷28，〈封禪書〉，頁1385。

之鼎般，[32]只要認識銘文古字，瞭解鼎彝形制，便可作出正確的判斷，亦無甚奇怪之處。然而，李少君卻經由上述種種伎倆，存心將自己渲染成特異之士、百歲神人，增添大眾對其擅長方術、使物不死的神奇印象。[33]職是以觀，所謂「敢為大言」的話語形態，除了用於宣傳仙山神藥、安排造假等虛妄之事，亦在「驗方立信」時，將原本可求諸合理解釋的各種現象，刻意神異其術，造成驚駭世人的效果，進而使群眾產生信服心動的心理，以達到宣揚神仙方術的目的。

爾後，爭言能神僊方術者，均循此話語形態加以發揮，包括文成將軍少翁能「夜致王夫人及竈鬼之貌」，五利將軍欒大則「鬬棊，棊自相觸擊」。[34]前者或是傀儡一類的把戲，[35]後者誠

---

[32] 見《漢書》，卷25下，〈郊祀志下〉，頁1251。

[33] 李少君的行徑，令人想起《晏子春秋‧外篇》的一段故事：景公問太卜曰：「汝之道何能？」對曰：「臣能動地。」公召晏子而告之，曰：「寡人問太卜曰：『汝之道何能？』對曰：『能動地。』地可動乎？」晏子默然不對，出見太卜曰：「昔吾見鉤星在四心之間，地其動乎？」太卜曰：「然。」晏子曰：「吾言之，恐子死之也；默然不對，恐君之惶也。子言，君臣俱得焉。忠於君者，豈必傷人哉！」晏子出，太史走入見公，曰：「臣非能動地，地固將動也。」（卷7，頁198-199）

[34] 見《史記》，卷28，〈封禪書〉，頁1389-1390；《漢書》，卷25上，〈郊祀志上〉，頁1222-1223。

[35] 少翁「夜致王夫人及竈鬼之貌」時，武帝必須「自帷中望見」（《史記》，卷28，〈封禪書〉，頁1387），與傀儡戲用布幔隔開木偶和觀眾的形式相符。且學者以為：「蓋喪家用魁櫑，其始意為存亡者之魂。」亦同於少翁致鬼的目的。參見孫楷第：〈傀儡戲考原〉，收入《民俗曲藝》第23、24期合刊（1983年5月），頁146。

如《萬畢術》云：「取雞血雜磨鍼鐵杵，和磁石綦頭，置局上，即自相抵擊也。」[36]僅是利用磁石相吸相斥的原理，兩者俱屬「驗方立信」。至於「敢為大言」的部份，如少翁取帛書飯牛，公孫卿誆稱見神僊、大人之跡等，皆託於造作彷彿之間。[37]前者因武帝識其手書而戳破謊言，於是誅而隱之；後者於武帝問：「得毋效文成、五利乎？」更以處之不疑的態度，益堅其說，曰：「僊者非有求人主，人主者求之。……言神事，事如迂誕，積以歲乃可致也。」遂能逃過不驗輒死的刑責，甚至武帝晚年怠厭方士怪迂之語時，猶派遣公孫卿候神於名山，「羈縻不絕，冀遇其真」，為少數欺紿武帝還能得善終者。[38]

二、虛實錯摻、以今傳古

「敢為大言、驗方立信」，是方士干謁君主、詐惑群眾的主要手段，形成世人對於海上方士的特殊印象；除此之外，若再深入觀察怪迂之說的組成規律，更能精確掌握海上方士的話語樣貌。方術的成份和來源通常相當駁雜，例如武帝時謬忌奏祠太一方，組成「太一、五帝、八通鬼道」的三層祭壇，象徵具體而微的宇宙模型；其後又有人上書天子當祠「三一」：天一、地一、太一，此即《史記·天官書》所謂：「前列直斗口三星，隨北端兌，若見若不，曰陰德，或曰天一。」[39]反映當時星象觀測的水

36　《史記·封禪書》：「綦自相觸擊」下，司馬貞《索隱》引顧氏語（卷28，頁1390）。

37　見《史記》，卷28，〈封禪書〉，頁 1387-1388、1396-1404；《漢書》，卷25上，〈郊祀志上〉，頁 1219-1220、1232-1237。

38　《史記》，卷28，〈封禪書〉，頁1404。

39　《史記》，卷27，〈封禪書〉，頁1290。

準；[40]復有人言祭祀太一、澤山君地長用牛、武夷君用乾魚等，
蓋是異代之法，或來自郡國的風俗。[41]對於三種太一的祭祀方
法，武帝完全未加檢擇，俱令祠官領之如其方，形成禮制上的混
淆。不過，關於封禪、登僊之事，則約略可尋見其變遷的軌跡，
李少君曰：

> 祠竈則致物，致物而丹沙可化為黃金，黃金成以為飲食器
> 則益壽，益壽而海中蓬萊僊者乃可見，見之以封禪則不
> 死，黃帝是也。臣嘗游海上，見安期生，安期生食巨棗，
> 大如瓜。安期生僊者，通蓬萊中，合則見人，不合則隱。[42]

所謂益壽、蓬萊、不死、安期生等，屬於「為方僊道，形解銷
化」[43]的神仙方術，亦是引起武帝殷切企盼的主要部份。祠竈是
《呂氏春秋・十二紀》紀首的「五祀」[44]之一，祀於夏季的三個
月，丹沙則為赤色礦石，兩者五行均屬火；按照「火生土」的循
環規律，既祠竈、煉丹於前，自然可以致方物、得黃金於後，此

40　關於「太一」在古代天文方面的意義，詳見李零：〈「太一」崇拜的
　　考古研究〉、〈「三一」考〉，《中國方術續考》，頁 207-238、239-
　　252。

41　均見《史記》，卷 28，〈封禪書〉，頁 1386；《漢書》，卷 25 上，
　　〈郊祀志上〉，頁 1218。

42　《史記》，卷 28，〈封禪書〉，頁 1385。

43　《史記》，卷 28，〈封禪書〉，頁 1368-1369。

44　「五祀」分別是春祀戶、夏祀竈、秋祀門、冬祀行，中央土則祀中
　　霤。

乃曼衍鄒衍「陰陽〈主運〉」之說。[45]接著推演鑄造飲食器則益壽，[46]益壽則見僊，見僊則封禪不死，宣稱正是上古黃帝登僊不死的祕法。在此，李少君將「方僊道」和「終始論」貫聯為一，並編排世主各種奢望於其中，組織成始自祠竈、終於不死的因果序列。簡單來說，李少君正是絪合神仙方術以及五德終始論，構造出整套可供世主遵循、操作的登僊步驟，既有方法規則可以參照，昇天之日亦不遠矣，進而增強帝王追求不死長生的信心。果然，在李少君的鼓吹下，「於是天子始親祠竈，遣方士入海求蓬萊安期生之屬，而事化丹沙諸藥齊為黃金矣。」[47]

　　再就「方僊道」和「終始論」而言，前者經過秦始皇屢遣方士入海後，已茫茫無所驗，僅靠葇自觸擊、傀儡致神等招數，欺罔時君群眾，盡屬虛構之說。至於鄒衍的「終始論」，不管是規定四時月令的相關篇章，抑或推闡王朝興替的主張，均可見其說在秦漢時期所造成的深遠影響。[48]換句話說，五德終始論正符合

---

[45]　《史記・封禪書》：「騶衍以陰陽主運」下，裴駰《集解》引如淳之語曰：「今其書有〈主運〉。五行相次轉用事，隨方面為服。」（卷28，頁1369）

[46]　「致方物」、「造食器」，可能與古代「夏禹鑄鼎」的傳說有關，可參考杜正勝：〈古代物怪之研究——一種心態史和文化史的探索〉，《大陸雜誌》第104卷第1-3期（2001年12月-2002年3月），頁1-14、1-15、1-10。

[47]　《史記》，卷28，〈封禪書〉，頁1385。

[48]　這不代表古人對於「終始論」完全沒有懷疑，特別是其中構成循環系統的五行觀念。早在《墨子・貴義》中，墨子即駁斥日者五行之占為迷信。《孟子・告子上》則舉「杯水車薪」（卷11下，頁205）的比喻，以數量多寡，說明水未必能勝火。《文子・上德》更推衍出「一刃不能殘一林」、「一掬不能塞江河」、「一酌不能救一車之薪」

現代科學所謂的「假說」，亦即根據已知的事實和原理，對某種
現象及其規律性作出推測和說明，並經過詳細地歸納、分析，得
到一個暫時性但是可以接受的理論。是以其說雖就現代而言，已
在當今科學的發展下，喪失解釋自然、歷史規律的主導地位，但
在古代卻是相對完備的理論架構，具有某種程度的真實性。在此
意義下，李少君將虛構的神方僊道，以及具備實際詮釋效用的五
德終始混合為一，形成「真假相間、虛實錯摻」的話語形態，在
外人似真還虛、未辨究裏的狀況中，更有效率地推闊其謬迂荒誕
之說。

　　值得注意的是，黃帝封禪及登僊不死併舉，正首見於李少君
之言。爾後欒大延續其說，在「黃金可成」、「不死之藥可
得」、「僊人可致」外，增添「河決可塞」的內容，此乃因應武
帝時多次大水為患所致。[49]待元鼎四年（113 B.C.）於后土祠旁
掘得寶鼎，公孫卿復上書假託其師申公之言曰：

> 今年得寶鼎，其冬辛巳朔旦冬至，與黃帝時等。……黃帝
> 得寶鼎宛朐，問於鬼臾區。鬼臾區對曰：「帝得寶鼎神
> 策，是歲己酉朔旦冬至，得天之紀，終而復始。」於是黃

（卷6，頁264），質疑五行相勝的必然性。《孫子・虛實》則就兵法
詭譎的立場，以為「五行無常勝，四時無常位。」（卷中，頁125）
警惕戰時不可墨守舊規，必須出奇方能致勝。

[49] 見《史記》，卷28，〈封禪書〉，頁1389-1390；《漢書》，卷25
上，〈郊祀志上〉，頁1222-1223。案，欒大受封於元鼎四年（113
B.C.），在此之前，建元三年（140 B.C.）、元光三年（132 B.C.）、
元鼎二年（115 B.C.）均曾發生重大水患，造成帝國嚴重災難。

帝迎日推策，後率二十歲復朔旦冬至，凡二十推，三百八
十年，黃帝僊登于天。……曰「漢興復當黃帝之時」。曰
「漢之聖者在高祖之孫且曾孫也。寶鼎出而與神通、封
禪。封禪七十二王，唯黃帝得上泰山封」。申公曰：「漢
主亦當上封，上封能僊登天矣。黃帝時萬諸侯，而神靈之
封居七千。天下名山八，而三在蠻夷，五在中國。中國華
山、首山、太室、泰山、東萊，此五山黃帝之所常游，與
神會。黃帝且戰且學僊。患百姓非其道者，乃斷斬非鬼神
者。百餘歲然後得與神通。黃帝郊雍上帝，宿三月。鬼臾
區號大鴻，死葬雍，故鴻冢是也。其後黃帝接萬靈明廷。
明廷者，甘泉也。所謂寒門者，谷口也。黃帝采首山銅，
鑄鼎於荊山下。鼎既成，有龍垂胡顔下迎黃帝。黃帝上
騎，羣臣後宮從上者七十餘人，龍乃上去。餘小臣不得
上，乃悉持龍顔，龍顔拔，墮，墮黃帝之弓。百姓仰望黃
帝既上天，乃抱其弓與胡顔號，故後世因名其處曰鼎湖，
其弓曰烏號。」[50]

公孫卿提到的「申公」，並非《魯詩》宗師的申公，而是「與安
期生通，受黃帝言」的齊地方士；文中宣稱其「無書，獨有此鼎
書」，[51]則是欲藉祕本獨傳的託辭，突顯其說的稀罕珍貴。以內
容來說，「寶鼎出而與神通、封禪」、「上封能僊登天矣」等，
並歸於黃帝傳說，正是賡續李少君「黃金成以為飲食器則益

50　《史記》，卷 28，〈封禪書〉，頁 1393-1394。
51　《史記》，卷 28，〈封禪書〉，頁 1393。

壽」，以及見僊、封禪、不死的說法。翻過來看，則是公孫卿藉
著獲得汾陰寶鼎，趁勢敷衍李少君的迂論，並且在其基礎上，補
充黃帝上天的許多細節。其中，「封禪七十二王」見於《管子・
封禪》、〈地數〉[52]、《史記・封禪書》[53]、司馬相如〈封禪
文〉[54]、揚雄〈校獵賦〉[55]等篇；至於「迎日推策」、「得寶
鼎」、「萬諸侯」、「神靈之封居七千」、「且戰且學僊」、
「常游五山與神通」、「郊雍上帝」等等，則和《史記・五帝本
紀》、〈封禪書〉所述黃帝事蹟大抵相符。[56]根據司馬遷所言，
乃是在文不雅馴、縉紳不道的百家之言中，擇其言尤雅者，可知
公孫卿稱述的黃帝形象，實淵源有自。另外，附會黃帝和鬼臾區
的問答，亦與馬王堆黃老帛書《十大經》中，黃帝和群臣的對話
形式相同，[57]顯示出西漢黃帝傳說的共通特徵，更添其說的可信
成份。[58]凡此，均為當時學術可接受的理論內容，因而具備某種

---

[52]　〈封禪〉見《史記・封禪書》所引；《管子》，卷23，〈地數〉，頁1352。

[53]　《史記》，卷28，〈封禪書〉，頁1361。

[54]　見《史記》，卷117，〈司馬相如列傳〉，頁3064。

[55]　見《漢書》，卷87上，〈揚雄傳上〉，頁3452。

[56]　〈五帝本紀〉曰：「東至于海，登丸山，及岱宗。西至于空桐，登雞
頭。南至于江，登熊、湘。北逐葷粥，合符釜山，而邑于涿鹿之阿。
遷徙往來無常處，以師兵為營衛。……萬國和，而鬼神山川封禪與為
多焉。獲寶鼎，迎日推笑。」（卷1，頁6）〈封禪書〉錄或曰：「自
古以雍州積高，神明之隩，故立時郊上帝，諸神祠皆聚云。蓋黃帝時
嘗用事，雖晚周亦郊焉。」（卷28，頁1359）

[57]　如〈五正〉的闔冉，〈果童〉的四輔，〈正亂〉、〈成法〉、〈順
道〉的力黑等。參見陳鼓應：《黃帝四經今註今譯》（臺北：臺灣商
務印書館，2001年4月），頁508-522。

[58]　《漢書・藝文志》於「陰陽家」有〈封胡〉五篇、〈風后〉十三篇、

程度的真實性。

　　然而，渲染「鬼臾區號大鴻，死葬雍」、黃帝鑄鼎乘龍的異聞，分別說明鴻冢、鼎湖的名稱來由；再以黃帝的明廷、寒門，穿鑿漢代的甘泉、谷口；此乃就武帝當時建制地名，妄稱上古帝王亦曾如此，成為全段推論中的虛構部份。可知公孫卿沿襲李少君運用「虛實錯摻」的論述手段，將欲阿諛苟合於天子的成份，混雜於「學者所共術」[59]的黃帝傳聞之中，創造出更迂怪、更荒誕，確又更煞有其事、更令人「懼然顧化」的新說，進而引發武帝「嗟乎！吾誠得如黃帝，吾視去妻子如脫躧耳」[60]的讚歎。公孫卿編造這整套真假相間的黃帝傳聞，與其說是據古論今，毋寧是為了證明「漢之聖者在高祖之孫且曾孫也」，藉以鼓吹當今「漢主亦當上封」，進而將「以今傅古」的話語形態，擴充至極其迂怪的規模。[61]

　　往後，方士無不爭獻其術：濟南人公玉帶於群儒諸生莫知封禪禮儀時，上書黃帝時明堂圖，其內容乃推衍謬忌太一祠壇而成。元封元年（110 B.C.）冬，將封泰山，先北巡朔方，祭黃帝冢於橋山，武帝問曰：「吾聞黃帝不死，今有冢，何也？」方士詭稱「黃帝已僊上天，羣臣葬其衣冠」，巧為掩飾。既封泰山，

　　〈力牧〉十五篇、〈鬼容區〉三篇，班固自注均言：「黃帝臣，依託也。」（卷 30，頁 1759-1760）其中「鬼容區」即「鬼臾區」。

59　《史記》，卷 74，〈孟荀列傳〉，頁 2344。

60　《史記》，卷 28，〈封禪書〉，頁 1394。

61　汾陰得寶鼎，羣臣皆賀武帝曰：「陛下得周鼎」，獨吾丘壽王言非周鼎，云：「此天之所以與漢，乃漢寶，非周寶也」，受賜黃金十斤（見《漢書》，卷 64 上，〈吾丘壽王傳〉，頁 2797-2798）。正和公孫卿阿諛苟合的行徑相符，只不過一託於神仙，一賴其巧辯。

公孫卿曰：「仙人可見，而上往常遽，以故不見。今陛下可為觀，如緱城，置脯棗，神人宜可致也。且僊人好樓居。」於是上令長安作蜚廉桂觀，甘泉則興益壽、延壽兩觀、通天臺。後又發生嚴重旱災，公孫卿輒以「行帝時封則天旱，乾封三年」作解。太初元年（104 B.C.）柏梁臺烖，公孫卿又云：「黃帝就青靈臺，十二日燒，黃帝乃治明廷。明廷，甘泉也。」遂將當日的災禍異端，比附成上古的祥瑞符應。越人勇之更曰：「越俗有火烖，復起屋必以大，用勝服之。」於是作建章宮，度為千門萬戶。東巡海上，方士更言：「黃帝時為五城十二樓，以候神人於執期，命曰迎年。」武帝許作之如方，命曰明年。[62]觀其內容，莫不爭奇炫異，競相提出更浮誇、更迂誕的建議，一則補綴前面侈言妄說所造成的矛盾，二則滿足武帝乘龍登天的奢想癡心。要其所歸，大都委源於黃帝故事，黃帝傳聞亦因此持續「層累式」地堆疊衍生，是為「以今傳古」所造成的特殊現象。

第二節　從鄒衍過渡到董仲舒

在前節的討論中，已透過釐析史籍文獻，將秦漢時期的儒生、方士，細分作「儒生」、「鄒子之徒」、「海上方士」三種類型，並據以尋繹的後者的話語形態，本節則將討論焦點放在前兩者的關聯上。其中，「鄒子之徒」介於前後兩類之間，是造成時人淆亂儒生、方士的關鍵因素。因此，「儒生」將欲和「海上

---

[62] 以上均見《史記》，卷 28，〈封禪書〉，頁 1396-1404。《漢書》，卷 25 上，〈郊祀志上〉，頁 1233-1237；卷 25 下，〈郊祀志下〉，頁 1241-1247。

方士」劃清界線，首必須剔斥與「鄒子之徒」的渾淪成份，方能
有效建構嶄新的話語形態。

壹、鄒子之徒的中介色彩

　　根據《史記》的記載，鄒衍創說五德終始論，與儒家思想頗
有相當淵源。以造作的動機來看，是鑑於「有國者益淫侈，不能
尚德，若〈大雅〉整之於身，施及黎庶矣」，其要指亦歸諸「必
止乎仁義節儉，君臣上下六親之施」，[63]正和司馬談〈論六家要
旨〉中，「列君臣父子之禮，序夫婦長幼之別」[64]的儒家學說，
若合符節。只不過權衡戰國「務於合從連衡，以攻伐為賢」的形
勢，以及孟軻稱述三代之德而「所如者不合」的局面，因此「深
觀陰陽消息而作怪迂之變」，欲「作先合，然後引之大道」，以
遂其「牛鼎之意」。[65]

　　然而，正是在為了「作先合」而造「怪迂之變」的論述策略
上，決定了鄒衍和儒家同源異流的分際。以理論內容而來說，引

---

[63]　《史記》，卷 74，〈孟荀列傳〉，頁 2344。

[64]　《史記》，卷 130，〈太史公自序〉，頁 3290。

[65]　《史記》，卷 74，〈孟荀列傳〉，頁 2345。案，司馬貞《索隱》以
　　　為：「《呂氏春秋》云『函牛之鼎不可以烹雞』，是牛鼎言衍之術迂
　　　大，儻若大用之，是有牛鼎之意。而譙周亦云『觀太史公此論，是其
　　　愛奇之甚』。」（卷 74，頁 2346）將「牛鼎」釋作「奇怪迂大」之
　　　意。事實上，就前句曰：「伊尹負鼎而勉湯以王，百里奚飯牛車下而
　　　繆公用霸」而言，知司馬遷認為鄒衍欲效法「伊尹負鼎」、「百里奚
　　　飯於牛車」，先製造遇合國君的機會，等到獲得信任後，再引之於大
　　　道。由此可知，「牛鼎」分別指的是百里奚、伊尹干謁世主的典故，
　　　並非「奇怪迂大」之意。

進陰陽消息,「載其機祥度制」,為歷來儒生所罕言,故荀卿評
為「不遂大道而營於巫祝,信機祥」,[66]司馬談亦據以劃成「大
祥而眾忌諱」[67]的陰陽家。就話語形態以觀,在時間上「先序今
以上至黃帝」,復又「推而遠之,至天地未生,窈冥不可考而原
也」;於空間方面「先列中國名山大川」,於是「因而推之,及
海外人之所不能睹」;綜合來說,即是採取「先驗小物,推而大
之,至於無垠」的論述方法,刻意造成「閎大不經」、「始也濫
耳」的語言特徵,以作為干謁諸侯、遇合世主的重要手段。[68]

　　由於在內容上、論述上,令人耳目一新,故鄒衍游歷齊、
梁、趙、燕等國,莫不受到諸侯的尊崇禮遇,相較於「仲尼菜色
陳蔡,孟軻困於齊梁」[69]的窘況,完全不可同日而語。然而,
「鄒子之徒」除了騶奭「亦頗采騶衍之術以紀文」,號稱「雕龍
奭」外,[70]其餘似乎僅繼承五德終始的理論內容,而少了迂大閎
辯的話語形態。譬如前舉秦始皇登皇帝位後,齊地的「鄒子之
徒」奏論秦當水德,即是亦步亦趨地遵照鄒衍的說法。文帝時,
公孫臣與張蒼爭論漢朝德運,雖各自引據符應而推作土德、水
德,但兩者均膺從於鄒衍制定規律;甚至待黃龍見於成紀後,張
蒼便「由此自絀,謝病稱老」,[71]一方面反映張蒼的寬容雅量,
另方面顯示張蒼縱使豫言有誤,亦不敢仗勢欺人、強辭奪理,只

66　《史記》,卷74,〈孟荀列傳〉,頁2348。

67　《史記》,卷130,〈太史公自序〉,頁3289。

68　見《史記》,卷74,〈孟荀列傳〉,頁2344-2345。

69　《史記》,卷74,〈孟荀列傳〉,頁2345。

70　見《史記》,卷74,〈孟荀列傳〉,頁2347-2348。

71　《史記》,卷96,〈張丞相列傳〉,頁2682。

能承認自己對於五德終始論的理解，未及公孫臣來得深入。反倒燕齊「海上方士」模倣了鄒衍的話語形態，只不過方士僅學習「作先合」部份，忽略「引之大道」的道德目標，加上未能全面觀照終始論的學說核心，僅擇採五行、機祥等片面內容，進而形成「傳其術不能通」、「怪迂阿諛苟合」的話語特徵。[72]

於是乎，在盤根錯節的聯繫中，「儒生」、「鄒子之徒」、「海上方士」組織成相當特殊的群體關係。鑑於儒者高倡道德、稱引三代卻不能為時君所用，鄒衍援取陰陽五行的理論以「作先合」，最終歸於仁義節儉、六親倫理；「海上方士」則融合神仙方道以及鄒衍機祥、五行之說，主導文帝、武帝時期的祭祀活動。因此，在內容方面形成以下的層次關係：

附表八　儒生、鄒子之徒、海上方士理論內容差異表

儒生	鄒子之徒	海上方士
道德倫理	道德倫理 陰陽五行	神仙方術 陰陽五行

至於在話語形態上，鄒衍正是鑑於儒者屢稱唐虞三代之德，迂遠而闊於事情，故刻意「以奇代古」，發揮出迂怪變化的語言風格，影響了「海上方士」的言說樣貌：

---

[72] 《漢書・劉向傳》載淮南王有「鄒衍重道延命方」（卷36，頁1928），亦當是「海上方士」的附會之說。

附表九　儒生、鄒子之徒、海上方士話語形態差異表

儒生	鄒子之徒	海上方士
迂遠闊事	迂怪變化	迂怪變化
必稱三代	引於大道	阿諛苟合

循是以觀，不管在理論內容，或者話語形態上，「鄒子之徒」均扮演著「儒生」、「海上方士」的中介角色。惟「道德」、「神仙」所涉內容相去甚遠；「迂遠」稱述三代、「迂怪」虛構神山，兩者同樣不切實際，其界線卻並未十分顯著。尤有進之，在戰國諸侯「務於合從連橫，以攻伐為賢」的形勢、西漢帝王「議卑而易行」[73]的要求下，[74]立異尚奇的「迂怪之言」對於君主的吸引，實遠勝高倡道德的「迂遠之說」，由此可窺鄒衍見尊於諸侯，文帝「不問蒼生問鬼神」，[75]武帝廣致方士神祠的思想背景。甚至秦始皇阬諸生於咸陽，不分「文學、方術士」；[76]趙綰、王臧請立明堂，竇太后怒曰：「此欲復為新垣平邪！」[77]儒

73　《史記》，卷 15，〈六國年表〉，頁 686。

74　例如陸賈時於高帝前說《詩》、《書》，遭到高帝謾罵，即使後來要求陸賈「著秦所以失天下，吾所以得之者何」，陸賈配合高帝的喜好及程度，僅能「粗述存亡之徵」十二篇（見《史記》，卷 97，〈陸賈列傳〉，頁 2699）。高帝令叔孫通定朝儀，亦云：「令易之，度吾所能行為之。」（《史記》，卷 99，〈叔孫通列傳〉，頁 2722）張釋之言事，文帝曰：「卑之，毋甚高論，令今可施行也。」（《史記》，卷 102，〈張釋之列傳〉，頁 2751）均是。

75　李商隱〈賈生〉，本事見《漢書》，卷 48，〈賈誼傳〉，頁 2230。

76　《史記》，卷 6，〈秦始皇本紀〉，頁 258。

77　《漢書》，卷 52，〈田蚡傳〉，頁 2379。

生竟被視作方術之士的亞裔末流，於是乎其崇尚道德、講究禮樂的基本特質，也因此湮沒在好奇務怪、妄造制度的話語形態中。[78]

貳、由終始論到災異說

根據司馬遷的介紹，鄒衍的五德終始論，主要包含兩個部份：首先是《史記・封禪書》云：「騶子之徒論著五德終始之運。」裴駰《集解》引如淳之言曰：「今其書有〈五德終始〉。五德各以所勝為行。」[79]前舉《呂氏春秋・應同》所言，即保留了此說的梗概，內容主要以五行相勝的自然規律，解釋推動王朝興替背後力量。

其次，《史記・孟荀列傳》曰：「作〈主運〉。」[80]〈封禪書〉亦有：「騶衍以陰陽〈主運〉顯於諸侯。」裴駰《集解》引如淳之言曰：「今其書有〈主運〉。五行相次轉用事，隨方面為服。」[81]此乃以五行相生的循環體系，說明寒來暑往的季節輪遞，並以各種機祥、忌諱當作警示，進而要求君主所有施政必須

---

[78] 錢穆將武帝時期的學術界分作「經術」、「辭賦」兩類，言：「武帝內中於辭客之侈張，而外以經術為附會」，以為「凡所謂正禮樂，致太平者，皆導源於辭賦，而緣飾之以經術」。事實上，賦家如司馬相如固然對於當時興明堂、建封禪有推動的功勞，但真正促成並主導武帝禮樂、祭祀活動者，依然是海上方士。惟賦家「雖多虛辭濫說，然其要歸引之節儉」，正符合鄒衍「作先合，然後引之大道」的話語形態；「侈靡過其實」的語言風格，亦近於當時的方士之說（見《史記》，卷 117，〈司馬相如列傳〉，頁 3403）。參見錢穆：《秦漢史》（臺北：東大圖書股份有限公司，2001 年 8 月），頁 84-87。

[79] 《史記》，卷 28，〈封禪書〉，頁 1368-1369。

[80] 《史記》，卷 74，〈孟荀列傳〉，頁 2345。

[81] 《史記》，卷 28，〈封禪書〉，頁 1369。

順應四時變化、五德終始，以作為黔首百姓的範式。這正是司馬
談〈論六家要旨〉中所理解的陰陽家：

> 夫陰陽四時、八位、十二度、二十四節各有教令，順之者
> 昌，逆之者不死則亡，未必然也，故曰「使人拘而多
> 畏」。夫春生夏長，秋收冬藏，此天道之大經也，弗順則
> 無以為天下綱紀，故曰「四時之大順，不可失也」。[82]

由此可知，如淳所稱〈五德終始〉篇章，即是推衍「怪迂之
變」、「閎大不經」的語言，講述「序今以上至黃帝」的內容，
其功用在於「作先合」；而〈主運〉的部份，則務使有國者「必
止乎仁義節儉，君臣上下六親之施」，以四時教令約束世主的舉
止施政，收到「引之大道」的效果。

　　有關四時教令的內容，大量存在戰國秦漢的典籍中，如《管
子》中的〈玄宮〉、〈玄宮圖〉、〈四時〉、〈五行〉、〈輕重
己〉，《呂氏春秋・十二紀》紀首，《淮南子》中的〈天文〉、
〈時則〉，《禮記・月令》等。具體舉《管子・五行》的「夏
季」為例，教令規定必須「天子出令，命行人內御。令掘溝澮，
津舊塗，發臧任君賜賞」，此即「天道之大經也」；要是確實執
行，則「天無疾風，草木發奮，鬱氣息。民不疾而榮華蕃」，是
為「順之者昌」；倘若未能配合時節，便「旱札苗死民厲」，則
是「逆之者不死則亡」。[83]可知鄒衍於此，乃是將國君在政治

---

[82]　《史記》，卷130，〈太史公自序〉，頁3290。
[83]　《管子》，卷14，〈五行〉，頁872、880。

上、道德上應負的各種責任，寄託於節氣流轉的自然律則，希望透過天道的權威加以督飭，終能達到「整之於身，施及黎庶」的理想境界。

鄒衍假借時令忌諱，整飭諸侯施政的論調，雖於戰國以降流傳頗廣，但反對聲浪亦不斷湧現。《荀子・天論》言「天行有常，不為堯存，不為桀亡。」[84]認為政治上倘能彊本節用、養備循道，亦無懼於水旱寒暑；若本荒用侈、倍道妄行，則不須自然災害，國家也終將招致殃禍；以「天人之分」的精神，對於將國家政治隨意附會在自然界災異、禎祥的論調，給予強烈批判。太史公則肯定施政當順應季候變化，故曰「四時之大順，不可失也」；但對於「順之者昌，逆之則亡」的說法，憑藉其世掌天官的專業知識，[85]作出「未必然也」的論斷。

異於荀卿全盤否定、司馬談部份肯定的立場，漢代儒者採取截然有別的態度：宣帝時，魏相的條疏徵引高祖〈天子所服第八〉中，即載有蕭何、周昌、王陵、叔孫通的奏議曰：「春夏秋冬天子所服，當法天地之數，中得人和。……臣請法之。中謁者趙堯舉春，李舜舉夏，兒湯舉秋，貢禹舉冬，四人各職一時。」[86]丙吉遷任丞相，問牛喘不問羣鬥，以為「三公典調和陰陽」；[87]乃

84　《荀子》，卷11，〈天論〉，頁306-307。

85　《漢書・律曆志上》云：「漢興……以北平侯張蒼言，用《顓頊曆》，比於六曆，疏闊中最為微近。然正朔服色，未覩其真，而朔晦月見，弦望滿虧，多非是」，可知由於律曆不明才造成季候失調的錯覺，是以司馬遷等上言「曆紀壞廢，宜改正朔」（卷21上，頁974-976）。

86　《漢書》，卷74，〈魏相傳〉，頁3139-3140。

87　《漢書》，卷74，〈丙吉傳〉，頁3147。

至於禮家抄合《呂氏春秋・十二紀》紀首以成〈月令〉，進而編入《禮記》之中；[88]凡此，均為西漢儒生吸收鄒衍時令說的具體表現。[89]尤有甚者，董仲舒更在鄒衍理論的基礎上，建構出獨樹一幟的災異學說。

　　考察《漢書・五行志》、《春秋繁露》的相關資料，可以發現董仲舒的災異思想，雖承襲鄒衍之說，卻歷經幾番修訂的過程。《漢書・五行志上》云：「漢興，承秦滅學之後，景、武之世，董仲舒治《公羊春秋》，始推陰陽，為儒者宗。」[90]指出其災異說乃是源自對於《公羊》學的研究成果。具體以論，《公羊傳》輒曰：「譏世卿，世卿非禮也。」[91]孟子雖言：「孔子成《春秋》，而亂臣賊子懼。」[92]但在六國「務在彊兵并敵」、「雖置質剖符猶不能約束也」[93]的政治局勢下，《春秋》微言所譏，頗嫌迂闊遠於事情，徒顯儒生的一廂情願。因此，董仲舒舉災異為《春秋》之一端，欲君主「省天譴而畏天威」，[94]進而將《春秋》定、哀之間所發生的「雉門及兩觀災」、「桓、釐宮災」、「亳社災」，解釋作上天對於魯公不用孔子而縱驕臣、季

88　鄭玄、陸德明、孔穎達皆主此說，見《禮記・月令》標題下，孔穎達《疏》所引（卷 14，頁 278）。

89　另可參考徐復觀：《兩漢思想史（卷二）》，頁 54-74。

90　《漢書》，卷 27 上，〈五行志上〉，頁 1317。

91　一見於卷 2，〈隱公三年〉，頁 27；二見於卷 16，〈宣公十年〉，頁 201。

92　《孟子》，卷 6 下，〈滕文公下〉，頁 118。

93　《史記》，卷 15，〈六國年表〉，頁 685。

94　《春秋繁露》，卷 6，〈二端〉，頁 156。

孫氏世卿且奢僭的懲戒警告。[95]在此，董仲舒乃將鄒衍的天人思想，融入《公羊春秋》的微言大義，把儒家的道德倫理，披上自然天道的外衣，假借上天的絕對權威，貫徹六親上下的職份禮節。[96]

　　值得注意的是，有別於鄒衍四時教令對象主要在於諸侯君王，董仲舒則託付天戒，於「兩觀災」言「僭禮之臣可以去」，「桓宮、釐宮災」曰「燔貴而去不義」，[97]直接點出造成魯國政治凌夷的罪魁禍首，在於大臣權貴的僭禮越制。由此可知，董仲舒是依照個人的身份地位，要求分別善盡其職責義務，使國家上下能步入「君君、臣臣、父父、子子」[98]的常軌正道。換句話說，天降災異或禎祥，並非僅是國君一人的責任，必須由大臣、宗室、后妃，甚至於百姓等共同承擔，於是乎儒家高倡的倫理規範，也由整飭世主自身，擴及到社會群體中的每一人，進而增益在政治、道德方面的約束力量。

　　然而，假借天意對人事加以懲戒，無論多麼有效，只能算是

95　均見《漢書‧五行志上》。援天意加以譴誡的論說模式，成為董仲舒災異學說的主要形態，於《漢書‧五行志》中，多以「天戒若曰」的形式呈現。詳參（日）田中麻紗巳：〈劉向の災異說について—前漢災異思想の一面〉，《集刊東洋學》第 24 期（1970 年 10 月），頁 29-42。（日）坂本具償：〈『漢書』五行志の災異說—董仲舒說と劉向說の資料分析〉，《日本中國學會報》第 40 集（1988 年 10 月），頁 47-60。

96　有關鄒衍影響董仲舒天人觀念的討論，請參考徐復觀：《兩漢思想史（卷二）》，頁 54-63、295-438。

97　《漢書》，卷 27 上，〈五行志上〉，頁 1331-1333。

98　《論語》，卷 12，〈顏淵〉，頁 108。

懾於外在的監控，而非發自內心的真誠。這或許是因扮演評判角色的上天，以及受到審視的人事活動，分作兩橛而非一貫，其間容有僥倖苟且的餘地。有鑑於此，董仲舒進一步將天道意志發揮出陰陽本末的概念，《漢書・五行志上》云：

> 嚴（莊）公二十年「夏，齊大災」。……《公羊傳》曰，大災，疫也。董仲舒以為魯夫人淫於齊，齊桓姊妹不嫁者七人。國君，民之父母；夫婦，生化之本。本傷則末夭，故天災所予也。[99]

所謂「魯夫人淫於齊」，本事見於《公羊傳・莊公元年》，當時魯桓公夫人文姜通於其兄齊襄公，後為桓公所知，襄公竟使彭生殺之；[100]「齊桓姊妹不嫁者七人」者，《荀子・仲尼》譏云：「閨門之內，般樂奢汰。」[101]足見齊國貴族亂倫悖禮的嚴重程度。董仲舒發揮《公羊傳》「大災，疫也」的微言，以為君主、夫婦乃人民、生化的根本，兩者同是國家的基礎，而今黎民百姓遭受疫病夭折的災禍，正是肇因於齊國執政者荒淫無道，國家根基腐朽敗壞。董仲舒在此分別將國君、人民置於推論的前項、後項，建構出「本傷則末夭」的因果關係。於此前提下，末句雖言「天災所予」，但天災予或不予，甚至所予的對象，俱取決於君民的行為能否合乎禮義標準；換句話說，透過聯繫人事和災異間的必然性，上天懲戒的色彩亦逐漸褪去，將呈祥瑞或是致災殃，

99　《漢書》，卷27上，〈五行志上〉，頁1322。
100　《公羊傳》，卷6，〈莊公元年〉，頁72-73。
101　《荀子》，卷3，〈仲尼〉，頁106。

完全交給人們自行抉擇，進而強化倫理道德的規範效力。

事實上，古人已注意到兩件事物能夠相互影響，《呂氏春秋·應同》即言：「鼓宮而宮動，鼓角而角動。平地注水，水流溼。均薪施火，火就燥。」[102]並歸納出「類固相召，氣同則合，聲比則應」的結論。不過這僅是自然現象的觀察記錄，尚未釐析出其內在的理則。人事活動亦雖能左右自然變化，但似乎只限於「專精厲意，委物積神」[103]的精誠之士，或「遭急迫難，精通于天」[104]的非常狀態。董仲舒一方面由《春秋》推出君民本末關係，一方面吸收當時類召氣合的感應思想，於《春秋繁露·同類相動》云：

> 天有陰陽，人亦有陰陽，天地之陰氣起，而人之陰氣應之而起，人之陰氣起，天地之陰氣亦宜應之而起，其道一也。明於此者，欲致雨，則動陰以起陰，欲止雨，則動陽以起陽，故致雨，非神也，而疑於神者，其理微妙也。非獨陰陽之氣可以類進退也，雖不祥禍福所從生，亦由是也，無非已先起之，而物以類應之而動者也。[105]

董仲舒從「天將陰雨，人之病故為之先動，是陰相應而起也。」[106]推知天人俱有陰陽，方能相應相動，且同類相動的感應關

---

[102] 《呂氏春秋》，卷13，〈應同〉，頁678。

[103] 《淮南子》，卷6，〈覽冥〉，頁192。

[104] 《淮南子》，卷6，〈覽冥〉，頁193。

[105] 《春秋繁露》，卷13，〈同類相動〉，頁360。

[106] 《春秋繁露》，卷13，〈同類相動〉，頁359。

係，並非單向的作用，反過來人事上的活動亦能感召天地間的陰陽，此正是董仲舒「以《春秋》災異之變推陰陽所以錯行，故求雨閉諸陽，縱諸陰，其止雨反是」[107]的思想基礎。職是，天地間的祥咎福禍，並非單純的自然現象，莫不肇因於人事上的所作所為。由此可知，董仲舒透過陰陽理論繫連起人事和自然，將先秦以來的感應思想推擴至人文領域之中，更進一步翻轉天命難違的觀念，以為人事作為才是決定自然順逆的主要關鍵。

非但「天地之符，陰陽之副，常設於身」，[108]六親倫理亦莫不受到陰陽的支配，故《春秋繁露・基義》云：「君為陽，臣為陰；父為陽，子為陰；夫為陽，妻為陰。」[109]在上位者均為陽，在下位者俱屬陰。董仲舒便以此原則，推說《春秋》災異，舉《漢書・五行志上》為例，襄公三十年「宋災」、莊公二十八年「大亡麥禾」、莊公二十四年「大水」等，源自后妃行事；昭公九年「陳火」、莊公七年「秋，大水，亡麥苗」、成公五年「秋，大水」等，應於臣下賤孽；桓公元年「秋，大水」、莊公十一年「秋，宋大水」、宣公十年「秋大水，飢」、襄公二十四年「秋，大水」等，則肇因百姓愁怨。據此以觀，臣下的行事或怨孽，造成自然界的陰陽失序，終以火災或水患等禍害呈現。

董仲舒以陰陽本末建立的災異理論，雖照顧到因果上的必然性，但在事理上卻未必完全融洽。如前舉莊公二十年「夏，齊大災」一事，按照董仲舒的解說，姦行淫亂、般樂奢汰的是齊侯宗室，疫病夭折者卻是庶民百姓，懲非所當懲，罰非所當罰，造成

---

[107]　《史記》，卷 121，〈儒林列傳〉，頁 3128。

[108]　《春秋繁露》，卷 13，〈人副天數〉，頁 356。

[109]　《春秋繁露》，卷 12，〈基義〉，頁 350。

道理上的不公不義。另外，襄公三十年「宋災」，董仲舒以為是緣於「伯姬幽居守節三十餘年，又憂傷國家之患禍，積陰生陽，故火生災也。」[110]案諸《公羊傳・襄公三十年》云：

> 宋災，伯姬卒焉。其稱謚何？賢也。何賢爾？宋災伯姬存焉。有司復曰：「火至矣，請出。」伯姬曰：「不可。吾聞之也：婦人夜出，不見傅、母不下堂。傅至矣，母未至也。」逮乎火而死。[111]

可知就《公羊》義理而言，伯姬遇災不出，逮火而死，正是循禮蹈義的具體表現，故特別在傳文中謚而賢之。《春秋繁露》亦曰：「宋伯姬疑禮而死於火，……《春秋》賢而舉之，以為天下法」、「觀乎宋伯姬，知貞婦之信」，[112]是董仲舒亦沿襲《公羊》之說，盛贊宋伯姬守禮貞信的行為。而今為解釋「宋災」的緣由，卻諉過於伯姬幽居守節、憂傷國事，反倒貶所當褒、罰所當賞，導致道德價值的紊亂。再加上陰陽觀念，僅適合說明水旱之災、寒暑之變，對於《春秋》「霣石于宋五」、「六鷁退飛」、「李梅實」等悖亂之徵，在詮解的效能上，顯得力有未逮。

　　基於前述理由，促使董仲舒在災異學說的細節方面，必須尋求更精密且效率的詮釋體系。是故董仲舒的災異理論引入了大量

---

[110]　《漢書》，卷 27 上，〈五行志上〉，頁 1326。

[111]　《公羊傳》，卷 21，〈襄公三十年〉，頁 268-269。

[112]　分別見《春秋繁露》，卷 1，〈楚莊王〉，頁 6；卷 4，〈王道〉，頁 130。

的五行思想，以建構較精緻的災異系統，具體成果見於《春秋繁露・五行相生》以下等七篇，此當即其居舍所著的「《災異之記》」。[113]誠如「附表十」所列，〈五行五事〉基本上和《管子・四時》所載失政所起的災異大致相同。再看「附表十一」、「附表十二」，〈治水五行〉所言的「氣性」、「政令」，以及〈治亂五行〉所記「災異」內容，分別可在《淮南子・天文》中找到對應的段落。職是可知，董仲舒以五行說災異的理論內容，許多部份實淵源自鄒衍以降的四時教令。

附表十　《春秋繁露・五行五事》、《管子・四時》
失政災異對照表

季節	篇名	災異
春	〈五行五事〉	春行秋政則草木凋，行冬政則雪，行夏政則殺。
	〈四時〉	春行冬政則雕，行秋政則霜，行夏政則欲。
夏	〈五行五事〉	夏行春政則風，行秋政則水，行冬政則落。
	〈四時〉	夏行春政則風，行秋政則水，行冬政則落。
秋	〈五行五事〉	秋行春政則華，行夏政則喬，行冬政則落。
	〈四時〉	秋行春政則榮，行夏政則水，行冬政則耗。
冬	〈五行五事〉	冬行春政則蒸，行夏政則雷，行秋政則旱。
	〈四時〉	冬行春政則泄，行夏政則靁，行秋政則旱。

113　《史記》，卷121，〈儒林列傳〉，頁3128。

附表十一　《春秋繁露‧治水五行》、《淮南子‧天文》
氣性、政令對照表

五行	篇名	氣性	政令
木	〈治水五行〉	其氣燥濁而青	則行柔惠，挺羣禁。至於立春，出輕繫，去稽留，除桎梏，開門闔，通障塞，存幼孤，矜寡獨，無伐木。
	〈天文〉	火煙青、氣燥濁	則行柔惠，挺羣禁，開闔扇，通障塞，毋伐木。
火	〈治水五行〉	其氣慘陽而赤	則正封疆，循田疇，至於立夏，舉賢良，封有德，賞有功，出使四方，無縱火。
	〈天文〉	火煙赤、氣燥陽	則舉賢良，賞有功，立封侯，出貨財。
土	〈治水五行〉	其氣溼濁而黃	則養長老，存幼孤，矜寡獨，賜孝弟，施恩澤，無興土功。
	〈天文〉	火煙黃、氣溼濁	則養老鰥寡，行粰鬻，施恩澤。
金	〈治水五行〉	其氣慘淡而白	則修城郭，繕牆垣，審羣禁，飭甲兵，警百官，誅不法，存長老，無焚金石。
	〈天文〉	火煙白、氣燥寒	則繕牆垣，修城郭，審羣禁，飾兵甲，儆百官，誅不法。
水	〈治水五行〉	其氣清寒而黑	則閉門閭，大搜索，斷刑罰，執當罪，飭關梁，禁外徙，無決隄。
	〈天文〉	火煙黑、氣清寒	則閉門閭，大搜客，斷刑罰，殺當罪，息關梁，禁外徙。

附表十二　《春秋繁露・治亂五行》、《淮南子・天文》失政災異對照表

五行	篇名	災異
木	〈治亂五行〉	火干木，蟄蟲蚤出，蚿雷蚤行。土干木，胎夭卵毈，鳥蟲多傷。金干木，有兵。水干木，春下霜。
	〈天文〉	丙子干甲子，蟄蟲早出，故雷早行。戊子干甲子，胎夭卵毈，鳥蟲多傷。庚子干甲子，有兵。壬子干甲子，春有霜。
火	〈治亂五行〉	土干火，則多雷。金干火，草木夷。水干火，夏雹。木干火，則地動。
	〈天文〉	戊子干丙子，霆。庚子干丙子，夷。壬子干丙子，雹。甲子干丙子，地動。
土	〈治亂五行〉	金干土，則五穀傷，有殃。水干土，夏寒雨霜。木干土，倮蟲不為。火干土，則大旱。
	〈天文〉	庚子干戊子，五穀有殃。壬子干戊子，夏寒雨霜。甲子干戊子，介蟲不為。丙子干戊子，大旱，苽封熯。
金	〈治亂五行〉	水干金，則魚不為。木干金，則草木再生。火干金，則草木秋榮。土干金，五穀不成。
	〈天文〉	壬子干庚子，大剛，魚不為。甲子干庚子，草木再死再生。丙子干庚子，草木復榮。戊子干庚子，歲或存或亡。
水	〈治亂五行〉	木干水，冬蟄不藏。土干水，則蟄蟲冬出。火干水，則星墜。金干水，則冬大寒。
	〈天文〉	甲子干壬子，冬乃不藏。丙子干壬子，星隊。戊子干壬子，蟄蟲冬出其鄉。庚子干壬子，冬雷其鄉。

　　誠如前章所論，董仲舒發揮《春秋》微言大義，建構出以「元」為宇宙本體的學說體系；於災異思想上，在「諸山東大師無不涉《尚書》以教矣」[114]的風氣下，董仲舒亦對《尚書》進行深入研究，特別是包括「五行」成份的〈洪範〉。就〈五行五事〉而論，除上述鈔合《管子‧四時》的失政災異外，另言：「王者與臣無禮，貌不肅敬，則木不曲直」、「王者能敬則肅，肅則春氣得，肅者主春」[115]等，將〈洪範〉「貌、言、視、聽、思」五事，縮結「木、金、火、水、土」五行，並依序搭配「春、秋、夏、冬」四季。董仲舒沿襲人事活動於前、自然相應於後的因果關係，以「五事」次序統括「五行」，乍看之下，似乎將以往時令中「木、火、土、金、水」的相生循環轉成相勝。但考慮到篇中「春失政則」[116]、「秋失政，則春大風不解，雷不發聲」，以及「夏失政，則冬不凍冰，五穀不藏，大寒不解」、「冬失政，則夏草木不實，霜，五穀疾枯」的說法，可知將四時分作「春秋」、「夏冬」兩組，正與《春秋繁露‧官制象天》、〈天辨在人〉、〈陰陽終始〉等篇章中，以「少陽、少陰、太陽、太陰」依序解說「春、秋、夏、冬」的對應組合相符，為董仲舒獨創的時令體系。[117]

　　其次，董仲舒再將〈洪範〉「八政」所載官名，仿照《管子‧五行》「春者土師也，夏者司徒也，秋者司馬也，冬者李

---

[114]　《史記》，卷121，〈儒林列傳〉，頁3125。

[115]　《春秋繁露》，卷14，〈五行五事〉，頁387-393。

[116]　蘇輿《春秋繁露義證》引盧文弨之言云：「下有闕文。」（卷14，頁392）

[117]　參見徐復觀：《兩漢思想史（卷二）》，頁373-384。

也」[118]、《淮南子‧天文》的「東方為田，南方為司馬，西方
為理，北方為司空，中央為都」[119]等鄒衍時令說，依據其職
掌，重新整理為「五官」。在《春秋繁露‧五行相生》、〈五行
相勝〉中，東方司農掌「耕種五穀」，相當於「八政」的
「食」；南方司馬則「進賢聖之士」，相當於「賓」；中央司營
舉楚靈王築臺三年，相當於「司空」；西方「大理司徒也」，其
官名同於「八政」的「司徒」，卻言「兵不苟克，取不苟得」，
實掌「師」的職責。至於北方司寇，與「八政」的「司寇」同
名；又言「百工維時，以成器械」，則掌「貨」；「君臣有位、
升降揖讓」，是職任「祀」；此或因董仲舒以孔子當作司寇代
表，故既能「執法」又可「尚禮」，塑造出理想政治人物的典
範。簡單來說，董仲舒於五行說建構的官名系統，內容細節雖與
《管子》、《淮南子》所載的時令說有所差異，但一來說明其受
到鄒衍理論的影響，二則表現出儒者推崇孔子的特色。

　　進一步觀察〈五行相勝〉所舉邪佞事例：司馬是以魯季孫氏
作代表，孔子為司寇，「據義行法，季孫自消，墮費郈城，兵甲
有差。」[120]出自《公羊傳‧定公十二年》；[121]司營則以楚靈王
為例，言「作乾谿之臺，三年不成。」[122]見於《公羊傳‧昭公

---

[118]　《管子》，卷14，〈五行〉，頁865。

[119]　《淮南子》，卷3，〈天文〉，頁93。

[120]　《春秋繁露》，卷13，〈五行相勝〉，頁368。

[121]　其言曰：『曷為帥師墮郈？帥師墮費？孔子行乎季孫，三月不違，
　　　曰：『家不藏甲，邑無百雉之城。』於是帥師墮郈，帥師墮費。雉者
　　　何？五板而堵，五堵而雉，百雉而城。」（卷26，頁331-332）

[122]　《春秋繁露》，卷13，〈五行相勝〉，頁369。

十三年》；[123]甚至〈五行順逆〉云：「出則祠兵，入則振旅，
以閑習之。」[124]亦出於《公羊傳‧莊公八年》。[125]職是以觀，
董仲舒建構五行災異的策略，一方面結合〈洪範〉及鄒衍以降的
時令思想，統整出新的理論框架；另方面再引《春秋》史事為
證，詳盡地揣測並闡揚聖人褒貶微義，所謂「見之空言，不如行
事博深切明」[126]是也。因此，在《春秋繁露‧王道》中，列舉
「蒲社災」、「日為之食」等十餘項《春秋》史事，「以此見悖
亂之徵」，[127]是為董仲舒精研災異理論的實際成果。日後劉向
的災異說，正是在董仲舒的方法基礎上，歷數更細膩、豐富的
《春秋》史實，而自成一家之言。[128]

　　董仲舒推說災異，隨著主父偃竊奏其書，致其下吏當死後，
竟不敢復言，其災異理論的建構亦戛然而止，此即董仲舒的五行
災異體系常產生矛盾或疏漏，[129]且於《漢書‧五行志》中亦罕

---

[123] 其言曰：「此弒其君，其言歸何？歸無惡於弒立也。歸無惡於弒立者
　　　何？靈王為無道，作乾谿之臺，三年不成，楚公子棄疾脅比而立之。
　　　然後令于乾谿之役曰：『比已立矣，後歸者不得復其田里。』眾罷而
　　　去之，靈王經而死。」（卷23，頁287）

[124] 《春秋繁露》，卷13，〈五行順逆〉，頁375。

[125] 其言曰：「祠兵者何？出曰祠兵，入曰振旅，其禮一也，皆習戰
　　　也。」（卷7，頁85）

[126] 《春秋繁露》，卷6，〈俞序〉，頁157。

[127] 《春秋繁露》，卷4，〈王道〉，頁108。

[128] 劉向所舉《春秋》災異，見《漢書‧五行志》、〈劉向傳〉。另可參
　　　考黃啟書：〈試論劉向災異學說之轉變〉，《臺大中文學報》第26期
　　　（2007年6月），頁1-33。

[129] 例如前述〈五行相生〉、〈五行相勝〉兩篇中，司馬掌「進賢聖之
　　　士」，司徒為「大理」卻職兵戎之事，與秦以來的官職有所差異。司

見其據五行推衍災異的主要原因。[130]不過，董仲舒的五行災異
說，對於西漢災異思想產生極為深遠影響，最明顯的例證，便是
與《洪範五行傳》的關聯。清儒關於《洪範五行傳》的作者主要
有兩種見解：一是以為夏侯始昌所作，[131]二是認為出自伏生。
[132]根據「附表十三」的比對結果，發現《春秋繁露・五行順
逆》和《漢書・五行志上》所引《洪範五行傳》有許多雷同的地
方。進而詳細考察其間相異之處：〈五行順逆〉前有各德當行政
令，後有失政之咎，組成完備的五行系統，《洪範五行傳》卻只
見失政部份。再者，〈五行順逆〉所用術語字句往往見於《春秋
繁露》的其他章節，例如「附表十一」中〈治水五行〉所載的各
項政令，大致同於〈五行順逆〉；〈五行相勝〉土德言：「多為

　　寇既能「執法」又可「尚禮」，雖說可能是以孔子為理想典範，其中
　　亦有權責未明的地方。

[130]　董仲舒直接以五行說災異者僅有一例，見於《漢書・五行志中之
　　下》：「僖公三十三年『十二月，李梅實』。……董仲舒以為李梅
　　實，臣下彊也。《記》曰：『不當華而華，易大夫；不當實而實，易
　　相室。』冬，水王，木相，故象大臣。」（卷27中之下，頁1412）
　　其中的「《記》曰」當是《史記・儒林列傳》所稱的「《災異之
　　記》」。而「冬，水王，木相」云云，前承《淮南子・墬形》所載
　　「水壯，金老，木生，土囚，火死」（卷4，頁146）的鄒子之說，其
　　後更影響了《白虎通・五行》（卷4，頁146）、《春秋運斗樞》（見
　　《周禮・春官・占夢》：「掌其歲時，觀天地之會，辨陰陽之氣」一
　　語下，賈公彥《疏》所引，卷25，頁381）等。

[131]　（清）趙翼：《廿二史劄記》（臺北：世界書局，1997年4月），上
　　冊，卷2，〈漢儒言災異〉條，頁23-24。

[132]　（清）王鳴盛：《十七史商榷》（上海：上海書店出版社，2005年12
　　月），卷13，〈五行志所引〉條，頁94。

臺榭，雕文刻鏤，五色成光。」[133]〈五行順逆〉則謂：「大為臺榭，五色成光，雕文刻鏤。」[134]〈五行變救〉中，除卻咎徵的內容，亦和〈五行順逆〉相應。再加上前舉各篇的種種聯繫，特別是援引《公羊》義理部份，足見《春秋繁露·五行相生》以下等七篇，實際上自成整套完備的理論體系，為董仲舒研究五行災異所獨創的學說。凡此，俱可說明是《洪範五行傳》截鈔董仲舒災異理論，而非相反。[135]此所以《漢書》言：「董仲舒治《公羊春秋》，始推陰陽，為儒者宗」[136]在前，謂「孝武時，夏侯始昌通《五經》，善推《五行傳》」[137]於後。[138]職是而論，從董仲舒到夏侯始昌，代表西漢災異之學的肇始階段；由鄒衍終始論的四時教令到西漢災異學說，董仲舒同樣扮演著承先啟後的關鍵角色。

　　本節花費相當大的篇幅，詳述終始論到災異說的轉變過程。就理論內容而言，雖說西漢災異將人事放在主要地位，是先秦天人感應思想的重要發展；但兩者同樣以陰陽五行為學說骨幹，儒生欲以自然界的種種異象警誡帝王，事實上又重蹈陰陽家「未必

---

[133] 《春秋繁露》，卷 13，〈五行相勝〉，頁 369。

[134] 《春秋繁露》，卷 13，〈五行順逆〉，頁 375。

[135] 論者已提及董仲舒對於《洪範五行傳》影響，惟未詳細舉證說明。參見徐復觀：《兩漢思想史（卷二）》，頁 384-387。

[136] 《漢書》，卷 27 上，〈五行志上〉，頁 1317。

[137] 《漢書》，卷 27 中之上，〈五行志中之上〉，頁 1353。

[138] 《漢書·兩夏侯傳》亦曰：「夏侯始昌，……通《五經》，以《齊詩》、《尚書》教授。自董仲舒、韓嬰死後，武帝得始昌，甚重之。始昌明於陰陽，先言柏梁臺災日，至期日果災。……勝少孤，好學，從始昌受《尚書》及《洪範五行傳》，說災異。」（卷 75，頁 3154-3155）

然也」的覆轍，故班固譏云：「察其所言，仿佛一端。假經設誼，依託象類，或不免乎『億則屢中』。」[139]然而，以話語形態來說，董仲舒欲闡發聖人微言，既精讀《公羊》，又細研〈洪範〉，歸納出其義理尚且不足，猶須徵驗於《春秋》事例；透過經典哲理化的過程，演繹出天地變化、人文活動均須服膺的運行律則，因而使道德倫理具有本體價值，樹立西漢儒生的論經典範。其後，眭弘治《公羊》，夏侯始昌、夏侯勝、李尋治《尚書》，京房治《周易》、翼奉治《齊詩》，劉向治《穀梁》，劉歆治《左氏》，甚至谷永、孔光、杜鄴、許商等，莫不涉災異以論，開啟廣泛且深刻地研讀五經的學術風潮。[140]職是，董仲舒所引領的災異研究，其精讀經典的治學方法，一方面在西漢國家祭禮中，扮演由前期「莫知其儀禮」[141]的窘狀，到晚期郊廟禮制改革的過渡角色；另方面經由推演災異的過程，建構起以六藝為指歸的話語形態，進而逐漸逆轉鄒衍「閎大不經」的語言風格、海上方士的怪迂之說。[142]

139　《漢書》，卷 75，〈李尋傳・贊〉，頁 3194-3195。

140　以上分別見《漢書》本傳。各家所推災異，多匯聚於《漢書・五行志》之中。

141　《史記》，卷 28，〈封禪書〉，頁 1397。

142　事實上，《春秋繁露・玉杯》言：「是故論《春秋》者，合而通之，緣而求之，五其比，偶其類，覽其緒，屠其贅。」（卷 1，頁 33）知董仲舒已透過精讀《公羊春秋》的方法，建構出獨特的思想體系。然而，此一途徑並未引發其他經師研習各自經典以建立不同系統的風潮，反倒是災異說經的方法上，帶起西漢學界廣泛且深遠的回響。關於董仲舒《春秋》學的方法及內容，詳見徐復觀：《兩漢思想史（卷二）》，頁 316-370。

附表十三　《春秋繁露·五行順逆》、《洪範五行傳》
庶徵對照表

五行	篇名	庶徵
木	〈五行順逆〉	如人君出入不時，走馬試狗，馳騁不反宮室，好淫樂，飲酒沈湎，縱恣，不顧政治，事多發役，以奪民時，作謀增稅，以奪民財。……咎及於木，則茂木枯槁，工匠之輪多傷敗。
	《五行傳》	田獵不宿，飲食不享，出入不節，奪民農時，及有姦謀，則木不曲直。
火	〈五行順逆〉	如人君惑於讒邪，內離骨肉，外疏忠臣，至殺世子，誅殺不辜，逐忠臣，以妾為妻，棄法令，婦妾為政，賜予不當。……咎及於火，則大旱，必有火災。
	《五行傳》	棄法律，逐功臣，殺太子，以妻為妾，則火不炎上。
土	〈五行順逆〉	如人君好淫佚，妻妾過度，犯親戚，侮父兄，欺罔百姓，大為臺榭，五色成光，雕文刻鏤。……咎及於土，則五穀不成。
	《五行傳》	治宮室，飾臺榭，內淫亂，犯親戚，侮父兄，則稼穡不成。
金	〈五行順逆〉	君好戰，侵陵諸侯，貪城邑之略，輕百姓之命。……咎及於金，則鑄化凝滯，凍堅不成。
	《五行傳》	好戰攻，輕百姓，飾城郭，侵邊境，則金不從革。
水	〈五行順逆〉	如人君簡宗廟，不禱祀，廢祭祀，執法不順，逆天時。……咎及於水，霧氣冥冥，必有大水，水為民害。
	《五行傳》	簡宗廟，不禱祠，廢祭祀，逆天時，則水不潤下。

第三節　崇古尊經的儒生話語

　　西漢武帝以後的儒學發展，於研究方法上，有董仲舒據經典推說災異的操作示範；在制度方面，則有「罷黜百家，表章六經」[143]的獎掖政策，造成「公卿大夫士吏彬彬多文學之士矣」的盛況。[144]然而，距離儒學話語的真正成立，尚有些許差別。判定話語成立的條件主要有二：首先，必須建立起某種辯論或言說的規則共識，學者惟有遵循這種規則來論證事物，才能被其他參與討論者視作有效而獲得認真對待的資格；同時，經由此規則實際運作，進而能夠明確地和其他規則組合區別開來，並構成其單獨性和自主性。[145]簡單來說，儒學話語的成立，是在禮制越辯越明的歷程中，透過持續調整、修訂其言說規則，形成謹慎嚴密的論學方法，一則增益儒者改制的信念，再則扭轉執政者的迷信心態，進而凝結出共通的思維模式，建構起嶄新的話語形態。經過歸納分析，儒學話語成立的條件主要有三：「訴諸經典」、「徵於實驗」、「施於可行」，以下分別論之。

---

[143]　《漢書》，卷6，〈武帝紀〉，頁212。

[144]　西漢選舉人才制度，見《漢書》，卷 88，〈儒林傳〉，頁 3593-3596。

[145]　傅柯稱前者為「認識論化的門檻（threshold of epistemologization）」、後者為「實效性範疇的門檻（threshold of positivity）」，亦即某種話語成立的最低條件，惟有跨越這兩種「門檻」，才能判定新的話語已經構成。事實上，前者是話語構成的內在條件，後者則透過與其他話語的辨異，以突顯新話語的特徵，兩者互為表裏。（法）米歇爾・傅柯（Michel Foucalt）著，王德威譯：《知識的考掘》，頁 329-330。

壹、訴諸經典

　　董仲舒首創災異說經的研究方法，帶動了西漢儒生精讀六藝的學術風氣，遏抑鄒衍、方士誇誕曼衍至窈冥不可考的話語形態。惟就災異「假經設誼、依託象類」的性質而言，由於各家所據典籍不同，造成眾說蠭起的現象；加上往往推演太過，附會極甚，所言既多，時有中者，未必是道術通明所致，故其末流亦不免淪於與方士為伍的下場，同樣被視作左道惑眾之徒。[146]武帝以後，研經風氣亦逐漸浸染至郊祀、宗廟等國家禮制的議題上，儒生一則站在方士的對立面，根據五經所載內容，抨擊方士的神僊方術；再則以考證前代典章制度作為主要方法，具有相當程度的客觀條件，故能避免陷入方士、災異各騁其說的狀況。舉例而論，宣帝時美陽得鼎，有司多以為宜薦見宗廟，如元鼎時故事，京兆尹張敞曰：

　　臣聞周祖始乎后稷，后稷封於斄，公劉發迹於豳，大王建國於郟梁，文武興於酆鎬。由此言之，則郟梁豐鎬之間周舊居也，固宜有宗廟壇場祭祀之臧。今鼎出於郟東，中有刻書曰：「王命尸臣：『官此栒邑，賜爾旂鸞黼黻琱戈。』尸臣拜手稽首曰：『敢對揚天子丕顯休命。』」臣愚不足以迹古文，竊以傳記言之，此鼎殆周之所以襃賜大

舉例來說，《漢書‧李尋傳》載李尋本治《尚書》，好〈洪範〉災異，亦好甘忠可《包元太平經》，曾推舉甘忠可弟子夏賀良於哀帝。其後因反道惑眾而下獄，朝臣以為夏賀良等「執左道，亂朝政，傾覆國家，誣罔主上，不道。」（卷75，頁3192-3194）

臣，大臣子孫刻銘其先功，臧之於宮廟也。[147]

從后稷到文武，周代的先公先王，其活動事蹟分別記載於《詩
經・大雅・生民》、〈公劉〉、〈緜〉、〈文王有聲〉等篇章，
張敞據此推論「郊梁豐鎬之間」為周人舊居。再桉其銘勒，依照
傳記說法，判斷美陽古鼎的用途，為周王褒賜大臣，大臣子孫刻
銘其先功，「以稱揚其先祖之美」。[148]古鼎的地望、功能既辯
而有徵，僅是單純的古董舊物，並無任何神異之處，加上「此鼎
細小又有款識」，故建議「不宜薦見於宗廟」。[149]有別於武帝
時，方士李少君隱匿鑑識銅器的方法，刻意模糊表象與事實間的
關聯性，營造出驚駭世俗的特異形象；張敞則娓娓陳述鼎彝的來
龍去脈，縫弭出土文物及真實事件間的空隙，務使事物不論在時
間、地望、用途等各方面，均能獲得整套連貫且有系統的解釋。
又異於公孫卿假託申公「鼎書」以附會黃帝事蹟，張敞所據六藝
典籍，一來非孤本秘笈，而為學者周知，抑制了雜錯虛實以炫人
耳目的可能；面對尚待釐清的新事物時，亦捨棄方士堆疊衍生的
言說模式，改採訴諸經典的方法，使事件均有典故可覈案，事理
俱有法則可聯貫。職是觀之，張敞表面上只是在議論美陽得鼎一
事，實際上是透過「以經術自輔」、「引古今、處便宜」的方法，
終能致使「公卿皆服」，[150]反映出儒學話語運作的具體情況。
　　研經風氣持續發展，至甘露年間，宣帝召開兩次石渠閣會

147　《漢書》，卷25下，〈郊祀志下〉，頁1251。
148　《禮記》，卷49，〈祭統〉，頁838。
149　《漢書》，卷25下，〈郊祀志下〉，頁1251。
150　《漢書》，卷76，〈張敞傳〉，頁3222。

議，前後平議《公》、《穀》及五經同異，於是立梁丘《易》、
大小夏侯《尚書》、《穀梁春秋》等博士，廣開學術之路。[151]
到了元、成二帝以後，儒生相繼任公卿，開啟國家祭禮改革的序
幕。誠如第二、三章所論，在郊祀方面匡衡、師丹、翟方進等，
以《尚書》、《詩經》為依據，證成「天隨王者所居而饗之」
[152]的義理，並定南北郊於長安；於宗廟議題上，韋玄成等則徵
引《詩經》、《左傳》、《孝經》、《儀禮》、《國語》等文獻
禮義，進而罷黜郡國廟、制訂迭毀之禮。兩者均是在祀禮內容
上，以六藝所載作為改制的主要論據。為了使成帝採納儒生革新
禮制的意見，匡衡進一步作出以下申述：

> 臣聞廣謀從眾，則合於天心，故〈洪範〉曰：「三人占，
> 則從二人言」，言少從多之義也。論當往古，宜於萬民，
> 則依而從之；違道寡與，則廢而不行。今議者五十八人，
> 其五十人言當徙之義，皆著於經傳，同於上世，便於吏

151　兩次會議分別於甘露元年（53 B.C.）、甘露三年（51 B.C.）召開，前
　　後見《漢書》，卷 88，〈儒林傳〉，頁 3617-3618；卷 8，〈宣帝
　　紀〉，頁 272。關於石渠閣會議的經過，可參考吳雁南主編：《中國
　　經學史》，頁 88-92。其於學術史上的意義，詳見夏長樸：〈論漢代
　　學術會議與漢代學術發展的關係—以石渠閣會議的召開為例〉，收入
　　國立政治大學中國文學系編：《第三屆漢代文學與思想學術研討會論
　　文集》（臺北：國立政治大學中國文學系，2000 年 12 月），頁 87-
　　108。林啟屏：〈論漢代經學的「正典化」及其意義—以「石渠議奏」
　　為討論中心—〉，收入國立政治大學中國文學系編：《第三屆漢代文
　　學與思想學術研討會論文集》（臺北：國立政治大學中國文學系，
　　2002 年 5 月），頁 205-248。
152　《漢書》，卷 25 下，〈郊祀志下〉，頁 1253-1255。

民；八人不案經藝，考古制，而以為不宜，無法之議，難
以定吉凶。〈太誓〉曰：「正稽古立功立事，可以永年，
丕天之大律。」[153]

匡衡以為，商訂禮儀制度，應當遵循〈洪範〉謀從眾、少從多的
議政原則；其內容亦如〈太誓〉所言，必須考古設制，方能合乎
天道律則、施之久遠。現今參與郊祀討論的五十八人中，五十人
贊同遷徙郊祀地點，其義均著於經傳；八人不案經藝，主張維持
舊制，是為無法之議；按照上述前提，理應廢除甘泉、汾陰兩
祠，改建長安南北郊。由此可知，有別於秦皇、漢武時，「拘於
《詩》、《書》古文而不敢騁」的畏怯態度，此時儒生經過長期
鑽研經傳，非但在典章制度方面有具體成績，同時亦建立起言必
稽古、論必覈經的學術共識。職是觀之，在禮制議題的討論上，
並非不容許相異見解，例如元帝下詔群臣商議宗廟禮儀，韋玄成
等四十四人以為只有高祖世世不毀，並存皇考廟，許嘉等二十九
人以為文帝宜為太宗廟，尹忠建請武帝宜為世宗廟，尹更始等十
八人認為皇考廟宜毀，共有四種不同意見，導致依違不定長達一
年；[154]而是各種主張的提出，必須依循「案經藝，考古制」的
話語規則，方能被其他學者視作有效且嚴肅對待。換句話說，
「訴諸經典」儼然成為朝廷議事的基本門檻，沒有具備此條件的
任何發言，很容易遭受其他論者的忽視、排斥，因而喪失參與決
策的資格。

---

[153] 《漢書》，卷 25 下，〈郊祀志下〉，頁 1254-1255。

[154] 見《漢書》，卷 73，〈韋玄成傳〉，頁 3118-3120，以及本書第三章
第三節的討論。

　　「訴諸經典」的話語規則，既已成為儒生議禮共識，郊祀禮制的改革，便完全遵照五經禮義進行。是以《尚書》有禋六宗、望山川、徧羣神之義，故長安南郊便保留方士謬忌上奏祠太泰一方中，太一、八觚、五帝壇的三陔形制；因饗帝之義，貴誠上質，所以除去祀壇文章、采鏤、黼黻等裝飾。至於天下神祠凡六百八十三所，其中四百七十五所，以及雍時諸祠，本「非禮之所載術也」，理當全部加以罷廢；其餘「應禮」、「疑無明文」者，共二百八所，猶可奉祠如故。[155]據此而論，即使是方士之言、地方舊祀，只要合乎典籍所載，或是覈案文獻卻未能直陳其非者，均不可輕易加以捨棄，足見儒生對於五經亦步亦趨、不敢踰越的謹愨態度。尤有進之，當劉向站在同情方士的立場，申論「家人尚不欲絕種祠，況於國之神寶舊時」的主張時，徵引《易大傳》曰：「誣神者殃及三世」為證；王太后因成帝無繼嗣之故，將恢復天子郊禮如前時，也援用《春秋》：「大復古，善順祀」的義理。[156]足見即便是在表達反對改革或認同方術的見解時，由於將欲與儒生爭辯長短對錯，必須置於相同規則方可判定高下，進而於不知不覺的過程中，採納了儒學的話語形態，儒學的影響範圍亦因此逐漸擴大。

貳、徵於實驗

　　討論國家各項議題，不能只是一廂情願地強調理論的正確性，尚須透過實際驗證，以達到徵信於世人的效果。過去方士話

---

[155]　以上均見《漢書》，卷 25 下，〈郊祀志下〉，頁 1257-1258。

[156]　以上均見《漢書》，卷 25 下，〈郊祀志下〉，頁 1258-1259。

語中，藉由「驗方立信」的辦法，博取帝王的信任，掩飾因大言
虛語所產生的矛盾。至武帝後，災異之風大盛，董仲舒推說遼東
高廟災、高園便殿火，應於淮南王、田蚡謀反叛逆；[157]昭帝時
泰山大石自立，昌邑、上林苑枯木復生，眭弘推董仲舒《春秋》
之意，以為當有從匹夫為天子者，驗於宣帝自民間興起。[158]
《漢書・夏侯勝傳》載霍光、張安世欲廢昌邑王一事曰：

> 會昭帝崩，昌邑王嗣立，數出。勝當乘輿前諫曰：「天久
> 陰而不雨，臣下有謀上者，陛下出欲何之？」王怒，謂勝
> 為袄言，縛以屬吏。吏白大將軍霍光，光不舉法。是時，
> 光與車騎將軍張安世謀欲廢昌邑王。光讓安世以為泄語，
> 安世實不言。乃召問勝，勝對言：「在《洪範傳》，曰
> 『皇之不極，厥罰常陰，時則下人有伐上者』，惡察察
> 言，故云臣下有謀。」[159]

霍光、張安世驚異於《洪範傳》的推驗效用，非但「以此益重經
術士」，且於尊立宣帝後，以為「太后省政，宜知經術」，令夏
侯勝用《尚書》授太后。[160]相較於少翁「夜致王夫人及竈鬼之
貌」、欒大「某自相觸擊」等小道末技，夏侯勝根據《洪範五行

157　見《漢書》，卷 27 上，〈五行志上〉，頁 1331-1333；卷 56，〈董仲
　　舒傳〉，頁 2524。
158　見《漢書》，卷 27 中之上，〈五行志中之上〉，頁 1400；卷 75，
　　〈眭弘傳〉，頁 3152-3154。
159　《漢書》，卷 75，〈夏侯勝傳〉，頁 3155。
160　見《漢書》，卷 75，〈夏侯勝傳〉，頁 3155。

傳》，精確豫知即將發生的政治風暴，其驗證的作用、效果益加
顯著，因而更具實證意義與價值。

　　在儒生經術的實驗效用日益擴大狀況下，武帝晚年方士之候
神、入海求蓬萊者，以及宣帝時劉向所獻淮南枕中洪寶苑祕之方，
其事反倒皆無所驗，逐漸揭穿方士虛言假說的真正面貌。[161]
元、成以後，宗廟、郊祀改革相繼展開，卻前後發生元帝夢神靈
譴罷諸廟祠、大風壞甘泉竹宮等災異。反對者除了墨守成規舊制
外，並趁機渲染為妄動祖制所造成的咎徵惡兆，如劉向即云：

　　　　且甘泉、汾陰及雍五畤始立，皆有神祇感應，然後營之，
　　　　非苟而已也。武、宣之世，奉此三神，禮敬敕備，神光尤
　　　　著。祖宗所立神祇舊位，誠未易動。及陳寶祠，自秦文公
　　　　至今七百餘歲矣，漢興世世常來，光色赤黃，長四五丈，
　　　　直祠而息，音聲砰隱，野雞皆雊。每見雍太祝祠以太牢，
　　　　遣候者乘一乘傳馳詣行在所，以為福祥。高祖時五來，文
　　　　帝二十六來，武帝七十五來，宣帝二十五來，初元元年以
　　　　來亦二十來，此陽氣舊祠也。[162]

在此，劉向欲藉秦侯以來，雍五畤、陳寶、甘泉、汾陰諸祠，均持
續有神靈顯著，神光降臨的靈異現象，證明漢家舊祠並不完全是
方士妄造，而是具有神祇感應的靈驗力量。現今朝廷擅自變動禮
制，主事者匡衡因事免官，甘泉泰畤亦遭受風災，折拔樹木百餘

161　見《漢書》，卷 25 下，〈郊祀志下〉，頁 1260-1261。
162　《漢書》，卷 25 下，〈郊祀志下〉，頁 1258。

棵，這正是觸怒舊時神靈所招致的譴罰責斥。由是觀之，劉向一方面詳舉舊祠降神的史料記錄，屬於「訴諸經典」的廣義運用；另方面則沿襲董仲舒災異說中「天戒若曰」的方法，視天災異象為上天執行懲誡的結果，以此驗證寶祠神靈的真實存在。[163]

成帝末年因無繼嗣之故，王太后先恢復甘泉泰畤、汾陰后土，以及雍五畤、陳寶祠等；成帝本身亦頗好鬼神，言方術者皆得待詔，祠祭於上林苑中、長安城旁。面對方士之說復興的狀況，先有谷永上書，遠舉萇弘、楚懷王欲藉鬼神之力，終於落得周室愈微、兵挫地削的下場；近述秦始皇、漢武帝、元帝時，方士入海求藥、祠祭致福的舊事，抨擊方術「靡有毫氂之驗」。[164]爾後，杜鄴則提及祭祀甘泉時，失道迷途；祠后土還，遇風起波；又大雨壞平陽宮垣，震雷災林光宮門；以證明再立舊祀後，災異咎徵並未因此減少，反而日益增加。綜合來說，谷永同樣擴大使用「訴諸經典」的論述方法，範圍廣及史籍資料，舉出更早、更多、更詳盡、更確實的歷史記載，闡明方術妖言惑眾、欺罔世主的言說本質；杜鄴則據復原故祠後，災咎每下愈況、日漸頻繁的實際現象，反擊神祇感應的說法，證立「奉天之道，以誠為貴」的主張。若與前述劉向所言並列，谷永、杜鄴可說是「操戈入室」，採取相同的規則方法，成功駁倒為方術神祠辯解

---

163 董仲舒災異說對於劉向的影響，參見（日）田中麻紗巳：〈劉向の災異說について—前漢災異思想の一面〉，《集刊東洋學》第 24 期（1970 年 10 月），頁 29-42。（日）坂本具償：〈『漢書』五行志の災異說—董仲舒說と劉向說の資料分析〉，《日本中國學會報》第 40 集（1988 年 10 月），頁 47-60。

164 《漢書》，卷 25 下，〈郊祀志下〉，頁 1261。

的最後努力。於是乎儒生崇尚經術、徵於實驗的話語模式，亦逐漸取代方士怪迂謬誕的言說形態。[165]

值得注意的是，在「徵於實驗」的話語形態中，儒生除了災異理論外，並未積極地建構出完整的詮釋系統，以說明經術與現實間的關係；而是不斷消極地批評方士之說的驗證效力，藉由否定對手的方法，證成己說的真實無妄；這樣的論說策略，似乎削弱了儒生話語的有效性。其實，雖在邏輯的立場上，否定某事並不必然能夠得到肯定另一事的結論；[166]但於辯論的應用方面，

---

[165] 根據《漢書‧律曆志上》記載，昭帝元鳳三年（78 B.C.），太史令張壽王上奏論曆，因其所課疏遠不驗，又言伯益曾為天子代禹，驪山女亦為天子，在殷周間，「皆不合經術」，遭到有司彈劾，亦是以「訴諸經典」、「徵於實驗」作為裁決標準。另外，《漢書‧五行志中之下》：「釐（僖）公二十九年『秋，大雨雹』。劉向以為盛陽雨水，溫煖而湯熱，陰氣脅之不相入，則轉而為雹；盛陰雨雪，凝滯而冰寒，陽氣薄之不相入，則散而為霰。故沸湯之在閉器，而湛於寒泉，則為冰；及雪之銷，亦冰解而散，此其驗也。」（卷 27 中之下，頁 1427）受於工具的限制，古人難以直接觀察冰雹於空中凝結的過程，所見已是落地成災的景象。劉向舉「沸湯之在閉器，而湛於寒泉，則為冰」，說明盛陽雨水在空中受陰氣所脅的情形。可知其言：「此其驗也」之「驗」，並非方士、巫者的「占驗」，而是具備今日科學精神的「實驗」、「目驗」。參見拙著：〈《漢書‧五行志》所見劉向災異論〉，《先秦兩漢學術》第 10 期（2008 年 9 月），頁 81-104。

[166] 在日常言談中，常發生「非 A 即 B」的謬誤。其實，在「不窮盡」的狀況下，「－A」僅是否定 A，代表可能是 B、C、D、E……等。在

$$
\begin{array}{l}
A \rightarrow B \\
-A \\
\hline
-B
\end{array}
$$

推論過程中，亦犯了「否定前項」的形式謬誤，而為無效推論。詳見林玉体：《邏輯》，頁 19-27、83-93、219-220。

直陳對手的舉證上、思維上的各項錯誤，卻是相當重要的技巧。
是以谷永、杜鄴雖未論證經術和現實間的必然關係，但對於方士
之說的批判駁斥，卻具有相當重要的代表意義。進一步就儒者本
身而言，或許正是由於儒學日熾，學子長期受到研習六藝的風氣
薰陶，對於經籍所載，逐漸產生堅定的信念，故杜鄴據《周易・
既濟・九五》：「東鄰殺牛，不如西鄰之禴祭。」斷言：「德修
薦薄，吉必大來。」[167]元帝寢疾，夢祖先譴罷宗廟時，匡衡更
作禱文詭辭，不惜以生命作擔保，寧可身受其殃，墜入溝瀆，亦
不願違背五經之言，在禮制上有絲毫讓步。[168]凡此，均是以無
比堅毅的信心，由衷地相信惟有確實遵循六藝文獻，太平盛世庶
幾可興。[169]

參、施於可行

漢武帝以前的儒生，面對國家祭典，只會批評「不與古
同」，其詳細內容為何，卻又「議各乖異」、「莫知其說」，無
法提出實際可行的辦法，對於講究執行效率國家政策而言，非但
沒有太多助益，反倒造成許多阻礙，是以往往落得「盡罷諸儒弗

---

[167] 見《漢書》，卷 25 下，〈郊祀志下〉，頁 1262-1263。

[168] 見《漢書》，卷 73，〈韋玄成傳〉，頁 3121-3123。

[169] 美國學者田立克（Paul Tillich）於其宗教研究上，曾在「信念
（beliefs）」與「信仰（faith）」之間作出重要的區分。信念依靠的是
證據，證據越多，信念就越強。信仰則異於信念，以西方基督信仰為
例，儘管證據指向反面，信徒仍然相信耶穌的神話和奇蹟。以漢儒而
言，正符合其「信念」的解釋。參見（美）保羅・田立克（Paul
Tillich）著，魯燕萍譯：《信仰的動力》（臺北：桂冠圖書股份有限
公司，1994 年 8 月），頁 27-31。

用」的下場。武帝以後，儒學漸盛，對於朝廷各種施政，已能根據六藝義理，具體提出執行的準則和理據。例如昭帝始元五年（82 B.C.），長安有男子自稱衛太子，丞相、御史、中二千石至者，並莫敢發言，不知如何處理。京兆尹雋不疑後到，直叱從吏收縛，或曰：「是非未可知，且安之。」不疑云：

> 諸君何患於衛太子！昔蒯聵違命出奔，輒距而不納，《春秋》是之。衛太子得罪先帝，亡不即死，今來自詣，此罪人也。[170]

眾人不敢輕易逮捕男子，是因為無法判斷是否為衛太子本人，擔心若真是其人，恐將背負犯上的罪名。就雋不疑而言，若為虛假，固然當繫獄論刑；即便是真，按照《春秋》衛國拒納太子蒯聵義例，[171]衛太子前既違命出奔，是已有罪在先，今來自首，亦當收縛論處。對於突發事件，雋不疑援用經典義理，作出十分恰當合宜的處置，遠勝於過去儒生不知所措的窘態，故昭帝、霍光聞而嘉之，曰：「公卿大臣當用經術明於大誼。」[172]獲得執

---

[170]　《漢書》，卷71，〈雋不疑傳〉，頁3037。

[171]　《漢書・雋不疑傳》：「昔蒯聵違命出奔，輒距而不納，《春秋》是之」下，顏師古《注》曰：「蒯聵，衛靈公太子。輒，蒯聵子也。蒯聵得罪於靈公而出奔晉。及靈公卒，使輒嗣位，而晉趙鞅納蒯聵於戚，欲求入衛。魯哀公三年春，齊國夏、衛石曼姑帥師圍戚。《公羊傳》曰：『曼姑受命於靈公而立輒，曼姑之義固可以距蒯聵也。輒之義可以立乎？曰可。奈何不以父命辭王父命也。』」（卷71，頁3038）

[172]　《漢書》，卷71，〈雋不疑傳〉，頁3038。

政者的肯定。由此可知，六藝所載內容，除必須「徵於實驗」以取信於世人外，尚須「施於可行」，透過政事上的實務操作，證明其理論並非空中臺閣，而是確切可行的重要理則。

回到國家祭典，於郊祀禮制上，隨著方士不斷鋪陳其迂怪荒誕之言，非但黃帝傳說「層累式」地堆疊衍生，神祠祭壇亦與日俱增。據《漢書‧郊祀志下》的記載，成帝時神祠數量凡六百八十三所，哀帝時天下神祠每年舉行祀禮將近三萬七千次；其殿宇建制更「度為千門萬戶」，造作「五城十二樓」，極盡豪奢誇大之能事。[173]至於在宗廟禮制方面，或沿襲秦代制度，或因應現實政策，表現出建立禮制時的偶然性、任意性，欠缺通盤完整的規畫，隨著西漢國祚的延續，宗廟數目只有逐代增加的趨勢。降至元帝時期，京師、郡國的祖宗廟、后妃寢園凡百九十七所，一歲祠食合二萬四千四百五十五次。[174]職是，不管郊祀或宗廟，倘若沒有整體的籌謀策畫，終將繁衍至難以負擔的地步。針對前述難題，儒生革新禮制時，便根據經典所載禮意，罷郡國廟，定親疏迭毀之禮；徙天地之祀於長安南北郊，勿修黼黻、龍馬等文飾，廢各地神壇舊祠。一方面有效遏抑神祠、宗廟持續衍生的狀況，使因襲秦制及採納方士之說的混亂制度，能夠導向可行之長久的妥善體制；另方面亦轉換過去儒生高倡仁義的迂闊特徵，由「內聖」而「外王」，改以踏實穩健的典章禮儀，具體地從國家制度入手，務使「漢一變而至於道」，[175]逐步實現儒家禮樂興

173　見《漢書》，卷25下，〈郊祀志下〉，頁1257-1264。

174　見《漢書》，卷73，〈韋玄成傳〉，頁3115-3116。

175　《論語‧雍也》記孔子曰：「齊一變，至於魯；魯一變，至於道。」（卷6，頁54）表現孔子的政治抱負。

盛的理想世界。

　　至於經籍所載及現實事務之間，儒生同樣沒有論證其聯繫上的必然性，只是一味地歸納、分析五經所載內容，進而總結出以周代為主的禮制，當作執行改革時的重要憑據。[176]這或許是因為兩周享國八百年，於政務上各種事項，經過長期的施行實踐，諸項措施的利弊，已俱為歷史前鑑；加上相較於其他王朝，周代的經籍完備，典章粲然，孔子亦有「郁郁乎文哉」[177]的從周之歎，影響西漢儒生多據周禮改革漢制。無論如何，由於西漢儒生在禮制的變革上，一方面透過有效執行、實際驗證，成功地以周禮為理論依據，取代海上方士尊奉黃帝傳說的學說內容；另方面在發生爭議或疑難之際，以「訴諸經典」的共識作基礎，通過重新確認典籍意義，再付諸履行於現實事務之上，進一步建構起現實和經典間永恆回歸的話語形態。[178]

---

[176] 郊祀方面，主要根據《尚書》、《詩經》、《穀梁傳》、《周官》、《周易》等；宗廟方面，則有《左傳》、《穀梁傳》、《公羊傳》、《孝經》、《論語》、《詩經》、《國語》、《儀禮》、《尚書》等。所得主要是周代禮制，詳見第二章第三節、第三章第三節的討論。

[177] 《論語》，卷3，〈八佾〉，頁28。

[178] 例如在禮學方面，有著名的鄭學、王學之爭。於郊祀禮制上，唐、宋、明三代亦曾發生過天地合祀或分祀的辯論；宗廟方面，明朝嘉靖年間亦對傳統制度進行總體檢討，展開長達二十餘年的變革。雖然每個爭論的起因及癥結未盡相同，但經典記載始終具有重要地位。相關討論，可參考甘懷真：〈鄭玄、王肅天神觀的探討〉，《史原》第 15 期（1986 年 4 月），頁 173-187。楊晉龍：〈神統與聖統—鄭玄、王肅感生說異解探義—〉，《中國文哲研究集刊》第 3 期（1993 年 3 月），頁 487-526。朱溢：〈從郊丘之爭到天地分合之爭—唐至北宋

結 語

　　本章主要透過國家祭禮的變遷，探討西漢儒學話語的構成及其形態。經由前述章節的詳盡討論，可作出以下結論：

　　首先，歸納秦始皇在郊祀相關禮制的諮詢對象，主要可分作三種類型：儒生、鄒子之徒、海上方士。由於儒生謹守六藝，鄒子之徒只擅於推求王朝德運，於是乎阿諛怪迂的海上方士，便佔據了國家禮制的發言地位。進一步分析海上方士的話語形態，發現其多造作神仙方藥、登天不死等虛言妄語，引起帝王欽羨之情；並假借致鬼、鬭棊等技倆，博取群眾的信任。其理論組成，又往往真假錯摻，巧妙地將虛構成份鑲嵌於真實的事件或學說之中，以增益世主對於求仙不死的信念；且以今傳古，面對當時發生各種災難，不惜捏造古書，假言先師，謊稱上古帝王亦曾如此，造成黃帝傳聞不斷層累堆疊。綜合以觀，即組織成方士阿諛苟合、怪迂荒誕的話語特徵。

　　再者，考察鄒衍創造五德終始論的實際情況。可以發現：不管在理論內容，或是話語形態上，鄒衍及其後學均處於儒生和方士的中介地位。特別在戰國諸侯「以攻伐為賢」、西漢帝王「議

　　時期郊祀主神位的變化〉，《漢學研究》第 27 卷第 2 期（2009 年 6月），頁 267-302。（日）山內弘一：〈北宋時代の郊祀〉，《史學雜誌》第 92 編第 1 號（1983 年 1 月），頁 40-66。（日）小島毅：〈郊祀制度の変遷〉，《東洋文化研究所紀要》第 108 冊（1989 年 2月），頁 123-219。張琬：〈天地分合：明代嘉靖郊祀禮議論之考察〉，《漢學研究》第 23 卷 2 期（2005 年 12 月），頁 161-196。張琬：〈明代嘉靖朝宗廟禮制變革與思想衝突之討論〉，《國立政治大學歷史學報》第 24 期（2005 年 11 月），頁 1-38。

卑而易行」[179]的時勢下，方士立異尚奇的「迂怪之言」對於君
主的吸引，實遠勝儒生高倡道德的「迂遠之說」；於是乎崇尚仁
義、講究禮樂的基本特質，亦隨之湮沒在好奇務怪、妄造制度的
話語形態中，儒生也因而被視作方術之士的亞裔末流。職是，
「儒生」將欲和「海上方士」劃清界線，必須剔斥與「鄒子之
徒」的渾淪成份，方能有效建構嶄新的話語形態。進一步詳述終
始論到災異說的轉變過程，得知董仲舒創發的災異學說，就其內
容而言同樣以陰陽五行為學說骨幹，事實上又重蹈鄒子之徒「未
必然也」的覆轍；然而，以話語形態來說，董仲舒樹立反覆研習
六藝的論經典範，引起當時學術界廣泛回響，逐漸逆轉鄒衍「閎
大不經」的語言風格、海上方士的怪迂之說。

　　最後，通過研究元、成以後的禮制改革，窺探以禮學為主幹
的儒學話語，觀察其成立的條件。經過統整分析，主要可總結出
三項：第一是「訴諸經典」，在回歸六藝的運作下，一則縫弭對
象與理解間的空隙，務使各事物均能獲得某種連貫且有系統的解
釋，建構起完整且有效的知識體系；再則於各項議題的討論上，
並非不容許相異見解，而是種種主張的提出，必須依循「案經
藝，考古制」的話語規則，方能被其他學者視作有效而獲得認真
對待，是為儒學最基本的話語特徵。其次為「徵於實驗」，欲與
方士爭勝，不能只是反覆強調理論的正確性，尚須透過實際驗
證，才能達到徵信於世人的效果。儒生先以災異理論，精準推說
許多政治上的重大事件，獲得執政者的信任。又擴大使用「訴諸
經典」的論述方法，除六藝之外，更廣及史籍資料，舉出更詳盡

---

[179]　《史記》，卷 15，〈六國年表〉，頁 686。

確實的歷史記載，闡明方術妖言惑眾、欺罔世主的言說本質。加上長期受到六藝薰陶，逐漸產生堅定的信念，甚至不惜賠上性命，亦不願違背五經之言，在禮制上有絲毫讓步。此乃將近於宗教式的虔誠信仰，灌注於古代文獻之中，深信只要確實遵循，大同理想終將可得，太平盛世庶幾可興。第三是「施於可行」，儒生根據經典所載禮意，罷郡國廟、定親疏迭毀之禮、立長安南北郊、廢各地神壇舊祠，一方面有效遏抑神祠、宗廟持續衍生的狀況，另方面亦踏實穩健地改革典章禮儀，逐步實現儒家禮樂興盛的理想世界，藉由現實和經典間循環反覆的話語形態，致使遠古禮制能夠持續不斷地作用在現實活動之上。

第六章　古代禮制的重建與詮釋

　　在前面章節中，筆者先梳理西漢郊祀、宗廟禮制的沿革，屬於制度史的討論；再以此為基礎，分別從「內在理論」、「外在規律」等視野，發掘蘊藏在改革下的觀念演變，是為思想史的探討。除了此兩種面向外，想要對於西漢禮制有完整的認識，尚須釐清郊廟改制與當時禮學的關係。關於西漢《禮經》授受，根據《史記‧儒林列傳》、《漢書‧儒林傳》的記載，大致可鉤勒出以下的傳承譜系：

附表十四　西漢《禮經》授受表

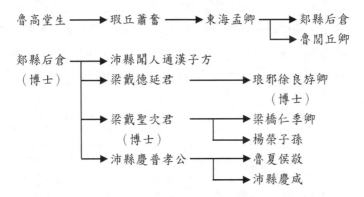

除經典傳授外，執行禮儀的頌貌威儀、進退舉止亦為專門學問，

故另有「容禮」的師承：

附表十五　西漢容禮授受表

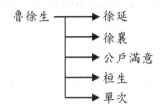

魯徐生 ──→ 徐延
　　　 ──→ 徐襄
　　　 ──→ 公戶滿意
　　　 ──→ 桓生
　　　 ──→ 單次

對比其他各經門生繁茂、著作豐富的盛況而言，西漢早期禮學傳承頗顯寂寥單薄，因而衍生出眾多問題，諸如高堂生與徐生的關係、后倉《曲臺記》的成書及內容、二戴《記》的編纂過程等等，由於史料散亂、語焉不詳，造成禮學譜系上的空闕。[1]再與國家禮儀制作的過程並觀，無論是叔孫通定朝儀、宗廟，賈誼擬訂改曆、封禪、廟制，董仲舒論郊祀，甚至於元帝時期的宗廟改革、成帝時期的遷徙長安南北郊等，完全不見任何傳《禮》經師參贊其事，箇中緣由亦諱莫若深。針對上述兩項課題，本章採取宏觀的視野，同時考察西漢時期的禮學授受及禮儀實踐，並考慮兩者間相互影響的實際狀況，方能深入理解當時禮學的演變歷程。

---

[1] 據《漢書·儒林傳》（卷 88，頁 3615），戴德授琅邪徐良斿卿，為博士；戴聖授梁橋仁季卿、楊榮子孫；慶普授魯夏侯敬、沛縣慶咸。徐良、橋仁、楊榮、夏侯敬、慶咸等雖有傳經之功，但真正發揮影響則要到東漢時期，故此處暫不討論。

第一節 漢初禮儀與禮學授受

從漢初到武帝,西漢禮學歷經高堂生、蕭奮、孟卿、后倉四代傳承。其中高堂生於「秦火項焚」以後,首先寫定《禮經》十七篇,為西漢禮學開山祖師;后倉則授聞人通漢、戴德、戴聖,禮學於是開枝散葉,門徒漸盛。本節即以禮學授受譜系為線索,配合當時禮儀實踐的諸項措施,一方面考察高堂生復原《禮經》的過程和方法,另方面則衡定后倉禮學在武、宣之際的影響與地位。

壹、高堂生與《禮經》的編纂

漢初禮學的授受,可參考《史記‧儒林列傳》的說法:

> 諸學者多言《禮》,而魯高堂生最本。《禮》固自孔子時而其經不具,及至秦焚書,書散亡益多,於今獨有《士禮》,高堂生能言之。
> 而魯徐生善為容。孝文帝時,徐生以容為禮官大夫。傳子至孫延、徐襄。襄,其天姿善為容,不能通《禮經》;延頗能,未善也。襄以容為漢禮官大夫,至廣陵內史。延及徐氏弟子公戶滿意、桓生、單次,皆嘗為漢禮官大夫。而瑕丘蕭奮以《禮》為淮陽太守。是後能言禮為容者,由徐氏焉。[2]

2　《史記》,卷121,〈儒林列傳〉,頁3126。

太史公將當時禮學分作兩系：一為言《士禮》的高堂生，二是
「善為容」的徐生。徐生偏重實踐，於朝廷執行禮樂時，能直接
襄贊其事，故多「以容」為禮官大夫；高堂生則功在將《禮經》
著於竹帛，[3]成為西漢禮學宗祖，但因長於講禮而不擅行儀，故
其弟子蕭奮僅「以《禮》」為淮陽太守。[4]

　　關於高堂生的年輩，據謝承云：「秦氏季代有魯人高堂
伯。」[5]可知其研習《禮經》的時間應在秦代，且於秦末已有相
當的學術地位。《史記・儒林列傳》：「陳涉之王也，而魯諸儒
持孔氏之禮器往歸陳王，於是孔甲為陳涉博士。」[6]孔甲即是孔
子八世孫孔鮒，名鮒字甲。[7]足見秦末魯地儒風猶盛，而孔鮒為
當時諸儒宗主，高堂生同樣為魯人，亦活動於秦末，就時間、地

3　筆者在此主要考察《儀禮》在西漢復原狀況以及流傳情形，至於《儀
　　禮》成書時間，「其上限是魯哀公末年、魯悼公初年，即周元王、定王
　　之際；其下限是魯共公十年（373 B.C.）前後，即周烈王、顯王之際。
　　它是在公元前五紀中期到四世紀中期這一百多年中，由孔子的弟子、
　　後學陸續撰作的。」詳細的考證，可見沈文倬：〈略論禮典的實行和
　　《儀禮》書本的撰作〉，《宗周禮樂文明考論》（杭州：杭州大學出版
　　社，1999 年 12 月），頁 214-216。

4　案諸《漢書・百官公卿表上》（卷 19 上，頁 726、742），太守年秩二
　　千石，和掌宗廟禮儀的太常相埒，禮官大夫既歸太常統轄，薪俸應當不
　　足此數。筆者在此並非著眼於官職秩祿的高低，而是強調高堂生、蕭奮
　　未能出任禮官，進而在西漢國家禮制上有所建樹。

5　《史記・儒林列傳》：「言禮自魯高堂生」下，司馬貞《索隱》所引
　　（卷 121，頁 3118）。

6　《史記》，卷 121，〈儒林列傳〉，頁 3116。

7　見《史記・儒林列傳》：「孔安國至臨淮太守」下，裴駰《集解》引徐
　　廣之言（卷 121，頁 3122）。

望來說，極有可能為「魯諸儒」之一。爾後經過秦代禁焚
《詩》、《書》、百家語，至惠帝四年（191 B.C.）三月「除挾
書律」[8]後，高堂生才又重新匯整、寫定《禮經》十七篇，並大
約在呂后、文帝時期開始傳授弟子。[9]而徐生亦是魯人，從到文
帝時方舉為禮官大夫來看，其輩份可能稍晚於高堂生。

職是以論，高堂生、徐生兩位漢初的禮學代表，非但同居魯
地，且年歲亦相差不遠，這也暗示著「傳《士禮》」和「善為
容」兩系間，可能有某種程度的聯繫。案《史記‧孔子世家》
云：

> 孔子葬魯城北泗上，……弟子及魯人往從冢而家者百有餘
> 室，因命曰孔里。魯世世相傳以歲時奉祠孔子冢，而諸儒
> 亦講禮鄉飲、大射於孔子冢。孔子冢大一頃。故所居堂弟
> 子內，後世因廟藏孔子衣冠琴車書，至于漢二百餘年不

---

[8] 《漢書》，卷2，〈惠帝紀〉，頁90。

[9] 有學者認為高堂生是武帝時期的學者，此或據《史記‧儒林列傳》的
「於今獨有《士禮》，高堂生能言之」（卷121，頁3126）一語。事實
上，這是司馬遷辨章學術源流的說法，以武帝時期的經學派別，追溯其
淵源，故言「及今上即位，……言《詩》於魯則申培公，於齊則轅固
生，於燕則韓太傅。言《尚書》自濟南伏生。言《禮》自魯高堂生。言
《易》自菑川田生。言《春秋》於齊魯自胡毋生，於趙自董仲舒。」
（卷121，頁3118）其中列舉經師，均是開山宗祖，並非即是武帝時的
五經博士。否則，濟南伏生於文帝時已九十餘，不太可能至武帝時尚在
人世，故當時的《尚書》博士為歐陽高。高堂生亦當作如此觀。參見王
葆玹：《西漢經學源流》，頁 82-91。王葆玹：《今古文經學新論》，
頁 81-87。

絕。[10]

孔子逝世後，弟子群聚於其塋冢，世代講習飲禮、射禮，至高祖誅滅項羽，舉兵圍魯，「魯中諸儒尚講誦習禮樂，弦歌之音不絕。」[11]惟礙於朝廷挾書禁令，師徒間只能以口傳授受，而無文字記載，並偏重儀式、弦歌的操作、演奏，徐生正是在此學風中，學習各種執禮時的威儀頌貌，進而成為漢初「容禮」一派的宗師。至於高堂生，其年輩既較徐生略早，且成名於秦季，可推在焚書以前，當有機會閱覽《禮經》全書，降及惠帝除挾書律後，隨即開始盡力補綴《禮經》全篇。不過，就現實狀況而言，《禮經》既非韻語，未若《詩》三百容易記誦，加上禮文繁瑣複雜，高堂生是否能單憑印象，將天子以下各階層的禮節默誦完整，頗值得懷疑。因此，先秦以來魯中諸儒持續誦習的各項禮樂儀式，便具有極高的參考價值，《史記‧儒林列傳》言「漢興，然後諸儒始得脩其經藝，講習大射、鄉飲之禮。」[12]此時講習的飲禮、射禮，已不只是單純的口授操作，而是配合「脩其經藝」的匯輯工作，藉由具體演練各項禮樂儀式，協助恢復《禮經》原貌。

由於高堂生復原《禮經》，需要參考魯中諸儒講習禮文儀節，一方面諸生沒有任何官職爵位，另方面又與民間生活禮俗聯繫較多，故今存《儀禮》十七篇中，士禮共佔七篇，[13]且冠、

---

[10] 《史記》，卷47，〈孔子世家〉，頁1945。

[11] 《史記》，卷121，〈儒林列傳〉，頁3117。

[12] 《史記》，卷121，〈儒林列傳〉，頁3117。

[13] 分別是〈士冠禮〉、〈士昏禮〉、〈士相見禮〉、〈士喪禮〉、〈既夕

昏、喪、祭兼備。另有〈鄉飲酒禮〉、〈鄉射禮〉兩篇，為鄉大夫「獻賢者能者於其君」，[14]雖屬大夫禮而士庶亦參與其中，尊卑分際並不森嚴，故從孔子歿後到漢興之際，儒生均能「講習大射、鄉飲之禮」。其中，「大射」原是「諸侯將有祭祀之事，與其羣臣射，以觀其禮」，[15]屬諸侯禮，處於民間的魯地儒生講而不習則可，若實際演練，一則諸侯大夫的服飾器具難以籌措，二則僭越士庶身份而行諸侯禮，本身即為失禮之事，所謂「非天子不議禮、不制度、不考文」[16]是也。加上《禮記·射義》云：「卿大夫士之射也，必先行鄉飲酒之禮。」[17]可知儒生所演習者，應當是「鄉射」、「鄉飲」組成的整套禮儀，而非「大射」；《史記》所言，或避免文辭重複，於是改「鄉射」作「大射」。[18]總而言之，高堂生纂修《禮經》時，與「士禮」相關的各項禮節，均有先秦以來的具體儀式可供參照，所以篇數最豐，內容亦最為齊備，成為《禮經》的主體部份，此所以司馬遷稱其書作《士禮》的原因。

　　除去和「士禮」相關的九篇外，另有天子禮一篇：〈覲

禮〉、〈士虞禮〉、〈特牲饋食禮〉。

14　賈公彥疏《儀禮·鄉飲酒禮》標題下引鄭玄《三禮目錄》（卷 8，頁 80）。

15　賈公彥疏《儀禮·大射》標題下引鄭玄《三禮目錄》（卷 16，頁 187）。

16　《禮記》，卷 53，〈中庸〉，頁 898。

17　《禮記》，卷 64，〈射義〉，頁 1014。

18　參見沈文倬：〈從漢初今文經的形成說到兩漢今文《禮》的傳授〉，《宗周禮樂文明考論》，頁 214-216。

禮〉，[19]諸侯禮四篇：〈燕禮〉、〈大射〉、〈聘禮〉、〈公食大夫禮〉，大夫禮兩篇：〈少牢饋食禮〉、〈有司徹〉，以及「總包天子以下服制之事」[20]的〈喪服〉。其中〈喪服〉尚包涵士禮成份，姑且不論，其餘七篇，爵位皆高於士，非魯地儒生所能演練，高堂生如何默誦成篇，頗值得探討。論者指出，〈鄉飲酒禮〉、〈燕禮〉同是飲酒禮，〈鄉射禮〉、〈大射〉均屬射禮，加上如同「鄉飲」、「鄉射」為成套禮儀，「諸侯之射也，必先行燕禮」，[21]只不過器物、儀容有隆殺、繁簡的差別，因此可按節推究〈鄉飲酒禮〉、〈鄉射禮〉而得〈燕禮〉、〈大射〉。[22]同理，〈士虞禮〉、〈特牲饋食禮〉和〈少牢饋食

---

19 王應麟《玉海》引劉歆之言曰：「有卿（筆者案：當作「鄉」）禮二、士禮七、大夫禮二、諸侯禮四、諸公禮一、而天子之禮無一傳者。」劉歆將覲禮視作「諸公禮」非「天子禮」。但據《禮記・曲禮下》：「天子當依而立，諸侯北面而見天子，曰覲。」（卷 5，頁 90）以及同書〈郊特牲〉：「覲禮，天子不下堂而見諸侯。」（卷 25，頁 486）皆是以天子為主體，故仍應屬於「天子禮」。劉歆或欲突顯天子禮儀貧乏的狀況，因此刻意誇大其辭，如其移書責讓太常博士曰：「至於國家將有大事，若立辟雍封禪巡狩之儀，則幽冥而莫知其原。」（《漢書》，卷 36，〈劉歆傳〉，頁 1970）參見（宋）王應麟：《玉海》（臺北：華文書局，1964 年 1 月），第 2 冊，卷 52，〈藝文〉，頁 1042。

20 賈公彥疏《儀禮・喪服》標題之語（卷 28，頁 337）。

21 《禮記》，卷 62，〈射義〉，頁 1014。

22 前代儒者已多指出〈鄉飲酒禮〉、〈鄉射禮〉、〈燕禮〉、〈大射〉關係密切，例如清儒姚際恆即言：「人皆知此篇言燕，多同〈燕禮〉；言射，多同〈鄉射禮〉，不知作者權衡十二禮以為篇，而具精神生注於所不同之處。」見（清）姚際恆：《儀禮通論》（北京：中國社會科學出版社，1998 年 10 月），卷 7，〈大射儀〉，頁 212。關於「鄉飲酒禮」、「燕禮」以及「鄉射」、「大射」間儀節的通例，可見（清）凌

禮〉、〈有司徹〉都是祭祀祖先的禮典，亦可由簡推繁，按節比附。[23]〈聘禮〉則是諸侯禮，士禮雖缺乏對應禮文，但仍有部份章節可類比，如其「醴賓節」與〈士冠禮〉「醴冠者節」、〈士昏禮〉「贊者醴婦節」，俱屬有獻而無酢、酬，儀注仍有相通之處。[24]綜前所述，面對諸侯禮、大夫禮等魯地儒生未能演練的儀節，高堂生極有可能以類推比附的方法，復原早年讀過的相關《禮經》篇章，保存了珍貴的先秦禮儀。

至於〈覲禮〉，為天子見諸侯之禮，完全非士禮所能推致，其成篇過程更為複雜，或與朝儀的制定有關。揆諸《史記·叔孫通列傳》，高祖即皇帝位後，「羣臣飲酒爭功，醉或妄呼，拔劍擊柱」，朝廷秩序混亂，於是叔孫通毛遂自薦，奏請制定朝儀。待漢高祖七年（200 B.C.）長樂宮成，諸侯羣臣按照叔孫通所定

廷堪：《禮經釋例》（臺北：中央研究院中國文哲研究所，2002 年 12 月），〈飲食之例〉、〈賓客之例〉、〈射例〉等篇。

[23] 關於祭祀禮儀的尊卑隆殺，可參考（清）凌廷堪：《禮經釋例》，〈祭例〉。韓碧琴：〈《儀禮》〈少牢饋食禮〉〈特牲饋食禮〉儀節之比較研究〉，《國立中興大學臺中夜間部學報》第 3 期（1997 年 11 月），頁 1-49。韓碧琴：〈《儀禮》〈有司徹〉〈特牲饋食禮〉儀節之比較研究〉，《文史學報》第 28 期（1998 年 6 月），頁 27-66。韓碧琴：〈《儀禮》所見士、大夫祭禮之禮器比較研究〉，《興大中文學報》第 11 期（1998 年 6 月），頁 17-60。

[24] 案《毛詩·大雅·行葦》：「肆筵設席，授几有緝御」，鄭《箋》云：「進酒於客曰獻，客荅之曰酢，主人又洗爵酳客，客受而奠之，不舉也。」（卷 17，頁 600）「酳」即「酬」。此三節俱為單方面的獻飲，而無主客間的酬酢，是以其儀式有相通之處。上述諸侯禮、大夫禮及士禮間的關係，詳見沈文倬：〈從漢初今文經的形成說到兩漢今文《禮》的傳授〉，《宗周禮樂文明考論》，頁 217-218。

朝儀入殿奉賀，結果「竟朝置酒，無敢讙譁失禮者」，於是高帝
曰：「吾迺今日知為皇帝之貴也。」當時參與朝儀制定者，除叔
孫通及其弟子外，欲借重魯地延續二百餘年的禮學傳統，另徵得
魯諸生三十人；[25]其行禮的依據，則是「頗采古禮與秦儀雜就
之」。[26]就叔孫通維護朝廷秩序的目的而言，當以尚法重律的秦
儀為主，務使「自諸侯王以下莫不振恐肅敬」，進而建立尊尊敬
君的朝廷威儀。魯地諸儒則趁此機會，斟酌士禮的儀節，歸納
「多少」、「大小」、「高下」、「文素」等尊卑通則，[27]將過
去僅能講而不習的古天子禮，經由實際演練而加以恢復；只是為
了配合朝儀的制定，僅限於諸侯覲見天子部份。從時間及地望推
測，面對學術上、政治上如此重大事件，高堂生、徐生即便未隨
叔孫通西行制禮，亦不可能完全置若罔聞。職是以論，高堂生在
重新寫定《禮經》時，至少應曾徵詢過當年至長安制定朝儀的魯

---

25 叔孫通徵魯地諸儒的理由，除「太常諸生行禮不如魯善」外，其學術淵
　源亦是重要因素。《史記·叔孫通列傳》云：「叔孫通者，薛人也。」
　（卷 99，頁 2720）案《漢書·地理志下》，薛屬魯國（卷 28 下，頁
　1637）。《孔叢子·獨治》言：「秦始皇東并，子魚謂其徒叔孫通曰：
　『子之學可矣，盍仕乎！』」子魚即為孔鮒。可知叔孫通非但為魯人，
　更是孔鮒高徒。由其降漢時，「從儒生弟子百餘人」（《史記》，卷
　99，〈叔孫通列傳〉，頁 2721）來看，其學術地位甚至凌駕同時同地
　的高堂生，據此可以理解其徵魯地諸儒協助制定朝儀的緣由。參見
　（清）姜兆錫：《孔叢子正義》，收入《四庫全書存目叢書》（臺南：
　莊嚴文化事業有限公司，1997 年 2 月），第 1 冊，卷 5，頁 208。

26 事見《史記》，卷 99，〈叔孫通列傳〉，頁 2722-2723。

27 《禮記·禮器》中，有「以多為貴」、「以少為貴」、「以大為貴」、
　「以小為貴」、「以高為貴」、「以下為貴」、「以文為貴」、「以素
　為貴」等說法（卷 23，頁 451-455）。

地儒生，所以能夠記錄性質相近的〈覲禮〉，天子之禮亦得以留於一線；正因只有覲禮儀節最為完備，其餘和天子禮儀相關的殘存語錄，如「天子乘龍、祭祀」一類文字，雖與覲禮無關，亦附記於此篇之末。[28]惟高堂生傳禮既以恢復古禮為任，故多周禮敦厚之風，而少秦儀嚴肅之氣，譬如天子於諸侯朝覲時，言：「非他，伯父實來，予一人嘉之。」[29]明儒郝敬釋曰：「非他，親之之辭。《詩》云：『豈伊異人，兄弟匪他』。」[30]具體反映出周代重視親屬倫理的禮儀特徵。

　　總而言之，高堂生於漢興以後，著手進行《禮經》的復原，一方面憑藉以往誦讀禮書的印象，一方面則考察魯地儒生執行禮節具體狀況，進而得以記錄士禮的相關篇章；至於諸侯、大夫禮，乃以士禮為基礎，透過類比依附的方法加以推得；天子見諸侯的〈覲禮〉，則因叔孫通制訂朝儀，實際練習天子禮節，而有機會纂寫成章，編入《禮經》十七篇之中。案《漢書·藝文志》云：

　　　《禮古經》者，出於魯淹中及孔氏，與十七篇文相似，多

---

[28] 其言曰：「天子乘龍，載大旂，象日月、升龍、降龍。出，拜日於東門之外，反祀方明。禮日於南門外，禮月與四瀆於北門外，禮山川丘陵於西門外。祭天，燔柴；祭山、丘陵，升；祭川，沈；祭地，瘞。」（卷27，頁330-331）主要記錄天子車駕、祭祀的儀式制度，與覲禮無涉。參見韓碧琴：〈儀禮覲禮儀節研究〉，《興大中文學報》第17期（2005年6月），頁23-69。

[29] 《儀禮》，卷26下，〈覲禮〉，頁312。

[30] （明）郝敬：《儀禮節解》，收入《續修四庫全書》，第85冊，卷10，頁688。

三十九篇。及《明堂陰陽》、《王史氏記》所見，多天子諸侯卿大夫之制，雖不能備，猶瘉倉等推士禮而致於天子之說。[31]

《漢書‧禮樂志》亦曰：

河間獻王采禮樂古事，稍稍增輯，至五百餘篇。今學者不能昭見，但推士禮以及天子。[32]

不但高堂生三傳弟子「后倉等」，其他「今學者」解經說禮時都曾運用「推士禮致天子」的方法，足證此乃西漢所有講禮學者共同遵守的師法。[33]據前文所論，此「推致」之法正是高堂生於纂修《禮經》所創，同時講究實踐的「容禮」亦曾發揮關鍵性的作用。只不過由於《禮經》的編纂必須仰賴禮儀的具體操作，造成書中士禮獨多而天子儀節匱乏的現象，此所以漢初宗廟禮樂、朝廷禮器等國家禮制盡出叔孫通之手，[34]而高堂生未能參贊置喙的

---

31 《漢書》，卷 30，〈藝文志〉，頁 1710。

32 《漢書》，卷 22，〈禮樂志〉，頁 1035。

33 詳見沈文倬：〈從漢初今文經的形成說到兩漢今文《禮》的傳授〉，《宗周禮樂文明考論》，頁 216-217。

34 有關叔孫通制定西漢禮樂儀法的記載，見《史記》，卷 99，〈叔孫通列傳〉，頁 2722-2726。《漢書》，卷 22，〈禮樂志〉，頁 1030；卷 43，〈叔孫通傳〉，頁 2126-2131。至於朝廷禮器方面，幾篇可見（清）孫星衍輯校：《漢禮器制度》，收入《叢書集成新編》，第 28 冊，頁 1。此外，《史記‧叔孫通列傳》又言：「及稍定漢諸儀法，皆叔孫生為太常所論著也。」（卷 99，頁 2725）《漢書‧梅福傳》：

主要原因。

貳、后倉及其禮學內容

高堂生編定《禮經》後，經過蕭奮、孟卿兩世傳承，雖有存經之功，在禮學上並沒有太多建樹。同時期獨有賈誼最明於禮，今存《新書》中，即有〈容經〉一篇，由《史記·儒林列傳》：「是後能言禮為容者，由徐氏焉」[35]推斷，賈生或曾受業於徐生，並舉《春秋左氏傳》史事為例，作〈禮容語〉兩篇，以彌補徐氏「不能通《禮經》」的罅漏。[36]於郊祀方面，賈誼倡議改制，且「草具其事儀法，色尚黃，數用五，為官名，悉更秦之

「叔孫通遁秦歸漢，制作《儀品》。」（卷 67，頁 2917）《論衡·謝短》：「高祖詔叔孫通制作《儀品》，十六篇何在？」（卷 12，頁 561）《後漢書·曹褒傳》：「令小黃門持班固所上叔孫通《漢儀》十二篇。」（卷 35，頁 1203）所謂「漢諸儀法」、《儀品》、《漢儀》等，正是後來《晉書·刑法志》稱「叔孫通益律所不及，《傍章》十八篇。」可知叔孫通亦涉及法律的制作。參見（清）程樹德：《九朝律考》（北京：中華書局，2003 年 1 月），卷 1，〈漢律考〉，頁 18。（唐）房玄齡等：《晉書》（北京：中華書局，1997 年 11 月），卷 30，頁 922。

[35] 《史記》，卷 121，〈儒林列傳〉，頁 3126。

[36] 《漢書·儒林傳》曰：「漢興，北平侯張蒼及梁太傅賈誼、京兆尹張敞、太中大夫劉公子皆修《春秋左氏傳》，誼為《左氏傳訓故》，授趙人貫公。」（卷 88，頁 3620）論者以為賈誼《左傳》前承張蒼。今存《新書》中，〈禮容語〉上篇已經闕佚，下篇共錄「魯叔孫昭子聘於宋」、「晉叔向聘于周」、「晉之三卿郤錡、郤犨、郤至」等三段故事，均見《左傳》及《國語》，當是賈生編輯兩書和容禮相關章節所得。有關賈誼《左傳》學的討論，可參見王更生：〈賈誼春秋左氏承傳考〉，《孔孟學報》第 35 期（1978 年 4 月），頁 135-148。

法。」[37]雖因文帝謙讓而作罷，但其後公孫臣言「漢得土德，宜
更元，改正朔，易服色，當有瑞，瑞黃龍見。」[38]即是在賈誼的
基礎上加以推衍。[39]在廟制方面，更刺取《國語・魯語下》「有
功烈於民者」、「前哲令德之人」的義理，重新詮釋「宗」的內
涵，改取「有德」加以充實，以取代嫡長繼嗣的血緣譜系，提出
「祖有功而宗有德」的主張，建請文帝自立其顧成廟為太宗之
廟，進而「上配太祖，與漢亡極」，[40]以彰顯其嗣統上的正當
性。[41]據此以論，賈誼在禮學造詣上，非但未受到士禮、容禮的
限制，更創制了許多朝廷禮儀，對於日後國家郊祀、宗廟制度的
改革，產生重要的影響。

　　《禮經》的傳授，歷經數代沈寂，到第四代大師后倉，情況
才稍有改善。《漢書・儒林傳》云：

　　　后蒼字近君，東海郯人也。事夏侯始昌。始昌通五經，蒼
　　　亦通《詩》、《禮》，為博士，至少府，授翼奉、蕭望

37　《史記》，卷84，〈賈生列傳〉，頁2492。

38　《史記》，卷26，〈曆書〉，頁1260。

39　論者曾檢拾高堂生一系以外的西漢通禮學者，即列有公孫臣、賈誼二
　　人。惟賈誼歿於梁王墜馬死後歲餘，當文帝十一年（169 B.C.）左右，
　　公孫臣上書則在文帝十四年（166 B.C.），故應序賈生於公孫臣前。參
　　見王關仕：〈西漢禮學之考察〉，《中國學術年刊》第10期（1989年
　　2月），頁121-131。

40　《漢書》，卷48，〈賈誼傳〉，頁2231。

41　參見（日）鷲尾祐子：〈前漢祖宗廟制度の研究〉，《立命館文學》第
　　577號（2002年12月），頁97-123。以及筆者在第三章第一節的討
　　論。

之、匡衡。

> 孟卿，東海人也。事蕭奮，以授后倉、魯閭丘卿。倉說
> 《禮》數萬言，號曰《后氏曲臺記》，授沛聞人通漢子
> 方、梁戴德延君、戴聖次君、沛慶普孝公。[42]

據此，可以后倉為樞紐，歸納出以下的授受譜系：

附表十六　后倉學術授受表

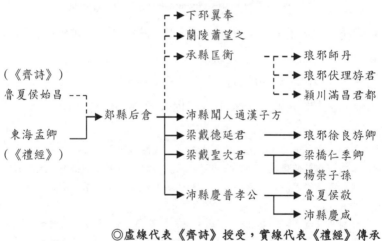

◎虛線代表《齊詩》授受，實線代表《禮經》傳承

由表可知，后倉曾誦習兩種經典，根據學者研究，其事夏侯始昌
受《齊詩》，約始於武帝建元、元光年間，《漢書·藝文志》錄
有《齊后氏故》二十卷、《齊后氏傳》三十九卷；再隨孟卿受

---

[42]　《漢書》，卷88，〈儒林傳〉，頁 3613、3615。

《禮經》於元狩、元鼎年間,著有《后氏曲臺記》;學成以後,於武帝征和年間開始傳授弟子,大約同時出任《禮經》博士,直至宣帝本始二年(72 B.C.)遷任少府。[43]自此以後,禮學一脈始開枝散葉,不但門徒眾多,並積極參與學術、政治上的諸多活動:例如聞人通漢、戴聖,曾論於石渠,蕭望之更以太子太傅的身份,主持會議;翼奉則首倡革新國家禮制,匡衡於成帝時位居丞相,籌策郊祀、宗廟的各項改革。[44]簡而言之,促成宣、元以降禮學蔚為興盛,后倉於作育英才上的貢獻,實居功厥偉。

雖說后倉在啟迪後進方面成績斐然,但並非表示其禮學造詣已獨步學界,甚至成為西漢後期郊廟禮制改革的理論指導。[45]詳察后氏六位弟子,由蕭望之平議石渠,聞人通漢、戴聖僅論列其間而言,可知前者學術成就遠勝後者。於朝廷制度方面,當翼奉倡導郊廟改制,元、成以後「貢禹毀宗廟,匡衡改郊兆,何武定三公。」[46]聞人通漢、大小戴非但沒有提出任何具體建議,皇

---

[43] 關於后倉生平的考證,可參見沈文倬:〈從漢初今文經的形成說到兩漢今文《禮》的傳授〉,《宗周禮樂文明考論》,頁 224-229。王葆玹:《西漢經學源流》,頁 82-92。王葆玹:《今古文經學新論》,頁 83-87。

[44] 分別見《漢書》,卷 88,〈儒林傳〉,頁 3165;卷 8,〈宣帝紀〉,頁 272;卷 75,頁〈翼奉傳〉,3175-3178;卷 25 下,〈郊祀志下〉,頁 1253-1258。

[45] 主張后倉禮學為西漢後期郊廟改革的理論指導者,可見王葆玹:《西漢經學源流》,頁 82-92、235-261。王葆玹:《今古文經學新論》,頁 81-90、319-342。

[46] 《漢書》,卷 73,〈韋玄成傳〉,頁 3130。案,郊祀、宗廟、三公等制度改革,分別見《漢書》,卷 25 下,〈郊祀志下〉,頁 1253-1271;卷 73,〈韋玄成傳〉,頁 3115-3131;卷 83,〈朱博傳〉,頁

帝、朝臣亦未曾向三人咨詢任何禮義，尤其是其中尚包括兩度擔任禮學博士的戴聖。[47]換句話說，所有涉及禮學範疇的各項議題，不管在理論或實踐方面，后倉《齊詩》弟子的表現，均遠較其《禮經》弟子來得優秀傑出，顯示了后氏禮學尚未發展完備的實際狀況。

　　進一步觀察后倉的禮學論著，前舉《漢書·儒林傳》言：「倉說《禮》數萬言，號曰《后氏曲臺記》」，〈藝文志〉錄作「《曲臺后倉》九篇」。[48]「數萬言」僅析作「九篇」，卷帙稍嫌繁重，若除去史籍訛誤的可能，其間或有發展線索。[49]考察后倉生平，前文已述其出任《禮經》博士，約在武帝征和年間，《漢書·霍光傳》載廢昌邑王劉賀的議奏中，署名「臣敞等謹與博士臣霸、臣雋舍、臣德、臣虞舍、臣射、臣倉議」，[50]「臣倉」即是后倉，知后氏於昭帝末年猶任博士。《漢書·百官公卿表下》記宣帝本始二年（72 B.C.）「博士后倉為少府，二

3404-3406。

[47] 關於二戴生平，參見沈文倬：〈從漢初今文經的形成說到兩漢今文《禮》的傳授〉，《宗周禮樂文明考論》，頁 230-233。徐耀環：〈戴德、戴聖生卒年代的推測〉，收入林慶彰主編：《經學研究論叢（第一輯）》（臺北：聖環圖書公司，1994 年 4 月），頁 17-25。王鍔：《《禮記》成書考》（北京：中華書局，2007 年 3 月），頁 309-314。

[48] 《漢書》，卷 30，〈藝文志〉，頁 1709。

[49] 學者推測《漢書·藝文志》言「《曲臺后倉》九篇」，乃從「《曲臺后倉》四十九篇」訛奪而成，並影響兩漢《禮記》傳授，必求滿足「四十九篇」之數。詳見王夢鷗：〈小戴禮記考源〉，《國立政治大學學報》第 3 期（1961 年 5 月），頁 87-148。

[50] 《漢書》，卷 68，〈霍光傳〉，頁 2945。

年」，[51]《漢書・藝文志》提及《孝經》學者亦言「少府后倉」，[52]是后氏於本始二年（72 B.C.）由博士遷升少府，任職兩年後再無其他記錄可考。[53]至於后倉作《曲臺記》的時間，如淳言：「行禮射於曲臺，后倉為記，故名曰《曲臺記》。」[54]劉歆《七略》云：「宣皇帝時行射禮，博士后倉為之辭，至今記之，曰《曲臺記》。」[55]是后倉作記於宣帝之時。其實，「本始」為宣帝第一個年號，既然后倉於本始二年（72 B.C.）遷任少府，則以博士身份「行射禮」、「為之辭」等事蹟，只能發生在宣帝本始元年（73 B.C.）到二年（72 B.C.）之間。通考相關史書，宣帝此次大射禮，乃西漢首次由朝廷主持舉辦，由於高堂生所傳《禮經》已有「燕禮」、「大射」的成套禮儀，四傳「訖孝宣世，后倉最明」，[56]故能在「行射禮」時擔任顧問職務，並將當時行禮過程詳細記錄成書，是為〈藝文志〉著錄的「《曲臺后

---

51 《漢書》，卷 19 下，〈百官公卿表下〉，頁 800。

52 《漢書》，卷 30，〈藝文志〉，頁 1719。

53 參見沈文倬：〈從漢初今文經的形成說到兩漢今文《禮》的傳授〉，《宗周禮樂文明考論》，頁 224-229。程元敏：〈歐陽容夏侯勝未曾身為尚書博士考〉，《國立編譯館館刊》，第 23 卷（1994 年 12 月），頁 43-75。

54 顏師古注《漢書・藝文志》：「《曲臺后倉》九篇」下所引（卷 30，頁 1709-1710）。

55 （梁）蕭統編，（唐）李善注：《昭明文選》（臺北：五南圖書出版股份有限公司，2001 年 7 月），下冊，卷 60，任彥昇〈齊竟陵文宣王行狀〉，頁 1463，「至若《曲臺》之《禮》，《九師》之《易》」下李善注語。

56 《漢書》，卷 30，〈藝文志〉，頁 1710。

倉》九篇」。[57]

再從「曲臺」的功能討論，晉灼云：「天子射宮也。西京無太學，於此行禮也。」[58]所謂「西京無太學」的說法，雖清儒周壽昌徵引史籍加以辯駁，[59]但亦非全無道理。案《漢書·五行志中之下》：「（成帝）鴻嘉二年（18 B.C.）三月，博士行大射禮。」[60]《漢官儀》云：「春三月，秋九月，習鄉射禮，禮生皆使太學學生。」[61]可知射禮原為博士和太學諸生所修習，目的是藉由儀式的實際操作，以達到傳承禮學的效果，同時為國家選舉賢材，[62]晉灼所言或即著眼於此，故以曲臺比擬太學。職是而論，宣帝時的曲臺，亦當為博士從事講學、論著的場所之一，猶

---

[57] 古籍單篇篇幅，不能以今日書籍的狀況衡量。舉例來說，鄭玄《三禮目錄》論〈樂記〉云：「此於《別錄》屬〈樂記〉，蓋十一篇合為一篇，謂有〈樂本〉、有〈樂論〉、有〈樂施〉、有〈樂言〉、有〈樂禮〉、有〈樂情〉、有〈樂化〉、有〈樂象〉、有〈賓牟賈〉、有〈師乙〉、有〈魏文侯〉。今雖合此，畧有分焉。」（見孔穎達疏《禮記·樂記》標題下所引，卷37，頁662）是本〈樂記〉一篇，原自十一篇合成。「《曲臺后倉》九篇」，或是依照射禮程序，而分作九項節目，亦未可知。

[58] 顏師古注《漢書·藝文志》：「《曲臺后倉》九篇」下所引（卷30，頁1709-1710）。

[59] （清）周壽昌：《漢書注校補》，收入徐蜀編：《兩漢書訂補文獻彙編》，第1冊，卷28，頁771。

[60] 《漢書》，卷24中之下，〈五行志中之下〉，頁1417。

[61] 李賢注《後漢書·儒林列傳上》：「每歲輒於鄉射月一饗會之，以此為常」下所引（卷79上，頁2547）。

[62] 《禮記·射義》云：「是故古者天子之制，諸侯歲獻貢士於天子，天子試之於射宮。」（卷62，頁1015）《漢書·藝文志》論墨家亦曰：「選士大射，是以上賢。」（卷30，頁1738）

如西漢末的「天祿閣」，[63]東漢的「東觀」、「蘭臺」等。[64]據此以推，后倉於大射禮後，遂留「在曲臺校書著記」，[65]因而「說《禮》數萬言」；[66]爾後大小戴各自輯纂《禮記》，並融攝后氏禮說，於是在劉向、歆父子校書時，《別錄》、《七略》僅言「《禮記》四十九篇」[67]、「《大戴禮》」，[68]以避免重複；《漢書・藝文志》則沿襲劉歆說法，因此只有著錄射禮之辭的「《曲臺后倉》九篇」。

后倉禮說既然融攝於二戴《記》中，按理可透過分析兩書加以還原，但書中后氏、戴氏禮說溷雜莫辨，造成研究上的極大的困難。[69]幸虧唐代杜佑《通典》中，鈔輯《石渠禮議》數條，其

---

[63] 揚雄曾校書於天祿閣上，見《漢書》，卷 87 下，〈揚雄傳下〉，頁 3584。

[64] 《後漢書・儒林列傳上》云：「及董卓移都之際，吏民擾亂，自辟雍、東觀、蘭臺、石室、宣明、鴻都諸藏典策文章，競共剖散，其縑帛圖書，大則連為帷蓋，小乃制為滕囊。」（卷 69 上，頁 2548）

[65] 顏師古注《漢書・儒林傳》：「號曰《后氏曲臺記》」下引服虔之言（卷 88，頁 3615）。

[66] 《漢書》，卷 88，〈儒林傳〉，頁 3615。

[67] 孔穎達疏《禮記・樂記》標題下所引《別錄》之語（卷 37，頁 662）。又見（唐）陸德明：《經典釋文敘錄》，收入《叢書集成續編》（臺北：新文豐出版公司，1989 年 7 月），第 12 冊，頁 464。

[68] （唐）歐陽詢：《藝文類聚》（上海：上海古籍出版社，1999 年 5 月），上冊，卷 55，〈雜文部一・經典〉，頁 983。其言曰：「劉向《七略》曰：『孔子三見哀公，作《三朝記》七篇。今在《大戴禮》』。」學者以為劉向當作劉歆。參見王葆玹：《西漢經學源流》，頁 233，註 1。王葆玹：《今古文經學新論》，頁 316-317。

[69] 學者曾嘗試釐析《禮記》所存后氏禮說，但亦未能明確分別。參見王夢鷗：〈小戴禮記考源〉，《國立政治大學學報》第 3 期（1961 年 5

中即有后倉禮說的相關線索：

> 《經》云「宗子孤為殤」，言孤何也？聞人通漢曰：「孤
> 者，師傅曰『因殤而見孤也』，男二十冠而不為殤，亦不
> 為孤，故因殤而見之。」戴聖曰：「凡為宗子者，無父乃
> 得為宗子。然為人後者，父雖在，得為宗子。故稱孤。」
> 聖又問通漢曰：「因殤而見孤，冠則不為孤者，〈曲禮〉
> 曰『孤子當室，冠衣不純采』。此孤而言冠，何也？」對
> 曰：「孝子未曾忘親，有父母無父母衣服輒異。《記》曰
> 『父母存，冠衣不純素；父母歿，冠衣不純采』，故言
> 孤。言孤者，別衣服也。」聖又曰：「然則子無父母，年
> 且百歲，猶稱孤不斷，何也？」通漢對曰：「二十冠而不
> 為孤；父母之喪，年雖老，猶稱孤。」[70]

此條主要辯論《儀禮・喪服》：「宗子孤為殤」一語中，稱
「孤」的用意。聞人通漢以為此乃專為居喪者立，以男子既冠之
後而亡，親屬不再為其行殤禮當作標準，[71]故居喪者若年過二
十，亦不再稱「孤」，此即所謂「因殤而見孤也」，句中「為
殤」之「為」釋作「因為」。戴聖則認為此句乃是規定為宗子服

月），頁 87-148。至於《大戴禮記》方面，〈公符〉篇末錄有「孝昭
　冠辭」（卷13，頁250），或許和「為射禮之辭」情況相同，亦為后倉
　所記。

70　（唐）杜佑：《通典》，第2冊，卷73，頁1998-1999。

71　《儀禮・喪服》：「年十九至十六為長殤，十五至十二為中殤，十一至
　八歲為下殤，不滿八歲以下皆為無服之殤。」（卷31，頁370）

喪的特殊狀況。由於繼任宗子的條件有二：一為「無父乃得為宗子」，一是「為人後者，父雖在，得為宗子」。若是後者，為人後的宗子雖亡，但因父親尚存，還可另外推舉其他繼承者為宗子，故親族所服喪制，單純決定於往生者是否成年的身份；若屬前者，因父親既歿，無論宗子是否成年，均完全繼承其父地位，是以當宗子未冠而亡，其喪服便不能再按照未成人的殤禮，必須改「長殤」、「中殤」為「大功衰」，「下殤」改成「小功衰」，轉服成人喪制。[72]職是，此句不能單獨解釋，應當聯繫後文並觀：「宗子孤，為殤：大功衰、小功衰」，[73]意指宗子無父且未冠而歿時，則為之改服成年喪制。由此可見，同是宗子，有父無父、稱「孤」或不稱「孤」者，在喪禮服制上，實有很大的區別。

聞人通漢既言「男二十冠而不為殤，亦不為孤」，於是戴聖更引〈曲禮〉：「孤子當室，冠衣不純采」，以「孤」、「冠」併言加以質問，聞人通漢則以「言孤者，別衣服也」答覆，以為「孤」或「不孤」，是用來分別父母存歿狀況，且表現在日常衣著之上。戴聖再順其意，追問「然則子無父母，年且百歲，猶稱孤不斷，何也？」聞人通漢一方面堅持「二十冠而不為孤」的主張，另方面又稱「父母之喪，年雖老，猶稱孤」。換句話說，在此次辯論中，聞人通漢對於「孤」的解說，總共提出三種意見，進而陷入自相矛盾的窘境，兩者說法孰優孰劣，亦判然可知。值得注意的是，聞人通漢言稱「師傅曰」者，乃徵引其師后倉禮

72　此據賈公彥疏《儀禮‧喪服》：「宗子孤為殤」所釋（卷 34，頁 398-399）。

73　《儀禮》，卷 34，〈喪服〉，頁 398。

說，且竭力曲加維護；而反對者並非他人，正是同出后氏門下的戴聖。[74]從聞人通漢、戴聖之間相互辯難、勢同論敵的情況，甚至戴聖非但沒有謹遵其師之說，更以犀利的提問加以反駁，充份反映出后倉禮說尚未發展成熟的實際狀況。

聞人通漢及戴聖的辯論，表現出后氏禮學的內部歧見，至於和他經儒生的討論，同樣可見於《石渠禮議》：

> 宣帝甘露三年三月，黃門侍郎臨奏：「《經》曰：鄉射合樂，大射不，何也？」戴聖曰：「鄉射至而合樂者，質也。大射，人君之禮，儀多，故不合樂也。」聞人通漢曰：「鄉射合樂者，人禮也，所以合和百姓也。大射不合樂者，諸侯之禮也。」韋玄成曰：「鄉射禮所以合樂者，鄉人本無樂，故合樂歲時，所以合和百姓以同其意也。至諸侯，當有樂，《傳》曰『諸侯不釋懸』，明用無時也。君臣朝廷固當有之矣，必須合樂而後合，故不云合樂也。」時公卿以玄成議是。[75]

此條由黃門侍郎梁丘臨發問，[76]探究鄉射合樂，大射不合樂的原

---

[74] 除此條外，聞人通漢、戴聖的論難尚有許多，如「諸侯之大夫為天子服」、「君遣使弔他國君」、「為人後」等議題。分別見（唐）杜佑：《通典》，第 2 冊，卷 81，頁 2208-2209；卷 83，頁 2224；第 3 冊，卷 96，頁 2581。

[75] （唐）杜佑：《通典》，第 2 冊，卷 77，頁 2105。

[76] 案《漢書・儒林傳》所載，梁丘臨是梁丘賀之子，兩者俱為易學大師。參見江乾益：〈后倉與兩漢之禮文化〉，《興大中文學報》第 19 期（2006 年 6 月），頁 145-167。

因。戴聖從行禮儀式的簡質或繁多加以解釋，聞人通漢則認為取決於庶人、諸侯的爵位高低。《魯詩》學者韋玄成則據《魯詩傳》：「天子食，日舉樂，諸侯不釋縣。」[77]說明諸侯以上，樂器常設不釋，隨時可用；鄉人則平日無樂，至歲行射禮時才設置樂器，以配合儀式演奏樂曲，因此特稱「合樂」。就當年「宣皇帝時行射禮，博士后倉為之辭」來說，后氏師徒對於射禮的儀節內涵，理應具有權威地位，然而在此不僅聞人通漢、戴聖依舊各自表述，更未及《魯詩》韋玄成所論。尤有甚者，判斷諸說高下者，並非像其他議論一般，出自宣帝裁決，[78]而是取決於當時列席會議的各位「公卿」。由是可見，韋玄成禮論勝過后倉兩位高足，完全是基於學術上的考量。

　　總而言之，后倉的學術成就，主要是為國家培育人才，尤其是《齊詩》一系學生；至於禮學方面，於內弟子間猶有歧義辯難，對外則不足以回應他經學者的禮說，可知不管在其生前或是歿後，甚至傳承到其學生之際，尚未建構出完備的理論體系。是以元、成時期倡導郊廟改革者，如翼奉、匡衡等，雖出自后倉門下，但其所據禮論，在很大程度上，並非源於后氏禮說。

---

[77]　何休注《公羊傳·隱公五年》：「始僭諸公昉於此乎」所引（卷 3，頁 35-36）。

[78]　《漢書·宣帝紀》云：「詔諸儒講五經同異，太子太傅蕭望之等平奏其議，上親稱制臨決焉。」（卷 8，頁 272）案諸杜佑《通典》所收《石渠禮議》，亦往往有「宣帝制曰」的記錄。

第二節 郊廟改制與戴氏禮學

西漢自元、成二帝以後，開啟一連串郊祀、宗廟禮制改革，后倉門生亦不少參與其事。值得注意的是，倡議改制者如翼奉、匡衡，皆出自后氏《齊詩》一系，傳《禮》弟子聞人通漢、大小戴等，反而未見有任何論疏奏議。再者，除匡衡主導成帝時期的郊祀改制外，其他如元帝時的廟制改革，《魯詩》學者韋玄成籌策最多，哀、平以後的郊禮、廟制，則盡由《左氏》經師劉歆、王莽所擘畫。從師承授受來看，三人均非高堂生嫡傳，就改制內容而言，則全屬天子禮，因此未必援引以士禮為主的后倉禮學。然而，詳細檢閱韋玄成、劉歆、王莽的議禮內容，卻又往往出入於今存二戴《禮記》之間，使得其關係更為錯綜複雜。因此，本節即考察《漢書・郊祀志下》、《漢書・韋玄成傳》所記載的郊廟議奏，並以前面相關章節的研究為基礎，首先討論韋玄成、匡衡的禮說內容，以辨析當時禮制改革與戴氏禮學間的關聯。

壹、韋玄成的宗廟禮議

韋玄成的宗廟禮議，見於《漢書・韋玄成傳》，筆者於本書第三章已初步列舉其理論來源，惟彼處主要爬梳廟制改革過程，屬於制度史性質的研究，此處則考察其議論內容與西漢禮學的關係。為求簡潔並避免重複，首先根據第三章第三節的研究為基礎，製成一表如下：

附表十七　韋玄成宗廟禮議表

韋玄成	臣聞祭，非自外至者也，緣中出，生於心也。
《禮記·祭統》	夫祭者，非物自外至者也，自中出生於心也。
韋玄成	故唯聖人為能饗帝，孝子為能饗親。
《禮記·祭義》	唯聖人為能饗帝，孝子為能饗親。
韋玄成	四海之內，各以其職來助祭。
《孝經·聖治章》	四海之內，各以其職來祭。
韋玄成	《詩》云：「有來雍雍，至止肅肅，相維辟公，天子穆穆。」
《詩經·周頌·雍》	有來離離，至止肅肅，相維辟公，天子穆穆。
韋玄成	《春秋》之義，父不祭於支庶之宅，君不祭於臣僕之家，王不祭於下土諸侯。
《左傳·莊公二十八年》《左傳·定公十二年》	凡邑，有宗廟、先君之主曰都，無曰邑。邑曰築，都曰城。仲由為季氏宰，將墮三都。
韋玄成	禮，王者始受命，諸侯始封之君，皆為太祖。
《國語·魯語上》	周人禘嚳而郊稷，祖文王而宗武王。
韋玄成	五廟而迭毀，毀廟之主臧乎太祖，五年而再殷祭，言壹禘壹祫也。祫祭者，毀廟與未毀廟之主皆合食於太祖，父為昭，子為穆，孫復為昭，古之正禮也。
《公羊傳·文公二年》	大祫者何？合祭也。其合祭奈何？毀廟之主，陳于大祖；未毀廟之主，皆升，合食于大祖，五年而再殷祭。
《穀梁傳·文公二年》	祫祭者，毀廟之主，陳于大祖；未毀廟之主，皆升，合祭於大祖。……逆祀，則是無昭穆也。
韋玄成	〈祭義〉曰：「王者禘其祖自出，以其祖配之，而立四廟。」
《禮記·喪服小記》	王者禘其祖之所自出，以其祖配之，而立四廟。
韋玄成	古者制禮，別尊卑貴賤，國君之母非適不得配食。
《公羊傳·僖公三年》《穀梁傳·僖公九年》《左傳·哀公二十四年》	無以妾為妻。毋以妾為妻。則有若以妾為夫人，則固無其禮也。

由上表可知，韋玄成論禮的經典依據，主要有《詩》、《孝經》、《穀梁》、《公羊》、《左傳》、《國語》，以及數條與《禮記》相關的禮說。進一步追索韋氏受業淵源，學者指出《孝經》是五經階梯，乃治經者必讀之書，廣為當時經師熟悉，故能直接援用。[79]其次，按《漢書・韋賢傳》、〈儒林傳〉所載，韋氏家族自漢初韋孟即以《詩》相傳，至韋賢又事瑕丘江公及許生，而江公、許生正是西漢《魯詩》宗師申公的得意弟子，韋玄成修其父韋賢之業，以《詩》授哀帝，號韋氏學。是以韋玄成引《詩》：「有來雍雍」，今本作：「有來離離」，正反映出《魯詩》、《毛詩》的差異。[80]《公羊》、《穀梁》方面，據《漢書・儒林傳》所記，後者與《魯詩》同源於申公、瑕丘江公，[81]加上宣帝甘露年間曾兩次召開經學會議，先平《公》、《穀》同異，後講五經異同，[82]如前引《石渠禮議》所示，韋玄成為第二

79　參見徐復觀：《中國經學史的基礎》，頁 192。

80　關於西漢《魯詩》學的傳授，可參見林耀潾：〈西漢魯詩學的淵源與傳承〉，收入林慶彰主編：《經學研究論叢（第三輯）》（臺北：聖環圖書公司，1995 年 4 月），頁 81-102。

81　關於西漢《穀梁》學的傳授，可參見李曰剛：〈穀梁傳之著於竹帛及傳授源流考〉，《師大學報》第 6 期（1961 年 6 月），頁 237-244。王熙元：〈穀梁傳傳授源流考〉，《孔孟學報》第 28 期（1974 年 9 月），頁 219-236。

82　案《漢書・儒林傳》，甘露元年（53 B.C.），宣帝先召名儒平《公羊》、《穀梁》同異，《公羊》代表為嚴彭祖、申輓、伊推、宋顯、許廣，《穀梁》則有尹更始、劉向、周慶、丁姓、王亥，加上會議主持蕭望之共十一人，議三十餘事，結果多從《穀梁》，造成《穀梁》學大盛（卷 88，頁 3617-3618）。又據《漢書・宣帝紀》，於甘露三年（51 B.C.），再擴大規模，詔諸儒講五經同異（卷 8，頁 272）。

次會議中重要代表，因此能夠兼擇《公羊》、《穀梁》兩者禮
義，統整出「五廟而迭毀」的施行辦法。《左傳》、《國語》部
份，論者推測是聯名上奏的尹更始所主張，據《漢書·儒林
傳》，尹氏兼通《穀梁》、《左傳》。[83]其實，《漢書·韋賢
傳》中，韋玄成的先祖韋孟，在漢初即作詩自述家世曰：「蕭蕭
我祖，國自豕韋」，又云「總齊羣邦，以翼大商，迭彼大彭，勳
績惟光」，[84]前者出自《左傳·襄公二十四年》、《國語·晉語
八》范宣子所云：「在商為豕韋氏」，[85]後者本於《國語·鄭
語》史伯之言：「大彭、豕韋為商伯矣」。[86]可知韋氏家族除
《魯詩》之外，更世傳《左傳》、《國語》。職是，廟議中有關
《左傳》、《國語》的禮義推闡，雖可能出自尹更始議論，但不
可完全排除韋玄成的貢獻。

　　至於與《禮記》相關的禮說，以往學者多視作后倉禮學的具
體實踐。[87]然而，誠如前文所述，一來相關奏議中全無后倉及其
弟子署名，可證其說並未在廟議中發揮太大影響；二則石渠會議

83　參見（美）貝克定（Timothy Baker）：〈西漢晚期宗廟制度中的宗教
　　意涵：《漢書·韋賢傳》中的論辯〉，收入祝平次、楊儒賓編：《天
　　體、身體與國體：迴向世界的漢學》，頁 37-71。

84　《漢書》，卷 73，〈韋賢傳〉，頁 3101。

85　見《左傳》，卷 35，〈襄公二十四年〉，頁 608；《國語》，卷 14，
　　〈晉語八〉，頁 453-454。

86　《國語》，卷 16，〈鄭語〉，頁 511。

87　參見（日）藤川正數：〈前漢時代における宗廟禮說の變遷とその思想
　　的根底〉，《東方學》第 28 輯（1964 年 7 月），頁 11-34。王葆玹：
　　《西漢經學源流》，頁 251-261。王葆玹：《今古文經學新論》，頁
　　334-342。江乾益：〈后倉與兩漢之禮文化〉，《興大中文學報》第 19
　　期（2006 年 6 月），頁 145-167。

中，韋玄成所論遠勝聞人通漢、戴聖，至韋氏晚年反倒引用戴聖所編禮書，有悖常理。事實上，查閱《漢書・儒林傳》，申公授徒，除《魯詩》、《穀梁》外，亦兼傳禮，是以武帝初即位，趙綰、王臧請立明堂，便薦舉其師申公就其事，申公弟子徐偃亦曾參與策劃封禪事。[88]而王式和江公的對話，特別值得注意：

> （王）式徵來，衣博士衣而不冠，曰：「刑餘之人，何宜復充禮官？」既至，止舍中，會諸大夫博士，共持酒肉勞式，皆注意高仰之。博士江公世為《魯詩》宗，至江公著《孝經說》，心嫉式，謂歌吹諸生曰：「歌〈驪駒〉。」式曰：「聞之於師：客歌〈驪駒〉，主人歌〈客毋庸歸〉。今日諸君為主人，日尚早，未可也。」江翁曰：「經何以言之？」式曰：「在〈曲禮〉。」江翁曰：「何狗曲也！」式恥之，陽醉逿墜。式客罷，讓諸生曰：「我本不欲來，諸生彊勸我，竟為豎子所辱！」遂謝病免歸，終於家。[89]

王式師事免中徐公及許生，為申公再傳弟子，與韋賢同輩，曾任昌邑王師，因昌邑王淫亂廢嗣，羣臣皆下獄誅，王式以《詩》三百為諫書，得減死論，歸家不教授，後其弟子推薦王式，宣帝因而徵作博士。[90]由於當時《穀梁》博士江公，自其祖父瑕丘江公

---

[88] 見《史記》，卷28，〈封禪書〉，頁1397；《漢書》，卷25上，〈郊祀志上〉，頁1233。

[89] 《漢書》，卷88，〈儒林傳〉，頁3610。

[90] 王式事蹟見《漢書》，卷88，〈儒林傳〉，頁3610-3611。

開始，世為《魯詩》宗，因此嫉妒王式任《魯詩》博士，刻意在言語、儀節上羞辱王式。[91]江公先令諸生「歌〈驪駒〉」，其辭云：「驪駒在門，僕夫具存；驪駒在路，僕夫整駕。」[92]原是客人將要離開時所歌，此時主人當歌〈客毋庸歸〉加以慰留。而今江公反以主人身份歌〈驪駒〉，表現出逐客之意，王式於是解說宴會時主客應有禮節。王式所論禮儀，既「聞之於師」，且見於〈曲禮〉，可知除受《魯詩》於徐公、許生外，尚研習禮學相關篇章，而其內容更異於高堂生所傳禮學。職是以觀，史稱韋賢「兼通禮」、「又治禮」，[93]仍是淵源自申公一系，韋玄成既修父業，故能盡傳其禮學。

　　總結而論，韋玄成廟議的理論依據，主要源於申公所授的《魯詩》、《穀梁》及禮學，非但不必仰賴后倉及其門生的禮論，由於善用比輯群經義例的方法，在天子宗廟禮儀的造詣上，還要勝出后氏禮學許多。既明韋玄成禮議之所出，進一步可以討論其禮說與二戴《記》的關聯。首先，「祭由中出」、「聖人饗帝」、「王者禘其祖自出」三者，雖均見於今存《禮記》，然韋玄成僅言「臣聞」、「故」，卻又未明言引自《禮記》，加上所

91　見《漢書》，卷88，〈儒林傳〉，頁3610-3611。案，宣帝先擢蔡千秋為郎中戶將，選郎十人從受《穀梁》，會千秋病死，徵江公孫為《穀梁》博士。由此可知，宣帝徵王式作博士，是任《魯詩》博士，此所以遭到世為《魯詩》宗的江公所嫉恨。見《漢書》，卷88，〈儒林傳〉，頁3617-3618。

92　顏師古注《漢書·儒林傳》：「歌〈驪駒〉」下引文穎之言（卷88，頁3610-3611）。

93　分別見《漢書》，卷73，〈韋賢傳〉，頁3107；卷88，〈儒林傳〉，頁3609。

引〈祭義〉文字，反倒見於今本《禮記・喪服小傳》，凡此均顯示當時戴聖所編《禮記》尚未完全定稿成書。同樣狀況亦發生在前引王式、江公的對話上，江公問其說見於何經，王式答：「在〈曲禮〉」，然查今本《禮記》，〈曲禮〉上下既無相關記錄，亦未見於其他篇章，足見於小戴《禮記》外，另有禮書篇名亦稱作〈曲禮〉。查《漢書・藝文志》錄有「《記》百三十一篇」、「《明堂陰陽》三十三篇」、「《王史氏》二十一篇」等「古文《禮記》」，其出處主要是河間獻王劉德的蒐集，以及魯恭王劉餘壞孔子舊宅而得，[94]班固云：「多天子諸侯卿大夫之制。」[95]足以彌補高堂生、后倉只傳士禮的疏漏。據是以論，王式、韋玄成、戴德、戴聖等，並非彼此援用對方禮說，而是個別從古文《禮記》中採擇先秦舊禮。儒臣廟議中，往往有稱「禮」而未能明出處者，例如韋玄成言：「禮，廟在大門之內，不敢遠親也」，匡衡曰：「禮，凶年則歲事不舉」，劉歆謂：「禮，去事有殺」等，當皆屬此類。[96]只不過在成帝詔令劉向校書以前，古文《禮記》僅藏於宮中，尚未經過整理，造成各家引用之際，字句常有出入，篇名或有或無，甚至大小戴編纂禮書，亦往往有相同段落，卻出現在兩書不同篇章的狀況。[97]惟韋玄成廟議所引古

---

[94]　關於古文《禮記》的出處，多附於《禮古經》五十六篇下，包括劉歆〈移書讓太常博士〉（見《漢書・劉歆傳》）、《漢書・藝文志》、〈景十三王傳〉等，均有論及。

[95]　《漢書》，卷30，〈藝文志〉，頁1710。

[96]　均見《漢書》，卷73，〈韋玄成傳〉，頁3118、3121、3129。

[97]　清儒陳壽祺云：「《大戴》之〈曾子大孝〉篇見《小戴・祭義》；〈諸侯釁廟〉篇見《小戴・雜記》；〈朝事〉篇自『聘禮』至『諸侯務焉』，見《小戴・聘義》；〈本事〉篇自『有恩有義』至『聖人因殺以

文《禮記》，既經過群臣商討，又獲得元帝認可，並曾付諸實行，儼然具有權威地位，進而影響戴聖編輯禮書內容，其餘如王式所論，因屬個別意見，未必見存於小戴《禮記》之中。[98]

　　至於援引其他經典方面，相對於《魯詩》、《孝經》僅用於加強其說的正確性，《春秋》三傳的運用狀況，便顯得較為複雜。舉例來說，關於祖宗之廟的定義，韋玄成先據古文〈祭義〉：「王者禘其祖自出，以其祖配之，而立四廟」，得出「始受命而王，祭天以其祖配，而不為立廟，親盡也」的義理。其後參酌《國語·魯語上》：「周人禘嚳而郊稷，祖文王而宗武王」，按照古文〈祭義〉說法，既然禘祭時方祀嚳，說明周代並未特別為嚳立廟，是以周人始祖宗廟有三：后稷、文王、武王，萬世不墮。進一步考察三者身份，發現周棄於夏禹時任職后稷，因功受封，文、武伐商而王，前者為「諸侯始封之君」，後者屬「始受命之王」，於是演繹出「禮，王者始受命，諸侯始封之君，皆為太祖」的結論。再如宗廟親疏迭毀中，「五年而再殷祭」、「父為昭，子為穆」、「祫祭合食」等實施細節，乃統括《公羊》、《穀梁》兩書義例而成；「國君之母非適不得配食」，則是《春秋》三傳的共通義理。總而言之，韋玄成所謂

　　制節』，見《小戴·喪服四制》。其它篇目尚多。」（清）陳壽祺：《左海經辨》，收入《續修四庫全書》（上海：上海古籍出版社，1995年 3 月），第 175 冊，卷上，〈大小戴並在記百三十一篇中〉，頁418。

[98] 縶《漢書·儒林傳》「歌〈驪駒〉」下，顏師古引服虔之言曰：「逸《詩》篇名也，見《大戴禮》。」（卷 88，頁 3610-3611）今本《大戴禮記》無，已佚。然可知王式所引古文〈曲禮〉關於宴客禮儀的內容，曾編入《大戴禮記》中。

「禮」、「古之正禮」、「古者制禮」云云，並非直接沿襲古文
《禮記》的內容，而是經過「條列經傳、比輯禮例」所得。[99]此
類禮說亦影響戴聖禮書的編輯工作，最顯著的例證，即是「父不
祭於支庶之宅」的「《春秋》之義」，從「附表十七」及第三章
的討論可知，該條乃是以孔子墮三都的史事為線索，綜合《左
傳》義例而成，許慎《五經異義》曰：

> 《禮》戴引此〈郊特牲〉云。又匡衡說：支庶不敢薦其
> 禰，下士諸侯不得專祖於王。

此段見於《禮記・郊特牲》：「諸侯不敢祖天子，大夫不敢祖諸
侯，而公廟之設於私家，非禮也，由三桓始也」下孔《疏》所
引。[100]《齊詩》匡衡所言，明顯沿襲自《魯詩》韋玄成之說。
就「《禮》戴引此〈郊特牲〉云」一句而言，是許慎明確指出戴
聖《禮記》引此〈郊特牲〉；不過，若〈郊特牲〉本為《禮記》
篇章，為何要說「引此」呢？足證許慎著《五經異義》時，《禮
記》雖已將此句收錄其中，但他清楚知道此句的出處，並非來自
戴聖一系禮說，而是兼收其他學派經師的意見，而此禮說正是源
自韋玄成所歸納的《左傳》禮例。換句話說，戴聖除了闡釋《儀

---

99 以上均見《漢書》，卷 73，〈韋玄成傳〉，頁 3118-3120；以及第三章
　　第三節的討論。《漢書・韋玄成傳》中，另有議者據《詩經・周頌・清
　　廟》之詩，「言交神之禮無不清靜」，建請元帝廢止高祖以來的「游衣
　　冠」之禮，並作出「祭不欲數，數則瀆，瀆則不敬」（卷 73，頁 3120-
　　3121）的結論，此句亦收入《禮記・祭義》之中。
100 《禮記》，卷 25，〈郊特牲〉，頁 487-488。

禮‧喪服》：「公子不得禰先君」[101]的義理，於《禮記‧大傳》言：「庶子不祭，明其宗也」[102]外，進一步吸收元帝時期群臣廟議的傑出禮說，使得《禮記》的內容更加充實豐富。

貳、匡衡等人的郊祀禮議

按照《漢書‧郊祀志下》的記載，西漢晚期郊祀改革，起於成帝建始元年（32 B.C.），由丞相匡衡、御史大夫張譚首發其論，右將軍王商、博士師丹、議郎翟方進、谷永、杜鄴等五十餘人上奏附議。[103]值得注意的是，戴聖曾在宣帝甘露年間立為博士，論於石渠，後遷九江太守，至成帝陽朔二年（23 B.C.），復為博士；當朝廷議論郊祀禮制之際，不知任博士抑或太守，但於群臣奏疏中，完全不見其姓名，可推其時戴聖禮學尚未發展成熟，因此不及參與群臣郊祀議論。[104]各家論禮淵源，筆者已於本書第二章第三節初步列舉，在此同樣先據該章研究作基礎，製成一表如下：

---

[101]　《儀禮》，卷 32，〈喪服〉，頁 379。

[102]　《禮記》，卷 34，〈大傳〉，頁 620。

[103]　見《漢書》，卷 25 下，〈郊祀志下〉，頁 1252-1263；以及第二章第三節的討論。

[104]　關於戴聖生卒，參見沈文倬：〈從漢初今文經的形成說到兩漢今文《禮》的傳授〉，《宗周禮樂文明考論》，頁 230-233。徐耀環：〈戴德、戴聖生卒年代的推測〉，收入林慶彰主編：《經學研究論叢（第一輯）》，頁 17-25。王鍔：《《禮記》成書考》，頁 309-314。

附表十八　匡衡等人郊祀禮議表（一）

匡衡、張譚	帝王之事莫大乎承天之序，承天之序莫重於郊祀。
《春秋繁露・郊祀對》	所聞古者天子之禮，莫重於郊。
匡衡、張譚、王商、師丹、翟方進	昔者周文武郊於豐鄗，成王郊於雒邑。由此觀之，天隨王者所居而饗之，可見也。
《尚書・召誥》	越三日丁巳，用牲于郊，牛二。
《詩經・周頌・敬之》	毋曰高高在上，陟降厥士，日監在茲。
《詩經・大雅・皇矣》	乃眷西顧，此維予宅。
王商、師丹、翟方進	事天明，事地察。天地明察，神明章矣。
《孝經・感應章》	事父孝，故事天明；事母孝，故事地察。……天地明察，神明彰矣。
匡衡	《尚書》：「禋六宗、望山川、徧羣神。」
《尚書・堯典》	禋于六宗，望于山川，徧于羣神。
杜鄴	「東鄰殺牛，不如西鄰之淪祭。」言奉天之道，貴以誠質大得民心也。
《周易・既濟・九五》	東鄰殺牛，不如西鄰之禴祭。
杜鄴	《詩》曰：「率由舊章。」
《詩經・大雅・假樂》	率由舊章。
杜鄴	文王以之，交神于祀，子孫千億。
《詩經・大雅・假樂》	子孫千億。

與韋玄成廟議相同，匡衡等人的郊祀禮說，大都刺取五經內容而得，尤其以《詩》、《書》最多。就師承來看，王商、張譚未詳其所出；翟方進習《穀梁》、《左傳》於尹更始；杜鄴向張敞之子張吉問學，亦傳《左傳》；匡衡則從后倉受《齊詩》，後授師丹。[105]

---

[105] 見《漢書》，卷 85，〈杜鄴傳〉，頁 3473；卷 88，〈儒林傳〉，頁 3613。

由是以觀，當時改革郊祀的理論指導，主要是匡衡、師丹一系的
《齊詩》學派，故疏議引〈大雅・皇矣〉作「此維予宅」，和傳
世《毛詩》的「此維與宅」[106]有所不同。另外，尚有受到董仲
舒影響的部份。事實上，學者已指出成帝時儒者的郊祀禮論，和
《春秋繁露・郊語》以下七篇有相當大的關聯。[107]例如「帝王
之事莫重於郊祀」的說法，除《春秋繁露・郊事對》：「所聞古
者天子之禮，莫重於郊」[108]外，〈郊祭〉亦以「《春秋》之
義，國有大喪者，止宗廟之祭，而不止郊祭」，[109]論證郊大於
廟的古禮。郊祀地點方面，《春秋繁露・郊祭》據《詩經・大
雅・棫樸》言文王先行郊祀、後討伐崇侯，匡衡等人則由此推得
「天之於天子也，因其所都而各饗焉」，[110]再舉《詩經・周
頌・敬之》、《詩經・大雅・皇矣》、《尚書・召誥》等史料，
以證明文王、成王祀天於其都郊的古制。至於杜鄴引《詩》所
論，其義理均見《春秋繁露・郊語》，例如其釋「率由舊章」
曰：「舊章，先王法度」，[111]完全本於〈郊語〉：「舊章者，

---

[106]《毛詩》，卷16，〈大雅・皇矣〉，頁567。

[107] 其餘六篇為〈郊義〉、〈郊祭〉、〈四祭〉、〈郊祀〉、〈順命〉、
〈郊事對〉。參見（日）岩野忠昭：〈前漢郊祭考―『春秋繁露』を中
心として―〉，《東洋文化》復刊第78號（1997年9月），頁2-15。
（日）岩野忠昭：〈前漢後期の郊祭論〉，《東洋大學中國哲学文學科
紀要》第12號（2004年2月），頁113-128。

[108]《春秋繁露》，卷15，〈郊事對〉，頁414。

[109]《春秋繁露》，卷15，〈郊祭〉，頁404。

[110]《漢書》，卷25下，〈郊祀志下〉，頁1254。

[111]《漢書》，卷25下，〈郊祀志下〉，頁1263。

先聖人之故文章也」；[112]言「子孫千億」，[113]則是引《詩》以發揮同篇「周國子多賢，蕃殖至於駢孕男者四，四產而得八男，皆君子俊也」[114]的義理，只不過董仲舒以秦朝未循周禮為懲誡，[115]杜鄴則針對成帝無嗣作勸說。甚至日後王莽定「正月上辛郊」、「天子爵稱」、「二至別祀，孟春合祀」等，皆可在《春秋繁露》中找到相應主張，足見董仲舒對於西漢晚期郊禮改制的影響。[116]參照「附表十六」，后倉曾受《禮經》於孟卿，孟卿事從《公羊》大師嬴公，嬴公則出自董仲舒門下，史稱「守學不失師法」，[117]此所以匡衡、師丹論郊禮能據《春秋繁露》的原因。[118]杜鄴雖習《左氏》，但其言「陽尊陰卑」、「男尊女卑」，以及「女有三從之義」等論點，完全沿襲董仲舒的陰陽學說，亦可見兩者密切關係。[119]

---

[112] 《春秋繁露》，卷 14，〈郊語〉，頁 397。

[113] 《漢書》，卷 25 下，〈郊祀志下〉，頁 1263。

[114] 《春秋繁露》，卷 14，〈郊語〉，頁 398。

[115] 其言云：「今秦與周俱得為天子，而所以事天者異於周。」（卷 34，頁 620）

[116] 「正月上辛郊」見《春秋繁露‧郊語》、〈郊義〉、〈郊事對〉，「天子爵稱」見〈順命〉，「二至別祀，孟春合祀」則出自〈陰陽終始〉。詳見第二章第三節的討論。

[117] 《漢書》，卷 88，〈儒林傳〉，頁 3136。

[118] 關於后倉《齊詩》系統與董仲舒《公羊》學的聯繫，可參考（日）永井彌人：〈后倉と公羊學〉，《中國古典研究》第 44 號（1992 年 12 月），頁 1-9。

[119] 杜鄴所論，見《漢書》，卷 85，〈杜鄴傳〉，頁 3473-3479。另可參見（日）岩野忠昭：〈前漢郊祭考——『春秋繁露』を中心として—〉，《東洋文化》復刊第 78 號（1997 年 9 月），頁 2-15。惟岩野氏推測

除比輯《詩》、《書》等經典禮例外，匡衡等人所論郊祀內容，亦有許多與現傳《禮記》、《周禮》相近者：

附表十九　匡衡等人郊祀禮議表（二）

匡衡、張譚、王商、師丹、翟方進	祭天於南郊，就陽之義也；瘞地於北郊，即陰之象也。 兆於南郊，所以定天位也；祭地於大折，在北郊，就陰位也。
《禮記・郊特牲》 《禮記・禮運》	郊之祭也，迎長日之至也，大報天而主日也，兆於南郊，就陽位也。 故祭帝於郊，所以定天位也。
王商、師丹、翟方進	《禮記》曰：「燔柴於太壇，祭天也；瘞薶於大折，祭地也。」
《禮記・祭法》	燔柴於泰壇，祭天也；瘞埋於泰折，祭地也。
匡衡	臣聞郊柴饗帝之義，埽地而祭，上質也。
《禮記・郊特牲》 《禮記・郊特牲》	郊之祭也，……掃地而祭，於其質也。 祭天，掃地而祭焉，於其質而已矣。
匡衡	歌大呂舞雲門以竢天神，歌太蔟舞咸池以竢地祇。
《周禮・春官・大司樂》	歌大呂，舞雲門，以祀天神；乃奏大蔟，歌應鍾，舞咸池，以祭地示。
匡衡	其牲用犢，其席稾稭，其器陶匏，皆因天地之性，貴誠上質，不敢修其文也。
《禮記・郊特牲》	郊之祭也，……器用陶匏，以象天地之性也。

《春秋繁露》與匡衡等郊禮主張相同者，可能是後者利用董仲舒名聲以補強其說的有效性。但事實上，《春秋繁露》的郊祀理論本自成體系，且和《公羊》學說關係密切，故當是董仲舒影響匡衡等人為確。

就其論禮或未著出處，或僅言「臣聞」的狀況觀察，其禮說根據當如前述韋玄成一般，並非是戴聖所編纂的《禮記》，而是出自古文《禮記》。例如匡衡言「臣聞郊柴饗帝之義，埽地而祭，上質也」，[120]當年秦始皇將封禪時，儒生所議即云：「埽地而祭，席用葅稭，言其易遵也」，[121]由「易遵」到「上質」，頗見循義引申，乃至越推越遠，由淺轉深，形成別解的痕跡。至於「燔柴於太壇，祭天也；瘞薶於大折，祭地也」，雖明言引自《禮記》，且與現傳《禮記・祭法》字句相符，然而此處所謂「禮記」，可能是泛指所有關於禮儀的記錄，誠如楊樹達曰：「此謂《禮》書記述祀典者耳。」[122]而援用《周禮》部份，揆諸《漢書・藝文志》云：

> 六國之君，魏文侯最為好古，孝文時得其樂人竇公，獻其書，乃《周官・大宗伯》之〈大司樂〉章也。武帝時，河間獻王好儒，與毛生等共采《周官》及諸子言樂事者，以作〈樂記〉。[123]

---

[120] 《漢書》，卷 25 下，〈郊祀志下〉，頁 1256。

[121] 《史記》，卷 28，〈封禪書〉，頁 1366。

[122] 楊樹達：《漢書補注補正》，收入徐蜀編：《兩漢書訂補文獻彙編》，第 2 冊，卷 4，頁 52。案，楊氏所言，原是針對《漢書・韋玄成傳》：「《禮》記祀典曰」一語的疏解。其實，直到東漢時期，以「禮記」為書名者，有橋仁、曹褒、大小戴等人的著作，易使後世學者產生混淆。相關討論，可考王夢鷗：〈小戴禮記考源〉，《國立政治大學學報》第 3 期（1961 年 5 月），頁 87-148。

[123] 《漢書》，卷 30，〈藝文志〉，頁 1712。

《漢書・河間獻王傳》亦言「獻王所得書皆古文先秦舊書，《周官》、《尚書》、《禮》、《禮記》、《孟子》、《老子》之屬。」[124]職是可推，在劉向校書前，各地進獻的古文舊書既未經整理，加上《周官》、《禮記》同為論禮之書，可能因此被當時儒者歸作一類。這些古文《禮記》的內容，經過群臣商議，並得到成帝認可，同樣具有某種程度的權威性，因此戴聖編輯禮書亦多採錄其說。

　　析論至此，可重新梳理西漢禮學傳授的狀況。自漢初高堂生復原《禮經》，其內容多屬士禮，因此必須藉由「推士禮以及天子」[125]的方法加以補充，而成為傳禮學者的共通師法。漢初高堂生參考叔孫通制朝儀以恢復覲禮，宣帝時后倉推鄉射、大射而致天子射禮，以及今本《禮記》中，〈昏義〉的「古者天子后立六宮」，〈射義〉的「天子以騶虞為節」、「是故古者天子，以射選諸侯卿大夫士」，以及〈聘義〉的「故天子制諸侯，比年小聘，三年大聘」[126]等，均可視作此類。然而，畢竟天子禮繁複而士禮簡略，推致之法亦有所侷限，誠如朱熹質問：「若燕射朝聘，則士豈有是禮而可推耶？」[127]以〈昏義〉等篇而言，燕射朝聘諸禮雖可推致，但流於片斷，已顯勉強，何況天子郊祀、宗廟之禮，於《禮經》十七篇中，更缺少相應儀節可資類比，造成

---

124 《漢書》，卷 53，〈河間獻王傳〉，頁 2410。

125 《漢書》，卷 22，〈禮樂志〉，頁 1035。

126 以上分別見《禮記》，卷 61，〈昏義〉，頁 1002；卷 62，〈射義〉，頁 1014；卷 62，〈射義〉，頁 1015；卷 63，〈聘義〉，頁 1028。

127 （宋）朱熹：《儀禮經傳通解》，收入《文淵閣四庫全書》，第 131 冊，〈目錄〉，頁 4。

「若立辟雍封禪巡狩之儀，則幽冥而莫知其原」[128]的窘況，因此勢必透過其他途徑，以解決天子之禮不足的困難。

　　針對上述問題，河間獻王、魯恭王所得的古文《禮記》，對於高堂生一系禮學，便有極大的助益。武帝時期，這些禮學文獻都集中在皇家秘府，第三代禮學大師孟卿可能見過相關篇章，但尚無力完全掌握箇中義理，「以《禮經》多，《春秋》煩雜」，[129]因而遣其子孟喜從田王孫受《易》。[130]后倉以降，傳禮學者開始由古文《禮記》中採輯先秦佚禮，例如《大戴禮記》的〈諸侯遷廟〉、〈諸侯釁廟〉、〈投壺〉，《小戴禮記》的〈曲禮〉、〈投壺〉等。於天子禮方面，尤其是郊祀、宗廟一類儀節，更經過元、成時期群儒反覆商議、研討，因而別具意義。誠如《漢書‧藝文志》所言，此種講經方法「猶瘉倉等推士禮而致於天子之說」。[131]

　　然而，真正構成西漢郊廟禮論的主體內容，則是儒生經由「條列經傳、比輯禮例」所得，不管是韋玄成論次《公羊》、《穀梁》、《左傳》、《國語》以辨明宗廟迭毀，抑或匡衡等人根據《詩經》、《尚書》、《周易》等而推衍郊祀時地，均奠定該領域的理論基礎，對於戴氏禮書的編纂產生極其深遠的影響。清儒陸奎勳曾推測《禮記》相關篇章的編採經過：

128　《漢書》，卷36，〈劉歆傳〉，頁1970。

129　《漢書》，卷88，〈儒林傳〉，頁3599。

130　參見王葆玹：《西漢經學源流》，頁227-235。王葆玹：《今古文經學新論》，頁310-319。

131　《漢書》，卷30，〈藝文志〉，頁1710。

近人皆謂白虎通有傳書，石渠五經異同，於今無考。不知
《戴記》中如〈郊特牲〉一篇，即爾時諸儒所論次也。[132]

無論從圖書目錄，或內容形式而言，陸氏謂〈郊特牲〉當是石渠
會議記錄的推斷，恐怕難以成立。[133]然而，若循陸氏思路以
推，其見於今存《禮記》者如〈祭統〉、〈祭義〉、〈祭法〉、
〈郊特牲〉的部份，確實可視作戴氏集結當時諸儒郊祀、宗廟禮
議的成果。

第三節　禮學話語的循環特徵

言戴氏禮學吸收元、成時期儒生的郊廟議論，意味著除相關
的理論內容外，尚包括其話語規則。筆者在第五章中，已透過辨
析話語形態的差異，具體闡釋從方術到儒術的思想轉折，並探討
其發生原因。然而，話語規則的確立，並未能保證在各項儀節上
達成協議，特別是在群儒自有其學術背景的狀況下，如何彌縫彼
此的歧見，以及最終將獲得多大程度的共識，成為儒學內部的重
要課題。

---

132 （清）陸奎勳：《戴禮緒言》，收入《四庫全書存目叢書》，第 102
　　冊，卷2，頁19。

133 《漢書·藝文志》於「書」、「禮」、「春秋」、「論語」各類中，皆
　　可見《議奏》，「孝經」類亦有《五經雜議》，班固均自注曰：「石渠
　　論」，是石渠會議自有專書加以載錄。再從前引《石渠禮論》的形式來
　　看，石渠會議多辯難之語，〈郊特牲〉只有講說之辭，兩者仍有差距。
　　參見王夢鷗：〈禮器郊特牲篇書後〉，《孔孟學報》第 28 期（1974 年
　　9 月），頁 139-142。

壹、禮制的協商

　　悠謬迂誕的方士之說，在儒生建構起崇古尊經的話語規則後，逐漸退出朝廷禮學議論的舞臺，於是釐定郊廟禮制的相關意涵，亦轉為儒生的政治責任。然而，由於孔子之後已有「儒分為八」的內部分歧，加上「秦火項焚」外力迫害，造成西漢與先秦之間儒學斷層，導致漢儒的理解未必盡合古制，各家詮釋亦有所齟齬，必須透過反覆研究、商討，方能作出最後的結論。

　　以宗廟禮制改革而言，郡國廟的廢止，是基於皇帝、朝臣的共識，日後即便是元帝寢疾、成帝無嗣而盡復所罷寢廟園，郡國廟亦不再重新修祠。至於親疏迭毀之禮，則頗經過幾番爭議。根據《漢書・韋玄成傳》所載，元帝下詔云：「立親廟四，祖宗之廟，萬世不毀」，以為天子宗廟，當包括祖廟一，親廟四。韋玄成等根據《國語・魯語上》，將「太祖」明確定義為「王者始受命，諸侯始封之君」，進而保留宣帝、皇考、昭帝、武帝四親廟，加上高帝太祖廟。可見，韋玄成所謂「五廟而迭毀」，乃將祖廟與親廟一併計算，此乃順承元帝旨意而定。在此，禮學內容看似受到政治力量的左右，但若考慮元帝在郡國廟方面，引《論語・八佾》：「吾不與祭，如不祭」；於祖宗廟部份，清楚點出「親親」、「尊尊」兩項立廟原則，足見其深厚的禮學素養。[134]追蹤元帝師承，主要有二：一為夏侯勝，一是蕭望之。前者善說「禮服」，晚年遷太子太傅，受詔撰《尚書說》、《論語

說》。[135]後者原事后倉，治《齊詩》，又從夏侯勝問《論語》、「禮服」，遷太子太傅後，以《論語》、「禮服」授皇太子。[136]根據《漢書‧藝文志》所記，蕭望之為傳習《魯論語》的重要學者，其《論語》既問於夏侯勝，又以《論語》授皇太子，推知元帝所學、勝所撰《論語說》皆為《魯論》。因此，元帝所提制度能夠影響儒臣廟議，除了權位的考量外，傳習自夏侯勝、蕭望之兩位師傅的精闢見解，亦為不可忽略的因素。

元帝未以權勢主導廟議，還可由當時朝臣眾說紛呈的狀況看出。除韋玄成的意見外，另有許嘉主張立文帝為太宗廟，尹忠以為武帝宜為世宗廟，尹更始指出當毀皇考廟，導致依違不定長達一年。元帝採納許嘉、尹更始的建議，立文帝太宗廟、毀皇考廟，同時延續前年「立親廟四」、「祖宗之廟」的五廟定數，以為當立高帝太祖、文帝太宗、武帝、昭帝、宣帝五廟。然而，由於太祖、太宗兩廟萬世不墮，使得原本應有四親廟以供迭毀，現今卻只剩三廟。因此，韋玄成等建請立高帝太祖、文帝太宗、景帝、武帝、昭帝、皇考、宣帝七廟，將祖宗廟及四親廟劃分開來，讓親者可以依序迭毀，尊者得以世世承祀，並且照顧到帝系昭穆的序列，雖皇考廟存而未罷，猶與禮義相悖，但只是大醇小疵，因此獲得元帝的認可。對比去年的提議：上奏者同樣以韋玄成為代表，陳述的語句同樣是「五廟而迭毀」；但因有無計入祖宗之廟的差異，造成前後宗廟總數有「五廟」、「七廟」的不同。職是可知，儒者對「五廟而迭毀」的義理，原本並沒有任何

---

[135] 見《漢書》，卷75，〈夏侯勝傳〉，頁3159。

[136] 見《漢書》，卷78，〈蕭望之傳〉，頁3282。

權威性的詮釋，即便是皇帝的旨意，也未必能成為定論，而是在群儒的協商過程中，持續尋求共通且可付諸施行的解釋，造成其意涵的迭生嬗變。其後，匡衡舉出「天序五行，人親五屬」的天人相應觀點，作為「繼烈以下，五廟而遷」的天道基礎；於元帝崩亡後，遷去景帝親廟，增添元帝新廟。凡此，均是將韋玄成第二次訂定的迭毀禮制視作定論，分別在理論上、制度上加以證成與實踐。

韋玄成提出的廟數方案，並未延續太久，降及成帝崩殂、哀帝嗣立，劉歆便明確徵引《穀梁傳‧僖公十五年》：「天子七廟」[137]的記載，重新商訂天子廟數。案《穀梁》傳自漢初申公，宣帝時又曾召開石渠會議，「由是《穀梁》之學大盛」，[138]然元帝與群臣議論廟制之際，卻無任何儒生援用其此說，尤其是其中尚包括《穀梁》議郎尹更始，可見經師授受亦有其未逮之處。其實，當年秦二世即位時，羣臣皆言：「古者天子七廟，諸侯五，大夫三，雖萬世世不軼毀。」[139]賈誼亦有：「一夫作難而七廟墮」[140]的說法，足證秦漢之際，天子七廟的制度，仍為學者所知，但西漢要湊足七廟之數，則有待宣帝歿後，其距高祖即皇帝位，已踰百年，[141]既久無用，故漸鮮為人知。進一步觀察劉歆所言「七廟」，乃是配合《禮記‧王制》：「三昭三穆

---

137 《穀梁傳》，卷8，〈僖公十五年〉，頁83。

138 《漢書》，卷88，〈儒林傳〉，頁3618。

139 《史記》，卷6，〈秦始皇本紀〉，頁266。

140 《史記》，卷6，〈秦始皇本紀〉，頁282。

141 此七廟分別是：高祖、惠帝、文帝、景帝、武帝、昭帝、宣帝。高祖即位在五年（202 B.C.），宣帝則崩於甘露四年（50 B.C.），凡152年。

與太祖之廟而七」，[142]亦即迭毀親廟其數有六，與韋玄成言
「五廟迭毀」外加「太祖」、「太宗」各一的宗廟總數，截然有
異。至於「太祖」的意義，雖然韋玄成、劉歆均視作萬世不墮，
但前者是根據賈誼「祖有功而宗有德」的說法，將「太祖」、
「太宗」成對而論，強調尊尊大義；[143]後者則與「三昭三穆」
並觀，著眼於血緣關係，偏重親親之恩，故言「苟有功德則宗
之」，把原本「太祖」基於「有功」的立廟條件，完全歸於「太
宗」，並謂「宗，變也」，賦予獨立且不受定數限制的立廟資
格。劉歆的提案得到哀帝認同，因此立高帝太祖廟一，以及武
帝、昭帝、皇考、宣帝、元帝、成帝六廟以序昭穆，此為「七
廟」常數。變數「宗廟」部份，文帝雖親盡，但因「有德」而推
作太宗廟。武帝則因「有功」而尊為世宗廟，加上仍在六廟之
中，故同時具有「親廟」、「宗廟」兩種資格。其後，王莽再循
劉歆之說，尊孝宣廟為中宗、孝元廟為高宗、孝成廟曰統宗、孝
平廟曰元宗，[144]終西漢一世，變宗之廟總計有六。

　　綜上所述，元帝、韋玄成、劉歆等對於宗廟常數的理解，有
「五廟」、「七廟」的不同，實際施行的總數，則有「七廟」、
「八廟」、「九廟」的差異。當劉歆舉出《穀梁傳》的證據後，
由於經典中有明確記載，具備相當程度的權威地位，是以眾儒的

---

[142] 《禮記》，卷 12，〈王制〉，頁 241。

[143] 參見（日）鷲尾祐子：〈前漢祖宗廟制度の研究〉，《立命館文學》第
　　　577 號（2002 年 12 月），頁 97-123。以及筆者在第三章第一節的討
　　　論。

[144] 分別見於《漢書》，卷 12，〈平帝紀〉，頁 357；卷 99 上，〈王莽傳
　　　上〉，頁 4078。

詮釋，就必須汰除其他的可能，而以「七廟」制度為中心作開展：或者如韋玄成一般，將文、武不遷之廟計入「七廟」當中，合乎《禮記・祭法》：「是故王立七廟：一壇一墠，曰考廟、曰王考廟、曰皇考廟、曰顯考廟、曰祖考廟」[145]的說法；或者像劉歆所言，以「七廟」為常數，有功德者另增變宗之廟，以與《禮記・王制》：「三昭三穆與太祖之廟而七」[146]相符。權衡兩說，在詮釋上，既言之成理，又各有文獻作為根據；於實踐上，既曾獲得眾儒、皇帝的認同，又均確實付諸施行。於是，在兩說理論效力、論據相對等同的狀況下，進而產生以下的問題：並沒有任何機制能夠判定，究竟何種詮釋才是真正的周代禮制？甚至連劉歆自己，亦不免發出「至祖宗之序，多少之數，經傳無明文，至尊至重，難以疑文虛說定也」[147]的感歎。流風所及，日後鄭玄、王肅關於廟數的歧義，其主要癥結亦在於此，禮學亦因此陷入正反兩方的循環論辯之中，降及清代仍僵持不休。[148]

貳、義理的誤解

在《穀梁傳》明言「七廟」的狀況下，對於廟數依舊分成兩系意見，而無法統一，至於經傳無明文之際，儒生如何推得禮義，亦頗值得探討。就郊祀時間而言，王莽雖據《穀梁傳・哀公元年》之言，確定「十二月下辛卜，正月上辛郊」，但「正月」

---

[145] 《禮記》，卷46，〈祭法〉，頁799。

[146] 《禮記》，卷12，〈王制〉，頁241。

[147] 《漢書》，卷73，〈韋玄成傳〉，頁3127。

[148] 歷代廟數的辯論，可參考（清）孫詒讓：《周禮正義》，第5冊，卷32，〈春官・敍官・守祧〉，頁1255-1262。

向有周正仲冬、夏正孟春兩種解釋,於是提出「陰陽之別於日冬夏至,其會也以孟春正月上辛若丁」,認為當於陰陽相別的冬至、夏至別祀,在陰陽交會的孟春合祀,以配合《周禮‧春官‧大司樂》的「合樂」、「別樂」之說。[149]誠如第二章第三節的考察,此說理據與董仲舒陰陽學說有密切的關係,但王莽或因著眼於「冬至之後,陰俛而西入,陽仰而東出」,[150]錯認二至為陰陽相分的時節;加上對於「春秋之中,陰陽之氣俱相併也」[151]的錯誤理解,以為陰陽二氣合併於春、秋仲月。簡而言之,王莽「陰陽別會」的說法,乃是在誤讀董仲舒陰陽學說的情況下,別生新解。至於廟制方面,主張應廢除皇考廟,但解釋「父為士,子為天子,祭以天子」時,卻牽合「虞舜、夏禹、殷湯、周文、漢之高祖」等,將其視作具有「受命而王者」身份才能成立的特殊禮例。[152]然而,若按照前述韋玄成的詮釋,受命始祖之父並未另外立廟,僅在禘祭時配天,所謂「王者禘其祖之所自出,以其祖配之」[153]是也;若說王莽自創新義,則又不知其理論根據為何。因此,王莽所論,表面上合乎禮制,實際上卻未盡允於禮義,徒然增添理解上的紛擾。

王莽或許如同尹更始一般,對於義理的認識尚未精熟,出現誤讀經義的狀況,亦不足為奇。然而,同樣情形發生在「博篤洽

---

149 見《漢書》,卷 25 下,〈郊祀志下〉,頁 1265-1266。

150 《春秋繁露》,卷 12,〈陰陽終始〉,頁 339。

151 《春秋繁露》,卷 12,〈陰陽終始〉,頁 340。

152 見《漢書》,卷 73,〈韋玄成傳〉,頁 3129-3120。

153 《禮記》,卷 322,〈喪服小記〉,頁 592;卷 34,〈大傳〉,頁 616。

浹」[154]的劉歆身上，便難免令人懷疑是否有意為之。舉例來說，劉歆曾引《國語‧周語上》祭公謀父諫周穆王：「日祭，月祀，時享，歲貢，終王」[155]之言，以祭祀次數的繁簡，訂定去事有殺的禮節等差，形成越親越卑，彌遠彌尊，最卑日祭，至尊終王，建立起「以少為貴」[156]的祭祖原則。[157]乍看之下，劉歆所論既言之成理，亦持之有故，但若稽覈《國語》全文，前句本作：「甸服者祭，侯服者祀，賓服者享，要服者貢，荒服者王。」[158]原是說明遠近方國的進獻責任，並非解釋血緣親疏的祠祀次數。職是可知，劉歆為求禮例，不惜割裂經傳文字，因而衍生別解，挑起許多禮制上的爭議。

事實上，劉歆此舉，並非單純為了標新立異、無事生非，誠如其移書責讓太常博士云：「至於國家將有大事，若立辟雍、封禪、巡狩之儀，則幽冥而莫知其原。」[159]可知劉歆同樣鑑於先秦禮儀散佚，天子之禮尤為嚴重的狀況下，希望藉由研析經傳內容，以獲得更豐富、更完備的儀式制度，進而葺補當時朝廷禮節的不足，其用心可謂良苦，只不過其治學方法，卻往往在經傳韠

---

[154] 《漢書‧韋玄成傳》後班彪平議群儒宗廟之說云：「考觀諸儒之議，劉歆博而篤矣。」（卷 73，頁 3131）《漢書‧谷永傳》亦言：「永於經書，汎為疏達，與杜欽、杜鄴略等，不能洽浹如劉向父子及揚雄也。」（卷 85，頁 3472）可知劉歆學養備受兩漢學者推崇稱許。

[155] 《國語》，卷 1，〈周語上〉，頁 4。

[156] 《禮記》，卷 23，〈禮器〉，頁 453。

[157] 見《漢書》，卷 73，〈韋玄成傳〉，頁 3129。詳細討論可見本書第三章第三節。

[158] 《國語》，卷 1，〈周語上〉，頁 4。

[159] 《漢書》，卷 36，〈劉歆傳〉，頁 1970。

漏模糊地帶，創發新說。例如，在論證「宗，變也」一說時，曾舉《尚書·毋逸》：「舉殷三宗以勸成王」為證，並言「故於殷，太甲為太宗，大戊曰中宗，武丁曰高宗。」[160]查核〈無逸〉中，有大戊中宗、武丁高宗，有祖甲無太甲。孔安國曰：「祖甲，湯孫太甲也。」[161]又云：「太甲修德，諸侯咸歸，百姓以寧，稱為太宗。」[162]《史記·殷本紀》言：「褒帝太甲，稱太宗。」[163]是為劉歆稱「太甲為太宗」之所本。《漢書·儒林傳》稱司馬遷「從安國問故」，引《書》「多古文說。」[164]可見釋〈無逸〉的「祖甲」作「太甲」，並以為「太宗」者，俱出自孔安國所傳的《古文尚書》說，與「祖甲，武丁子帝甲也」[165]的《今文尚書》說不同。正因《今文尚書》的帝甲未曾稱「宗」，劉歆為了證成「宗，變也」之說，便採用《古文尚書》的立場，將〈毋逸〉三位殷王釋作「三宗」，再以「繇是言之」一語，順勢推闡出「宗無數也」的義理，卻沒有任何其他旁證。[166]就「三宗」而言，本是《古文尚書》說，當可得到古文學者的支持；以「宗變」之說來看，為劉歆個人所創造的新義，未必

---

[160] 見《漢書》，卷 73，〈韋玄成傳〉，頁 3125-3127。

[161] 《史記·魯周公世家》：「其在祖甲」下，裴駰《集解》所引（卷 33，頁 1520-1521）。

[162] 孫奭疏《孟子·公孫丑上》：「紂之去武丁未久也」下所引（卷 3 上，頁 52）。

[163] 《史記》，卷 3，〈殷本紀〉，頁 99。

[164] 《漢書》，卷 88，〈儒林傳〉，頁 3607。

[165] 孔穎達疏《尚書·無逸》：「其在祖甲不義」下引鄭玄之言（卷 16，頁 241）。

[166] 詳細可見本書第三章第三節的討論。

能獲得古文學者的認同。除此之外，其他如周公攝政稱王的經說，亦是劉歆根據《古文尚書》說創發而成，為西漢儒者所未聞。[167]據此而論，哀帝時劉歆欲列《左氏春秋》、《毛詩》、《逸禮》、《古文尚書》等經典於學官，曾數見丞相孔光以求助，光卒不肯。[168]究其始末，應是由於劉歆所治《古文尚書》與孔光相同，加上當時孔光身居高位，其弟子多為博士、大夫，[169]基於學術、政治的考量，因此希望得到孔光的認同，作為請立古文經的後盾；然而，劉歆的治學方法異於傳統古文師說，故孔光終究還是回絕不肯，劉歆亦因此少了一位強而有力的支持者。

　　進一步取劉歆、王莽與元、成時期的經師對照，參考第二章、第三章的研究成果，可分別歸納出其論禮的經典依據如下：

附表二十　韋玄成、匡衡、劉歆、王莽禮論依據表

學者	經典依據
韋玄成	《魯詩》、《公羊》、《穀梁》、《孝經》、《左傳》、《國語》、古文《禮記》
匡衡	《齊詩》、《孝經》、《尚書》、《周易》、《周禮》、古文《禮記》
劉歆	《穀梁》、《左傳》、《國語》、《尚書》、古文《禮記》
王莽	《周禮》、古文《禮記》、《周易》

---

167 詳見黃彰健：《經今古文學問題新論》（臺北：中央研究院歷史語言研究所，1982 年 11 月），頁 9-18。

168 劉歆奏立古文經典的過程，詳見《漢書》，卷 36，〈劉歆傳〉，頁 1967-1972。數見孔光以求助，見於《漢書》，卷 88，〈儒林傳〉，頁 3619-3620。

169 關於孔光學術及生平，見於《漢書》，卷 81，〈孔光傳〉，頁 3352。

如表所示，後世被看作今文經學者的韋玄成、匡衡，其論禮除運
用今文經典以外，也兼採《左傳》、《國語》、《周禮》、古文
《禮記》等古文經傳；至於代表古文經學者的劉歆、王莽，亦旁
涉《穀梁》、《周易》等今文學說，甚至《穀梁》所記「天子七
廟」之說，更是劉歆首先發現。據此以論，單就誦習的經傳以分
判今古文學派，恐怕流於片面。事實上，漢代經學史上的今、古
文學之爭，肇始於劉歆上書責讓太常博士，並建請哀帝立《左
傳》、《古文尚書》等古文經於學官，是故就時間順序而言，以
今文學、古文學分判劉歆以後的學者則可，但想要據此辨析更早
的經學派別，在邏輯上似乎難以成立。再就治經方法而言，倘若
劉歆發明禮說，於廣徵經籍之際，能以彼此均有明文的前提為基
礎，如匡衡等人引《詩》、《書》相關郊祀內容，推得「天隨王
者所居而饗之」；[170]或條列某書內文，以求義例，如韋玄成發
明「《春秋》之義，父不祭於支庶之宅」[171]的義例，亦不致於
招惹群儒非議。但劉歆偏偏喜好斷章取義，妄生新說，以致於
「顛倒五經，毀師法，令學士疑惑」，[172]非但激怒《齊詩》學
者師丹，亦未得到《古文尚書》經師孔光的認同，遭到今、古文
儒者所訕謗。[173]由此可知，今、古文學分裂所以始於劉歆的原
因，相較於根據經典的不同，截然有別的治學方法，更是不可忽

---

170 《漢書》，卷 25 下，〈郊祀志下〉，頁 1254。

171 《漢書》，卷 73，〈韋玄成傳〉，頁 3117。

172 《漢書》，卷 99 下，〈王莽傳下〉，頁 4170。

173 當時與劉歆共同移書者，有房鳳、王龔，見《漢書》，卷 88，〈儒林
傳〉，頁 3619-3620。移書後，只有龔勝上疏深自罪責，願乞骸骨罷；
其餘諸儒皆怨恨，師丹更大怒，奏歆改亂舊章，非毀先帝所立，見《漢

略的關鍵要素。平心而論，劉歆所開學風，雖不見容於當時，但在遭秦滅學、禮書散亡的學術背景下，實為辨析經義，發明禮例的有效方法；只不過在草創之初，或自出胸臆，或旁採他書，[174]在經義解釋上難免有所齟齬，想要到達博通群籍，經傳洽熟的程度，惟有俟諸異日了。

參、派系的爭論

劉歆異於諸儒的治學方法，以及上書責讓太常博士的舉動，使經學的今、古文學之爭檯面化。至於兩系之間的具體辯論，則由王莽所首發，《漢書‧郊祀志下》載平帝時王莽奏言：

> 《書》曰：「類於上帝，禋于六宗」，歐陽、大小夏侯三
> 家說六宗，皆曰上不及天，下不及墜，旁不及四方，在六
> 者之間，助陰陽變化，實一而名六，名實不相應。《禮》
> 記祀典：「功施於民則祀之」。天文：日、月、星辰，所
> 昭仰也；地理：山、川、海、澤，所生殖也。《易》有八
> 卦，乾、坤六子：水、火不相逮，靁、風不相誖，山、澤
> 通氣，然後能變化，既成萬物也。臣前奏徙甘泉泰畤、汾
> 陰后土皆復於南北郊。謹案《周官》：「兆五帝於四
> 郊」，山川各因其方，今五帝兆居在雍五畤，不合於古。
> 又日、月、靁、風、山、澤，《易》卦六子之尊氣，所謂

書》，卷36，〈劉歆傳〉，頁1967-1972。

[174] 章太炎曰：「且杜預《釋例》所載子駿說《經》之大義尚數十條，此固
出自匈臆，亦或旁采《公羊》，而與《傳》例不合。」見章太炎：《春
秋左傳讀敍錄》，合編於《春秋左傳讀》，頁828。

六宗也。星辰、水、火、溝瀆，皆六宗之屬也。[175]

王莽指出《尚書》歐陽、大小夏侯三家所說六宗，並非即是天地四方本身，乃介於天地四方之間的某種抽象存在，「實一而名六，名實不相應」。於是綜合《禮記》[176]、《周易・說卦傳》、《周官・春官・小宗伯》之說，以《禮記》的日、月搭配〈說卦〉的靁、風、山、澤，組成「六宗」的內容。降及東漢，許慎作《五經異義》便完全載錄王莽所言，並析作「夏侯歐陽說」、「古尚書說」，明確指出今、古文學的分際。[177]其後，許慎「謹案」之語，除了從王莽「名實不相應」的立場以批評「夏侯歐陽說」外，另言：

> 《春秋》：魯郊祭三望。言郊天，日、月、星、河、海、山，凡六宗。魯下天子，不祭日、月、星，但祭其分野

---

[175] 《漢書》，卷 25 下，〈郊祀志下〉，頁 1267-1268。

[176] 《禮記・祭法》、《國語・魯語上》雖皆有：「法施於民則祀之」，但王莽於後言「天文」、「地理」云云，則僅見於《國語・魯語上》：「及天之三辰，民所以瞻仰也；及地之五行，所以生殖也。」（卷 4，頁 170）此亦如前文舉楊樹達之言曰：「此謂《禮》書記述祀典者耳」，並不一定指今本《禮記》。巧合的是，《漢書・韋玄成傳》中言「《禮》記祀典曰」所引內容，亦兩見於《禮記・祭法》和《國語・魯語上》，此或某位儒者徵引《國語》以闡釋古代祀典，惟出何時何人所作已不可考，然當早於元帝時期。

[177] 賈公彥疏《周禮・春官・大宗伯》：「以禋祀祀昊天上帝」下所引（卷 18，頁 270-272）。

星，其中山、川，故言三望。[178]

以諸侯祭分野星、山、川，略本於《公羊傳・僖公三十一年》：
「天子有方望之事，無所不通；諸侯山川有不在其封內者，則不
祭也。」以及「三望者何？望祭也。然則曷祭？祭泰山河海。」
[179]是以同樣言「六宗」，但在細目上，許慎與王莽又不盡相
同。爾後，鄭玄《駁五經異義》則據《尚書・堯典》：「肆類于
上帝，禋于六宗，望于山川，徧于羣神」[180]中，禋、望、徧三
者所祭之神各異，既言「望于山川」，則所禋六宗理當不能包括
「山川」在內，因而質疑許慎之說。鄭玄另外根據《禮記・郊特
牲》、〈祭義〉、《周禮・春官・大宗伯》等，以為六宗當是星、
辰、司中、司命、風師、雨師，則又再立一說。[181]綜上所述，
自王莽批評歐陽、大小夏侯之說起，「六宗」的意義便分作今、
古文兩系；然而，許慎、鄭玄雖都贊同王莽之說，但又各自引經
據典，衍生出另外兩種不同的見解。其所以如此，乃由於「六
宗」之義早已湮沒無聞，是以歐陽、大小夏侯不見得錯誤，王莽
亦未必正確；爾後許、鄭再循模糊難定的假說以推，於是越說越
遠，新義迭出，卻沒有任何依據能夠確定何為正解，也缺乏足夠
的理由駁倒對方的論點。於是乎在「六宗」的問題上，不僅難斷

---

[178] 賈公彥疏《周禮・春官・大宗伯》：「以禋祀祀昊天上帝」下所引（卷
18，頁270-272）。

[179] 《公羊傳》，卷12，〈僖公三十一年〉，頁157。

[180] 《尚書》，卷3，〈堯典〉，頁35-36。

[181] 賈公彥疏《周禮・春官・大宗伯》：「以禋祀祀昊天上帝」下所引（卷
18，頁270-272）。

今、古文說之是非，連古文說內部都陷入無止境的論辯中。[182]

王莽根據其對「六宗」的新解，進一步按照「方以類聚，物以羣分」的原則，分祀天地羣神於「二時」、「五兆」：天神曰皇天上帝泰一，兆曰泰時；稱地祇稱皇墜后祇，兆曰廣時；加上中央帝黃靈等六神於未墜兆，東方帝太昊青靈等五神於東郊兆，南方炎帝赤靈等三神於南郊兆，西方帝少皞白靈等三神於西郊兆，北方帝顓頊黑靈等五神於北郊兆，於是長安旁諸廟兆時一時盛矣。[183]這種神祇系統，反映出天、地、五方的宇宙結構，乃是戰國以來的五行觀，以及興盛於武帝時期的太一、后土觀，首次統合並具體付諸實踐的成果，為西漢以前宇宙論的總結。[184]

就王莽體系看，由於過去「稱地祇曰后土，與中央黃靈同，又兆北郊未有尊稱」，[185]因此特稱地祇曰皇墜后祇，以與天神皇天上帝泰一對應，而將中央黃靈與東、南、西、北四方帝相配，並將日、月、靁、風、山、澤等「六宗」依類編入其中。換句話說，王莽是以天地為至尊，五方、六宗為其輔，形成尊卑有別的位階等差。然而，或許是受到秦、漢之際曾以雍時五帝為至尊上帝的影響，至東漢鄭玄又提出「六天」之說：

---

[182] 學者曾遍考群經，以為六宗崇拜，是對宇宙創生的宗教式報祀與祈請，而傾向贊同鄭玄六宗之說。其言雖辯，但僅能視作學者的個人見解，未必是鄭玄原意。參見（日）栗原圭介：〈駁五經異義に於ける六宗の形態について〉，《大東文化大學漢學會誌》第 31 號（1992 年 3 月），頁 30-47。

[183] 見《漢書》，卷 25 下，〈郊祀志下〉，頁 1267-1268。

[184] 有關太一、五行思想的演變歷程，及其影響西漢郊祀的狀況，可見本書第二章、第四章的討論。

[185] 《漢書》，卷 25 下，〈郊祀志下〉，頁 1268。

皇天，北辰耀魄寶，冬至所祭於圜丘也。上帝，太微五帝。[186]

五帝：蒼曰靈威仰，太昊食焉；赤曰赤熛怒，炎帝食焉；黃曰含樞紐，黃帝食焉；白曰白招拒，少昊食焉；黑曰汁光紀，顓頊食焉。[187]

鄭玄所言，是將王莽「皇天上帝」，分成「皇天」與「上帝」，並吸收緯書中的星象觀念及五帝名稱，[188]進而組織成全新的神祇系統。若循孔穎達：「鄭氏以為六者，指其尊極清虛之體，其實是一；論其五時生育之功，其別有五。以五配一，故為六天」[189]的疏解，是鄭玄將上天的「獨立不改」之體，以及「周行而不殆」之用等齊並觀，進而突顯出天道「即超越即創生」的本體意義。

　　至王肅則詰難鄭玄云：「天唯一而已，何得有六？」又舉《孔子家語》之言，認為「五帝可稱天佐，不得稱上天」，而否

---

[186] 鄭玄注《禮記・月令》：「以共皇天上帝」之語（卷16，頁319）。

[187] 鄭玄注《周禮・春官・小宗伯》：「兆五帝於四郊」之語（卷19，頁290）。

[188] 賈公彥疏《周禮・春官・大宗伯》：「以禋祀祀昊天上帝」之語。其言曰：「春秋緯《文耀鉤》云：春起青受制，其名靈威仰；夏起赤受制，其名赤熛怒；秋起白受制，其名白招拒；冬起黑受制，其名汁光紀；季夏六月火受制，其名含樞紐。」（卷18，頁270-272）

[189] 孔穎達疏《禮記・郊特牲》：「郊特牲而社稷大牢」之語（卷25，頁480）。

定鄭玄以五帝為靈仰威之屬的說法。[190]王肅所論，亦非於史無徵，參照考古發現，殷商卜辭中即有四方、四風之神的記載，且謂「……于帝史（使）鳳（風）二犬」，[191]則此四方、四風之神在殷人的觀念中，的確是上帝的臣屬，供其驅使。[192]

　　綜合來說，王莽藉由匯整太一、五行思想，制定出天地群神的奉祀系統，對於鄭玄、王肅的天神觀產生深遠的影響。然而，鄭、王卻各自「得一察焉以自好」，[193]因而造成兩說的分歧。就義理而論，鄭玄之說雖突顯「即超越即創生」的意義，但「五帝之用」與「皇天之體」，同為天體的兩種性質，如今鄭玄卻以五配一，而成「六天」，反倒削弱其「極尊清虛」的內涵；據此觀察王肅所言，其以唯一天體統攝五帝輔佐之用，在解說效力上未必不如鄭玄所論。再從歷史角度觀察，王肅之說雖較符合殷商神祀的原初型態，但鄭玄所言亦具體反映戰國以降太一、五帝地位升降的演變過程。[194]至於儒者或以《孔子家語》為王肅私定，非孔子正旨，而鄭玄援用讖緯之說，亦往往遭到後人詬病。簡而言之，由推論、史實，以及引證等方面觀察，鄭、王關於祀天之數的爭論，既各有其過人之處，亦在理據上略見瑕疵，於是成為禮學上、經學上重要課題，而為歷代學者反覆爭訟、論難的

---

[190] 見孔穎達疏《禮記·祭法》：「祭法：有虞氏禘黃帝而郊嚳」之語（卷46，頁796）。

[191] 郭沫若主編，《甲骨文合集》，第5冊，編號14225。

[192] 詳細討論，可見本書第四章，尤其是第一節的部份。

[193] 《莊子》，卷10下，〈天下〉，頁1069。

[194] 詳細討論，可見本書第二章，尤其是第二節的部份。

焦點。[195]

結　語

本章透過郊廟禮制的變遷過程，探討西漢禮學傳承的實況，具體得出以下結論：

首先，漢興之際，高堂生憑藉以往誦讀禮書的印象，配合徐生「容禮」一系儒者執行禮節的具體狀況，以記錄士禮的相關篇章；並以士禮為基礎，採取類比依附的方法，推得諸侯、大夫禮；天子見諸侯的〈覲禮〉，則因叔孫通制訂朝儀，實際練習天子禮節，而有機會纂寫成章；此即《禮經》十七篇成立的學術背景。降及武帝時期，禮學博士后倉為國家培育許多傑出人才，尤其是《齊詩》一系學生如翼奉、匡衡，更是倡導郊廟改革的重要人物。然而，在禮學方面，於內弟子間猶有歧義辯難，對外則不足以回應他經學者的禮說，可知不管在其生前或是歿後，甚至傳承到其學生之際，尚未建構出完備的理論體系，由此可知元、成時期郊廟改革根據，並非源於后氏禮說。

其次，深入分析西漢後期郊廟改制的理論根據，發現韋玄成是經由條列經傳、比輯禮例而得；匡衡則以董仲舒郊祀禮說為基礎，且於經典中找出更多材料，以證成、補充董生內容和不足；兩者又多汲取古文《禮記》中，關於天子儀節的各種記錄；凡此，均可證實后倉禮學並未對西漢郊廟改制發生太多影響。反倒

---

195 歷代關於鄭、王天神觀的辯論，可參考甘懷真：〈鄭玄、王肅天神觀的探討〉，《史原》第 15 期（1986 年 4 月），頁 173-187。

是由於儒生禮說，既有經傳為依據，又經過群臣商議、皇帝認可，因此具有相當程度的權威地位，故於戴聖編輯禮書之際，便吸收許多當時相關郊廟禮說，其見於今存《禮記》者如〈祭統〉、〈祭義〉、〈祭法〉、〈郊特牲〉的部份，當可視作戴氏集結當時諸儒各項郊祀、宗廟禮議的成果。

　　最後，回頭觀察西漢郊廟議論如何衍生出日後經學上的各項課題。以協商廟數為例，由於西漢與先秦儒學之間存有斷層，是以種種建議均是嘗試性的摸索，在真相越辯越明、證據越舉越詳的過程中，錯誤的假設不斷遭到汰除，禮制的共識亦逐步建立。最終在群儒、皇帝均認同「七廟」的結論上，到底「宗」當合併還是額外計算，便成為難以解決的禮學癥結。日後鄭玄、王肅的宗廟內涵的歧見，亦糾纏在相同的問題之上。同樣基於儒學斷層，在漢儒詮釋禮制時，或有能力不足而發生疏漏或誤解的情形，如尹更始未提《穀梁》「七廟」說、王莽誤解董仲舒陰陽學說。但亦有為求禮例，不惜割裂經傳文字，進而衍生別解的狀況，如劉歆論「日祭，月祀，時享，歲貢，終王」、「宗，變也」等制度。這種斷章取義，妄生新說的治學方法，同時遭到當時儒者所訕謗，為今、古文學所以分裂的關鍵要素。至於王莽對於「六宗」的解釋，以及因此而建立的神祀系統，更前後成為今、古文學與鄭學、王學之間，爭論不休的重要課題。總之，造成前述經學爭論的關鍵因素在於：在西漢的時空條件下，並沒有任何機制能夠判定，究竟何種詮釋才是真正的古代禮制？禮學亦因此深陷「彼亦一是非，此亦一是非」[196]的辯論當中，成為儒

---

[196] 《莊子》，卷1下，〈齊物論〉，頁66。

學二千年來不斷反覆出現的循環特徵。[197]

---

[197] 美國漢學家 Nylan, Michael. 曾指出漢儒在樹立儒家倫理規範的實踐上，遭遇極大困難。其理由有四：一、儒家抗拒「以規範作為基礎的準則（rule-based formulae）」。二、五經的性質、形式太駁雜，常相矛盾，無法將其修改為有利國家嚴密控制。三、儒家習慣從古代找前例，但由於前例既多又矛盾，所以也無法將它們修改為有利國家嚴密控制。四、儒家要求要調整理論以為國家、社會、家庭服務，正說明了儒家在實踐上面對許多考慮。筆者以為，與其說漢儒抗拒規範，勿寧說經過「儒分為八」的內部分裂，加上「秦火項焚」外力迫害，造成儒生各自以不同經典為基礎，進而形成不同學派的經說系統。再者，若承認古代前例主要記錄於五經之中，則二、三項所言，基本上是說明漢儒受限於經典的兩種面向。而第四項則提點漢儒所論禮制，除了在理論上言之成理，持之有故之外，尚需考量徵於驗證、施於可行的實踐條件。總之，Nylan, Michael. 觀察到漢代儒學的侷限及其成因，與本書的討論不謀而合。詳見 Nylan, Michael, "A Problematic Model: The Han 'Orthodox Synthesis,' Then and Now," in Kai-wing Chow, *Imagining Boundaries: Changing Confucian Doctrines, Texts, and Hermeneutics* (Albany: State University of New York Press, 1999), pp. 17-56.

第七章　結　論

　　本書藉由「學術史楔」的研究進路，透過「制度史」、「思想史」、「經學史」三個層次，由西漢郊祀、宗廟的禮制沿革現象，逐步深入到當時學術變遷，探究「先秦諸子」到「兩漢經學」的轉折過程，以思索西漢儒學的成立條件及發生原因。以下先對正文所論三個層次，作簡單的回顧與統整，再進一步審視西漢儒學的意義與價值。

第一節　回顧與統整

壹、制度史的回顧

　　制度史的討論，主要集中在第二章〈西漢郊祀禮制沿革〉、第三章〈西漢宗廟禮制變遷〉。以西漢郊祀禮制而言，大體可細分成三個階段：首先是高祖至武帝時期，無論是「刑馬祭天」的犧牲，因「泮凍」、「涸凍」所決定的祭祀時間，以及排序天下山川神祇的位階等，均可見西漢對於秦代禮制的沿襲。同時在秦儀的基礎上，一方面增立北畤黑帝，以湊足五帝之數；另方面於長安廣置天下鬼神之祠，使各種巫祝方術能夠聚於中央，以滿足皇帝在詛禱敵軍、延年長壽等方面的需求。在封禪制度上，秦始

皇因襲先秦齊國的羈縻政策，循齊侯觀覽地方民俗的八神祠路線，對於漢武帝封禪泰山，發揮了承先啟後的作用。

其次，考察武帝的郊祀改革，主要表現在兩個方面，一則以五行土德為基礎，建制后土祠；再則於雍時五帝之上，增立甘泉太一祠。太一即是北辰，后土立於汾陰，前者受到眾星所拱，後者位處九州中央，天地萬物的循環運動均以其為核心樞紐，而其本身卻是恆常不動。蓋不動則不變化，不變化則能致長生，此正是武帝必藉由郊祀、封禪的宗教儀式，以求上下冥契於太一、后土的思維理路。由思想史的高度觀察，此乃以「唯一、永恆」取替「眾多、變動」，亦即在「周行不殆」的五行、八方思想上，增添「獨立不改」的太一觀念，先秦以降的形上體系至此完備，具有特殊的價值與意義。

第三階段則是成帝以後，由匡衡主導的改革運動，當時儒生檢擇《詩》、《書》、《禮》、《易》、《春秋》等經典的相關內容，歷經成、哀、平三朝持續努力，逐步將西漢郊禮中秦制、方士等舊俗、謬說加以汰除，至平帝時王莽當政，郊祀禮制終於獲得確立。於是乎，郊祀包涵的各項細節，不論是配享對象、舉行時間、獻祭供品、柴薶儀式、禮器材質、音樂演奏等各方面，每項均有典據，無處不存禮意，儒家理想的禮制學說，至此得以完全體現。

至於宗廟禮制方面，則以元帝時期為界限，劃分成前後兩期。首先，西漢前期宗廟禮制的成立，呈現出較大的臨時性、任意性：「陵旁立廟」，肇因於惠帝「築復道」一事，是針對「游衣冠」宗廟禮儀所作出的修訂。「生前作廟」，則承襲秦制，以自命廟名方式，展現帝王自定生平政績的氣概。「郡國設廟」，

一來強調文帝、宣帝繼位的合法性、正統性，二則達到鎮懾、攏絡方國勢力的功效。

其次，由元帝以後宗廟改制的歷程，可以看出當時變革的主要內容，在於「罷廢郡國廟」以及「定親疏迭毀」兩方面。有關「罷廢郡國廟」部份，由於郡國廟制在宗法上造成嫡庶、親疏混淆的狀況，加上國家財政日益窘困，使得朝廷上下產生廢止郡國廟的共識。經過董仲舒、翼奉、貢禹、韋玄成、匡衡等儒臣的努力，歸結出「父不祭於支庶之宅」的《春秋》義例，成為此項改革正大堂皇的理論基礎，於是乎施行百餘年的郡國廟制，遂在元帝時完全遭到罷廢。

至於「定親疏迭毀」方面，儒生論辯的核心，在於「祖宗廟」與「親考廟」兩項議題之上。就前者而言，韋玄成辨析《國語》舊典，匡衡採取天副人數的立場，劉歆雜剌六藝禮例，總結出「宗，變也」的主張，三者均是致力在「尊尊」、「親親」間取得平衡，使「人道親親」以及「尊祖敬宗」得以同軌並行。而「親考廟」部份，在於「為人後者，為之子也」與「子為天子，祭以天子」兩種立場的辯論。以文意、制度來看，當是以前者為確，但因皇帝本於私親，必欲為其生父立廟，促使儒臣必須辨析更清楚的論點，舉出更有效的證據，方能明確指出悖禮違義之處，將禮制引回合理的規範。

綜合郊祀、宗廟兩者而論，西漢國家禮制大抵可以宣、元之際為分界，宣帝以前主要受到秦制、方術的影響，加上因應偶發事件、政治局勢而臨時增設的制度，造成郊廟制度混亂、矛盾的狀況。有鑑於此，元帝即位後，儒生則透過研討經典的相關記載，經過反覆的辯難、嘗試，以恢復各項周代禮例，逐漸汰卻妄

誕迷信的成份，彌縫體制闕漏矛盾的地方，進而達到漢家禮樂明備的理想。換句話說，整個西漢後期郊廟禮制的改革，正是儒生逐步以儒家學說汰換前期秦禮、方術的過程；同時隨著探究六藝禮例、義理的深入程度，制度內容亦漸趨合理、完備，為後代廟制內容奠定重要的理論基礎。

貳、思想史的回顧

在制度史的研究基礎上，進一步可探討其間所反映的思想變化，此即思想史層次的討論，特別是儒生如何融攝、改造方術之說，以及同時怎樣劃清與方士之間的界線，尤為此層次的重點。前項工作偏重關聯性、連續性的考察，後項則著眼於差異性、斷裂性的解析，經由此兩方面的研究，以闡明西漢禮制由方術到儒術的轉折過程。首先，有關連續性的考察方面，見於第四章〈方士理論的融攝與運用〉，以鄒衍的「終始論」作為研究核心，並細分成「主運說」、「終始說」兩部份，探究方士之說對西漢儒學的影響狀況。進而發現：從殷商祀典到五德相生，「主運說」彰顯一年四時「周行不殆」的循環結構，然其循環僅於原地，尚未能開展；「終始說」則據「主運說」循環結構為基礎，由原地的反覆回歸，改造成往前開展的時代巨輪，從而建構起王朝輪替的詮釋體系；其後，董仲舒發揮《公羊》學「元」的思想內涵，重新喚回形上結構中，「獨立不改」的終極本體，葺補鄒衍理論內在邏輯中，可發展卻未完成的部份。於此意義上，董仲舒是以儒家學說作基礎，融攝並深化了方術之說，使其不再只是荒誕詭怪的排列組合，形成秦漢思想的巔峰代表。

其次，藉由追索漢代「堯後火德」的成立經過，觀察西漢晚

期儒生對於「終始說」的實際運用。進而發現：此說不僅是「漢為火德」、「漢家堯後」的複合命題，而且「漢家堯後」原本亦可分作「傳國之運」、「劉姓世系」兩部份。眭弘首倡漢、唐同有「傳國之運」；劉向改造鄒衍學說，提出「漢為火德」，又回溯「劉姓世系」至戰國初期；兩者俱以司馬遷的《太史公書》為立論的文獻基礎。大約到了新莽、光武之際，儒生才於《左傳》中增添「其處者為劉氏」一語，將唐堯至劉漢的世系完全貫聯起來，「堯後火德」於是宣告成立。至此，不僅漢代德運因而確定，並且建構出歷史傳承的循環模式，成為日後解釋王朝興替的理論典範。

至於斷裂性的解析部份，則為第五章〈儒學話語的構成與形態〉的主要任務。透過歸納秦始皇諮詢郊祀禮制的對象，分析出儒生、鄒子之徒、海上方士三種不同類型。其中，海上方士的話語形態，多假造仙藥、不死等虛言妄語，引起世人欽羨之情；並假借致鬼、䰷祺等技倆，博取群眾的信任。其理論內容，又往往真假錯摻，巧妙地將虛構成份鑲嵌於真實的事件或學說之中；且以今傅古，不惜捏造古書，假託先師，造成黃帝傳聞不斷層累堆疊；進而形成阿諛苟合、怪迂荒誕的話語特徵。再者，不管從理論內容，或是話語形態上觀察，鄒衍及其後學均處於儒生和方士的中介地位。因此，「儒生」將欲和「海上方士」劃清界線，必須先剔斥與「鄒子之徒」的渾淪成份，方能有效建構嶄新的話語形態。在此方面，董仲舒創發的災異學說，樹立起反覆研習六藝的論經典範，引起當時學術界廣泛回響，逐漸逆轉鄒衍「閎大不經」的語言風格，以及海上方士的怪迂之說。

在儒生方面，於郊廟禮制改革過程中，沿續董仲舒的論經典

範，逐步建立儒學特有的話語規則：其一「訴諸經典」，在回歸
六藝的運作下，務使各事物均能獲得某種連貫且有系統的解釋；
於各項議題的討論上，必須依循「案經藝，考古制」的話語規
則，方能被其他學者視作有效而獲得認真對待，此為儒學最基本
的話語特徵。其二「徵於實驗」，欲與方士爭勝，不能只是反覆
強調理論的正確性，尚須透過實際驗證，才能達到徵信於世人的
效果。甚至產生堅定的信念，將近於宗教式的虔誠信仰，灌注於
古代文獻之中，深信只要確實遵循，太平盛世庶幾可興。其三
「施於可行」，儒生根據經典所載禮意，踏實穩健地改革典章禮
儀，逐步實現儒家禮樂興盛的理想世界。

參、經學史的回顧

在制度史、思想史的基礎上，最後回到經學史層次的討論，
釐清西漢國家禮制和禮學授受的關聯。首先，高堂生斟酌徐生
「容禮」一系儒者執禮儀節，恢復先秦士禮的相關篇章；再以士
禮為基礎，採取類比依附的方法，推致大夫、諸侯以及天子禮。
降及武帝時期，禮學博士后倉為國家培育許多傑出人才，尤其是
《齊詩》一系弟子如翼奉、匡衡，更是倡導郊廟改制的重要人
物。然而，在禮學方面，於內弟子間猶有歧義辯難，對外則不足
以回應他經學者的禮說，可知並未建構出完備的禮學體系，而
元、成時期郊廟改革根據亦非源於后氏禮說。

其次，深入分析西漢後期郊廟改制的理論根據，發現韋玄成
是經由「條列經傳、比輯禮例」而得宗廟制度，匡衡則以董仲舒
郊祀禮說為基礎作進一步的補充。由於儒生改革郊廟的禮說，既
有經傳為依據，又經過群臣商議、皇帝認可，因此具有相當程度

的權威地位，影響戴聖禮書的編輯工作，今存《禮記》者如〈祭統〉、〈祭義〉、〈祭法〉、〈郊特牲〉的部份，便吸收許多當時相關禮說，可視作戴氏集結當時諸儒各項郊祀、宗廟禮議的成果。

肆、各層次的統整

事實上，前述「制度史」、「思想史」、「經學史」之間，並非各自獨立、平行發展的三個層次，若將三者並列，以垂直縱切的角度來看，無論在制度、學術方面，均可以元、成時期為界線，呈現出前後期兩種不同形態：

附表二十一　西漢前後期制度、學術對照表

	西漢前期	西漢後期
制度史（郊祀）	秦代制度 方術思想	儒家學說
制度史（宗廟）	秦代制度 因應時勢	儒家學說
思想史（關聯性）	由「周行不殆」的五行思想，到「獨立不改」的太一（元）思想	根據終始論，確立漢家「堯後火德」的王朝正統
思想史（斷裂性）	方士的言說特徵： 敢為大言、驗方立信 虛實錯摻、以今傳古	儒生的話語規則： 訴諸經典 徵於實驗 施於可行
經學史	禮學內容： 以士禮為主 治經方法： 由士禮推致大夫以上禮儀	禮學內容： 編錄韋玄成、匡衡等郊廟禮論 治經方法： 條列經傳，比輯禮例

　　首先，就「制度史」、「思想史」的關係而言，整個西漢郊廟禮制的轉變，正是西漢後期儒生根據儒家學說，逐步汰除前期秦禮、方術等內容成份的過程，特別是在武、宣之際具有極大影響的方術思想。從「內在理論」的延續發展來說，儒生不只講述原本流傳於方士之間的「終始論」，再進一步以更優越的理論高度融攝方士所言、更嚴謹的經典根據確定漢家德運，進而取得「終始論」的解釋權。由「外在規律」的對立差異而論，儒生所建構起「訴諸經典」、「徵於實驗」、「施於可行」的話語規則，有效揭穿方士「敢為大言」、「虛實錯摻」的悠謬之說。這種內外兼備的思想條件，正是儒生之所以能夠成功取代方士的原因。

　　其次，在「制度史」、「經學史」之間，正由於高堂生到后蒼的禮學內容，是以士禮為主，推致之法又無力及於天子禮，造成國家祭禮上「盡罷諸儒不用」，方士之說蠭起興盛的局面。待以韋玄成、匡衡為首的儒生，藉由「條列經傳，比輯禮例」的治經方法，建構起整套禮學體系，在祭祀的對象、時間、犧牲、儀式等方面，事事皆循理據，無處不存禮意，方能有效取代前期的悠謬之說。換句話說，有關郊祀、宗廟禮制的議題，正是方士和儒生之間角力爭勝的場域；在制度上認可、採用儒家學說，正代表著在此範圍中儒學的成立。

　　從「思想史」與「經學史」之間的聯繫看來，韋玄成、匡衡等人運用「條列經傳，比輯禮例」的治經方法，並非只是埋首於案頭紙堆之中，而是為了構築一套切合國家需要的祭祀禮制。在此意義下，儒生「訴諸經典」的主要動機和目的，是希望經典所載的古代儀節，能夠「徵於實驗」、「施於可行」，進而在郊

祀、宗廟禮制中,達成儒家「漢一變而至於道」的理想。職是可知,「思想史」歸結出來的儒生話語規則,以及「經學史」觀察到的治經方法,彼此正能互相呼應、會通。總而言之,西漢郊廟禮制的變遷,並非只是在制度層面上的改革,而是伴隨著學術層面——亦即思想上、經學上的轉折而發生。

第二節 循環與典範

遵循「訴諸經典」、「徵於實驗」、「施於可行」的話語規則,儒生理應可以在真相越辯越明、證據越舉越詳的過程中,不斷將錯誤的主張汰除,逐步建立起禮制上的共識。然而,由於「儒分為八」的內部分歧,加上「秦火項焚」外力迫害,造成西漢與先秦儒學之間存有斷層,是以郊祀、宗廟的辯論上,終究還是存有難以解決的細部癥結。在宗廟方面,表現在群儒、皇帝均認同「七廟」的結論上,到底「宗」當合併還是額外計算?郊祀方面,由王莽對於「六宗」的解釋,以及因此而建立的神祀系統,更前後成為今、古文學與鄭學、王學間,爭論不休的重要課題。劉歆、王莽斷章取義,妄生新說的治經方法,更使論辯趨於白熱化,終於導致經學上今、古文學的分裂。總之,造成今、古文學或鄭學、王學之爭的關鍵因素在於:在西漢的學術條件下,[1]並沒有任何機制能夠判定,究竟何種詮釋才是真正的古代禮

---

[1] 要知道,西漢當時並無今日大量的出土文獻、考古遺跡等豐富材料可供還原上古禮制,即便發現零星的文物出土,在考古學等專業學科觀念尚未成熟,甚至毫無所悉的狀況下,亦無力作科學化的處理。筆者指出此點,並非要以今日的研究成果批判西漢儒者的不足,反而是要請讀者能

制？禮學亦因此深陷「彼亦一是非，此亦一是非」[2]的辯論當中，成為儒學二千年來不斷反覆出現的循環特徵。

這種辯論的循環，似乎墮入盲人摸象的泥沼中，真象總有障蔽，真理總是隱晦，形成學術上「一人一義，十人十義」[3]、「道術將為天下裂」[4]的分裂狀態。其實，由於儒生辯論必須受到「訴諸經典」、「徵於實驗」、「施於可行」等話語規則的限制，因此各種詮釋主張的提出，將不致於逸出儒家傳統，特別是經典文獻的約束。就「訴諸經典」來說，經典的優先性，總是向詮釋者陳述真象、真理，於是經由詮釋者「訴諸經典」的實踐操作，經典蘊藏的真象、真理能夠再現於當代。以「徵於實驗」、「施於可行」而言，詮釋者總是處於時代的框限，使得詮釋者的理解未必盡與經典相合，於是在修正、辯論的過程中，新的制度、事理便能夠呈現於詮釋者與經典之間，經典的意義亦可以更豐富的姿態，實現於現實之中。

進一步觀察，三項話語規則並非各自獨立，而是要綜合操作：探求經典以推獲禮制，並實踐於世俗事務之中，若遇罅漏、矛盾之處，再回頭研析經典義理，以調整出更精準的學說系統，如此循環反覆，直到歸結出正確、恰當的理想禮制為止。就操作話語的行為本身而言，日後儒生遭遇任何困難，必須遵循相同的規則，方有機會得到有效的結論，進而達成共識。在此意義下，

夠以歷史的眼光，正視西漢儒學所處的條件限制，進而能夠理解西漢儒者亟欲突破此限制的努力與用心。

2　《莊子》，卷1下，〈齊物論〉，頁66。

3　《墨子》，卷3，〈尚同中〉，頁78。

4　《莊子》，卷10下，〈天下〉，頁1069。

話語規則非但本身即具有典範（paradigm）的作用，話語實踐持續反覆的狀態，更是經典之所以能成為經典的原因。職是而論，揭示西漢儒學的話語規則，並非只是消極地指出當時「彼亦一是非，此亦一是非」的辯論循環，而是要進一步點明這樣的話語規則，在儒學的詮釋發展過程中，能夠超越個別是非的爭論，到達「彼是莫得其偶，謂之道樞」[5]的高度。正是在此「道樞」的循環往返之中，新的經說也得以持續衍生，使得遠古禮制能夠不斷地作用在現實活動之上，文化生命亦因而得到傳承延續。因此，西漢儒生所建構的話語形態，雖然沒有固定內容，在道德理論上亦未必勝過先秦孔孟、宋明理學的精深體系，但這種強調經典的優先性，且儒生的理解又必須在反覆折衷於經典的狀態中，容納事實、事理的呈現，儼然顯示出「詮釋學循環（hermeneutischer Zirkel）」的結構特徵，因而具有在學術上、知識上的本體論（ontological）性質。[6]

---

[5] 《莊子》，卷1下，〈齊物論〉，頁66。

[6] 所謂「詮釋學循環（hermeneutischer Zirkel）」，是以加達默爾（Gadamer, H. G.）的分析而言。指的是詮釋者進行詮釋時，由於存在著理解的前結構（Vorstruktur），使得詮釋者與詮釋對象未必能夠一致，因此當對象的意義呈現出來時，詮釋者必須據此意義來修正原有的詮釋，如此循環反覆，直到取得融貫統一，加達默爾稱此狀態為「視域融合（Horizontverschmelzung）」。換句話說，詮釋的過程是始於詮釋對象，到達詮釋者，最後再回到對象，往返於對象與詮釋者之間，因而形成「詮釋學循環」。這種循環，並非只是方法論上的循環，而是在海德格「基礎存在論（Fundamentalontologie）」的前提下，對於詮釋的「本體論」結構要素進行描述。詳見（德）加達默爾（Gadamer, H. G.）著，洪漢鼎譯：《真理與方法：哲學詮釋學的基本特徵》，上卷，頁329-350。

徵引文獻

壹、古代典籍

（漢）孔安國傳，（唐）孔穎達疏：《尚書正義》，臺北：藝文印書館，1997。

（漢）司馬遷撰，（南朝宋）裴駰集解，（唐）司馬貞索隱、張守節正義：《史記》，北京：中華書局，1997。

（漢）劉向集錄：《戰國策》，臺北：里仁書局，1990。

（漢）班固著，（唐）顏師古注：《漢書》，北京：中華書局，1997。

（漢）趙岐注，（宋）孫奭疏：《孟子注疏》，臺北：藝文印書館，1997。

（漢）何休解詁，（唐）徐彥疏：《春秋公羊傳注疏》，臺北：藝文印書館，1997。

（漢）鄭玄注，（唐）賈公彥疏：《周禮注疏》，臺北：藝文印書館，1997。

（漢）鄭玄注，（唐）賈公彥疏：《儀禮注疏》，臺北：藝文印書館，1997。

（漢）鄭玄注，（唐）孔穎達疏：《禮記正義》，臺北：藝文印書館，1997。

（漢）鄭玄箋，（唐）孔穎達疏：《毛詩正義》，臺北：藝文印書館，1997。

（漢）荀悅：《漢紀》，收入《兩漢紀》，北京：中華書局，2002。

（漢）蔡邕：《獨斷》，收入《叢書集成新編》，臺北：新文豐出版公司，1985，第 28 冊。

（魏）何晏注，（宋）邢昺疏：《論語注疏》，臺北：藝文印書館，

1997。

（吳）韋昭注：《國語》，臺北：漢京文化事業有限公司，1983。

（魏）王弼、（魏）韓康伯注，（唐）孔穎達疏：《周易正義》，臺北：藝文印書館，1997。

（魏）王弼：《老子道德經注》，收入樓宇烈校釋：《王弼集校釋》，北京：中華書局，1999。

（晉）杜預注，（唐）孔穎達疏：《春秋左傳正義》，臺北：藝文印書館，1997。

（晉）郭璞注，（宋）邢昺疏：《爾雅注疏》，臺北：藝文印書館，1997。

（晉）范甯集解，（唐）楊士勛疏：《春秋穀梁傳注疏》，臺北：藝文印書館，1997。

（南朝宋）范曄：《後漢書》，北京：中華書局，1997。

（梁）沈約：《宋書》，北京：中華書局，1997。

（梁）蕭統編，（唐）李善注：《昭明文選》，臺北：五南圖書出版股份有限公司，2001。

（北齊）魏收：《魏書》，北京：中華書局，1997。

（唐）陸德明：《經典釋文敘錄》，收入《叢書集成續編》，臺北：新文豐出版公司，1989，第 12 冊。

（唐）歐陽詢：《藝文類聚》，上海：上海古籍出版社，1999。

（唐）房玄齡等：《晉書》，北京：中華書局，1997。

（唐）唐玄宗注，（宋）邢昺疏：《孝經注疏》，臺北：藝文印書館，1997。

（唐）杜佑：《通典》，北京：中華書局，1992。

（宋）歐陽脩等：《新唐書》，北京：中華書局，1997。

（宋）宋敏求：《長安志》，臺北：成文出版社，1970。

（宋）洪興祖：《楚辭補注》，北京：中華書局，2002。

（宋）李燾：《續資治通鑑長編》，北京：中華書局，1979。

（宋）朱熹：《儀禮經傳通解》，收入《文淵閣四庫全書》，臺北：臺灣商務印書館，1983，第 131 冊。

（宋）王應麟：《玉海》，臺北：華文書局，1964。

（宋）徐天麟：《西漢會要》，北京：中華書局，1998。

（明）宋濂：《元史》，北京：中華書局，1997。

（明）郝敬：《儀禮節解》，收入《續修四庫全書》，上海：上海古籍出版社，1995，第 85 冊。

（清）姚際恆：《儀禮通論》，北京：中國社會科學出版社，1998。

（清）陸奎勳：《戴禮緒言》，收入《四庫全書存目叢書》，臺南：莊嚴文化事業有限公司，1997，經部第 102 冊。

（清）姜兆錫：《孔叢子正義》，收入《四庫全書存目叢書》，臺南：莊嚴文化事業有限公司，1997，子部第 1 冊。

（清）秦蕙田：《五禮通考》，臺北：新興書局有限公司，1970。

（清）陳厚耀：《春秋世族譜》，收入《文淵閣四庫全書》，臺北：臺灣商務印書館，1983，第 172 冊。

（清）王鳴盛：《十七史商榷》，上海：上海書店出版社，2005。

（清）趙翼：《廿二史劄記》，臺北：世界書局，1997。

（清）洪亮吉：《春秋左傳詁》，北京：中華書局，2004。

（清）孫星衍輯校：《漢禮器制度》，收入《叢書集成新編》，臺北：新文豐出版公司，1985，第 28 冊。

（清）凌廷堪：《禮經釋例》，臺北：中央研究院中國文哲研究所，2002。

（清）焦循：《孟子正義》，北京：中華書局，1998。

（清）陳壽祺：《左海經辨》，收入《續修四庫全書》，上海：上海古籍出版社，1995，第 175 冊。

（清）沈欽韓：《漢書疏證》，上海：上海古籍出版社，2006。

（清）宋翔鳳：《尚書略說》，收入《續修四庫全書》，上海：上海古籍出版社，1995，第 48 冊。

（清）李道平：《周易集解纂疏》，北京：中華書局，1998。

（清）王聘珍：《大戴禮記解詁》，北京：中華書局，2004。

（清）馬國翰：《玉函山房輯佚書》，揚州：廣陵書社，2004。

（清）周壽昌：《漢書注校補》，收入徐蜀編：《兩漢書訂補文獻彙編》，北京：北京圖書館出版社，2004，第 1 冊。

（清）陳立：《白虎通疏證》，北京：中華書局，1997。

（清）王先謙：《漢書補注》，揚州：廣陵書社，2006。

（清）王先謙：《荀子集解》，北京：中華書局，1997。

（清）郭慶藩：《莊子集釋》，臺北：華正書局，1997。

（清）孫詒讓：《周禮正義》，北京：中華書局，2000。

（清）孫詒讓：《墨子閒詁》，北京：中華書局，2001。

（清）皮錫瑞著，周予同注：《經學歷史》，北京：中華書局，2004。

（清）章太炎：《春秋左傳讀》，臺北：學海出版社，1984。

（清）章太炎：《檢論》，臺北：廣文書局，1970。

（清）蘇輿：《春秋繁露義證》，北京：中華書局，1996。

（清）程樹德：《九朝律考》，北京：中華書局，2003。

（清）劉師培著，陳居淵注：《經學教科書》，上海：上海古籍出版社，
　　　2006。

王利器：《風俗通義校注》，臺北：漢京文化事業有限公司，1983。

王利器：《文子疏義》，北京：中華書局，2000。

向宗魯：《說苑校證》，北京：中華書局，2000。

何清谷：《三輔黃圖》，西安：三秦出版社，1998。

周生春：《吳越春秋輯校匯考》，上海：上海古籍出版社，1997。

袁珂：《山海經校注》，臺北：里仁書局，1995。

郭沫若、聞一多等：《管子集校》，北京：科學出版社，1995。

張純一：《晏子春秋校注》，收入楊家駱主編：《新編諸子集成》，臺
　　　北：世界書局，1983，第 6 冊。

陳奇猷：《呂氏春秋校釋》，臺北：華正書局，1988。

陳奇猷：《韓非子新校注》，上海：上海古籍出版社，2000。

陳橋驛：《水經注校證》，北京：中華書局，2007。

黃暉：《論衡校釋》，北京：中華書局，1996。

楊伯峻：《列子集釋》，北京：中華書局，1997。

楊丙安：《十一家注孫子校理》，北京：中華書局，1999。

劉文典：《淮南鴻烈集解》，北京：中華書局，1997。

劉武：《莊子集解內篇補正》，北京：中華書局，1999。

閻振益：《新書校注》，北京：中華書局，2000。

黎翔鳳：《管子校注》，北京：中華書局，2004。

貳、今人著作

一、研究專書

王夢鷗：《鄒衍遺說考》，臺北：臺灣商務印書館，1966。

王暉：《秦銅器銘文編年集釋》，西安：三秦出版社，1990。

王明珂：《華夏邊緣—歷史記憶與族群認同》，臺北：允晨文化實業股份有限公司，1997。

王明珂：《遊牧者的抉擇：面對漢帝國的北亞游牧民族》，臺北：中央研究院，2009。

王葆玹：《西漢經學源流》，臺北：東大圖書股份有限公司，1994。

王葆玹：《今古文經學新論》，北京：中國社會科學出版社，1997。

王健文：《奉天承運—古代中國的「國家」概念及其正當幸基礎》，臺北：東大圖書股份有限公司，1995。

王鐵：《漢代學術史》，上海：華東師範大學出版社，1995。

王國維：《古史新證—王國維最後的講義》，北京：清華大學出版社，2000。

王汎森：《中國近代思想與學術的系譜》，臺北：聯經出版事業有限公司，2003。

王柏中：《神靈世界秩序的構建與儀式的象徵—兩漢國家祭祀制度研究》，北京：民族出版社，2005。

王鍔：《《禮記》成書考》，北京：中華書局，2007。

中國社會科學院考古究所編著：《西漢禮制建築遺址》，北京：文物出版社，2003。

甘懷真：《皇權、禮儀與經典詮釋：中國古代政治史研究》，臺北：國立臺灣大學出版中心，2004。

牟宗三：《周易的自然哲學與道德函義》，臺北：文津出版社，1988。

牟宗三：《中國哲學十九講》，臺北：臺灣學生書局，1999。

李威熊：《中國經學發展史論（上冊）》，臺北：文史哲出版社，1988。

李學勤：《周易經傳溯源》，長春：長春出版社，1992。

李學勤：《簡帛佚籍與學術史》，南昌：江西教育出版社，2001。

李衡眉：《論昭穆制度》，臺北：文津出版社，1992。

李零：《中國方術考》，北京：東方出版社，2001。

李零：《中國方術續考》，北京：東方出版社，2001。

李零：《郭店楚簡校讀記》，北京：北京大學出版社，2002。

沈文倬：《宗周禮樂文明考論》，杭州：杭州大學出版社，1999。

余英時：《歷史與思想》，臺北：聯經出版事業公司，1997。

余英時：《中國思想傳統的現代詮釋》，臺北：聯經出版事業公司，
　　　1999。

吳雁南士編：《中國經學史》，福州：福建人民出版社，2001。

周紹賢：《兩漢哲學》，臺北：文景出版社，1978。

周策縱：《古巫醫與「六詩」考—中國浪漫文學探源》，臺北：聯經出版
　　　事業公司，1989。

周振鶴：《中國歷史文化區域研究》，上海：復旦大學出版社，1997。

周桂鈿：《秦漢思想史》，石家莊：河北人民出版社，2000。

林玉体：《邏輯》，臺北：三民書局股份有限公司，1987。

林啟屏：《從古典到正典：中國古代儒學意識之形成》，臺北：國立臺灣
　　　大學出版中心，2007。

金春峰：《漢代思想史》，北京：中國社會科學出版社，1997。

胡厚宣：《甲骨學商史論叢初集》，石家莊：河北教育出版社，2002。

祝瑞開：《兩漢思想史》，上海：上海古籍出版社，1989。

姜廣輝主編：《中國經學思想史（第二卷）》，北京：中國社會科學出版
　　　社，2003。

馬宗霍：《中國經學史》，臺北：臺灣商務印書館，1986。

馬非百：《秦集史》，臺北：弘文館出版社，1986。

夏長樸：《兩漢儒學研究》，臺北：國立臺灣大學文學院，1978。

徐復觀：《中國經學史的基礎》，臺北：臺灣學生書局，1982。

徐復觀：《兩漢思想史（卷一）》，臺北：臺灣學生書局，1993。

徐復觀：《兩漢思想史（卷二）》，臺北：臺灣學生書局，1993。

徐復觀：《兩漢思想史（卷三）》，臺北：臺灣學生書局，1993。

徐旭生：《中國古史的傳說時代》，臺北：里仁書局，1999。

陳瑞庚：《王制著成之時代及其制度與周禮之異同》，臺北：嘉新水泥公
　　　司文化基金會，1972。

陳槃：《古讖緯研討及其書錄解題》，臺北：國立編譯館，1991。

陳久金等：《彝族天文學史》，昆明：雲南人民出版社，1991。

陳久金：《帛書及古典天文史料注析與研究，臺北：萬卷樓圖書有限公司，2001。

陳鼓應：《黃帝四經今註今譯》，臺北：臺灣商務印館，2001。

陳來：《古代思想文化的世界：春秋時代的宗教、倫理與社會思想》，北京：三聯書店，2002。

陳夢家：《殷虛卜辭綜述》，北京：中華書局，2004。

郭沫若主編：《甲骨文合集》，北京：中華書局，1979。

章景明：《殷周廟制論稿》，臺北：學海出版社，1979。

章權才：《兩漢經學史》，廣州：廣東人民出版社，1990。

張鶴泉：《周代祭祀研究》，臺北：文津出版社，1993。

張光直：《中國青銅時代（第二集）》，臺北：聯經出版事業公司，1994。

康樂：《從西郊到南郊—國家祭典與北魏政治》，臺北：稻禾出版社，1995。

華有根：《西漢禮學新論》，上海：上海社會科學院出版社，1998。

郭善兵：《中國古代帝王宗廟禮制研究》，北京：人民出版社，2007。

黃錦鋐：《秦漢思想研究》，臺北：學海出版社，1979。

黃彰健：《經今古文學問題新論》，臺北：中央研究院歷史語言研究所，1982。

黃彰健：《中國遠古史研究》，臺北：中央研究院歷史語言研究所，1996。

黃煜文：《傅柯的思維取向—另類的歷史書寫》，臺北：國立臺灣大學出版委員會，2000。

湯志鈞等：《西漢經學與政治》，上海：上海古籍出版社，1994。

勞思光：《新編中國哲學史（一）》，臺北：三民書局股份有限公司，1997。

勞思光：《新編中國哲學史（二）》，臺北：三民書局股份有限公司，1999。

勞思光：《新編中國哲學史（三上）》，臺北：三民書局股份有限公司，1997。

曾春海：《兩漢魏晉哲學史》，臺北：五南圖書出版股份有限公司，

2002。

傅斯年：《民族與古代中國史》，石家莊：河北教育出版社，2002。

楊樹達：《積微居金文說・甲文說（合訂本）》，臺北：大通書局，1974。

楊樹達：《讀漢書札記》，收入徐蜀編：《兩漢書訂補文獻彙編》，第 1 冊，北京：北京圖書館出版社，2004。

楊樹達：《漢書補注補正》，收入徐蜀編：《兩漢書訂補文獻彙編》，第 2 冊，北京：北京圖書館出版社，2004。

楊儒賓：《儒家身體觀》，臺北：中央研究院中國文哲研究所籌備處，2003。

楊寬：《中國古代陵寢制度史研究》，上海：上海人民出版社，2003。

楊權：《新五德理論與兩漢政治—「堯後火德」說考論》，北京：中華書局，2006。

楊向奎：《西漢經學與政治》，收入林慶彰主編：《民國時期經學叢書（第二輯）》，臺中：文听閣圖書有限公司，2008，第 7 冊。

葛兆光：《中國思想史》，上海：復旦大學出版社，2002。

蒲慕洲：《追尋一己之福—中國古代的信仰世界》，臺北：允晨文化實業股份有限公司，1995。

趙雅博：《漢代思想批判史》，臺北：文景書局，2001。

聞一多：《聞一多全集（一）神話與詩》，臺北：里仁書局，2000。

劉慶柱、李毓芳：《西漢十一陵》，西安：陝西人民出版社，1987。

劉慶柱：《古代都城與帝陵考古學研究—紀念漢長安城考古工作四十年》，北京：科學出版社，2000。

劉慶柱、李毓芳：《漢長安城》，北京：文物出版社，2003。

劉正：《金文廟制研究》，北京：中國社會科學出版社，2004。

滕銘予：《秦文化：從封國到帝國的考古學觀察》，北京：學苑出版社，2002。

錢穆：《兩漢經學今古文平議》，臺北：東大圖書股份有限公司，1989。

錢穆：《先秦諸子繫年》，臺北：東大圖書股份有限公司，1999。

錢穆：《史記地名考》，北京：商務印書館，2001。

錢穆：《秦漢史》，臺北：東大圖書股份有限公司，2001。

顧頡剛編：《古史辨（第二冊）》，臺北：藍燈文化事業股份有限公司，

　　1987。

顧頡剛編：《古史辨（第五冊）》，臺北：藍燈文化事業股份有限公司，
　　1987。

顧頡剛：《秦漢的方士與儒生》，臺北：里仁書局，1995。

顧頡剛：《顧頡剛古史論文集（第三冊）》，北京：中華書局，1996。

顧頡剛、劉起釪：《尚書校釋譯論》，北京：中華書局，2005。

顧頡剛：《史林雜識初編》，北京：中華書局，2005。

龔鵬程：《漢代思潮》，嘉義：南華大學，1999。

（日）平勢隆郎：《中國古代紀年の研究—天文と曆の檢討から—》，東
　　京：汲古書院，1996。

（日）平勢隆郎：《『左傳』の史料批判的檢討》，東京：汲古書院，
　　1998。

（日）加藤謙一：《匈奴「帝国」》，東京：第一書店，1998。

（日）西嶋定生：《岩波講座世界歷史 4：東アジア世界の形成 I》，東
　　京：岩波書店，1970。

（日）好並隆司：《秦漢帝国史研究》，東京：未來社，1987。

（日）池田末利：《中國古代宗教史研究—制度と思想—》，東京：東海
　　大學出版會，1989。

（日）江上波夫：《匈奴の社會と文化》，東京：山川出版社，1999。

（日）江上波夫：《北アジア諸民族の歷史と文化》，東京：山川出版
　　社，2000。

（日）西嶋定生：《秦漢帝国—中国古代帝国の興亡》，東京：講談社，
　　2004。

（日）沢田勳：《匈奴—古代遊牧国家の興亡》，東京：東方書店，
　　1996。

（日）板野長八：《儒教成立史の研究》，東京：岩波書店，1995。

（日）金谷治：《金谷治中国思想論集【上卷】中国古代の自然観と人間
　　観》，東京：平河出版社，1997。

（日）金子修一：《古代中国と皇帝祭祀》，東京：汲古書院，2001。

（日）津田左右吉：《儒教の研究（二）》，收入《津田左右吉全集》，
　　東京：岩波書店，1965。

（日）栗原朋信：《秦漢史の研究》，東京：吉川弘文館，1986。

（日）福井重雅：《漢代儒教の史的研究—儒教の官學化をめぐる定說の
　　　再檢討—》，東京：汲古書院，2005。

（日）白川靜著，加地伸行、范月嬌合譯：《中國古代文化》，臺北：文
　　　津出版社，1983。

（日）本田成之著，孫俍工譯：《中國經學史》，臺北：廣文書局，
　　　1986。

（韓）具聖姬：《漢代人的死亡觀》，北京：民族出版社，2005。

（美）艾蘭（Sarah Allan）著，汪濤譯：《龜之謎—商代神話、祭祀、藝
　　　術和宇宙觀研究》，成都：四川人民出版社，1992。

（美）艾蘭（Sarah Allan）著，楊民等譯：《早期中國歷史、思想與文
　　　化》，瀋陽：遼寧教育出版社，1999。

（美）本杰明・史華茲（Benjamin I. Schwartz）著，程鋼譯：《古代中國
　　　的思想世界》，南京：江蘇人民出版社，2004。

（德）加達默爾（Gadamer, H. G.）著，嚴平選編：《加達默爾集》，上
　　　海：上海遠東出版社，2003。

（德）加達默爾（Gadamer, H. G.）著，洪漢鼎譯：《真理與方法：哲學詮
　　　釋學的基本特徵》，上海：上海譯文出版社，2005。

（法）德勒茲（Gilles Deleuze）著，楊凱麟譯：《德勒茲論傅柯》，臺
　　　北：麥田出版股份有限公司，2000。

（法）布洛克（Mac Bloch）著，周婉窈譯：《史家的技藝》，臺北：遠流
　　　出版事業股份有限公司，2000。

（法）米歇爾・傅柯（Michel Foucalt）著，王德威譯：《知識的考掘》，
　　　臺北：麥田出版股份有限公司，2001。

（法）米歇爾・傅柯（Michel Foucalt）著，莫偉民譯：《詞與物—人文科
　　　學考古學》，上海：三聯書店，2001。

（法）耶律亞德（Mircea Eliade）著，楊儒賓譯：《宇宙與歷史—永恆回歸
　　　的神話》，臺北：聯經出版事業公司，2000。

（法）耶律亞德（Mircea Eliade）著，楊素娥譯：《聖與俗—宗教的本
　　　質》，臺北：桂冠圖書股份有限公司，2001。

（美）保羅・田立克（Paul Tillich）著，魯燕萍譯：《信仰的動力》，臺

北：桂冠圖書股份有限公司，1994。

（美）孔恩（Tomas S. Kuhn）著，王道還等譯：《科學革命的結構》，臺北：遠流出版事業股份有限公司，2007。

二、單篇論文

王夢鷗：〈小戴禮記考源〉，《國立政治大學學報》第 3 期（1961 年 5 月），頁 87-148。

王夢鷗：〈月令之五行數與十干日解〉，《文史學報》第 1 期（1971 年 5 月），頁 1-8。

王夢鷗：〈禮器郊特牲篇書後〉，《孔孟學報》第 28 期（1974 年 9 月），頁 139-142。

王世仁：〈記后土祠廟貌碑〉，《考古》1963 年第 5 期，頁 273-277。

王熙元：〈穀梁傳傳授源流考〉，《孔孟學報》第 28 期（1974 年 9 月），頁 219-236。

王更生：〈賈誼春秋左氏承傳考〉，《孔孟學報》第 35 期（1978 年 4 月），頁 135-148。

王恩田：〈岐山鳳雛村西周建築群基址的有關問題〉，《文物》1981 年第 1 期，頁 75-80。

王恩田：〈關於齊國建國史的幾個問題〉，《東岳論叢》1981 年第 4 期，頁 89-92。

王關仕：〈西漢禮學之考察〉，《中國學術年刊》第 10 期（1989 年 2 月），頁 121-131。

王根權、姚生民：〈淳化縣古甘泉山發現秦漢建築遺址群〉，《考古與文物》1990 年第 2 期，頁 1-4。

王葆玹：〈西漢《易》學卦氣說源流考〉，收入林慶彰編：《中國經學史論文選集》，臺北：文史哲出版社，1992，上冊，頁 173-185。

王永波：〈成山玉器與日主祭──兼論太陽神崇拜的有關問題〉，《文物》1993 年第 1 期，頁 62-68。

王子今：〈《秦記》考識〉，《史學史研究》1997 年第 1 期，頁 71-73。

甘懷真：〈鄭玄、王肅天神觀的探討〉，《史原》第 15 期（1986 年 4 月），頁 173-187。

丘為君：〈清代思想史「研究典範」的形成、特質與義涵〉，《清華學

報》新 24 卷第 4 期（1994 年 12 月），頁 451-494。

江明翰：〈封禪的起源—西王母說的提出〉，《史苑》第 63 期（2003 年 6 月），頁 1-33。

江乾益：〈后倉與兩漢之禮文化〉，《興大中文學報》第 19 期（2006 年 6 月），頁 145-167。

朱溢：〈從郊丘之爭到天地分合之爭—唐至北宋時期郊祀主神位的變化〉，《漢學研究》第 27 卷第 2 期，2009 年 6 月，頁 267-302。

李口剛：〈穀梁傳之著於竹帛及傳授源流考〉，《師大學報》第 6 期（1961 年 6 月），頁 237-244。

李衡眉：〈齊國得名原因再探〉，《管子學刊》1991 年第 1 期，頁 75-76。

阮芝生：〈三司馬與漢武帝封禪〉，《臺大歷史學報》第 20 期（1996 年 11 月），頁 307-340。

杜正勝：〈古代物怪之研究——種心態史和文化史的探索〉，《大陸雜誌》第 104 卷第 1-3 期（2001 年 12 月-2002 年 3 月），頁 1-14、1-15、1-10。

周策縱：〈中國古代的巫醫與祭祀、歷史、樂舞、及詩的關係〉，《清華學報》新 12 卷第 1、2 期合刊（1979 年 12 月），頁 1-59。

林麗真等：〈勞思光《中國哲學史》的檢討〉，《中國文哲研究通訊》第 1 卷第 2 期（1991 年 6 月），頁 103-131。

林聰舜：〈「禮」世界的建立—賈誼對禮法秩序的追求〉，《清華學報》新第 23 卷第 2 期（1993 年 6 月），頁 149-174。

林聰舜：〈叔孫通「起朝儀」的意義—劉邦卡理斯瑪支配的轉變〉，《哲學與文化》第 20 卷第 12 期（1993 年 12 月），頁 1154-1162。

林聰舜：〈西漢郡國廟之興廢—禮制興革與統治秩序維護的關係之一例〉，《南都學壇（人文社會科學學報）》第 27 卷第 3 期（2007 年 5 月），頁 1-8。

林耀潾：〈西漢魯詩學的淵源與傳承〉，收入林慶彰主編：《經學研究論叢（第三輯）》，臺北：聖環圖書公司，1995，頁 81-102。

林啟屏：〈論漢代經學的「正典化」及其意義—以「石渠議奏」為討論中心—〉，收入國立政治大學中國文學系編：《第三屆漢代文學與思想學術研討會論文集》，臺北：國立政治大學中國文學系，2002，

頁 205-248。

金起賢：〈勞思光先生對先秦儒學史研究之方法論評述〉，《鵝湖月刊》
　　第 21 卷第 4 期（1995 年 10 月），頁 42-50。

姚生民：〈漢甘泉宮遺址勘查記〉，《考古與文物》1980 年第 2 期，頁
　　51-60。

胡紅波：〈西漢之宗廟樂舞〉，《成功大學學報（人文、社會篇）》第 24
　　卷（1990 年 2 月），頁 43-78。

胡新生：〈周代祭祀中的立尸禮及其宗教意義〉，《世界宗教研究》1999
　　年第 4 期，頁 14-25。

凌純聲：〈秦漢時代之時〉，《中央研究院民族學研究所集刊》第 18 期
　　（1964 年秋季號），頁 113-142。

凌純聲：〈中國的封禪與兩河流域的昆侖文化〉，《中央研究院民族學研
　　究所集刊》第 19 期（1965 年春季號），頁 1-51。

凌純聲：〈昆侖丘與西王母〉，《中央研究院民族學研究所集刊》第 22 期
　　（1966 年秋季號），頁 215-255。

陝西周原考古隊：〈陝西岐山鳳雛村西周建築基址發掘簡報〉，《文物》
　　1979 年第 10 期，頁 27-37。

陝西省考古研究所：〈西漢安陵調察簡報〉，《考古與文物》2002 年第 4
　　期，頁 3-8。

烏恩：〈論匈奴考古研究中的幾個問題〉，《考古學報》1990 年第 4 期，
　　頁 409-437。

徐舫：〈天齊淵地理位置考辨〉，《管子學刊》1992 年第 4 期，頁 91-
　　92。

徐耀環：〈戴德、戴聖生卒年代的推測〉，收入林慶彰主編：《經學研究
　　論叢（第一輯）》，臺北：聖環圖書公司，1994，頁 17-25。

徐興無：〈論讖緯文獻中的天道聖統〉，《中國典籍與文化論叢（第三
　　輯）》，北京：中華書局，1995，頁 45-102。

高明士：〈皇帝制度下的廟制系統—以秦漢至隋唐作為考察中心—〉，
　　《臺大文史哲學報》第 40 期（1993 年 6 月），頁 53-96。

高柏園：〈論勞思光先生之基源問題研究法〉，《鵝湖學誌》第 12 期
　　（1994 年 6 月），頁 57-78。

夏長樸：〈論漢代學術會議與漢代學術發展的關係—以石渠閣會議的召開

為例〉，收入國立政治大學中國文學系編：《第三屆漢代文學與思想學術研討會論文集》，臺北：國立政治大學中國文學系，2000，頁 87-108。

殷善培：〈漢武帝的郊祀改制與郊祀歌〉，國立政治大學中國文學系主編：《第五屆漢代文學與思想學術研討會論文集》，臺北：新文豐出版公司，2005，頁 155-180。

陳夢家：〈商代的神話與巫術〉，《燕京學報》第 20 期（1936 年 12 月），頁 485-576。

陳昱志：〈船山意倦興亡日・史筆如繩定是非─勞思光「基源問題研究法」的省察（上）〉，《鵝湖月刊》第 19 卷第 11 期（1994 年 5 月），頁 40-45。

陳昱志：〈船山意倦興亡日・史筆如繩定是非─勞思光「基源問題研究法」的省察（下）〉，《鵝湖月刊》第 19 卷第 12 期（1994 年 6 月），頁 38-51。

陳榮華：〈詮釋學循環：史萊瑪赫、海德格和高達美〉，《國立臺灣大學哲學論評》（2000 年 1 月），頁 97-136。

郭善兵：〈西漢元帝永光年間皇帝宗廟禮制改革考論〉，《煙臺師範學院學報（哲學社會科學版）》第 21 卷第 4 期（2000 年 12 月），頁 54-57、65。

張書豪：〈雍畤與五行〉，《新世紀宗教研究》第 3 卷第 3 期（2005 年 3 月），頁 135-188。

張書豪：〈楚簡《太一生水》剳記─數術視野下的太一與水〉，《簡帛》第 2 輯（2007 年 10 月），頁 151-165。

張書豪：〈《漢書・五行志》所見劉向災異論〉，《先秦兩漢學術》第 10 期（2008 年 9 月），頁 81-104。

張璉：〈天地分合：明代嘉靖郊祀禮議論之考察〉，《漢學研究》第 23 卷 2 期（2005 年 12 月），頁 161-196。

張璉：〈明代嘉靖朝宗廟禮制變革與思想衝突之討論〉，《國立政治大學歷史學報》第 24 期（2005 年 11 月），頁 1-38。

許朝陽：〈從漢代哲學論哲學史寫作〉，《輔仁學誌・人文藝術之部》第 34 期（2006 年 12 月），頁 73-104。

黃銘崇：〈老子筆記一則〉，《大陸雜誌》第 87 卷第 1 期（1993 年 7

月），頁 1-9。

黃啟書：〈試論劉向災異學說之轉變〉，《臺大中文學報》第 26 期（2007
　　年 6 月），頁 1-33。

黃啟書：〈試論劉向、劉歆《洪範五行論》之異同〉，《臺大中文學報》
　　第 27 期（2007 年 12 月），頁 123-166。

程元敏：〈歐陽容夏侯勝未曾身為尚書博士考〉，《國立編譯館館刊》，
　　第 23 卷（1994 年 12 月），頁 43-75。

焦南峰、馬永嬴：〈西漢宗廟芻議〉，《考古與文物》1999 年第 6 期，頁
　　50-58。

焦南峰、馬永嬴：〈西漢宗廟再議〉，《考古與文物》2000 年第 5 期，頁
　　50-55。

煙臺市博物館：〈煙臺市之罘島發現一批文物〉，《文物》1976 年第 8
　　期，頁 93-94。

楊鴻勛：〈西周岐邑建築遺址初步考察〉，《文物》1981 年第 3 期，頁
　　23-33。

楊天宇：〈秦漢郊禮初探〉，《河南大學學報（哲學社會科學版）》1989
　　年第 1 期，頁 54-59。

楊晉龍：〈神統與聖統—鄭玄、王肅感生說異解探義—〉，《中國文哲研
　　究集刊》第 3 期（1993 年 3 月），頁 487-526。

劉宗迪：〈泰山封禪考：從觀象授時到祭天告成〉，《先秦兩漢學術》第
　　4 期（2005 年 9 月），頁 61-79。

趙海州、曹建敦：〈東周時期車馬祭祀探論〉，《中原文物》2007 年第 2
　　期，頁 44-49。

黎正甫：〈古文字上之天帝象義溯源〉，《大陸雜誌》第 31 卷第 2 期
　　（1965 年 7 月），頁 50-60。

鄭憲仁：〈古代祭祖立尸制度淺探〉，《孔孟月刊》第 33 卷第 7 期（1995
　　年 3 月），頁 11-19。

鄭憲仁：〈周代「諸侯大夫宗廟圖」研究〉，《漢學研究》第 24 卷第 2 期
　　（2006 年 12 月），頁 23-33。

衛聚賢：〈漢汾陰后土祠遺址的發現—附發掘計畫—〉，《東方雜誌》第
　　26 卷第 19 號（1929 年 10 月），頁 71-81。

韓碧琴：〈《儀禮》〈少牢饋食禮〉〈特牲饋食禮〉儀節之比較研究〉，

《國立中興大學臺中夜間部學報》第 3 期（1997 年 11 月），頁 1-49。

韓碧琴：〈《儀禮》〈有司徹〉〈特牲饋食禮〉儀節之比較研究〉，《文史學報》第 28 期（1998 年 6 月），頁 27-66。

韓碧琴：〈《儀禮》所見士、大夫祭禮之禮器比較研究〉，《興大中文學報》第 11 期（1998 年 6 月），頁 17-60。

韓碧琴：〈儀禮覲禮儀節研究〉，《興大中文學報》第 17 期（2005 年 6 月），頁 23-69。

黨藝峰：〈秘祝考釋：〈封禪書〉研究之一〉，陝西省司馬遷研究會編：《司馬遷與史記論集》第 4 輯，西安：陝西人民出版社，2000，頁 445-451。

（日）久野昇一：〈前漢末に漢火德說の稱へられたる理由に就いて（下）〉，《東洋學報》第 25 卷第 4 期（1938 年 8 月），頁 95-127。

（日）山內弘一：〈北宋の國家と玉皇〉，《東方學》第 62 輯（1981 年 7 月），頁 83-97。

（日）山內弘一：〈北宋時代の郊祀〉，《史學雜誌》第 92 編第 1 號（1983 年 1 月），頁 40-66。

（日）小島毅：〈郊祀制度の變遷〉，《東洋文化研究所紀要》第 108 冊（1989 年 2 月），頁 123-219。

（日）小島毅：〈嘉靖の禮制改革について〉，《東洋文化研究所紀要》第 117 冊（1992 年 3 月），頁 381-426。

（日）木村英一：〈封禪思想の成立〉，《支那學》第 11 卷第 2 號（1943 年 12 月），頁 43-81。

（日）田中麻紗巳：〈劉向の災異說について—前漢災異思想の一面〉，《集刊東洋學》第 24 期（1970 年 10 月），頁 29-42。

（日）永井彌人：〈后倉と公羊學〉，《中國古典研究》第 44 號（1992 年 12 月），頁 1 9。

（日）目黑杏子：〈前漢武帝期における郊祀体制の成立—甘泉泰畤の分析を中心に〉，《史林》第 86 卷第 6 號（2003 年 11 月），頁 36-65。

（日）伊藤德男：〈前漢の宗廟制—七廟制の成立を中心にして—〉，
《東北大學論集（歷史學・地理學）》第 13 號（1983 年 3 月），
頁 43-67。

（日）池田末利：〈立尸考—その宗教的意義と原初形態—〉，《中國古
代宗教史研究—制度と思想—》，東京：東海大學出版會，1989，
頁 623-644。

（日）池田雅典：〈封禪儀禮に關する一考察—光武帝の「封」を視點と
して—〉，《大東文化大學漢學會誌》第 47 號（2008 年 3 月），
頁 48-76。

（日）赤塚忠：〈中国古代における風の信仰と五行說〉，《二松學舍大
學論集・中國文學編》第 1 期（1977 年 10 月），頁 47-92。

（日）坂本具償：〈『漢書』五行志の災異說—董仲舒說と劉向說の資料
分析〉，《日本中國學會報》第 40 集（1988 年 10 月），頁 47-
60。

（日）村田浩：〈『漢書』郊祀志の「泰一」の祭祀について〉，《中國
思想史研究》第 19 號（1996 年 12 月），頁 67-80。

（日）金子修一：〈魏晉より隋唐に至る郊祀・宗廟の制度について〉，
《史學雜誌》第 88 編第 10 號（1979 年 10 月），頁 22-63。

（日）金子修一：〈皇帝祭祀より見た漢代史〉，《大東文化大學漢學會
誌》第 43 號（2003 年 3 月），頁 427-448。

（日）岩野忠昭：〈前漢郊祭考—『春秋繁露』を中心として—〉，《東
洋文化》復刊第 78 號（1997 年 8 月），頁 2-15。

（日）岩野忠昭：〈前漢後期の郊祭論〉，《東洋大學中國哲學文學科紀
要》第 12 號（2004 年 2 月），頁 113-128。

（日）狩野直喜：〈禮經と漢制〉，《東方學報（京都）》第 10 冊第 2 分
（1939 年 7 月），頁 171-198。

（日）保科季子：〈前漢後半期における儒家禮制の受容—漢的傳統との
對立と皇帝觀の變貌—〉，收入《方法としての丸山真男》，東
京：青木書店，1998，頁 223-268。

（日）南部英彥：〈前漢後期の宗廟制論議等を通して見たる儒教國教化
—その親親・尊尊主義の分析を軸として—〉，《日本中國學會
報》第 51 集（1999 年 10 月），頁 16-30。

（日）栗原圭介：〈駁五經異義に於ける六宗の形態について〉，《大東文化大學漢學會誌》第 31 號（1992 年 3 月），頁 30-47。

（日）福永光司，〈封禪說の形成〉，《東方宗教》第 6 號（1954 年 11 月），頁 28-57。

（日）福永光司，〈封禪說の形成（續）〉，《東方宗教》第 7 號（1955 年 2 月），頁 45-63。

（日）橫山貞裕：〈前漢武帝の酹祭について〉，收入《歷史における民眾と文化—酒井忠夫先生古稀賀記念論集—》，東京：国書刊行會，1982，頁 11-26。

（日）齋木哲郎：〈秦儒の活動素描—『尚書』「堯典」の改訂と『禮記』大學篇の成立をめぐって—〉，《日本中國學會報》第 38 集（1986 年 10 月），頁 61-74。

（日）齋木哲郎：〈董仲舒と『春秋穀梁傳』—西漢穀梁學の—〉，《日本中國學會報》第 44 集（1992 年 10 月），頁 17-31。

（日）藤川正數：〈前漢時代における宗廟禮說の變遷とその思想的根底〉，《東方學》第 28 輯（1964 年 7 月），頁 11-34。

（日）鷲尾祐子：〈前漢祖宗廟制度の研究〉，《立命館文學》第 577 號（2002 年 12 月），頁 97-123。

（比）戴卡琳（Carine Defoort）：〈《太一生水》初探〉，收入陳鼓應主編：《道家文化研究》第十七輯，北京：三聯書店，1999，頁 340-352。

（美）貝克定（Timothy Baker）：〈西漢晚期宗廟制度中的宗教意涵：《漢書·韋賢傳》中的論辯〉，收入祝平次、楊儒賓編：《天體、身體與國體：迴向世界的漢學》，臺北：國立臺灣大學出版中心，2005，頁 37-71。

Nylan, Michael, "A Problematic Model: The Han 'Orthodox Synthesis,' Then and Now," in Kai-wing Chow, *Imagining Boundaries: Changing Confucian Doctrines, Texts, and Hermeneutics* (Albany: State University of New York Press, 1999), pp. 17-56.

三、學位論文

張寅成：《西漢的宗廟與郊祀》，臺北：國立臺灣大學歷史研究所碩士論文，1985。

羅保羅：《秦吉禮考》，臺北：私立輔仁大學中國文學研究所博士論文，2000。

Timothy Baker, *The Imperial Temple in China's Western Han Dynasty: Institutional Trandition and Personal Belief*, Ph.D. diss., Harvard University, 2006

國家圖書館出版品預行編目資料

西漢郊廟禮制與儒學

張書豪著. – 初版. – 臺北市：臺灣學生，2019.06
面；公分

ISBN 978-957-15-1783-4 (平裝)

1. 儒學 2. 西漢 3. 文集

121.207   107020465

西漢郊廟禮制與儒學

著　作　者	張書豪
出　版　者	臺灣學生書局有限公司
發　行　人	楊雲龍
發　行　所	臺灣學生書局有限公司
地　　　址	臺北市和平東路一段 75 巷 11 號
劃 撥 帳 號	00024668
電　　　話	(02)23928185
傳　　　眞	(02)23928105
E - m a i l	student.book@msa.hinet.net
網　　　址	www.studentbook.com.tw
登記證字號	行政院新聞局局版北市業字第玖捌壹號
定　　　價	新臺幣五八○元
出 版 日 期	二○一九年六月初版
I　S　B　N	978-957-15-1783-4

12171